Die Weltumsegelung der Novara
1857–1859

Einen günstigen Wind sandt' ihnen die Göttin Athene,
Leise steifte der West das rauschende dunkle Gewässer.

Homer, Odyssee, 2. Gesang

RENATE BASCH-RITTER

Die Weltumsegelung der Novara

1857–1859

ÖSTERREICH AUF ALLEN MEEREN

Akademische
Druck- u. Verlagsanstalt
Graz/Austria

Für Franz M., meinen lieben Mann

Die Deutsche Bibliothek – CIP-Einheitsaufnahme

Die Deutsche Bibliothek verzeichnet diese Publikation in der
Deutschen Nationalbibliografie; detaillierte bibliografische Angaben
sind im Internet über http://dnb.ddb.de abrufbar.

Akademische Druck- u. Verlagsanstalt, Graz
Schutzumschlag und Buchgestaltung: Peter Salmutter, Graz
Druck und Bindung: Druckerei Theiss, St. Stefan i. L.

ISBN 978-3-201-01904-0

INHALT

1

Die Welt um 1850 – Österreich im Überblick – Berichte über die Reise der *Novara*

POLITISCHE NEUORDNUNG AUF ALLEN KONTINENTEN

Der Wiener Kongress von 1814/15 versuchte die alte Ordnung, wie sie sich vor dem Zeitalter der Französischen Revolution und dem Wirken Napoleons dargestellt hatte, wieder herzustellen. Frankreich erhielt seine alten Grenzen, Großbritannien, der eigentliche Sieger, konnte die erworbenen Inseln Malta, Ceylon, Helgoland und die Kapkolonie behalten und verstärkte seine Rolle als führende Handels-, Kolonial- und Seemacht. Spanien, Portugal. Sardinien, Neapel-Sizilien und die Toskana unterstanden wieder ihren alten Dynastien. An die Stelle des Heiligen Römischen Reiches trat der Deutsche Bund, der aus 35 souveränen Staaten und vier freien Städten bestand. Der Deutsche Bund hatte die Aufgabe, für die Erhaltung der äußeren und inneren Sicherheit „Deutschlands" zu sorgen und die Unabhängigkeit der einzelnen Mitglieder zu bewahren. Staatsmänner und Souveräne lehnten die Teilnahme von Volksvertretern an den Regierungen ab. Restauration (Wiederherstellung der politischen Zustände vor der Revolution), Legitimität (Rechtfertigung der Ansprüche der alten Dynastien) und Solidarität (gemeinsame Abwehr revolutionärer Ideen) wurden zum Prinzip erhoben. Zum Schutz von Frieden und Gerechtigkeit kam es zur Gründung einer Heiligen Allianz, der alle europäischen Staaten mit Ausnahme des Kirchenstaats und des Osmanischen Reichs beitraten. Gegen diese alten Ordnungen traten der Liberalismus, dessen Befürworter Mitsprache der Bürger an der Regierung forderten, und der Nationalismus, bei dem der Wunsch der Völker oder „Nationalitäten" nach Einheit und Unabhängigkeit im Vordergrund stand, auf.

Der Liberalismus hatte sich aus den Prinzipien der Aufklärung entwickelt und forderte neben Glaubens-, Presse- und Meinungsfreiheit, Gewaltenteilung im Staat und einer Verfassung auch die Freiheit der Lehre und Wissenschaft ohne staatliche Kontrolle.

In der Mitte des 19. Jahrhunderts entlud sich der Widerstand gegen Absolutismus, Polizeiherrschaft, Feudalismus und Zensur in Aufständen und Revolutionen. Die Landflucht der bäuerlichen Bevölkerung brachte ein rasches Anwachsen der Arbeiterschaft in den Städten. Die durch etliche technische Erfindungen und durch den Ausbau des Eisenbahnnetzes bedingte industrielle Revolution führte zu weit reichenden Veränderungen in Gesellschaft, Wirtschaft und Handel.

In Nordamerika erfolgte die systematische Erschließung des Kontinents von der Ostküste in Richtung Westen. Der Bau der transkontinentalen Eisenbahn erleichterte die Entwicklung von Industrien. Wirtschaftliche und politische Gegensätze zwischen den Nord- und den Südstaaten führten 1861 zum Bürgerkrieg.

In Iberoamerika entstanden Staaten, die von den früheren Kolonialmächten Spanien und Portugal unabhängig wurden, allerdings um den Preis der wirtschaftlichen Abhängigkeit von den Vereinigten Staaten. Indianerstämme wurden teils ausgerottet, teils in das Landesinnere verdrängt. Die weltweite Abschaffung der Sklaverei erforderte als Ersatz bezahlte Arbeitskräfte. Millionen Europäer wanderten aus.

Im Orient und auf der Balkanhalbinsel begann die Macht des Osmanischen Reichs abzunehmen, der Einfluss europäischer Staaten wuchs dagegen an.

Botokudenfrau aus Brasilien

Australier vom Festlande

Papua aus Neuguinea

Buschmann aus Südafrika

Zulukaffer aus Natal

Singhalesen-Häuptling aus Ceylon

Chinese

Hindu-Fürst

Mit diesen und noch vielen anderen „Race-Typen" hatten die Österreicher auf den Stationen ihrer Weltumsegelung Kontakt.

In Afrika südlich der Sahara drangen Europäer von den Küsten ins Landesinnere vor. Den Naturforschern folgten Missionare und Kolonisten, danach Militär und eine flächendeckende Verwaltung. In Südafrika wurde nach der Freilassung der Sklaven eine strenge Rassentrennung praktiziert. Aus der britischen Kapkolonie ausgewanderte Buren bildeten unabhängige Republiken. Es kam zu Kämpfen zwischen Einwanderern und afrikanischen Stämmen.

Der indische Subkontinent erlag dem britischen Einfluss. Aufstände gegen die Briten wurden niedergeschlagen, die indische Industrie wurde durch die Einfuhr billiger Produkte aus Europa bedeutungslos.

In China begann eine Periode des kulturellen und wirtschaftlichen Verfalls. Nach internen Bürgerkriegen und Aufständen gegen die europäischen Kolonialherren geriet das riesige Reich unter den Einfluss der Briten. An der chinesischen Küste entstanden wichtige Handelsstützpunkte europäischer Mächte. Viele Chinesen emigrierten nach Amerika.

Japan, das damals schon 25 Millionen Bewohner hatte, unterhielt mit der übrigen Welt nur äußerst spärlichen Kontakt. Die Versuche Europas, den kulturell hoch stehenden Kaiserstaat in den Welthandel einzubeziehen, blieben lange ohne bleibenden Erfolg. Ein großer Teil der Bevölkerung stand der Öffnung Japans für den amerikanischen und europäischen Handel mit Misstrauen und Ablehnung gegenüber.

Vier Jahre vor der Weltumsegelung der *Novara* versuchte der amerikanische Commodore Matthew C. Perry (1794–1858) während einer groß angelegten Handelsmission mit Japan in Kontakt zu treten. Das von Perry geführte Geschwader erschien mit drei Fregatten, vier Korvetten, drei Proviantschiffen und 1175 Mann und dazu 65 Kanonen schweren Kalibers. Der Erfolg blieb nicht aus. Der Vertrag von Kanagawa, der die Handelsbeziehungen beinhaltete, wurde 1858, als die *Novara* bereits auf ihrer großen Reise war, in Washington ratifiziert.

Russland war zu jener Zeit durch die Person des Zaren Alexander II. geprägt. Als er 1855 den Zarenthron bestieg, war der Krimkrieg, bei dem es vorwiegend um die Vorherrschaft zwischen Russland und der Türkei im Gebiet des Schwarzen Meeres ging, voll im Gang. Die neutrale Haltung Österreichs und das Eingreifen der Westmächte verhinderten einen russischen Sieg. Russland entschied sich nun für innere Reformen, die 1861 zur Aufhebung der Leibeigenschaft führten, aber die Entstehung eines bäuerlichen Proletariats zur Folge hatten.

Schon 50 Jahre vor der Expedition der *Novara* hatte der im heutigen Estland geborene Adam Baron von Krusenstern (1770–1846) im Auftrag Russlands eine Weltumsegelung unternommen. Auf dieser Fahrt wurden kleine Inseln entdeckt, alte Seekarten berichtigt und verschiedenste küstennahe Gebiete erforscht. Die wichtigsten Ergebnisse dieser ersten russischen Weltumsegelung betrafen Nordostasien, die Inselgruppen der Kurilen und der Aleuten und die Küsten von Alaska.

Indonesien und die Inseln des Pazifischen Ozeans standen zur Mitte des 19. Jahrhunderts unter dem Einfluss europäischer Staaten.

In Australien wurden die Eingeborenen durch die Kolonisten zurückgedrängt. Gebiete, die ursprünglich von strafweise „Deportierten" bewohnt und bearbeitet wurden, entwickelten sich zu blühenden Landstrichen. Die florierende Wollproduktion, die Gründung von Städten und Industrien und modernen Hafenanlagen brachten dem Kontinent wirtschaftlichen Aufschwung. Nachdem Meldungen über spektakuläre Goldfunde bekannt geworden waren, zogen vorübergehend hunderttausende Abenteurer nach Australien. Der Goldrausch erfasste aber auch Kalifornien, wo man ebenfalls große Goldminen entdeckte.

Entdeckungsfahrten auf allen Meeren – Die weißen Flecken verschwinden auf den Karten

Um 1850 war die Erde – mit Ausnahme der polaren Zonen und etlicher schwer zugänglicher Regionen im Inneren der Kontinente – weitgehend erforscht. Der ersten Weltumsegelung durch den Portugiesen Ferdinand Magellan (1519–1522) und der erfolgreichen Weltumrundung durch den Engländer Francis Drake (1577–1580) folgten einige weitere europäische Expeditionen, die ihr Ziel, die Umsegelung der Erde, erreichten. 1831 hatte Charles Darwin (1809–1882) seine Weltreise auf dem englischen Schiff *Beagle* angetreten, deren Forschungsschwerpunkt in Polynesien lag. Zehn Jahre später gelang es James Ross (1800–1862), bei 78° südlicher Breite in das antarktische Meer vorzudringen. Nachdem 1839 bis 1841 eine schwedische Weltumsegelung unter dem Kommando von Kapitän Nils Werngren (1815–1897) auf dem Schoner *Mary Ann* erfolgreich zu Ende gegangen war, startete 1842 die erste Umrundung der Welt durch ein mit Dampf betriebenes Schiff, es war dies die *HMS Driver*, die der Royal Navy angehörte. Dieser Raddampfer, der auch zur Bekämpfung der Piraterie in ostindischen Gewässern und zur Unterdrückung eines Maori-Aufstandes eingesetzt wurde, erregte in Australien und Neuseeland großes Aufsehen und Interesse. War dieses seltsame Schiff doch in der Lage, nicht nur aus seinen Geschützen zu feuern, sondern auch in seinem Inneren durch Feuer eine Maschine zu betreiben, die Flauten und Gezeiten trotzte und sich beinahe mühelos gegen den Wind behaupten konnte.

Im Jahr 1845 beschloss die Geographische Gesellschaft in London, die Meere weltweit einheitlich zu benennen und einzuteilen. Zur gleichen Zeit entstand das geographische Standardwerk „Kosmos" des Universalgelehrten Alexander von Humboldt (1769–1859), das dieser im Untertitel als „Entwurf einer physischen Erdbeschreibung" bezeichnete. Einem „Lehrbuch der Geographie für höhere Unterrichtsanstalten" des Deutschen Hermann Adalbert Daniel (1812–1871) folgte 1859, im Jahr der Rückkehr der *Novara*, Daniels „Handbuch der Geographie", und Ferdinand von Hochstetters (1829–1884) Werk über Neuseeland, das bald nach dessen Weltumsegelung mit der *Novara* entstand, gehört ebenfalls zu den Klassikern der Geographie. Während Humboldt seinen „Kosmos" aus dem Zusammenwirken vieler Naturwissenschaften entwarf, wurde der Deutsche Karl von Ritter (1779–1859) zum Begründer der „vergleichenden Erdkunde", da er die jeweiligen Gebiete und Lebensräume als *das Erziehungshaus des Menschengeschlechtes* betrachtete.

Die Zeit der „Wissenschaftsromantik" war vorbei, es ging nun darum, exakt zu beobachten, zu messen und aufzuzeichnen. Der jähe Einbruch der Europäer drohte damals, die Kultur der Naturvölker zu vernichten. Es galt daher zu orten und zu sammeln, was noch zu retten war, um gerade noch fünf vor zwölf ein ethnographisches und anthropologisches Lehrgebäude zu erstellen.

KAISER FRANZ JOSEPH – ZWISCHEN BIEDERMEIER UND INDUSTRIELLER REVOLUTION

Was den Kaiserstaat Österreich betrifft, so war das Scheitern der Revolution von 1848/49 doch nicht ohne Erfolg geblieben. Die Bauernbefreiung gelangte zum Durchbruch, alte Zollgrenzen innerhalb des Vielvölkerstaates fielen, die Errichtung von Handelskammern und eine freiere Organisation des Hochschulwesens eröffneten dem Außenhandel und der Forschung neue Horizonte. Die nationalen Probleme blieben vorerst ungelöst. Feldmarschall Radetzky (1766–1858) konnte den Aufstand in den „italienischen" Gebieten Österreichs in der Schlacht bei Novara 1849 unterdrükken, in den folgenden Jahren sollte er in Oberitalien weiterhin ein strenges Regiment führen.

Im Winter 1856/57 besuchte Kaiser Franz Joseph (1830–1916) in Begleitung seiner Gattin die zu Österreich gehörenden Städte Triest, Venedig und Mailand. Erzherzog Ferdinand Max (1832–1867), der das Kaiserpaar auf der letzten Etappe der Reise begleitete, wurde am 28. Februar 1857 anstelle des 90-jährigen Radetzky zum Generalgouverneur von Lombardo-Venetien ernannt. Der Erzherzog, der seit 1854 im Rang eines Contre-Admirals Oberkommandant der österreichischen Marine war, lebte vorübergehend in Mailand, bevor er seinen Jugendtraum, den er in dem Gedicht „Das Schloss am Meer" auszudrücken versuchte, im Bau von Schloss Miramar bei Triest verwirklichen konnte.

Unter Zar Alexander II. konnte Russland seinen Einflussbereich in Asien stark erweitern. Bereits ein halbes Jahrhundert vor der Fahrt der Novara war die erste russische Weltumsegelung erfolgt.

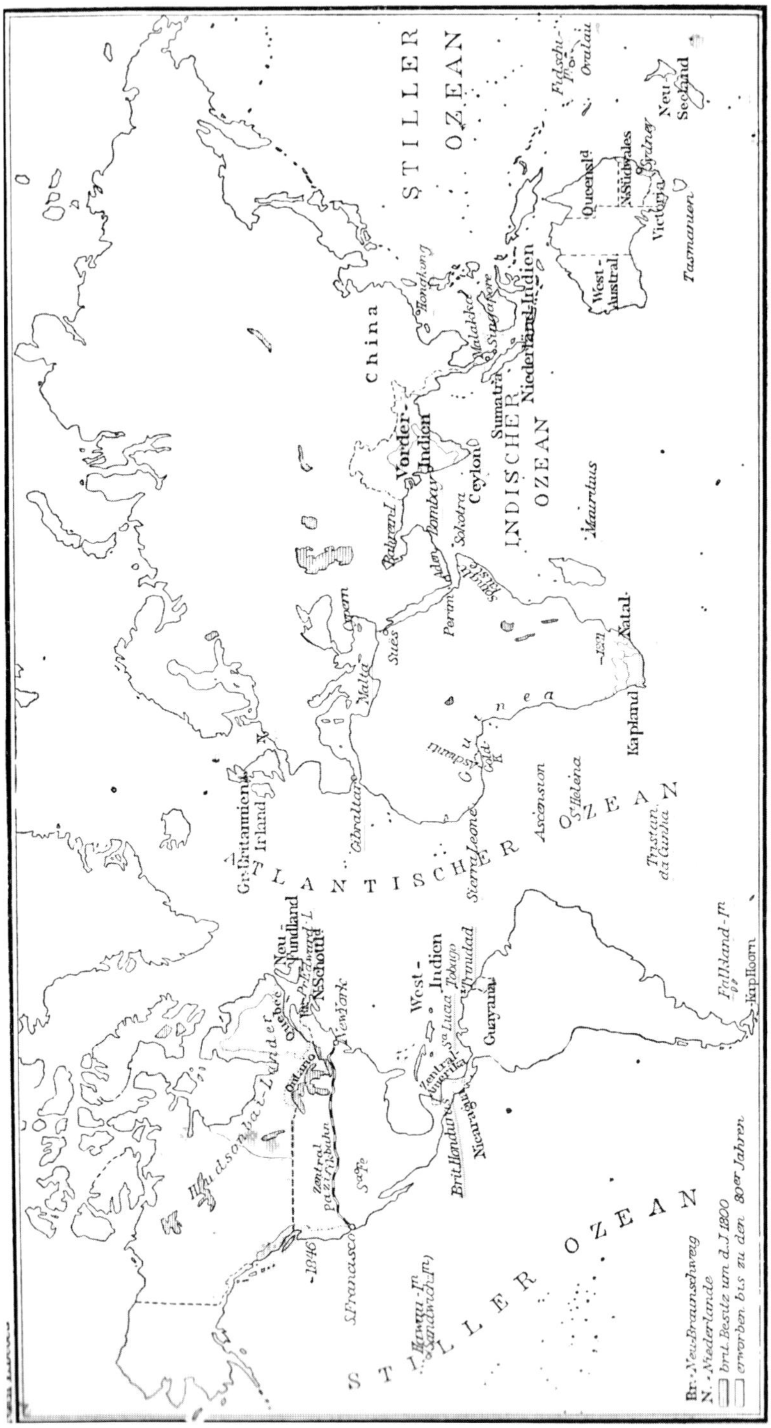

Die koloniale Ausdehnung des britischen Weltreiches erfasste in den 80er-Jahren des 19. Jahrhunderts weite Teile der Welt.

Zu Beginn der Expedition der Novara stand Kaiser Franz Joseph im 27. Lebensjahr. Sein Geburtstag – der 18. August – wurde während der Expedition an Bord dreimal gebührlich gefeiert.

20 Jahre vor der Weltumsegelung der Novara unternahm Frankreich mit der Corvette Astrolabe eine wissenschaftlich ergiebige Expedition im Bereich des Pazifischen Ozeans.

Das in Österreich praktizierte Regierungssystem des so genannten Neoabsolutismus kam durch eine verfehlte Außenpolitik zu Fall. Der verlorene Krieg gegen Sardinien-Piemont und Frankreich führte 1859 zum Verlust der Lombardei. Sieben Jahre später kam es zu einem Bündnis zwischen Preußen und Italien, Österreich musste in Stunden historischer Entscheidung gleichzeitig im Norden und im Süden zu Felde ziehen: 1866 konnten weder der Seesieg bei Lissa noch der Erfolg bei Custozza das Debakel von Königgrätz aufwiegen. Österreich, das nun den Deutschen Bund verließ, verlor dazu noch Venetien mit dem Hafen Venedig. Das Folgejahr 1867 brachte für die Monarchie umfassende Veränderungen. Durch den Ausgleich mit Ungarn entstand die Doppelmonarchie. Franz Joseph war nun in Personalunion Kaiser von Österreich und König von Ungarn. Eine teilweise Realunion wurde durch die Schaffung gemeinsamer Ministerien für Finanzen, Äußeres und Kriegswesen dokumentiert. Diese Ministerien wurden als k. u. k. (kaiserlich und königlich) bezeichnet, gemeinsam verwaltet und finanziert. Marine und Heer beider Reichshälften unterstanden dem k. u. k. Kriegsministerium, alle nominellen und materiellen Einrichtungen dieses Ressorts trugen ebenso wie die zugehörigen Personen die Bezeichnung „k. u. k." (zum Beispiel k. u. k. Vizeadmiral, k. u. k. Dienstreglement oder k. u. k. Infanterieregiment).

Im gleichen Jahr trat eine Verfassung in Kraft, Staatsgrundgesetze legten die Grund- und Freiheitsrechte für Staatsbürger fest. Andere Ereignisse dieses Jahres waren die Eröffnung der Brennerbahn, die Erstaufführung des Donauwalzers von Johann Strauß und die Konstituierung der Donauregulierungskommission. Kaiser Franz Joseph traf in Salzburg mit Napoleon III. zusammen. Die Doppelmonarchie trauerte um Kaiser Maximilian von Mexiko, der am 19. Juni in Querétaro erschossen wurde.

DIE *NOVARA* IM SPIEGEL DER PRESSE

Blättert man die Zeitungen vom Herbst 1856 bis zum Herbst 1859 durch, so finden sich zahlreiche Artikel über den Aufstand in Indien, den Konflikt in China und den Krieg zwischen Österreich und Sardinien-Piemont, das mit Napoleon III. verbündet war. Auch der wissenschaftliche Leiter der *Novara*-Expedition, Karl Scherzer (1821–1903), geht in seinem berühmten Werk „Reise der Österreichischen Fregatte Novara um die Erde in den Jahren 1857, 1858, 1859 unter den Befehlen des Commodore B. von Wüllerstorf" – soweit sie die Aufenthaltsorte oder die Fahrt der *Novara* betreffen – auf diese Kriegsgeschehen ein. Unter den Abschnitten, die Österreichs Marine zum Inhalt haben, fällt die Mitteilung auf, dass Kaiser Franz Joseph am 9. Dezember 1856 den Grundstein für das k. k. Seearsenal in Pola gelegt hat. Die dort entstandene Werft ist bis heute (in Pula, Kroatien) erhalten, zuletzt unter dem Namen Uljanik, weil sich ihr Zentrum auf der kleinen „Oliveninsel" im Hafen befand und noch immer befindet.

In den Wochen vor der Abreise der *Novara* berichtete die Presse im In- und auch im Ausland mehrfach von der geplanten Weltumsegelung. Darunter auch die „Tagespost", eine zu jener Zeit in Graz erscheinende Zeitung, die sich in ihren Berichten zwar vorwiegend mit der Steiermark beschäftigte, doch unter der Rubrik *Vermischtes* im spätbiedermeierlichen Stil auch Neuigkeiten aus dem ganzen Kaiserreich, aus Europa und aus Übersee brachte.

So kann man Anfang Februar lesen, dass demnächst die Bewerbung für die Besatzung der Korvette *Carolina* ablaufe, die dafür vorgesehen war, die *Novara* bis in den Atlantik zu begleiten. Ein weiterer Artikel vermeldet die Einladung der für die große Reise ausgewählten Forscher nach Triest, da die *Novara* von diesem Hafen aus am 12. April 1857 in See stechen sollte.

Am 20. April widmet sich die „Tagespost" der österreichischen Seefahrt im Generellen und listet den (noch sehr bescheidenen) Bestand der Kriegsmarine auf:

1 Schraubenlinienschiff in Bau (S. M. S. Kaiser)
5 Schraubendampfer
5 Segel-Fregatten
5 Corvetten
7 Brigs
5 Goeletten
2 Pramen
1 Bombarde
34 Penichen
18 Kanonenboote
5 Schoner
9 Trabakeln
11 Räderdampfer
Das Officierkorps:
3 Vizeadmiräle (darunter Erzherzog Max)

3 Contre Admiräle
7 Linienschiffskapitäne
10 Corvettenkapitäne
31 Schiffslieutenants
25 Fregattenlieutenants
44 Schiffsfähnriche
47 Fregattenfähnriche
116 Cadetten

Auch die Wiener Presse berichtete des Öfteren über die Vorbereitungen für die österreichische Weltumseglung: Am 21. April 1857 schwärmt zum Beispiel der Korvettenarzt Dr. Robert Christian Avé-Lallemant (1812–1884), ein bekannter Forschungsreisender und Brasilienkenner, in der „Wiener Zeitung“:

> *Über alle Erwartung, ja über alle Träume hinaus, gestaltet sich die Expedition nach Allem, was ich bisher erfahren habe können. Ich war an Bord der Novara, die Fregatte hat Proportionen, so groß, so geräumig, so luftig und so gesund, wie ich sie noch auf keiner Fregatte gesehen habe, obgleich ich deren ziemlich von allen Nationen kenne. Das Verdeck ist prachtvoll, 42 Fuß Wiener Maß breit, ein gewaltiger Rittersaal der Neuzeit, die Batterie ist so hoch, daß ich samt Hut auf dem Kopf in derselben auf und abgehen kann. Alle Wohnqualitäten sind wirklich verschwenderisch zugetheilt. Das gemeinsame Studierzimmer z. B. ist ein Saal wie in einem glänzenden Hotel.*

In den insgesamt 28 Monaten – vom April 1857 bis August 1859 –, die die Weltumsegelung der *Novara* dauerte, informierten Österreichs Zeitungen neben dem ausführlich geschilderten Kriegsgeschehen in Oberitalien und teils belanglosen, teils kuriosen Alltagsereignissen unter anderem vom Tod des Feldmarschalls Radetzky, vom Ableben des Kanzlers Klemens Fürst Metternich und des Erfinders der Schiffsschraube, Joseph Ressel, aber auch vom Tod der durch ihre Bücher bekannten Wiener Forscherin und Weltreisenden Ida Pfeiffer und der kleinen Erzherzogin Sophie, der ältesten Tochter des Kaiserpaares.

Ausgiebige Meldungen bezogen sich auf ein kaiserliches Patent, das eine Neuregelung des Münzwesens brachte, nach der nun 100 Gulden *Conventionswährung* 105 Gulden *österreichischer Währung* ersetzten, sowie auf die Schleifung der Festungsmauern, auf deren Areal die Wiener Ringstraße entstehen sollte.

Während der letzten Wochen der Reise der *Novara* dominierten in den Zeitungen allerdings die Ereignisse um den Krieg in Italien. Den Folgen, Überlegungen und Verhandlungen nach der verlorenen Schlacht bei Solferino wurde breiter Raum gegeben. Die Schlagzeilen berichteten am 7. Juli 1859 von der Landung der Franzosen auf der Insel Lussin Piccolo und am 10. Juli vom Eintreffen der französischen Flotte vor Fiume, am 8. August vom ersten Zusammentreffen der *Friedens-Commissäre* in Zürich. Am 19. August wird die Rückkehr von 162 kriegsgefangenen Offizieren aus Frankreich gemeldet.

Am 26. August schließlich taucht unter dem Stichwort *Telegramme* in der „Tagespost“ die folgende Notiz auf:

> *Die Fregatte Novara ist heut um ½ 12 Vormittags angekommen, dieselbe wurde von einem Geschwader mit der Yacht „Fantasie“ an der Spitze geleitet und vom Castell mit Salven begrüßt. Ein Lloyddampfer fuhr ihr entgegen.*

Am 28. August ist unter *Tagesneuigkeiten* zu lesen:

> *Mit der Fregatte Novara ist am 26. 8. auch Se. Kaiserliche Hoheit Erzherzog Ferdinand Max wieder im Hafen von Triest eingelaufen. Der Commodore Wüllerstorf hat den Orden der eisernen Krone II. Classe erhalten und ist zum Contre-Admiral ernannt worden.*

Am 30. August wird unter der Rubrik *Buntes* in einem ausführlichen lobenden Artikel über den *Nutzen der Weltumsegelung* sinniert. Am 1. September findet sich – wieder unter *Telegramme* – eine kurze Meldung:

> *Die österreichische Brigg „Splendido“, Kapitän Visin ist gestern nach einer 8½ -jährigen Reise in fernen Meeren hier eingetroffen. (Die Mitglieder des Triester Handelsstandes planen eine Petition für eine Expedition nach Japan.)*

Den vorläufigen Abschluss der Weltumsegelung beschreibt die „Wiener Zeitung“, indem sie unter dem Titel *Von der Novara* von einem Empfang beim Kaiser berichtet:

> *Mit dem Abendzug der Südbahn am 22. d. M. ist Commodore Baron Wüllerstorf-Urbair, welchen das beneidenswerte Glück zu Theil geworden, die österreichische Flagge an Punkten der Erde zu entfalten, wo sie niemals vorher gesehen worden war, wieder nach Triest zurückgereist. Während seines Aufenthaltes in Wien wurde derselbe von Sr. Majes-*

Die durch ihre Reisen und Reiseberichte berühmte Wienerin Ida Pfeiffer bewältigte während ihrer Expeditionen 240.000 Kilometer zur See und etwa 32.000 Kilometer zu Land. Das Bild zeigt sie im Jahr 1856 in ihrem Reisekostüm.

Napoleon III. zur Zeit des italienischen Feldzuges.

Kaiser Napoleon III., der sich 1859 mit Österreich im Krieg befand, erklärte die nach Europa zurücksegelnde und mit vielen wissenschaftlichen Objekten beladene Novara als neutral.

tät dem Kaiser wiederholt in Audienz empfangen, und verflossenen Dienstag zur kaiserlichen Tafel in Schönbrunn gezogen, bei welcher Gelegenheit der berühmte Seefahrer zugleich Ihrer Majestät der Kaiserin vorgestellt wurde.

Man schenkte in den höchsten Kreisen den Mittheilungen des Expeditionschefs die größte Aufmerksamkeit und ließ es nicht an Ausdrücken der Bewunderung und der Befriedigung fehlen. Auch ein Mitglied der wissenschaftlichen Commission, Herr Dr. Carl Scherzer genoß die Ehre von Sr. Majestät dem Kaiser verflossene Woche in einer Audienz empfangen, und durch die schmeichelhafte Theilnahme an seinen Bestrebungen ausgezeichnet zu werden. Se. Majestät unterhielten sich in herablassender Weise mit dem „Novara"-Reisenden und zeigten das lebhafteste Interesse für die Expedition, welcher Se. Majestät auf ihrer Fahrt um die Erde mit ungetheilter Aufmerksamkeit gefolgt sind.

Dr. Scherzer wird sich in einigen Tagen nach Triest begeben um dort nach dem Wunsche Sr. kaiserlichen Hoheit des durchlauchtigsten Erzherzog Ferdinand Max, gemeinsam mit Commodore Wüllerstorf, vorerst den beschreibenden Teil der Reise in Angriff zu nehmen. Dieses für den großen Leserkreis, populär gehaltene Reisewerk soll mit zahlreichen Illustrationen von Herrn Selleny, dem Maler der Expedition, versehen, in eleganter Ausstellung in der k. k. Hof- und Staatsdruckerei gedruckt werden, und dürfte schon nächstes Frühjahr erscheinen.

Das streng wissenschaftliche Werk wird gleichfalls ehestens von den Mitgliedern der wissenschaftlichen Comission am Bord der „Novara" zum Druck vorbereitet werden, und zwar wird jedes Mitglied jenes Fach bearbeiten, welche dasselbe während der Weltfahrt vertraten. Commodore Wüllerstorf übernimmt die Bearbeitung des astronomisch meteorologisch-magnetisch-geodätischem und nautischen Theiles. Dr. Hochstetter den geologischen, die Herren Frauenfeld und Zelebor die zoologischen, Dr. Schwarz und Jellinek den botanischen, Dr. Scherzer den ethnographischen und die handelspolitischen, Dr. Schwarz endlich den medizinisch-pharmakognostischen Theil. Das Album wird aus den von Herrn Selleny mitgebrachten Zeichnungen, Skizzen (über 2500) etc. zusammengestellt werden.

Für das herzustellende „Novara"-Museum sind die Räume des k. k. Hof-Augarten-Gebäudes bestimmt worden, und es soll mit der Aufstellung der mitgebrachten naturhistorischen Schätze sogleich begonnen werden, um das Museum noch im Laufe dieses Jahres dem Publikum zu öffnen.

Am 30. April 1857 erfolgte unter großem Jubel der Bevölkerung und Kanonendonner die Abfahrt der Novara von Triest, hier auf einer Ansicht von Občina aus gesehen. Wenige Wochen später wurde in der Hafenstadt die Vollendung der Südbahnstrecke Wien–Graz–Triest gefeiert.

2

Die Österreichische Marine – Von Miramar nach Mexiko – Die Missionen und Expeditionen der k. (u.) k. Marine

DER MARKUSLÖWE SIEHT ROT-WEISS-ROT

Obwohl sich die Anfänge einer österreichischen Seemacht bis in das 14. Jahrhundert zurück nachweisen lassen und danach unter Kaiser Karl VI., Maria Theresia und Joseph II. erfolgreiche Impulse zur Ausstattung einer erbländischen Flotte vom Stapel liefen, so datierte ein dauernder Aufschwung der Marine erst seit dem Zeitalter Napoleons. Schon 1382 hatte sich die Stadt Triest – um sich gegen die mächtigen Nachbarstädte Venedig und Aquileia zu schützen – freiwillig unter den Schutz des Habsburgers Leopold III. begeben. Somit begann Österreichs Geschichte am Meer vor mehr als 625 Jahren. In einem Patent aus der zweiten Hälfte des 18. Jahrhunderts, die Privilegierte Orientalische Kompanie betreffend, werden alle größeren *Innerösterreichischen Meerporten* aufgezählt. Es waren dies Triest, Fiume (heute Rijeka), Buccari (Bakar), Porto Re (Kraljevica) und Zengg (Senj).

Im Rahmen der Franzosenkriege erklärte Napoleon (1769–1821) Venedig den Krieg. Die Franzosen besetzten die Lagunenstadt und übernahmen einen Großteil der etwa 200 vorhandenen venezianischen Schiffe – Linienschiffe (die größten Kriegsschiffe, die bei einer Seeschlacht in einer „Linie“ fahren), Fregatten, Galeeren (mit Rudern oder Riemen), Kanonenboote, Briggs (Schnellsegler mit zwei Masten), Schebecken (schnelle wendige, flachgehende kleine „Piratenschiffe“) und Felucken (kleine Küstenschiffe mit Lateinsegeln). Einen unersetzlichen Verlust für die Erforschung der Schiffsbautechnik bedeutete die Plünderung einer Sammlung von Schiffsmodellen und nautischen Instrumenten im Arsenal von Venedig. Ein Teil dieser Schätze landete ebenso wie die berühmte Geschützsammlung des Arsenals im Louvre in Paris. Manche Wertgegenstände kamen nach dem Wiener Kongress nach Venedig zurück, einiges blieb für immer verschollen.

Der kurze, für Frankreich erfolgreich verlaufende Krieg mit Venedig endete im Oktober 1797 im Friedensschluss von Campo Formido (Formio), einem kleinen Städtchen bei Udine. Die Ergebnisse des von Napoleon diktierten Friedens waren für Venedig katastrophal, für Österreich hingegen brachten sie eine Arrondierung seines Besitzes. Die österreichischen Niederlande (Belgien) und die Lombardei fielen an Frankreich, Venedig mit den Küstengebieten Istriens (Inneristrien war ja schon seit dem Spätmittelalter habsburgisch) und Dalmatien kamen an Österreich. Die Fahne des Markuslöwen musste nun der des Doppeladlers weichen, die rot-weiß-rote Flagge wehte vom Eingang des Arsenals und von den Masten der an Österreich übergebenen Kriegsschiffe. Aus Österreich, das seit vielen Jahrhunderten seine kleinen Küstengebiete eher stiefmütterlich behandelt hatte, war unversehens eine Großmacht an der Adria geworden.

Die Bezeichnung der Flotte, die das Erbe Venedigs übernahm, lautete „Venezianisch-Österreichische Marine“. Der Haupthafen blieb natürlich Venedig, Offiziere und Mannschaften wurden zum Teil übernommen. Zum Bestand der Marine gehörte außer dem Schiffsmaterial und der Anlage des Seearsenals noch eine Fülle an verschiedenen Liegenschaften. So scheinen in einem

Bis zum Revolutionsjahr 1848 war Venedig der Zentralhafen der k. k. Marine.

Venezianische Brigg unter Segel.

Inventar auch zehn Klostergebäude, zwei Kirchen, drei Palazzi, eine Schule und drei Inseln, auf denen sich Pulvermagazine und Lebensmitteldepots befanden, auf. In den Klöstern waren verschiedene Marineeinrichtungen wie etwa das Marinekollegium und das Marinestrafhaus untergebracht.

Die neu erworbene lang gestreckte Küstenlinie, durch hunderte parallel zur Küste laufende Inseln geschützt, war von Italienern, Kroaten und Dalmatinern bewohnt, die nach alter Tradition vorzügliche Seeleute stellten.

Im Jahr 1800 entstand in Wien ein Marineoberkommando, das ab dem folgenden Jahr von Erzherzog Karl, dem Bruder von Kaiser Franz II., als Kriegs- und Marineminister geleitet wurde. Gleichzeitig wurden viele neue Ämter und Amtstitel ins Leben gerufen. Eine viel versprechende Epoche der österreichischen Seekriegsgeschichte war angebrochen. Den Reformen in der Verwaltung und in der Organisation folgte 1803 eine Dienstvorschrift, die ein halbes Jahrhundert in Kraft blieb. Die Vorschrift, entsprechend der Kommandosprache in Italienisch verfasst, lautete unter anderem:

Die Schiffsjungen können im Alter von zehn Jahren aufgenommen werden. Sie stehen an Bord unter der unmittelbaren Aufsicht des Kaplans, der ihnen Religions- und anderen Unterricht erteilt. Sie sind den Seekadetten und Unteroffizieren zur Bedienung zugewiesen. Bei schönem Wetter werden sie in der Takelage unterrichtet, zur Stärkung des patriotischen Gefühls haben sie jeden Tag nach Schluß der Arbeit Seine Majestät mit drei Evviva-Rufen zu grüßen. Mit fünfzehn Jahren können sie auf eigenen Wunsch als Matrosen eintreten.

Die Matrosen müssen sich immer rein halten, alle Tage kämmen und einmal in der Woche rasieren …

Die Bootsleute (Unteroffiziere) sind Führer der Wachen. Sie tragen im Dienst einen kurzen Stock, um säumige Leute mit zwei oder drei Streichen bestrafen zu können. Mehr soll aber nicht geschlagen werden, da auch diese Streiche nur geduldet sind …

Dem Schiffskoch ist es bei strenger Strafe verboten, das Fett von der Suppe abzuschöpfen, um davon zu profitieren …

Bei ansteckenden Krankheiten haben die Chirurgen täglich mehrere Räucherungen vorzunehmen, um die Luft zu reinigen und zu erneuern. Der erste Chirurg soll insbesondere die Krankheiten, vor allem jene in fremden Gebieten, studieren und, statt sich ein unabänderliches, fast immer falsches Heilsystem zurechtzulegen, mehr den natürlichen Heilbetrieb zu fördern trachten …

Der Schiffskaplan, ein Mann von Lebensart und tadellosem Lebenswandel, hat die Kranken täglich zu besuchen und ihnen, ohne zu lange und überflüssige Predigten, Mut zuzusprechen.

Dem Kommandanten ist es bei Strafe der Dienstentlassung verboten, Handel zu treiben oder zu erlauben, daß dies eine Person der Besatzung tue.

Die Dienst- und Kommandosprache der Venezianisch-Österreichischen Marine war, wie zuvor erwähnt, Italienisch. 1805 wurde jedoch eine Verordnung erlassen, nach der alle Seekadetten, um befördert zu werden, die deutsche Sprache beherrschen müssten. Die Offiziere in niedrigeren Rängen erhielten drei Jahre Zeit, um Deutsch zu erlernen.

Die positive Entwicklung der Marine wurde im gleichen Jahr durch die politischen Ereignisse jäh unterbrochen. Die Koalitionskriege brachten vorübergehend den Verlust aller neuen Küstengebiete an der Adria, die an das neue, von Napoleon ins Leben gerufene Königreich Italien abgetreten werden mussten. Bis 1814 war die rot-weiß-rote Flagge von der See verschwunden. Erst der Friede von Paris bzw. der Wiener Kongress 1814/15 brachte Österreich wieder in den Besitz von Venedig, Istrien, der lang gezogenen Küste Dalmatiens und den hunderten kleinen Inseln in der Adria.

Um die Marine nun im traditionellen venezianischen Stil weiterführen zu können, wäre ein Vermögen nötig gewesen, das natürlich nicht aufzutreiben war. Zudem waren die Mitglieder des kaiserlichen Hofkriegsrates der Meinung, dass es die Hauptaufgabe der Marine sein solle, die Küsten zu beschützen. Sparsamkeit und Einschränkungen seien oberstes Gebot.

Der Kaiser selbst war einige Male nach Venedig gereist, er zeigte durchaus Interesse an der Seefahrt und besuchte sogar mehrmals das durch die Franzosenkriege arg in Mitleidenschaft gezogene Arsenal. Seine erste Visite im Oktober 1815 wurde in der „Wiener Zeitung“ ausführlich beschrieben. Zudem verstand es Kaiser Franz I., sich in Venedig, für das Österreich eine fremde, wenig beliebte Macht blieb, durch geschickte Gnadenerweise einige Sympathien zu erwerben. Besonders seine Anordnung, die vier Bronzepferde von der

Balustrade des Markusdoms und den geflügelten Markuslöwen – diese Symbolfiguren hatte Napoleon nach Paris verschleppt – sogleich wieder auf ihren alten Platz zu bringen, wurde von den Venezianern begrüßt. Und so stand der Markuslöwe nun wieder auf der Spitze der hohen Säule auf der Piazzetta – allerdings in unmittelbarer Nachbarschaft eines Fahnenmastes, von dem die rot-weiß-rote Flagge wehte.

Das Marinekadettenkollegium, kurz Marinekolleg genannt, hatte für die Ausbildung von österreichischen Marineoffizieren zu sorgen. In einem Zeugnis aus dem Jahr 1842 (der 15-jährige Zögling hieß Wilhelm Tegetthoff) wurden folgende Gegenstände beurteilt:

Religion
Mathematik
Geschichte (Seekriegsgeschichte)
Geographie
Seegesetze
Deutsche Sprache
Französische Sprache, Orthographie
Artilleriedienst
Dienstreglement
Zeichnen
Kalligraphie

In anderen Jahrgängen wurden dazu noch Nautik, Seetaktik und Schiffsbau gelehrt, an sportlichen Übungen waren Schwimmen, Rudern und Fechten vorgesehen. Während der Sommermonate erfolgte die praktische Ausbildung auf den Schulschiffen.

Eine besondere Aufgabe fiel der Marine 1817 zu: Die junge Erzherzogin Leopoldine (1797–1826), eine Tochter Kaiser Franz' I. musste nach Rio de Janeiro zu ihrem künftigen Gatten, dem Thronfolger Dom Pedro (1798–1834) von Brasilien, gebracht werden. Die Brautfahrt nach Brasilien war die erste transozeanische Aktivität der österreichischen Kriegsmarine. Auf dieser Reise, bei der man auch Gibraltar und Madeira berührte, wurden auch Passagiere und Handelswaren transportiert. So befand sich an Bord der beiden Fregatten außer dem Hofstaat der Erzherzogin auch eine ansehnliche Zahl an Gelehrten, Sammlern und Malern, die den Auftrag erhielten, die unerschlossenen Regionen Brasiliens zu erforschen und skizzenhaft festzuhalten. Unzählige Objekte aus den Fachgebieten Botanik, Zoologie, Geologie und Ethnographie wurden nach Beendigung dieser Mission 1818 – nach 65-tägiger Fahrt – zuerst nach Triest und weiter nach Wien verfrachtet. In der Residenzstadt entstand vorübergehend das Brasilianische Museum, und zahlreiche Wissenschaftler waren jahrelang damit beschäftigt, die „Exoten" in ein System zu bringen.

Diese erste große österreichische Expedition wurde richtungweisend für viele weitere wissenschaftliche Forschungsaufträge, für diplomatische und wirtschaftliche Aufgaben, die mit den Schiffen unter der rot-weiß-roten Flagge erfolgten.

Im Jahr 1820 brachte die Fregatte *Carolina* einen österreichischen Gesandten nach Rio de Janeiro und segelte sodann auf der traditionellen Route der Ostindienfahrer zurück über den Atlantik, vorbei am Kap der Guten Hoffnung und durch den Indischen Ozean nach Kanton in China, um einen weiteren Diplomaten an sein Ziel zu bringen. Gleichzeitig beförderte man eine Ladung Quecksilber und schloss mit der chinesischen Regierung den ersten Handelsvertrag ab.

Um die heimischen Gewässer der Adria besser erforschen und nutzen zu können, wurde 1819 mit der Herausgabe eines groß angelegten Kartenwerks begonnen. Diese Seekarten zeigten neben den Küstenformen, Ankerplätzen und Leuchttürmen auch die Meerestiefen, die Klippen und Sandbänke an.

Die Kriegsmarine wurde allerdings auch für – heute eher kurios anmutende – zivile Aufgaben eingesetzt, zum Beispiel für den Postverkehr von Triest nach Dalmatien. Erst 1837 erhielten die Dampfschiffe des Österreichischen Lloyd den Auftrag, diesen Dienst zu übernehmen. In den 30er-Jahren des 19. Jahrhunderts nahm sich die Kriegsmarine polnischer Emigranten an: Die österreichische Marine beförderte dreimal polnische Auswanderer nach New York.

1829 kam es zu einem schweren Konflikt zwischen Österreich und Marokko, einem Land, das damals als Barbareskenstaat bezeichnet wurde, da es sich ganz offen zur Piraterie und zum Sklavenfang bekannte. Ein marokkanischer Korsar hatte nahe der Straße von Gibraltar ein Triestiner Handelsschiff gekapert und beabsichtigt, die Besatzung auf dem Sklavenmarkt anzubieten. Mehrere österreichische Fregatten segelten eilends nach Marokko, um die Besatzung zu retten, oder, falls das nicht mehr möglich wäre, Vergeltung zu üben. Bei El Araisch an der Atlantikküste Marokkos kam es zu einer Blockade des Hafens durch österreichische Schiffe und zu einem

Der Raddampfer Simon Bolivar. Schon zu Zeiten Maria Theresias wurden von Österreich aus Expeditionen nach Mittel- und Südamerika gesandt.

Anlässlich der Feierlichkeiten zur Eröffnung des Suezkanals im Jahr 1869 bestieg Kaiser Franz Joseph auch die Cheops-Pyramide.

Artilleriegefecht, das für Österreich siegreich endete. Schiffe und Mannschaft wurden befreit.

All diese Aktivitäten hoben in der Bevölkerung allmählich das Bewusstsein, als Bürger der Habsburgermonarchie auch Angehöriger einer Seemacht zu sein. Diese Erkenntnis machte sich in den damals so beliebten und häufig erscheinenden Seemannsgeschichten, in malerischen Schiffsdarstellungen und in spektakulären Zeitungsmeldungen über die neuesten Erfindungen auf dem Gebiet der Schiffsbautechnik bemerkbar. Mit großem Publikumsinteresse erfolgte 1829 die Probefahrt des Schraubendampfers *Civetta* im Hafen von Triest. Leider brachte diese Vorführung wegen eines Materialschadens nicht den gewünschten Erfolg. Die Idee der Schiffsschraube aber, eine Erfindung des k. k. Marineforstbeamten Joseph Ressel (1793–1857), die durch dieses Missgeschick verworfen wurde, wurde wenig später im Ausland erfolgreich verwertet.

Im Jahr 1830 entstand in Wien die Erste k. k. privilegierte Donau-Dampfschiffahrtsgesellschaft (DDSG), die zunächst den Passagier- und Frachtverkehr von Wien bis zur Donaumündung in das Schwarze Meer unterhielt. 1834 fuhr das Dampfschiff *Marie Dorothee* von Triest bis Konstantinopel.

1833 erfolgte die Gründung des Österreichischen Lloyd in Triest. Diese private Reederei übernahm später mit einigen Dampfern der DDSG auch deren Liniendienst. Nach der Eröffnung des Suezkanals (1869) befuhr der Österreichische Lloyd regelmäßig die Strecken von Triest nach Indien und China und nach Südamerika. Die Tradition dieser Gesellschaft lebt heute, da Österreich seine Küstengebiete nach dem Ersten Weltkrieg verlor, im Lloyd Triestino weiter.

Trotz all dieser Erfolgsmeldungen führte die Marine innerhalb der Monarchie ein Sonderleben, und das nicht nur weil die Offiziere sich noch vorwiegend in italienischer Sprache unterhielten. Der k. u. k. Linienschiffskapitän Max von Rottauscher (1846–1921) berichtete in seinem 1913 erschienenen autobiographischen Buch „Als Venedig noch österreichisch war" über seine älteren Kollegen, die sich noch an die Zeit um 1840 erinnerten:

Matrosen und Offiziere blieben Venezianer. Es fiel wenigen Angehörigen der alten Erblande ein, in der Adria zu dienen. Man wußte wohl auch kaum, daß hinter Cap Salvore Kriegsschiffe die rot-weiß-rote Flagge trugen … Dalmatien war ja nichts, denn halbe Türkei. Kaum mehr als zwei Wegstunden entfernt von der Küste begann schon das Gebiet eines Paschas … Die österreichische Biedermeiermarine also vegetierte jenseits Europas. Und sie war des zufrieden, denn der Doppeladler galt den guten Leuten nur als äußerliches Symbol. In Wahrheit lebten sie noch immer die Zeiten des heiligen Markus. Sein Löwe schwebte ihrem Geist vor, die altvenetianischen Kommandorufe und Exerzitien regierten …

EIN JUNGER HABSBURGER EROBERT AKKON

Ein großes Verdienst um die Popularität der österreichischen Kriegsmarine gebührte dem jungen Erzherzog Friedrich (1821–1847), einem Sohn des beliebten Erzherzogs Karl, der als Sieger über Napoleon bei Aspern im Jahr 1809 in die österreichische Geschichte eingegangen ist. Erzherzog Friedrich trat auf seinen eigenen Wunsch als 16-Jähriger in die österreichische Kriegsmarine ein und erhielt bereits mit 19 Jahren das Kommando über die Fregatte *Guerriera*. Und noch bevor das starke italienische Element in der Marine im Revolutionsjahr 1848 beinahe zu deren Auflösung führte, kam die Kriegsmarine 1840 während des Krieges zwischen der Türkei und seinem offiziellen Vasallen Ägypten nochmals zu internationalem Ansehen. Einsatzort war die syrische Küste. Den politischen Hintergrund bildete die Erhebung des Vizekönigs von Ägypten, Mehmed Ali, gegen Sultan Mohammed II. Der Vizekönig wünschte ein unabhängiges Ägypten, eine ägyptische Flotte segelte in Richtung Konstantinopel. Sultan Mohammed wandte sich an die europäischen Großmächte um Hilfe. England, Preußen, Russland und Österreich schlossen mit der Pforte ein Bündnis mit dem Ziel, die Levante zu befrieden und den einträglichen Orienthandel nicht untergehen zu lassen. Eine Flotte, bestehend aus britischen, österreichischen und türkischen Schiffen wurde unter dem Kommando des britischen Admirals Stopford ausgerüstet. Ein österreichisches Geschwader unter dem Kommandanten Graf Bandiera vereinigte sich mit der britischen Flotte vor Beirut und erreichte nach einem Artilleriegefecht den Fall der Festung.

Erzherzog Friedrich, der die *Guerriera* kommandierte, fiel wenige Tage später bei der Belagerung von Saida (Syrien) durch besondere Bravour und Entschlusskraft auf. Der junge Erzherzog drang an der Spitze einer Landeeinheit durch die Straßen der orientalischen Stadt bis zur Höhe des Stadtkastells vor und überwältigte die bereits stark dezimierte Besatzung. Eiligst wurde die österreichische Flagge gehisst und so den auf den Schiffen verbliebenen Kameraden und Verbündeten die erfolgreiche Einnahme angezeigt.

Im November des Jahres 1840 begannen die Verbündeten mit der Blockade des Hafens von Acri (dem Akkon der Kreuzfahrer). Nach einem Artilleriegefecht, bei dem das Pulvermagazin von Acri in die Luft gejagt wurde, das aber der verbündeten Flotte so gut wie keinen Schaden zufügte, drang wiederum unter der Führung Erzherzog Friedrichs eine Landeeinheit durch eine Öffnung in der Festungsmauer ein und erstürmte die Zitadelle. Die Besatzung war bereits geflohen. Erzherzog Friedrich ließ nun auf einem Flaggenstock eine türkische und eine britische Flagge neben der österreichischen Flagge hissen. Dieses Zeichen wurde sofort von einem spontanen Geschützsalut der österreichischen, türkischen und britischen Flotteneinheit begrüßt. Dieses Flaggenzeichen Erzherzog Friedrichs war jedoch mehr als eine Siegesmeldung, denn die Briten hatten die ritterliche Geste sehr wohl verstanden, war doch etwa 650 Jahre zuvor (1191) hier der Legende nach das rot-weiß-rote Banner des Babenbergers Leopold V. vom englischen König Richard Löwenherz schmählich beleidigt und zerrissen worden. Nun jedoch hisste ein österreichischer Erzherzog die britische Flagge freiwillig neben der seinen. Die Erstürmung von Akkon war das letzte Unternehmen dieses Krieges. Mehmed Ali unterwarf sich dem Sultan.

Zur Erinnerung an diese Ereignisse erhielt eine im Jahr 1855 vom Stapel gelaufene Goelette – so lautete die Bezeichnung für einen kleinen Hochseesegler – den Namen *Saida*.

Schon 1844 war die Ernennung des Erzherzogs zum Marineoberkommandanten erfolgt. Er ging mit Feuereifer ans Werk, strebte umfassende Reformen an und sah eine umfangreiche Modernisierung und Vergrößerung des Schiffsparks vor. Seine Bemühungen fanden jedoch ein rasches Ende, denn im Oktober 1847 verstarb der erst 26 Jahre alte Erzherzog in Venedig unter mysteriösen Umständen – es wurde von Giftmord gemunkelt.

Die Herrschaft Österreichs in Venedig dauerte dagegen insgesamt beinahe 60 Jahre an. In diesen Jahrzehnten wurde das Arsenal modernisiert, viele Brücken wurden erneuert und mit einem für diese Zeit charakteristischen Gitter aus Gusseisen versehen. Freilich hatte Venedig auch unter dem System Metternich zu leiden, das alle nationalen Bestrebungen unterdrückte und jede kritische Meinungsäußerung durch eine strenge Zensur zu verhindern suchte. Auch der wirtschaftliche Aufschwung, die Schaffung eines Freihafens und schließlich, im Jänner 1848, die feierliche Eröffnung der Eisenbahnbrücke und Bahnlinie zwischen dem Festland und der Lagunenstadt konnten nicht dazu beitragen, die Sympathie für die *Austriaci* zu erhöhen.

Um die Jahrhundertmitte waren die nationalen Forderungen der Volksgruppen innerhalb der Monarchie und innerhalb ganz Europas nicht mehr zu überhören. Europa stand vor einer neuen Revolutionswelle, die ihren Niederschlag auch in der Venezianisch-Österreichischen Marine finden sollte.

MEUTEREI IN DER MARINE

Im März 1848 griff die von Frankreich ausgehende Revolution auf die habsburgischen Länder innerhalb und außerhalb des Deutschen Bundes über. Die Zentren des Aufstandes waren neben Wien, Prag, Budapest und Lemberg vor allem auch Mailand und Venedig. Die Ziele der Revolution waren von vielfältigen Überschneidungen liberaler, sozialer und nationaler Wünsche gekennzeichnet.

In Lombardo-Venetien, das ja in dieser Zusammensetzung erst seit dem Wiener Kongress zum Kaiserstaat Österreich gehörte, hatte die Revolution einen überwiegend nationalen Charakter, der von der Bewegung Giovane Italia (Junges Italien) geschürt wurde und ein vereinigtes Italien ohne österreichische Einmischung zum Ziel hatte. Carlo Alberto, der König des einzigen von einem Italiener regierten Landes, nämlich Sardinien-Piemont, stellte sich an die Spitze dieser Bewegung. Das revoltierende Mailand bat nun den sardischen König gegen die unerwünschte österreichische Regierungsmacht um Hilfe. Wien sandte den damals bereits 82-jährigen Feldmarschall Josef Wenzel Graf Radetzky (1766–1858) nach Oberitalien. Dem ungemein populären und schon zu Lebzeiten zur Legende gewordenen greisen Radetzky gelang bei Custozza ein entscheidender Sieg, der Aufstand in der Lombardei war bereits im Sommer 1848 zu Ende.

Der Sieg Feldmarschall Radetzkys in der Schlacht bei Novara im März 1849 wurde namensgebend für die Fregatte, die durch ihre Weltumsegelung internationale Bekanntheit erhielt.

Die nach dem bedeutendsten Heerführer des 19. Jahrhunderts benannte Fregatte Radetzky war 1864 am Seegefecht von Helgoland beteiligt. Karl Weyprecht, der später durch die Entdeckung des Franz-Joseph-Landes berühmt wurde, verbrachte seine erste Dienstzeit als Marineoffizier auf der Radetzky.

Weitaus länger und folgenreicher verlief der Aufstand in Venedig. Die Stadt war der Haupthafen der k. u. k. Kriegsmarine, und das dortige Arsenal vereinigte alle zentralen Stellen der Flotte: das Marineoberkommando, sämtliche Marinetruppenkommandos und die Depots des Matrosenkorps, die Marineartillerie, die Marineinfanterie, die Marineanstalten, das Kadettenkollegium, das Knaben-Erziehungshaus und sogar die Strafanstalt. Die Flotte befand sich zwar zum weitaus größten Teil im aktiven Seedienst außerhalb der unmittelbar venezianischen Gewässer, aber neben dem Hafenwachtschiff, der Korvette *Clemenza*, die zugleich die Flagge des Marineoberkommandanten führte, waren viele Schiffe teils im Arsenal, teils in den zahlreichen Häfen und Ankerplätzen des Lagunengebietes stationiert, denen der Wachdienst und die eventuelle Verteidigung der Kanäle oblagen. Der Marine kam somit im Falle eines äußeren Angriffs eine wichtige Rolle zu, eine noch wichtigere aber zweifellos für den Fall einer Revolution.

Bereits im März überstürzten sich die Ereignisse. Der Kommandant des Arsenals, Linienschiffskapitän Marinovich, wurde von meuternden Arsenalarbeitern erschlagen. Als dann noch der Marineoberkommandant, Vizeadmiral von Martini, von Revolutionären überwältigt wurde und sich die meisten Offiziere italienischer Herkunft der Revolte anschlossen, schienen die Marine und Venedig selbst für Österreich verloren.

Der glühende Nationalist Daniele Manin (1804–1857) rief in der Lagunenstadt die unabhängige Republik San Marco aus. Die Wiener Regierung enthob daraufhin jene Marineoffiziere, die sich eher als Italiener denn als Österreicher fühlten, ihrem Treueid gegenüber der rot-weiß-roten Flagge. Nach wechselvollen Ereignissen musste Venedig im August 1849 kapitulieren, die k. k. Armee zog wieder ein, die Marineoffiziere, die in der kurzlebigen Republik Manins gedient hatten, wurden von Amts wegen entlassen.

Nach der Wiedereinnahme von Venedig begann unter dem aus Dänemark stammenden Admiral Hans Birch Dahlerup (1790–1872) die energische Reorganisation der k. k. Marine. Eine der ersten Maßnahmen dieses neuen Oberkommandanten war die Einführung der deutschen Dienst- und Kommandosprache. Der Anteil der Italiener unter den Marineoffizieren ging stark zurück, an ihrer Stelle wurden mehr Männer aus den habsburgischen Binnenländern, aber auch Bewerber aus anderen Gebieten des Deutschen Bundes und sogar aus Nordeuropa aufgenommen. Da Venedig nach der Revolution als Zentralhafen nicht mehr als tragbar erschien, wurde das kleine Städtchen Pola an der Südspitze Istriens zum Haupthafen von Österreichs Marine bestimmt – eine glückliche Entscheidung sowohl für die ehemals wichtige Römerstadt, die in den nächsten Jahrzehnten eine immer größere Bedeutung gewann, wie auch für die Angehörigen der Marine, die zu dem modernen Kriegshafen eine stabile berufliche Bindung aufbauen und zunehmend auch einen emotionalen Bezug entstehen lassen konnten.

Pola

Drei Bauperioden haben in Pola ihre Spuren hinterlassen: die Römerzeit, die Ära des Markuslöwen und die Zeit ab etwa 1850, als Pola zum Zentralhafen der k. (u.) k. Kriegsmarine ausgebaut wurde.

Die Römer haben den kleinen, gut erhaltenen Augustustempel, die Porta Gemina, den Triumphbogen des Sergius, zwei szenische Theater und natürlich die berühmte Arena hinterlassen, ein Amphitheater, das heute noch das Wahrzeichen von Pola ist. In den ersten nachchristlichen Jahrhunderten diente es als Szenarium für Gladiatorenkämpfe und vermutlich auch für gespielte Seeschlachten. An die Herrschaftszeit des Markuslöwen (etwa 1350–1797) erinnern noch die Architektur der Altstadt und die Zitadelle auf dem Hügel im Zentrum der Stadt. Die größten baulichen Veränderungen erfuhr Pola durch die vielfältigen Anlagen der k. (u.) k. Kriegsmarine.

Vom Meer aus gelangte man nach Pola durch eine tief eingeschnittene Bucht, vorbei an stark befestigten Forts, die auf Felsvorsprüngen, Halbinseln oder kleinen Inseln errichtet waren. Das altösterreichische Pola breitete sich um den Kern der römisch-venezianischen Altstadt entlang des Meeres und auf mehreren Borgi (Hügeln) aus. Ein Hügel, einst mit Olivenhainen und Weingärten bewachsen, San Policarpo, wurde zum Wohngebiet für die Offiziere und Beamten der Kriegsmarine und für deren Angehörige. In diesem Bereich lag der Maximilian-Park mit dem Denkmal des einstigen Oberkommandanten der Kriegsmarine und späteren Kaisers von Mexiko. Das Monument, das sich

Ab 1850 wurde die alte Römerstadt Pola zum Zentralhafen der k. (u.) k. Marine ausgebaut.

Erzherzog Ferdinand Max, der jüngere Bruder von Kaiser Franz Joseph, erfüllte sich mit dem Bau des Schlosses Miramar einen Jugendtraum.

aus einer mit maritimen Emblemen geschmückten Säule, einem Porträtmedaillon des Erzherzogs und aus einer geflügelten Viktoriafigur zusammensetzt, steht heute in Venedig. Ein anderer Hügel, der Monte Zaro, trug die Marinesternwarte, eine Parkanlage und das von Kaiser Franz Joseph gestiftete Denkmal für Admiral Tegetthoff, den Sieger von Lissa, das heute in Graz steht, wo sich auch die letzte Ruhestätte des steirischen Admirals befindet.
Die kleine Oliveninsel im Hafen war durch Werft- und Dockanlagen dicht verbaut und durch einen Schienenstrang mit dem Terrain des k. u. k. Arsenals verbunden. Hier reihten sich Werkstätten an Magazine und Depots, durchbrochen von Gleisanlagen und mit von Dampf betriebenen Kränen. Zu den Werkstätten zählte man auch die Bootswerften mit dem Bootsstapel, die Maschinen- und Bautischlerei, die Schlosser-, Schmiede- und Blockmacherwerkstätte, die Gebäude zur Herstellung von Böttcherwaren und Rudern und jene für die Masten, Anker und die Takelage. An Magazinen und Depots gab es das Feuerwehr- und das streng bewachte Artilleriedepot, das Mastenholz- und Kettenmagazin, das Segeltuch- und Takellager und das Hauptmagazin für Gegenstände aller Art, die auf den Schiffen Verwendung fanden. Nicht zu vergessen war ein Sondersaal, in dem Näherinnen alle National- und Signalflaggen der Marine anfertigten.
Den schönsten Anblick bot der Mastenwald des Schiffparks am Kai, wo die Panzerkolosse der modernen Schlachtschiffe neben ausgedienten Hulks und eleganten Jachten des kaiserlichen Hauses vor Anker lagen.

VON MIRAMAR NACH MEXIKO

Mexiko war 300 Jahre lang von spanischen Vizekönigen regiert worden. Auf den Trümmern der durch die Spanier weitgehend zerstörten Kultur entstand Neu-Spanien. Die Zivilisierung im Sinne Europas und die Bewahrung eines Restes von mexikanischer Identität waren das Werk von Patres aus dem Orden der Jesuiten und Franziskaner.

Im Zeitalter der Aufklärung und der Französischen Revolution wuchs die Unzufriedenheit der Kreolen, der im Lande geborenen Weißen, und vor allem auch die der Mestizen, die fast die Hälfte der Bevölkerung stellten, selbst aber keinerlei politische Funktion ausübten. Die Verwaltung lag ausschließlich in Händen der spanischen Vizekönige und ihrer für kurze Zeit aus Europa eingewanderten Günstlinge.

Mexiko den Mexikanern, lautete daher 1810 die Parole, die vom Kreolen Miguel Allende und dem Priester Hidalgo ausging. Doch erst zwölf Jahre später sollte es Agustín Iturbide (1783–1824) gelingen, die Unabhängigkeit Mexikos zu proklamieren und selbst die Kaiserkrone anzunehmen. Zwei Jahre darauf wurde der ehemalige Offizier und Kaiser von Mexiko zum Tode verurteilt und erschossen.

Der Bürgerkrieg verschärfte sich, unter den vielen Strömungen wurden die Liberalen, die sich zur Demokratie bekannten, und die von der Kirche unterstützten Konservativen zu den stärksten Gruppen im Land. England, Frankreich und die USA versuchten aus der verworrenen Situation Kapital zu schlagen. Anleihen mit außerordentlich ungünstigen Zinsen ruinierten Mexikos Wirtschaft. Den USA gelang es, ihrem Territorium beträchtliche Teile des Landes wie Texas, Neu-Mexiko und Südkalifornien einzuverleiben.

Napoleon III. (1808–1873), der sich selbst gern als der Schutzherr aller romanischen Völker sah, griff in den Jahren von 1861 bis 1867 wiederholt in die innenpolitischen Schwierigkeiten Mexikos ein. In dem völlig verarmten und verschuldeten Land war mittlerweile der Mestize Benito Juárez (1806–1872) Präsident geworden. Da Mexiko seinen umfangreichen Rückzahlungsverpflichtungen an die europäischen Gläubigerstaaten Spanien, England und Frankreich nicht nachkommen konnte, besetzten französische Truppen das Land und zogen in die Hauptstadt ein. Eine von den Franzosen einberufene Notablenversammlung proklamierte Mexiko als Kaiserreich, die Krone sollte nach dem Ergebnis einer allerdings nur von wenigen Mexikanern getragenen Volksabstimmung dem Bruder Kaiser Franz Josephs, Erzherzog Ferdinand Max (1832–1867), angeboten werden.

Im April 1864 empfing der Erzherzog im Schloss Miramar bei Triest die mexikanische Deputation, die ihm seine Wahl zum Kaiser von Mexiko mitteilte. Ferdinand Max nahm die Wahl an und verzichtete auf alle Rechte im Zusammenhang mit der Erbfolge innerhalb der habsburgischen Monarchie.

Am 14. April 1864 erfolgte auf der *Novara* der feierliche, von Salutschüssen übertönte Abschied von Miramar. Kaiser Maximilian und seine Frau

Erzherzog Ferdinand Max, der zur Zeit der Weltumsegelung der Novara Oberkommandant der k. k. Marine war, nahm 1864 die Kaiserkrone von Mexiko an.

Im April 1864 trat Maximilian von Miramar aus seine Fahrt nach Mexiko auf der Novara an.

Admiral Wilhelm von Tegetthoff, dessen Name untrennbar mit dem Seesieg von Lissa verbunden ist.

Das 1912 fertig gestellte Schlachtschiff Tegetthoff erinnerte an Österreichs bekanntesten Admiral.

Charlotte, Tochter des belgischen Königs, gingen an Bord der in voller Flaggengala prangenden *Novara*. Ende Mai ankerte die Fregatte in Vera Cruz (Mexiko), Anfang Juni hielt das Kaiserpaar seinen Einzug in die Hauptstadt Mexikos.

Bald sah sich Maximilian in einem Land, das sich weder in wirtschaftlicher noch kultureller Hinsicht mit Österreich vergleichen ließ, einer Fülle von wirtschaftlichen Schwierigkeiten und persönlichen Gegnern gegenüber. Es kam zu einem neuerlichen Bürgerkrieg, in dessen Verlauf Maximilian besiegt und gefangen wurde. Ein Kriegsgericht verurteilte den Habsburger zum Tod. Am 19. Juni 1867 wurde der Kaiser in Querétaro erschossen. Kaiserin Charlotte war noch vor der Gefangennahme nach Europa gereist, um Unterstützung für ihren Mann zu erreichen. Napoleon – beschäftigt mit repräsentativen Aufgaben bei der Pariser Weltausstellung – verweigerte jede Hilfe.

Charlotte ignorierte die bittere Realität, verfiel in schwerste Depressionen und überlebte ihren Gatten in geistiger Umnachtung um mehr als 50 Jahre. Ein halbes Jahr nach dem Tod des Kaisers wurde Tegetthoff beauftragt, den Sarkophag mit den sterblichen Überresten Maximilians von den neuen Machthabern in Mexiko zu erbitten, was ihm nach langen Unterhandlungen auch gelang. Die *Novara*, die der Erzherzog als junger Seeoffizier befehligt und die ihn als Kaiser nach Mexiko befördert hatte, war dazu ausersehen, den Leichnam in die alte Heimat zurückzubringen.

TEGETTHOFF – EIN STEIRISCHER ADMIRAL

Der wohl bekannteste Repräsentant der österreichischen Marine war der 1827 im steirischen Marburg (Maribor) geborene Wilhelm von Tegetthoff. Der gerade ausgemusterte Linienschiffsfähnrich wirkte 1848/49 an der Blockade Venedigs mit, in den nächsten Jahren führte ihn sein Dienst an die Küsten der Levante. Im Jahr 1855 wurde Tegetthoff das Kommando über den Raddampfer *Taurus* anvertraut, der als österreichisches Stationsschiff nach Sulina, einer Stadt an einem der Mündungsarme der Donau, beordert war. Hier zeigte der junge Seeoffizier zum ersten Mal seine überdurchschnittlichen diplomatischen, militärischen und organisatorischen Fähigkeiten. Die Siedlungen und Hafenanlagen im Donaudelta waren während des Krimkrieges (1853–1856), bei dem es um die Vorherrschaft im Schwarzen Meer ging, zerstört oder stark beschädigt worden. Viele demolierte Schiffe lagen zum Teil unbemannt und ohne Wartung in den Häfen des Donaudeltas. Die Donauschifffahrt kam wegen unzulänglicher Baggerung und wegen vieler nicht weggeschaffter Hindernisse beinahe zum Erliegen. Tegetthoff, der Repräsentant der kleinen österreichischen Seemacht, organisierte nun gemeinsam mit griechischen und britischen Offizieren die notwendigsten Aufräumungsarbeiten. Bald waren die ärgsten Missstände beseitigt, der Donauhandel hatte wieder Zufahrt zum Schwarzen Meer.

Der österreichische Botschafter in Konstantinopel, Freiherr von Prokesch-Osten, berichtete Erzherzog Ferdinand Max über das außerordentlich gründliche, umfassende und energische Wirken des jungen Kommandanten. Der Erzherzog protegierte daraufhin den auffallend tüchtigen Tegetthoff und beauftragte ihn 1857, die Küsten des Roten Meeres nach einer etwaigen Anlage für eine österreichische Kohlestation zu durchforschen. Das Gebiet des Roten Meeres erlangte damals verstärktes internationales Interesse, da der Bau des Suezkanals bereits im Planungsstadium war. Eine weitere Aufgabe Tegetthoffs war es, die Möglichkeit zum Erwerb einer österreichischen Kolonie zu überprüfen. Er begann seine Erkundungsfahrt in das Rote Meer von Ägypten aus, gemeinsam mit dem bekannten Afrikaforscher Theodor von Heuglin (1824–1876) aus Württemberg. An der Küste von Somalia wurden die beiden Reisenden von Eingeborenen überfallen, Heuglin erlitt dabei eine schwere Verletzung durch einen Wurfspeer, doch rettete Tegetthoffs diplomatisches Geschick beiden Freiheit und Leben. Der Kommandant setzte die Reise allein fort und fand in der Insel Sokotra (heute zur Republik Jemen gehörig) einen für Österreich geeigneten Stützpunkt. Nach der Rückkehr in die Heimat riet er zum Ankauf der Insel, die zum Preis von etwa 100.000 Talern zu haben gewesen wäre. Erzherzog Ferdinand Max befürwortete das Projekt, doch stellte die Wiener Regierung wegen Mangels an Geld und Interesse die Verhandlungen ein.

Wie ideal der Vorschlag Tegetthoffs für die österreichische Monarchie gewesen wäre, beweist die Tatsache, dass die Briten Sokotra wenige Jahre später vom Sultan von Kischin (südliches Aden) gegen eine jährliche Pacht von 360 Dollar erwarben und hier einen Marinestützpunkt errichteten. Auch während der Expedition der *Novara* beschäftigten sich sowohl Commodore Wüllerstorf als auch der wissenschaftliche Leiter Scherzer intensiv mit der Frage des Erwerbs von Kolonien. Die Inselgruppe der Nikobaren galt bei den Überlegungen und anschließenden Berichten als die dafür am besten geeignete Region.

Es war übrigens der Wunsch Wüllerstorfs, Tegetthoff als *Gesammt-Detail-Offizier* für die Weltumsegelung der *Novara* zu verpflichten, der jedoch wurde dringend in der Levante gebraucht.

Tegetthoffs Karriere verlief beispiellos. 1858 rückte er zum Korvettenkapitän (Major) vor, schon im Jahr darauf erhielt er das Kommando über den Schraubendampfer *Kaiserin Elisabeth*, der Erzherzog Ferdinand Max nach Brasilien führte. 1860 erfolgte die Beförderung Tegetthoffs zum Fregattenkapitän (Oberstleutnant) und ein Jahr darauf die zum Linienschiffskapitän (Oberst). Mit diesem Avancement war das Kommando über die österreichische Flottenabteilung in der Levante verbunden.

Die Seeschlacht bei Lissa, die den Ruhm Tegetthoffs unsterblich machte, steht im Brennpunkt der gesamten österreichischen Marineliteratur. 1866 hatte Österreich im so genannten Deutschen Krieg einen Zwei-Fronten-Krieg zu führen: im Norden gegen Preußen und im Süden gegen Italien, das die Gelegenheit als günstig betrachtete, die restlichen „unerlösten" unter österreichischer Herrschaft stehenden Gebiete zu befreien. Im Norden kam es zur Katastrophe von Königgrätz, im Süden waren die Österreicher bei Custozza siegreich. Der österreichischen Flotte unter Tegetthoffs Kommando gelang nahe der Insel Lissa ein großartiger Sieg über die stärkere und moderner ausgerüstete italienische Flotte. Lissa war nach Trafalgar die größte Seeschlacht des 19. Jahrhunderts. Es war der letzte Kampf, an dem noch Holzschiffe mit Takelage teilnahmen, es war die einzige große Seeschlacht des Jahrhunderts, in der man den Gegner durch einen Rammstoß kampfunfähig machte oder es zumindest versuchte. Die Seeschlacht bei Lissa beendete den Krieg mit Italien. Trotz seiner Siege im Süden musste Österreich Venedig und Venetien an das neue Königreich Italien abtreten.

Zwei Jahre nach Lissa wurde Tegetthoff Marinekommandant und begann eine beinahe fieberhafte Reformtätigkeit. Die neu organisierte Ausbildung der Kadetten an der Marineakademie in Fiume ging ebenso auf sein Konzept zurück wie die Gründung von Mannschaftsschulen und die Bildung von Lehrgängen für Marinebeamte und Marineingenieure.

Sein besonderer Verdienst war aber die bereits von Erzherzog (Kaiser) Maximilian projektierte Idee, jedes Jahr zumindest ein Schiff auf Missionsreise zu beordern.

MISSIONSREISEN UND EXPEDITIONEN

Der Ausdruck „Mission" wurde keineswegs im religiösen Sinn verstanden, sondern bedeutete eine „Entsendung", um die seemännische Ausbildung zu vertiefen, um wirtschaftliche Kontakte zu knüpfen und um Flagge zu zeigen, wie man das Repräsentieren durch die k. u. k. Marine nannte. Die Teilnehmer einer Missionsreise rekrutierten sich neben dem Stab und der Mannschaft aus Absolventen des vierten Jahrgangs der Marineakademie. Diese gerade ausgemusterten Seekadetten sollten lernen, ihre theoretischen Kenntnisse nun in der Praxis anzuwenden. Während des Aufenthalts in den verschiedenen Häfen nahmen die Kadetten genauso wie die dienstälteren Offiziere an gesellschaftlichen Veranstaltungen und Einladungen von Botschaftern oder gar Souveränen teil und wuchsen so auch in die gesellschaftlichen Gepflogenheiten des Offiziersstandes hinein.

Die erste der geplanten Missionsreisen wurde noch im gleichen Jahr verwirklicht. Im Herbst 1868 verließ *S. M. S.* (Seiner Majestät Schiff) *Donau* die heimischen Gewässer und segelte Richtung Ostasien. Der Kommandant war zugleich bevollmächtigter Gesandter und in dieser Funktion berechtigt, Handelsverträge mit ostasiatischen Staaten abzuschließen. In den nächsten Jahren verblieb jeweils ein Stationsschiff in Ostasien und unterhielt stets regen Kontakt zu den verschiedenen konsularischen Vertretungen der Monarchie.

Die Gelegenheit, Flagge zu zeigen, bot sich für die Monarchie, den Kaiser und die Marine im Herbst 1869 anlässlich der Eröffnung des Suezkanals, einem Ereignis, das zu einem international beachteten Festakt wurde. Franz Joseph unternahm die Reise aus mehreren Gründen. Ein Anlass war die Erwiderung eines Staatsbesuches, denn 1868 war der türkische Sultan Gast am Wiener Hof gewesen. Der Kaiser nahm nun die Gegeneinladung der Hohen Pforte an und hielt sich mehrere Tage in Konstantinopel auf. Einen zweiten Beweggrund bot der Wunsch des Monarchen, die christlichen Pilgerstätten im Heiligen Land zu besuchen. Den außen- und wirtschaftspolitischen Anreiz bildete jedoch die Eröffnung des Suezkanals. Dieser neue Seeweg brachte dem europäischen Handel und den seefahrenden Nationen gewaltige Vorteile, wurde doch durch diese neue Wasserstraße der Weg nach Süd- oder Ostasien beträchtlich verkürzt. Die politischen Konflikte um den Besitz von Suezkanalaktien zogen sich bis in die zweite Hälfte des 20. Jahrhunderts hinein.

In den Jahren 1872 bis 1874 wurde eine österreichische Expedition in arktische Regionen durchgeführt. Die Leitung oblag dem Kaiserjägeroberleutnant Julius Payer (1841–1915) und dem k. k. Linienschiffsleutnant Carl Weyprecht (1838–1881). Die *Tegetthoff*, die auf der Suche nach einer Nordostpassage war, wurde im Nördlichen Eismeer bald von Eismassen eingeschlossen und trieb hilflos nach Norden. Durch Zufall entdeckten die Männer eine mit hohen, den Alpen ähnlichen Gebirgen überzogene Inselgruppe, die zu Ehren des fernen Monarchen Franz-Joseph-Land benannt wurde.

Die Jahre 1884, 1885 und 1886 kann man als Zenit der Missionstätigkeit der Kriegsmarine betrachten. Nicht weniger als sieben große Reisen wurden in diesem Zeitraum durchgeführt:

S. M. S. Helgoland nahm Kurs auf Westafrika, *S. M. S. Frundsberg* segelte nach Ostafrika, *S. M. S. Aurora* stattete Südamerika einen Besuch ab, *S. M. S. Saida* gelangte nach Australien, *S. M. S. Nautilus* befuhr die Route nach Ostasien, *S. M. S. Donau* setzte den Bug nach Westindien, in die USA und zurück nach Kiel, und *S. M. S. Albatros* schließlich erhielt den Befehl, das östliche Südamerika, das Kapland und die westafrikanischen Häfen anzulaufen.

Die Instruktionen waren für alle Missionen ähnlich. Sie betrafen:

1. das Repräsentieren der k. u. k. Flagge
2. die Navigation unter Segel (obwohl die Schiffe auch mit Dampf betrieben werden konnten)
3. die Ausbildung von Stab und Mannschaft
4. die Wahrung handelspolitischer Belange
5. die Meeresforschung (Lotung, Küstenaufnahmen usw.)
6. wissenschaftliche Aufgaben auf dem Gebiet der Ethnographie, Zoologie und Botanik
7. die medizinische Vorsorge in allen Klimazonen
8. Sonderinstruktionen zur Erprobung neuer nautischer Geräte

Auch für die Weltumsegelung der *Novara* einige Jahre zuvor hatte es, was den nautischen Bereich anbelangt, ausführliche Instruktionen gegeben. Ungewöhnlich war jedoch, dass die teilnehmenden Naturforscher eigene gedruckte Richtlinien erhielten. So gab die kaiserliche Akademie der Wissenschaften in Wien eine 146 Seiten umfassende Instruktion über die vorzunehmenden Beobachtungen, Experimente und Proben-Sammlungen heraus. Die Schrift enthält Hinweise, wie die speziellen Herbarien anzulegen seien und auf welche Art man mit zoologischen Präparaten umzugehen habe. Bemerkenswert war der Wunsch, in allen besuchten Ländern die gängigen Münzen zu sammeln. Zur leichteren Orientierung war eine Auflistung von amerikanischen, asiatischen und afrikanischen Münzen beigegeben, die ohnehin im k. k. Münz- und Antikenkabinett vorhanden waren und deren Ankauf sich daher eigentlich erübrigte. Eine weitere detaillierte Instruktion hinsichtlich der Linguistik, Geschichte und Archäologie enthielt folgende Hinweise:

> *Das correspondierende Mitglied von Martius wünscht Wörtersammlungen und hat zu diesem Behufe ein Verzeichnis von lateinischen Wörtern eingeschickt, die er in die verschiedenen entweder noch ganz unbekannten oder nicht hinreichend bekannten Sprachen übersetzt wünscht. Finden die Herren Reisenden, dass in irgend einer Sprache Wörtersammlungen bereits vorhanden sind, so möge sie dieser Umstand nicht abhalten, eine solche anzulegen, damit die verschiedenen Aufzeichnungen mit einander verglichen und wo möglich durch einander berichtigt werden, was aus dem Grunde nicht unmöglich ist, weil viele namentlich die von Engländern aufgeschriebenen Wörtersammlungen hinsichtlich der Aussprache manchem Zweifel Raum geben. Die Commission erlaubt sich noch zu bemerken, dass bei dem Abfragen von Wörtern die Eintheilung derselben in gewisse Gruppen als: Glieder des Leibes, Verwandtschaftsgrade, Utensilien u. s. w. sich als zweckmässig erwiesen hat, weil die Wilden sonst noch leichter ermüden.*

Für Archäologie und Geschichte der Baukunst können sich die Gelehrten durch photographische Aufnahme merkwürdiger Bauten ein grosses Verdienst erwerben. Sie werden gewiss eine ihren Vorgängern unbekannte Erfindung zum Vortheil der Wissenschaft nach Möglichkeit ausbeuten.
Das sind die Andeutungen, welche die philosophisch-historische Classe hinsichtlich der von ihr vertretenen Fächer an der Weltfahrt theilnehmenden Gelehrten machen zu müssen geglaubt hat; dieselbe ist überzeugt, dass die ausgezeichneten Männer, welche theils das Vertrauen Seiner kaiserlichen Hoheit des durchlauchtigsten Herrn Erzherzogs Ferdinand Max, als Ober-Commandanten der kaiserlich-österreichischen Kriegsmarine, theils die Wahl der mathematisch-naturwissenschaftlichen Classe zur Theilnahme an diesem Nationalunternehmen berufen hat, nichts unterlassen werden, was zur Förderung der Wissenschaft nach allen Richtungen und dadurch zur Ehre des Vaterlandes beitragen kann.

Wie sich später herausstellen sollte, waren nicht alle Empfehlungen und Anweisungen durchführbar, da nicht alle angegebenen Destinationen besucht wurden. Zudem hatten die an dieser Schrift beteiligten Gelehrten ein maximales wissenschaftliches Wunschprogramm erstellt.

Eine weitere bemerkenswerte Forderung war der erwünschte Ankauf von koreanischen, japanischen und chinesischen Büchern, wobei die Buchtitel in den jeweiligen Schriftzeichen angeführt sind.

Eine Auflistung beachtenswerter periodischer Schriften aus den von der *Novara* berührten Hafenstädten rundet die Wunschliste ab. Erwünscht waren beispielsweise aus Madeira Schriften des „Instituto Philosophico“, aus Kapstadt die „Local-Literal-Gazette“, aus Madras die Publikationen der dortigen Sternwarte, aus Sydney das „New South Wales Magazin“, von den Sandwich-Inseln „The Hawaian Spectator“ und aus der gleichnamigen Hafenstadt der „Singapore-Chronicle“, um nur einige wenige zu nennen.

Auch von anderen Institutionen wurden Wünsche an das Forscherteam herangetragen, so ersuchte die medizinische Fakultät der Universität Wien um Informationen über das Vorkommen epidemischer und endemischer Erkrankungen.

Insgesamt wurde die österreichische Weltumsegelung durch den Auftrag, möglichst viele wissenschaftliche Erkenntnisse zu sammeln, zu einem *gesammtstaatlichen* Anliegen des Deutschen Bundes.

SMS Saida auf einer transozeanischen Missionsreise.

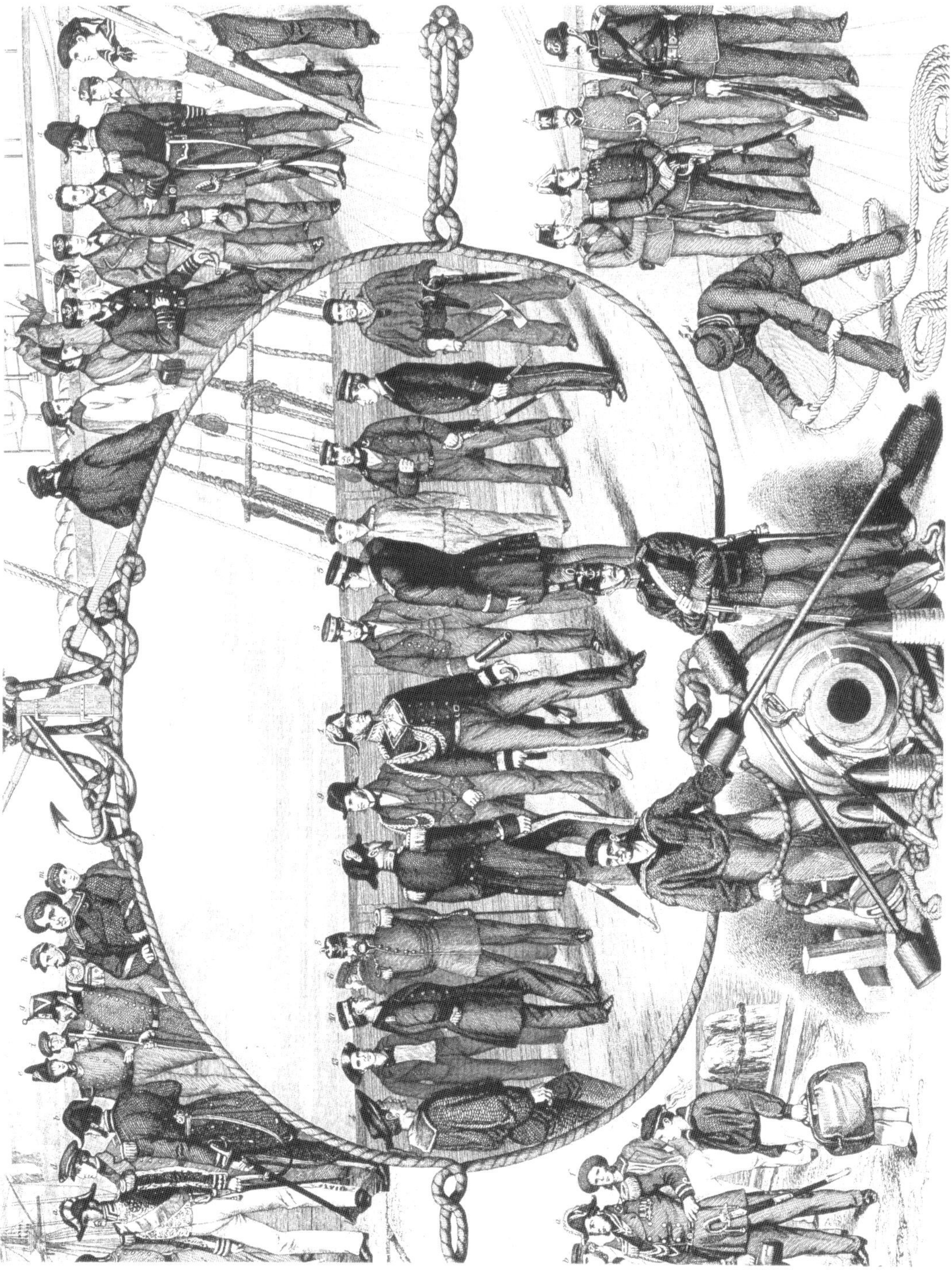

Die Marinen der europäischen Seemächte um 1870.

Dieses Denkmal für Kaiser Maximilian I. von Mexiko befand sich ursprünglich in Pola (Pula, Kroatien) und steht heute in Venedig.

3

S. M. S. Novara – Geschichte, Erscheinungsbild und Ausrüstung der Fregatte

Am Ende der erfolgreich absolvierten Weltumsegelung der *Novara* konnte Commodore Bernhard Wüllerstorf-Urbair (1816–1883) stolz berichten, dass sein Schiff 51.686 Seemeilen zurückgelegt hatte und dass er und seine Männer 25 verschiedene Hafenstädte besucht, 551 Tage unter Segel und 298 Tage vor Anker und auf dem Lande zugebracht hatten.

Kein Name eines österreichischen Schiffes ist bekannter geworden als jener der *S. M. S. Novara*. Die k. k. Segelfregatte wurde in jener Zeit gebaut, als Venedig noch bei Österreich war und als Zentralhafen des Kaiserstaates fungierte. Die Pläne für dieses Kriegsschiff, das im Arsenal der Lagunenstadt seit Februar 1843 langsam Gestalt annahm, entstanden unter der Leitung des *Schiffbau-Directors* Joseph Paresi. Bedingt durch verschiedene Unterbrechungen – in den Revolutionsjahren 1848/49 war es bekanntlich zu Meutereien innerhalb der Marine und unter den Arsenalarbeitern gekommen – fand der Stapellauf erst am 4. November 1850 statt. Die Fregatte war ursprünglich für 42 Kanonen angelegt, für die *Novara*-Expedition reduzierte man die Anzahl zugunsten größerer Räume und Depots auf 30 Geschütze, wobei sich zwölf auf Deck befanden und 18 in der so genannten Batterie. Mehrere kleine Geschütze waren für die mitgeführten Beiboote vorhanden.

Ursprünglich war für die Fregatte der Name der römischen Göttin Minerva vorgesehen, die der altgriechischen Pallas Athene entsprach und nach der Mythologie für Weisheit, Wissen und Handwerkskunst zuständig war. Seit Kaiser Augustus wurde Minerva auch als „Siegverleihende" und „Staatsbeherrschende" Göttin verehrt. Während der Unruhen in Venedig dagegen wurde der Name *Italia* in Betracht gezogen. Das Scheitern der Revolution und die Siege von Feldmarschall Joseph Wenzel Graf Radetzky über die italienische Armee, insbesondere aber die gewonnene Schlacht am 23. März 1849 nahe dem Städtchen Novara brachten dem Schiff seinen endgültigen Namen ein. Die nationale Selbstbestimmung der Bevölkerung von Lombardo-Venetien, das ja zum Kaiserstaat Österreich gehörte, war vorerst misslungen. Im November dieses Jahres genehmigte Kaiser Franz Joseph den Namen *Novara*, der fortan an den Erfolg Radetzkys erinnern sollte. Der traditionsreiche Name *Novara* sollte in der k. u. k. Marine übrigens weiterleben, denn 1915 erhielt ein Rapidkreuzer den Namen der Fregatte.

Endgültig seetauglich war die Fregatte allerdings erst am 14. Juni 1851. Die ersten Fahrten des neuen Schiffes erfolgten im Bereich des Mittelmeeres, und im Juli dieses Jahres begann Erzherzog Ferdinand Max seinen Dienst als Marineoffizier auf der *Novara*.

Die Reise führte den jungen Erzherzog zur toskanischen Hafenstadt Livorno, zur Insel Monte Christo, nach Neapel, Malaga und Gibraltar. Ferdinand Max war von der Fahrt so begeistert, dass er später veranlasste, das Schreibzimmer in seinem Schloss Miramar nach seiner Kabine oder besser gesagt seinem persönlichen Raum auf der *Novara* nachzubauen.

Im Juni 1853 segelte die *Novara* nach der Levante, im Jahr darauf nach England. Nach der legendären Weltumsegelung 1857 bis 1859 erfolgte zwei Jahre später in Triest der Umbau zur Schraubenfregatte. Der Einbau einer Dampfma-

Die Novara, abgebildet auf der inneren Umschlagseite des ersten Bandes von Scherzers „Reise der Fregatte Novara um die Welt". Im Oval der Randverzierung sind die einzelnen Stationen angeführt.

schine mit einer Leistung von 1800 PS erforderte eine Verlängerung des Schiffskörpers um etwa 15 Meter. Wilhelm von Tegetthoff erhielt das Kommando und die Order, nach Griechenland und in die Ägäis zu fahren. Am 14. April 1864 brachte die *Novara* den designierten Kaiser Maximilian in seine neue Heimat Mexiko. Die *Novara* verblieb dabei einige Monate in karibischen Gewässern und kehrte erst im August nach Triest zurück. Am 20. Juli 1866, dem Schicksalstag der österreichischen Marine, nahm die *Novara* an der Seeschlacht bei Lissa teil, wobei sie trotz des überwältigenden Sieges der Flotte unter Tegetthoff ihren Kommandanten Erik af Klint verlor und 47 Treffer erhielt. 1867 brachte die *Novara* unter dem Kommando Tegetthoffs den Leichnam Kaiser Maximilians von Mexiko nach Österreich zurück. Erst kurz vor der Jahrhundertwende, im Jahr 1898, wurde die *Novara*, die in ihren letzten Jahren als Artillerieschulschiff (1875–1881) in Pola vor Anker lag und als Schulhulk (unter Hulk versteht man ein antriebsloses und damit seeuntaugliches Schiff) diente, mit Zustimmung Kaiser Franz Josephs abgebrochen.

Karl von Scherzer, der wissenschaftliche Leiter der großen Expedition, berichtet in seiner Reisebeschreibung ganz allgemein über die verwendeten nautischen Maßeinheiten und gibt auch die Dimensionen der Fregatte an:

> *In diesem Werke sind, wenn nicht ausdrücklich anders bemerkt, die nachstehenden Maßeinheiten zur Basis genommen:*
> *Bei Temperaturangaben: das hundertgradige Thermometer von Celsius.*
> *Bei Entfernungen: die Seemeile (600 = 1° des Aequators, und 4 = 1 geographische Meile).*
> *Bei Höhen- und Längen-Angaben: der englische Fuß (von denen 103.7123 100 Wiener Fuß geben).*
> *Bei Lothungen: der Fathom oder Faden (= 6 englische Fuß, = 5.7852 Wiener Fuß).*
> *Bei Barometerständen: der englische Zoll.*
> *Alle Angaben der geographischen Länge beziehen sich durchgängig auf den Meridian von Greenwich.*
> *Die Hauptmaße der Fregatte sind:*

Länge über Deck..	*165 Fuß*	*5 1/2 Zoll*	*Wiener Maß.*		
„ an der Wasserlinie..	*156 „*	*5*	*„*	*„*	*„*
Größte Breite.............	*44 „*	*11 1/2*	*„*	*„*	*„*
In der Wasserlinie	*43 „*	*2*	*„*	*„*	*„*
Tiefe im Hohl.............	*19 „*	*8 1/2*	*„*	*„*	*„*
Tiefgang hinten..........	*18 „*	*9*	*„*	*„*	*„*
„ vorn	*17 „*	*5 2/3*	*„*	*„*	*„*

> *Das Areal des Schiffes an der Ladewasserlinie beträgt 5685.35 Quadratfuß, jenes am Mittelspante 550.58 Quadratfuß. Wasserverdrängung 2107.5 österreichische oder 2030 englische Tonnen. Der Gesammtflächeninhalt der elf Hauptsegel beträgt 18.291.43 Quadratfuß Wiener Maß.*

Eine Seemeile beträgt 1852 Meter, was einer Bogenminute am Äquator entspricht. Nach heutigen Maßen hatte die *Novara* eine Segelfläche von 1829 Quadratmetern, ein Deplacement von 2107,5 Tonnen und einen Tiefgang von 5,93 Metern. Die Länge am Oberdeck betrug annähernd 53 Meter, die Breite etwa 14,20 Meter.

Die *Novara* galt einerseits als *elegant*, andererseits als etwas *untersetzt*, Fachleute hielten sie aber für das seetüchtigste Segelschiff der k. k. Marine. Der Umbau der Fregatte für die Expedition erfolgte in Triest und verschlang 70.000 fl.

Ein Segelschiff bot bei einer Expedition im Vergleich zu einem Dampfschiff mehrere Vorzüge. Die Ausbildung war durch die wetter- und strömungsabhängige Arbeit in der Takelage effektiver. Durch den Wegfall eines Kohlevorrates war es möglich, Platz zu gewinnen und die Anzahl der eingeschifften Mannschaften zu vergrößern.

Die *Novara* war ein für heutige Begriffe unvorstellbar kleiner Lebensraum, galt allerdings zu ihrer Zeit als ein großes Schiff. Nun sollte sie für Monate Gefährt, Wohnraum und Arbeitsstätte für etwa 350 Personen werden. Unter diesem Aspekt werden vom Schiffsarzt Eduard von Schwarz die genaue Einteilung und die Funktion des Schiffsraumes auch im medizinischen Bericht der 18 Bände umfassenden wissenschaftlichen Publikation der *Novara*-Reise beschrieben.

Die Fregatte verfügte, wie jedes größere Kriegsschiff der damaligen Zeit, über mehrere ausgedehnte Räumlichkeiten.

Das Deck war als Arbeitsplatz unumgänglich bei jedem Seemanöver, die Taue, mit denen man die Segel manövrierte oder die Rahen umstellte, waren Objekte, deren Handhabung besonderer Sorgfalt bedurfte. Die Anwesenheit von Matrosen war manchmal gestattet, aus dienstlichen Gründen jedoch häufig notwendig, ebenso oft aber überflüssig oder sogar hinderlich. Verfügungen, das Deck frei zu halten, erfolgten ohne Rücksicht auf Annehmlichkeiten für den Einzelnen.

Ein großer Raum innerhalb des Schiffskörpers war das Batteriedeck, kurz Batterie genannt. Was

Matrosen am Steuer der Novara.

Kompasshäuschen auf einem Kriegsschiff. Federzeichnung eines unbekannten Künstlers, 1855.

am Oberdeck an Arbeit dem Segelmanöver zugestanden wurde, das geschah hier im Allgemeinen für die Kanonen. Das erst nach dem Wegfall einiger Geschütze entstandene Kanonenzimmer auf dem Batteriedeck wurde in ein Lesezimmer umgestaltet, in dem sich Offiziere, Wissenschaftler und Kadetten aufhalten konnten, um ihre vielfältigen Arbeiten zu erledigen oder die aus einigen hundert Büchern bestehende Bibliothek zu benützen. Neben diesem Kanonenzimmer, das auch als Speisezimmer und Empfangsraum für den Commodore diente, gab es noch weitere Zubauten. Commodore Wüllerstorf war der Einzige an Bord, der über komfortable Wohnverhältnisse verfügte, da für ihn drei zusätzliche Räume am Achterschiff im so genannten Hinterkastell eingebaut wurden, die durch den Zubau einer begehbaren Galerie (einer Art Balkon) noch an Attraktivität gewannen. Weitere Räumlichkeiten werden vom Geologen Ferdinand Hochstetter beschrieben:

> *Unmittelbar daran stossen an der Backbordseite die Cabinen von Dr. Scherzer und dem ersten Lieutenant, an der Steuerbordseite von Frauenfeld und Hochstetter. Diese Cabinen mit einem Raume von 10 Fuss im Cubus lassen in der That für einen Aufenthalt auf einem Kriegsschiff nichts zu wünschen übrig.*
> *Sind auch die Schiffscabinen in Wirklichkeit eigenlich nichts Anderes als grosse, am Schiff festgenagelte Kasten, in denen man all sein Hab und Gut anschraubt und festhängt, so gut es geht, und nur sich selbst als den einzigen beweglichen Körper dem Spiel der Wellen überlässt, so lassen sie sich doch so bequem und comfortabel einrichten, dass man sich bald ganz heimisch fühlt in dem engen Raum, den man sein Haus nennen darf; die Cabinen in der Batterie haben vor denen im Carré und im Zwischendeck Luft und Licht voraus, so dass sie sich ganz ausnehmen wie kleine Mansardenstuben.*

Im vorderen Teil der Batterie standen ein Herd, ein „Brunnen“ und ein damals hochmoderner und noch unerprobter Destillierapparat zur Frischwassererzeugung. Dieser von einer Firma in Nantes zur Verfügung gestellte Apparat konnte der täglich benötigten, etwa 800 Maß umfassenden Menge an Trinkwasser, was etwa 1128 Liter entspricht, nicht ganz genügen. Daher wurde in den Häfen zusätzliches Trinkwasser geladen, und auf See wurde – wenn möglich – Regenwasser in Tonnen gesammelt. Der Apparat, der durch Kohle betrieben wurde, zeigte erst am Ende der Reise durch das Seewasser eine so starke Korrosion, dass der Betrieb nicht mehr möglich war.

Auch die Ställe für einige Hühner und anderes Kleinvieh fanden ebenso wie die Werkstätten verschiedener Handwerker am Batteriedeck Platz. Der übrig gebliebene freie Raum diente als Spazierweg für die Raucher und als Treffpunkt für gemütliche Plauderstunden.

Der nächst tiefer gelegene Raum, das Unterdeck, war in viele kleine Einheiten unterteilt. Es enthielt die Kabinen der Offiziere und der Kadetten, die in Säcken verstauten Habseligkeiten der Matrosen, das *Spittal*, die Kajüten der Unteroffiziere und war zugleich auch die Schlafstätte der Matrosen, die in Hängematten ihre Nachtruhe fanden. Charakteristisch für Kriegsschiffe dieser Zeit waren die so genannten Stückpforten an der Bordwand, verschließbare rechteckige Öffnungen, durch die im Inneren aufgestellte Kanonen durchfeuern konnten. Bei Wellengang wurden die Deckel (Luken oder Pforten) geschlossen und zusätzlich mit gefetteten Tüchern abgedichtet. Gelegentlich bemalen noch heute nostalgisch gesinnte Jachtbesitzer ihre Fahrzeuge mit einer Reihe dunkler Rechtecke auf hellem Grund, um auf ihr „Batteriedeck“ aufmerksam zu machen. Auch bei der *Novara* war das Batteriedeck durch einen hellen Anstrich an der äußeren Bordwand kenntlich gemacht.

Das unterste Deck, auch *der Raum* genannt, diente zur Aufbewahrung der Lebensmittel und der Utensilien, die zur Ausstattung eines Kriegsschiffes gehörten. Hier wurden Segel, Taue, Wasserkanister und Kohle für die Herde aufbewahrt, es gab eine Pulverkammer, das Munitionsdepot, dazu lagerten hier noch allerlei Krimskrams und Tauschgegenstände wie Spiegel, Handwerkszeug und Textilien, die man den „Eingeborenen“, denen man während der Expedition begegnen würde, als Geschenke übergeben wollte.

Für Getränke war außer dem Trinkwasser ebenfalls vorgesorgt. Rum, Wein in Fässern und Weinflaschen, die auch als Geschenke für Honoratioren in den einzelnen Stationen vorgesehen waren, waren in Triest eingelagert worden. Dazu gab es für viele Wochen Vorräte an Zwieback, Pökelfleisch, Sauerkraut, Erdäpfel, Zucker, Salz, Essig, Mehl, Kakao, Reis, Gemüse und als besonderes Novum Fleischkonserven in Blechbüchsen,

Erstaunlich komfortabel präsentierte sich das Zimmer des Kommandanten der Novara.

Nautische Geräte.

In der Bibliothek der Novara, dem so genannten Kanonenzimmer, trafen sich Offiziere, Wissenschaftler und Kadetten.

die allerdings, wie sich herausstellen sollte, nicht selten verdorben waren und auch bezüglich des Geschmackes mehr versprachen, als sie hielten. Konserven gab es bereits seit Beginn des 19. Jahrhunderts, es sollten aber noch einige Jahrzehnte vergehen, bis diese Nahrungsmittel zum festen Bestandteil des geladenen Proviants wurden.

Die Vorratsräume lagen unter der Wasserlinie und waren nur spärlich beleuchtet. Trotz aller Lüftungsversuche roch es in diesen Abteilungen nach Tran und Teer, und aus dem untersten Kielraum, wo sich immer ein wenig *Sodwasser* sammelte, drang ständig ein leichter Schwefelgeruch. Hier sollen sich auch die nicht näher definierten geheimnisvollen Miasmen entwickelt haben, die als Ursache für so manche Krankheiten galten. Das Vorratsdeck – *der Raum* – war die Arbeitsstätte der Raumgasten, jener Matrosen, die man leicht an ihrer eher blassen Gesichtsfarbe erkennen konnte. Ihre Kollegen, die ihre Arbeit vorwiegend am Oberdeck verrichteten, waren dagegen von der Sonne gebräunt.

Für Gesundheit und Hygiene als unerlässlich erwiesen sich die mechanischen Duschen, die am Deck und auf dem hölzernen Aufbau am Deck, auch Vorderkastell genannt, angebracht waren:

> *Sowohl am Deck wie auch am Vordercastelle wurden zu diesem Zwecke kleine Löcher von dreiviertel Zoll im Durchmesser durch die Deckplanken gebohrt, in welche unten eine Spritzrose eingeschraubt und oben ein Wassereimer oder eine sogenannte Baglie aufgesetzt werden konnte. Durch diese Vorrichtungen mochte sich Jeder auf leichte Weise des Morgens wie des Abends den Genuß eines erquickenden Bades verschaffen; war aber die Hitze besonders drückend oder das Bedürfniß nach Abkühlung allgemein, so daß die Befriedigung desselben mit der Douche allzu viele Zeit erfordert hätte, so wurde überdies eine der Handfeuerspritzen zu Hülfe genommen, wodurch sich rasch die ganze Mannschaft baden und erfrischen konnte. Diese letztere Badeweise war bei dem zum Scherze geneigten Matrosenvolke die beliebtere, weil sie zugleich zu manchen Neckereien und muthwilligen Streichen Gelegenheit gab, wennschon Mancher von der Brause und dem Salzwasser mehr zu kosten bekam, als zur Erfrischung der Hautthätigkeit eben nöthig war.*

Für die erforderlichen Untersuchungen und Messungen während der Expedition wurden zahlreiche spezielle Instrumente an Bord gebracht, die im für diesen Zweck verkleinerten Granatendepot Platz fanden. So gab es neben gewöhnlichen Thermometern mit Einteilung in ganzen Graden auch spezielle Wärmemesser zur Beobachtung der direkten Sonnenstrahlen oder zur Messung der Bodentemperaturen, insbesondere in der Nähe von Vulkanen.

Unter den optischen Instrumenten wären neben den obligaten Fernrohren auch Prismen zur Erforschung der Sonneneinstrahlung zu nennen, sowie diverse Instrumente, die während der Expedition erprobt werden sollten.

Für den Zoologen Georg Frauenfeld wurden neben verschiedenen Geräten ein bereits von ihm erprobter *Insektenzuchtkasten* mit allerkleinsten Fächern und eine schon auf seiner Ägyptenreise bewährte Pflanzenpresse eingeschifft. Dass zu seiner Ausrüstung 15 Eimer Spiritus, Blechflaschen, Korkplatten, Mikroskope, Lupen, Waagen, Schmetterlingsnetze, Insektennadeln (zum Aufspießen der Exemplare), Trichter, Glasplatten und Eprouvetten gehörten, versteht sich fast von selbst. An Dr. Hochstetter wurden für die gesamte Dauer der Expedition von der k. k. Sternwarte in Wien wertvolle Instrumente verliehen. Ein Reise-Theodolith für magnetische Messungen war als Geschenk dabei.

Die Akademie der Wissenschaften in Wien schließt ihre umfangreichen Instruktionen für die wissenschaftliche Arbeit der Forscher mit dem Hinweis:

> *Ausserdem ist der Herr Commandant reichlich mit Chronometern, astronomischen Instrumenten, Barometern, Sympiesometern, Schiffsbarometern, Fernröhren und allen Vorrichtungen, die speciell der Nautik angehören, versehen. Ein grosser sehr vollständiger photographischer Apparat wurde auf Kosten des k. k. Marine-Obercommandos durch die k. k. Hof- und Staatsdruckerei besorgt und Dr. Hochstetter hat sich unter der Leitung des Herrn Factors Hackel vollständig in der Kunst zu photographieren eingeübt. Eine reiche Bibliothek aller auf die Expedition Bezug habenden Reisewerke u. s. w. wurde ebenfalls von Seite des hohen k. k. Marine-Obercommandos angeschafft. Die englische Admiralität endlich hat ihre kostbaren magnetischen Reiseapparate der Expedition zu Verfügung gestellt, und Dr. Hochstetter wurde nach London gesendet, um dieselben zu übernehmen und sich mit ihrem Gebrauche vertraut zu machen. Der als Rei-*

sender und Gelehrter gleich berühmte General Sabine hatte denselben aufs Bereitwilligste hiebei unterstützt und sicher dazu beigetragen, dass durch diese Expedition wichtige Fragen der Physik der Erde ihrer Erledigung näher gebracht werden.

Der genannte britische General Sabine hatte sich durch seine Forschungen im arktischen Bereich auf Spitzbergen einen Namen gemacht und war sowohl mit der Akademie der Wissenschaften in Wien als auch der Geographischen Gesellschaft in London in Verbindung.

Was das kleine Spital (auf dem Querschnitt der Fregatte unter „k" eingezeichnet) betrifft, so war die Ausrüstung mit medizinischen Behelfen der damaligen Zeit entsprechend. Verletzte konnten versorgt und kleine Amputationen vorgenommen werden, man konnte Kranke stationär aufnehmen und Untersuchungen durchführen. Schon zu Zeiten Maria Theresias regelte ein „Editto politico di navigazione" Mitnahme und Ausrüstung von Arzneikisten auf den Schiffen. Im Jahr 1851 wurde ein kaiserliches Reglement „über die Organisation des Gesundheitswesens" erlassen, dessen Kompetenz sich auf die medizinische Hilfe an Bord, den Seuchenschutz und die Versorgung an Land in Marinehospitälern erstreckte. Der bekannteste Schiffsmediziner des Kaiserstaates der damaligen Zeit war übrigens Antonio Gialich, der im Krankenhaus von Fiume (Rijeka) tätig war und an der Seefahrtsschule unterrichtete.

Schiffsarzt Dr. Schwarz stellte im medizinischen Bericht eine Liste auf, nach welchen Kriterien Ausstattung und Behandlung im Bordspital noch zu verbessern wären. Als besonders wichtig wird die Einführung warmer Bäder und kalter Duschen erachtet. Jeder Matrose sollte alle vier Wochen, jeder Offizier alle 14 Tage ein warmes Bad erhalten. Matratzen und Kopfpolster im Spital sollten mit Rosshaaren gefüllt sein, da die übliche Wolle nur das Schwitzen fördere. Dem Arzt erschien es wichtig, die Patienten bei ansteckenden Krankheiten wie Gelbfieber, Typhus, Cholera, Ruhr, aber auch bei Skorbut zu isolieren und eventuell in der Batterie unterzubringen. Weiters empfahl er *geruchlose Leibstühle* mit einem metallenen, emaillierten Napf, ebenso Waschbecken mit Pipe und metallenem Reservoir. Zur weiteren Ausrüstung sollten auch Pantoffel und tragbare Lehnstühle gehören, um die Kranken in die frische Luft auf das Oberdeck zu tragen. Für schwächliche Patienten und Rekonvaleszente sollte es einen Vorrat an Extra-Weinen geben. Besonders wichtig wäre eine größere Anzahl dunkler Augengläser für Gesunde und Kranke. (Schon während der Expedition erhielten diejenigen Männer, die an Nachtblindheit erkrankten, dunkle Brillen verordnet.) Man sollte in Hinkunft vorher festlegen, so meinte der Arzt, wer für die Reinigung verschmutzter Spitalswäsche zu sorgen hätte.

Größere Mengen anfallender Wäsche wurden übrigens in den Hafenstädten in den Wäschereien abgeliefert, Preise und Zufriedenheit mit den erzielten Ergebnissen fielen dabei höchst unterschiedlich aus. Auf See hatten die Matrosen ihre Kleidung selbst zu waschen, die Wäsche der Stabspersonen wurde von den Offizieren versorgt. Zum Trocknen der im warmen Sonnenlicht flatternden Kleidungsstücke dienten gespannte Seile, die der Fregatte an so manchen Tagen einen „häuslichen" Nimbus verliehen.

Wie um 1850 bei den Marinen aller Nationen üblich, gab es für die Mannschaften kein als solches deklariertes Logis. Die rund 300 Mann an Bord verfügten über keinen eigenen Aufenthaltsraum, ihre Arbeitsstätte war dort, wo man sie gerade brauchte. Die ganze Mannschaft war in zwei Hälften, Wachen genannt, eingeteilt. Man unterschied die Steuerbord- (rechte) und die Backbord- (linke) Wache. Um acht Uhr abends konnte der dienstfreie Matrose seine Hängematte aufhängen und bis Mitternacht ruhen. Von Mitternacht bis vier Uhr früh rief ihn wieder der Dienst auf Deck, die eingerollte Hängematte musste zum Morgenappell mitgebracht werden. Die Schlafstätte eines Matrosen, dicht gedrängt an andere Hängematten, war alles andere als ein Ort der Ruhe, denn die Geräusche, der Lärm oder die Kommandorufe verstummten zu keiner Stunde. Batterie und Korridor waren so mit Hängematten besetzt, dass sie die Decke des Raumes *maskierten*.

Das persönliche Eigentum jedes Matrosen war in einem Seesack untergebracht, der auf einem festgelegten Platz im Korridor verstaut war. Nur zu bestimmten Stunden und jeden Morgen und Abend, wenn die Signalpfeife des Quartiermeisters zum anbefohlenen Kleidungswechsel ertönte, durfte der Seesack geöffnet werden. Schiffsarzt Dr. Schwarz meinte, dass ihn der Anblick von etwa 200 Matrosen, die alle ihre Wäschestücke, persönlichen Gegenstände, Koral-

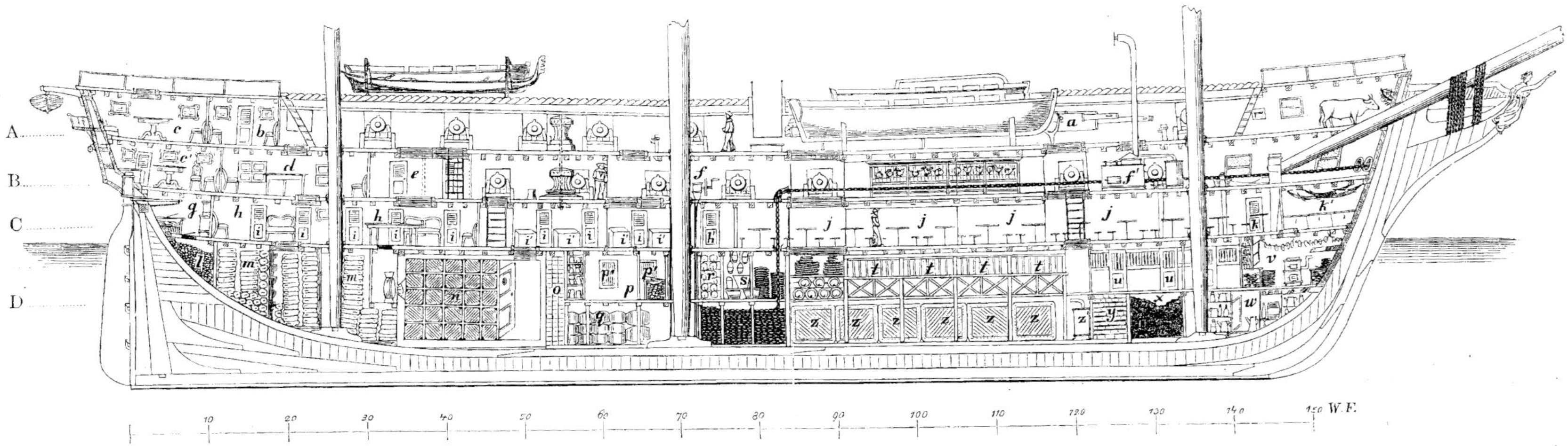

ERKLÄRUNG.

A.

a. Reserve-Masten.
b. Wohnung des Commandanten.
c. Schlafkajüte des Commodore.

B.

c'. Wohnung des Commodore.
d. Lesezimmer der Officiere und Cadetten, zugleich Speisesaal des Commodore.
e. Cabinen der Naturforscher und des ersten Lieutenants.
f. Pumpen.
f'. Küche und Destillir-Apparat.

C.

g. Credenz der Officiere.
h. Officiers-Kajüte.
h'. Vorrathskammer des Commodore.
i. Cabinen der Officiere.
i'. Kisten für die Effecten der Cadetten.
j. Banjerdeck.
k. Unterofficiers-Cabinen.
k'. Bordspital.

D.

l. Kugeldepot.
m. Brotdepot.
n. Pulverkammer.
o. Depot für conservirte Lebensmittel des Commodore, der Officiere und der Kranken.
p. Bottlerei.
p'. Depot für Reis, Hülsenfrüchte, Cacao etc.
q. Wein- und Rum-Depot.
r. Pökelfleisch-Depot.
s. Waschrequisiten (zum Deckscheuern).
t. Segel-Depot.
u. Depots für Artillerie-, Steuer- und Handwerker-Geräthe etc.
v. Bootsmanns-Kammer.
w. Depot für Farben, Oel etc.
x. Kohlen-Depot.
y. Aufbewahrungsort des conservirten Fleisches für die Mannschaft.
z. Eiserne Wasserkisten.
z'. Eiserne Wasserkisten des Destillir-Apparates.

Querschnitt durch die Fregatte Novara. Deutlich sind die Einzelheiten, angefangen von einer mitgeführten Gondel bis zur Gallionsfigur und zu den eisernen Wasserkisten zu erkennen.

len, Muscheln und Mitbringsel aller Art um sich herum auf engstem Raum ausbreiteten, lebhaft an den Wiener Tandlermarkt erinnere.

Die Verpflegung wurde dreimal täglich ausgegeben, Esstische und Bänke wurden nach dem Essen ebenfalls in der Batterie verstaut oder mittels Seilen aufgehängt.

Was die hygienische Ausstattung der *Novara* betrifft, so erfährt man vom wissenschaftlichen Leiter Scherzer und von Schiffsarzt Schwarz zwar einiges über die damals höchst moderne Installierung von Duschen, jedoch kein einziges Wort über Aborte. Auch dem Längsschnitt der *Novara* sind derartige Vorrichtungen nicht zu entnehmen.

Ein kleines Bedürfnis

Im Zeitalter der Entdeckungen erledigte man seine Notdurft in Fässern, Eimern oder einfach über Bord. Ab dem 17. Jahrhundert wurde dann das Galion (zwei Balken am Vorschiff, darunter ein netz- oder korbartiges Gerüst) als Abort für die Mannschaft genutzt. Das äußere Galion, das über den Bug hinausragte, diente außerdem zum Tragen der Galionsfigur. Die Aborte für die Offiziere befanden sich auf den Kriegsschiffen des 19. Jahrhunderts in seitlichen Anbauten (den so genannten Taschen) am Heck.

Freizeit und Alltag auf See inspirierten den Maler Josef Selleny zu immer wieder neuen Skizzen. Da gab es Studien von arbeitenden, faulenzenden, Karten spielenden und tanzenden Matrosen. Kadetten, Forscher und Matrosen wurden mit Bleistift auf Papier gebracht. Der Schiffsjunge, der Zwieback kaut, war ebenso Modell wie der etwas bleiche Raumgast, der ohne Sonnenlicht Tag und Nacht im *Raum* vor der *St. Barbara* (der Pulverkammer) wachen musste. Wie auf den Bildern Sellenys zu sehen ist, gingen die Matrosen zumeist barfuß, um in der Takelage einen besseren Halt zu haben.

Manche der Skizzen dienten als Vorlage für spätere Holzschnitte und die Publikationen Karl Scherzers, wie etwa „Die Kajüte des Kommodore auf der Novara", „Die Äquatortaufe", „Der Tanz der Matrosen sonntags an Bord", „Die Matrosen am Steuerrad" und natürlich mehrmals Details von der *Novara* oder die Gesamtansichten der Fregatte während ihrer großen Fahrt.

Die gesamte Reiseroute der *Novara* war nach den herrschenden Wind- und Strömungssystemen der Erde ausgerichtet. Schiffsarzt Dr. Schwarz erwähnt in seinem medizinischen Bericht die ausgewählten, klimatisch jeweils günstigsten Jahreszeiten für alle Stationen, die angelaufen werden sollten:

> *Im übrigen war der Reiseplan dergestalt entworfen, dass wir im Frühjahr ausfuhren, und Gibraltar besucht haben, im beginnenden Sommer Madeira anliefen, um dem werdenden Sonnengestirn vorauszueilen und Rio de Janeiro den Frühling zu verkünden, dass wir den zweiten Lenzmonat am Cap der guten Hoffnung verbrachten, und die Sonne so weit heranrücken liessen, um hoffen zu können, dass wir auf St. Paul Frühlingswetter antreffen würden. Wir beschlossen im Sommeranfang unseren Aufenthalt in St. Paul, segelten nach Norden, um den Winter in Stationen nahe am Äquator zu verweilen … Wir besuchten die ungesundesten Länder zu einer Zeit, wo alle Quellen der schädlichen Effluvien grösstentheils trocken gelegt und versiegt waren. Singapore und Java sahen wir im Frühling, waren um die Sommermitte in Schanghae, segelten durch den 3. Sommermonat im pacifischen Ocean, um abermals im Frühling nach Sidney zu gelangen … Nach Auckland segelten wir im Sommer, und von dort über Tahiti nach Valparaiso, wo wir um die Herbstmitte einliefen.*

4

Die Männer der *Novara* – Offiziere, Wissenschaftler und Matrosen

Unter der Nummer MA 1856 MC 29/4 wird in der Marineabteilung des Kriegsarchivs in Wien der Admiralsbefehl vom 15. Dezember 1856 aufbewahrt, der die Order von Erzherzog Ferdinand Max enthält, die Fregatte *Novara* zu einer transozeanischen Expedition auszurüsten. In den nächsten Wochen entwickelte sich ein reger Schriftverkehr zwischen dem Marineoberkommando, der Akademie der Wissenschaften, der Gesellschaft der Ärzte unter dem Vorsitz des weit über die Grenzen Österreichs bekannten Karl von Rokitansky (1804–1878), der Geographischen Gesellschaft, weiteren Institutionen und verschiedenen Gelehrten in aller Welt, die eifrig bemüht waren, wissenschaftliche Vorschläge für das große Unternehmen zu unterbreiten.

Bald stand die Liste der Teilnehmer fest, obwohl es bei der Auswahl zu einigen neidvollen Animositäten gekommen war, welche die Presse begierig kolportierte. Zum Beispiel meldete sich ein junger Mann namens Bahslinger für die große Fahrt, der bereit war, für die Kosten seiner Reise auf der *Novara* selbst aufzukommen, doch zu seinem Leidwesen wurde das Gesuch abgelehnt.

Eine Fülle von Akten, die Männer der *Novara* betreffend, angefangen von ihren offiziellen Aufträgen, ihrer Dotation, der Auflistung der Instrumente für die Expedition bis zu einer Rechnung über den Ankauf einer Pistole für den wissenschaftlichen Leiter Scherzer, befinden sich wohl geordnet und aufbereitet im Archiv der Akademie der Wissenschaften in Wien. So erhielt Scherzer nach diesen Unterlagen am 6. Dezember 1856 die Zusage für seine Teilnahme, Hochstetter und Frauenfeld wurden erst drei Tage später davon verständigt.

Noch am Weihnachtstag 1856 sandte die Akademie ein Rundschreiben an alle ihre Mitglieder, in dem sie um etwaige Wünsche und Aufträge für die Wissenschaftler der *Novara* ersuchte. Von Jänner 1857 bis kurz vor der Abreise der Fregatte wurden von der Akademie mehrfach Kisten mit Instrumenten von Wien an die Marinesternwarte nach Triest entsandt.

Der nautische Befehlshaber der Weltumseglung, Linienschifffahrtskapitän Bernhard von Wüllerstorf-Urbair, der für die Dauer der Expedition den Titel „Commodore" erhielt, schreibt kurz vor Antritt der Reise folgenden Bericht an die kaiserliche Akademie der Wissenschaften:

> ... *Um die kaiserliche Akademie der Wissenschaften in den Stand zu setzen, ein vorläufiges Urtheil über die Möglichkeit der Erreichung des angestrebten Zweckes fällen zu können, erlaube ich mir die allgemeine Eintheilung hier zu bezeichnen, welche ich den höchsten Befehlen gemäss getroffen habe.*
>
> 1. *Astronomie, Nautik, Meteorologie, Hydrographie unter meiner eigenen Leitung und mit Hilfeleistung des Herrn Dr. Hochstetter werden durch folgende Herren besorgt: Schiffs-Fähnrich Robert Müller, Fregatten-Fähnrich Eugen Kronowetter, Gustav Battlogg, Marine-Cadet Heinrich Fayenz.*
>   *Diesen Herren werden noch 4 Marine-Cadeten zugetheilt.*
> 2. *Physik und Geologie und Photographie durch Dr. Hochstetter.*

3. Zoologie, Zootomie durch Herrn Frauenfeld und Zelebor.
4. Botanik durch Dr. Schwarz und Kunstgärtner Jellinek.
5. Ethnographie und Anthropologie; dann Politik, Handel, Agricultur, Industrie durch Dr. Karl Scherzer.
6. Artistisches Herr Selény.
Überdies sind die Herren Ärzte des Bordes: Dr. Seligmann, Dr. Lallemant, Dr. Ruschitzka und Dr. Schwarz beauftragt, in ihrem Fache jene Untersuchungen und Erörterungen zu pflegen, welche zur näheren Kenntnis der Krankheiten in verschiedenen Regionen und bei verschiedenen Menschenracen, so wie der Mittel, welche sich dagegen anwenden lassen, führen können.
Die Gesammtbemannung der Fregatte beträgt 351 Mann, darunter Corvetten-Capitän Baron Pöck als Commandant des Schiffes, 8 tüchtige Marine-Officiere, 14 Seecadeten, und die bereits genannten Naturforscher und Fachmänner. Es sind, wie bereits erwähnt, 4 Ärzte am Bord, ein Seelsorger, ein Verwalter und überdies noch ein Mechaniker und die erforderlichen Handwerker. Eine Musikbanda von 7 Individuen wird zur Erheiterung der Bemannung beitragen.

Die Männer, die nicht der Marine angehörten, wurden in der Folge als die *Herren Naturforscher* bezeichnet und galten auch in den Beschreibungen und Berichten als Gelehrte oder Männer der Wissenschaft, gleichgültig ob oder welchen akademischen Grad sie erreicht hatten. Alle, angefangen vom international bekannten Ferdinand von Hochstetter bis hin zum Kunstgärtner Jellinek und dem Tierpräparator Zelebor, galten in ihrem Fach als überdurchschnittlich kompetente Experten.

Trotzdem dürfte es an Bord wegen der Unterschiede im Grad der Ausbildung zu Spannungen gekommen sein, da Wüllerstorf schon vor der Abreise dezidiert erklärt:

Die drei Herren Dr. Scherzer, Dr. Hochstetter und Frauenfeld speisen an meiner Tafel, Herr Zelebor und Herr Selény an der Tafel der Officiere, Herr Jellinek an jener der Seecadeten.
Die Herren Naturforscher werden überdies, wo es nothwendig ist, mit allen Mitteln versehen werden, welche ich zu bieten im Stande bin, und die zur Erreichung günstiger Resultate erforderlich sind.
Diese Herren, welche nun alle seit einigen Tagen hier sind, beschäftigen sich mit der Sichtung und Vertheilung der Instrumente und der zahlreichen Werke, welche das hohe Marine-Obercommando für die Bibliothek Sr. Majestät Fregatte „Novara" zu bestimmen die Gnade gehabt hat.

Dr. Eduard von Schwarz (1831–1862), der ursprünglich auch für die Botanik vorgesehen war, beschäftigte sich während der Reise vorwiegend mit medizinischen Problemen und der Ausübung seiner ärztlichen Kunst. Nach der Rückreise verfasste er den umfangreichen medizinischen Band des wissenschaftlichen *Novara*-Werkes. Einige seiner Studien, wie etwa die Statistik aller aufgetretenen Krankheiten während der Expedition sind im Anhang publiziert. Bemerkenswert waren die anthropologischen Arbeiten und die während der Expedition durchgeführten *Körpermessungen an Eingeborenen* des jungen Arztes, der bei Antritt der Reise erst 26 Jahre zählte und offensichtlich über besondere Begabung oder Beziehungen verfügte. Seine Vorträge und die Artikel über chinesische Medizin in der Zeitschrift der k. k. Gesellschaft der Ärzte, fanden in medizinischen Kreisen großen Widerhall. Der viel versprechende junge Wissenschaftler mosaischen Glaubens, der von den damaligen Größen der Wiener Medizinischen Schule, Dr. Karl von Rokitansky (1804–1878) und Dr. Joseph Hyrtl (1810–1878), gefördert und für die Expedition empfohlen worden war, erkrankte wenige Monate nach der Rückkehr der *Novara* an Tuberkulose. Vermutlich hatte er sich an Bord angesteckt. Er verstarb 1862 im Alter von 32 Jahren, kurz nach Vollendung des medizinischen Teils der *Novara*-Edition. Der geplante zweite Band, in dem die typischen Krankheiten an den einzelnen Stationen der Expedition und die jeweiligen sanitären Einrichtungen beschrieben werden sollten, ist daher nie erschienen.

Ein anderer Arzt, Dr. Robert Christian Avé-Lallemant (1812–1884), war von Alexander von Humboldt wegen seiner Studien zur Heilung tropischer Krankheiten vorgeschlagen worden. Lallemant verließ die *Novara* jedoch im Einvernehmen mit der Expeditionsleitung bereits in Brasilien.

Der von Wüllerstorf im Rahmen der Aufgabenstellung Astronomie, Nautik und Meteorologie genannte Schiffsfähnrich Robert Müller schrieb während der Expedition ein Tagebuch, das im Marinearchiv aufbewahrt wird. Müller be-

Bernhard von Wüllerstorf-Urbair, Kommandant der Novara-Expedition, war als Linienschiffsfähnrich bereits Direktor der Marinesternwarte in Venedig. Wüllerstorf wurde in den 1860er-Jahren Handelsminister und kümmerte sich unter anderem um den Ausbau des Schienennetzes innerhalb der Monarchie.

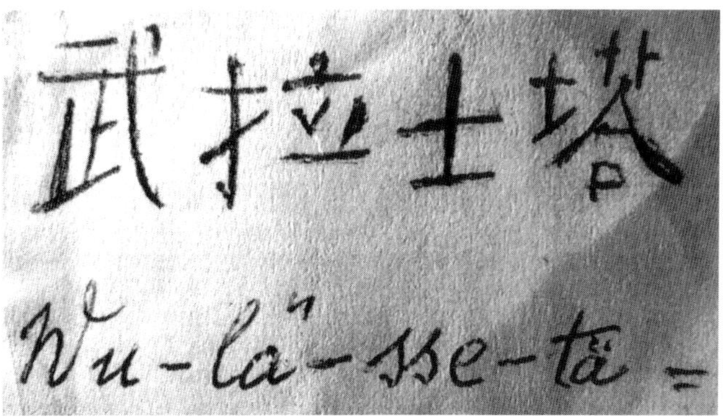

Während des Aufenthaltes der Novara in China entstand dieses chinesische Zeichen für „Wüllerstorf". Das ausgefallene Souvenir gehört zum Nachlass des auf der Novara eingeschifften Kadetten Heinrich Fayenz.

Heinrich Fayenz, Marinekadett auf der Novara, war 1884 bis 1886 – inzwischen zum Linienschiffskapitän avanciert – Kommandant der Korvette Saida auf einer transozeanischen Reise.

obachtete gemeinsam mit Wüllerstorf durch Wochen hindurch den Kometen Donati. Das Erscheinen des ungewöhnlich großen Schweifsterns, der nach einem Triestiner Astronomen benannt wurde, interessierte die Wissenschaft und versetzte schlichte Gemüter in Angst. Der Komet wurde 1859 häufig dargestellt. Wüllerstorf und Müller veröffentlichten ihre Beobachtungen in den renommierten „Astronomischen Nachrichten".

Der ebenfalls erwähnte *Marine-Cadet* Heinrich Fayenz (1836–1905) sollte 1866 – wie die meisten seiner ehemaligen Kollegen von der *Novara* – in der Schlacht von Lissa kämpfen. Ab 1878 unterrichtete er an der Marineakademie in Fiume (Rijeka) Schiffsmanöver, Takelungslehre, Dienst zur See, Grundriss der Marine- und Heeresorganisation sowie Seetaktik und Seerecht. In den Jahren 1884 bis 1886 war der inzwischen zum Linienschiffskapitän ernannte Fayenz selbst Kommandant der Korvette *Saida* auf einer transozeanischen Reise.

Der von Wüllerstorf angeführte *Corvetten-Capitän* Baron Pöck bewährte sich während der Weltumsegelung als hervorragender Marineoffizier und wurde noch während der Fahrt zum Fregattenkapitän befördert. In den nächsten Jahren wurde der 1825 in Ungarn geborene Friedrich Freiherr von Pöck Kommandant des Linienschiffes *Kaiser*. Im Jahre 1869 – zur Zeit des großen, weltweit beachteten Festes zur Eröffnung des Suezkanals – wurde Pöck Stellvertreter des damaligen Marinekommandanten Wilhelm von Tegetthoff. Von 1871 bis 1883 war der zum Admiral avancierte Pöck Marinekommandant und Chef der Marinesektion im Reichskriegsministerium in Wien.

Fregattenleutnant Moriz Manfroni de Manfort (auch Monfroni de Montfort, 1832–1889) erhielt einige Jahre nach seiner Reise mit der *Novara* das Ritterkreuz des Maria-Theresien-Ordens, die höchste militärische Auszeichnung des Kaiserstaates. Während des Kriegs mit Italien im Sommer 1866 kam es auch am Gardasee (dessen östliche Hälfte den Österreichern seit 1859 noch verblieben war) zu Gefechten, an denen die dort stationierten Einheiten der k. k. Marine beteiligt waren. Die österreichische Gardasee-Flottille, die aus zwei Raddampfern und sechs Kanonenbooten bestand und unter dem Kommando des zum Korvettenkapitän aufgerückten Manfroni stand, kämpfte gegen die italienische Flottille, die dem italienischen Freiheitskämpfer Giuseppe Garibaldi weisungsgebunden war. Zum Aufgabenbereich Manfronis gehörte es, die österreichischen Gebiete zu halten, eine Landung der Italiener zu verhindern, ihr Vordringen nach Südtirol zu unterbinden, die Uferstraße zu kontrollieren und den italienischen Nachschub auf dem Wasserweg zu stören. Manfroni gelang die Kaperung zweier italienischer Schiffe. Von einem Kanonenboot aus wurden italienische Infanterieeinheiten durch Beschuss gehindert, das Nordufer des Gardasees zu erreichen. Manfroni konnte mit einer Hand voll Matrosen die Stadt Riva wieder einnehmen, er kam damit den Italienern eine halbe Stunde zuvor. Riva und das Nordufer des Gardasees blieben bis zum Ende des Ersten Weltkriegs bei Österreich.

Wüllerstorf, aus einer alten Reichsritter-Familie stammend, wurde am 29. Jänner 1816 in Triest geboren. Sein Vater verstarb früh, die Mutter, eine geborene Gräfin Grochowska, verheiratete sich bald in zweiter Ehe mit Johann Graf Marzani. Bernhard, für den Militärdienst bestimmt, erhielt seine Ausbildung in der Pioniercorps-Schule in Tulln, wo er bis zum Jahr 1833 verblieb. Der junge Mann folgte sodann einem amtlichen Aufruf, nach dem jene Kadetten, die dazu Neigung verspürten, sich zum Übertritt in die k. u. k. Kriegsmarine melden mögen. Wüllerstorf, der großes Interesse an Mathematik und Astronomie bewies, beschäftigte sich nach seinem Wechsel in der Ausbildung mit großem Eifer und bestem Erfolg mit dem Studium der Nautik. Schon nach einem Jahr kam es zur definitiven Aufnahme in die Marine.

Die Karriere führte den jungen Offizier jedoch zunächst wieder zurück ins Binnenland, denn er wurde der Sternwarte in Wien zugeteilt, mit der verlockenden Aussicht, später nach Venedig, das ja damals der Haupthafen der österreichischen Marine war, versetzt zu werden. Schon im Alter von 23 Jahren wurde er auf Empfehlung seines Lehrers, des bekannten Astronomen Joseph Johann von Littrow (1781–1840), zum Direktor der Marinesternwarte in Venedig ernannt. Gleichzeitig hatte der zum Linienschiffsfähnrich beförderte Offizier die Aufgabe, an der Marineakademie Astronomie und Nautik zu unterrichten. Wüllerstorf, der sich 1847 mit einer jungen Dame aus irischer Adelsfamilie vermählt hatte, verließ im Revolutionsjahr 1848 Venedig und reiste mit seiner hochschwangeren Frau durch die in Aufruhr stehende Provinz Venetien nach Triest. Nach dem

Tod seiner Frau, die kurz nach der Geburt des Sohnes Karl verstarb, erhielt er nacheinander mehrere Aufgaben innerhalb der Marine und entwarf unter anderem ein einfacheres Flaggensignalsystem. Als Korvettenkapitän übernahm er das Kommando über *S. M. S. Montecuccoli*, sein Erster Leutnant war sein Freund und ehemaliger Schüler Wilhelm von Tegetthoff, der nachmalige Sieger von Lissa. Eine Order führte Wüllerstorf in die Levante, um dort gegen Seeräuber zu agieren, weitere Fahrten brachten ihn an die syrische und ägyptische Küste.

Im Herbst 1856 besprach der Oberkommandant der Marine, Erzherzog Ferdinand Max, mit ihm ein Projekt für eine Expedition nach China und Indien, die Wüllerstorf zu einer wissenschaftlichen Reise rund um die Welt zu erweitern suchte. Der Erzherzog, für alles begeistert, was Wissen und Fortschritt förderte, ging auf den Vorschlag ein und antwortete bald mit einer Depesche, die die Mitteilung enthielt, dass Kaiser Franz Joseph die Zustimmung zur Expedition erteilt hatte.

Die *Novara* wurde zum Expeditionsschiff auserkoren, Wüllerstorf wurde mit dem Rang eines Commodore zum Befehlshaber für den nautischen Bereich der Weltreise ernannt. Karl von Scherzer, der wissenschaftliche Leiter der Expedition, schreibt in einem Nachruf, der 1883, nach dem Tode Wüllerstorfs, in der „Allgemeinen Zeitung" erschien:

> *... Mit welcher Umsicht und minutiösen Sorgfalt derselbe diese größte maritime und wissenschaftliche Expedition Oesterreichs vorbereitete, mit welchem großen Geschicke er dieselbe zu Ehren seines Namens, zum Nutzen der Wissenschaft und des Vaterlandes durchführte, ist allbekannt. Die mitgebrachten zahlreichen Sammlungen bilden einen Schatz und eine Zierde der kaiserlichen Museen, während die wissenschaftlichen Resultate der „Novara"-Expedition, durch die Munificenz der kaiserlichen Regierung mit einem Kostenaufwand von 125,000 fl. in 21 Bänden herausgegeben, ein Gemeingut der ganzen gebildeten Welt geworden sind.* Wüllerstorf allein ist es zu danken, wenn die Naturforscher an Bord der Fregatte „Novara" die ihnen gebührende Stellung einnahmen und auf den verschiedensten Gebieten der Wissenschaft so schöne Erfolge zu erzielen im Stande waren. Im Laufe jener Weltreise hatte ich das Glück, Wüllerstorfs edlen Charakter, seine Verehrung für die Wissenschaft, seine Begeisterung für alles Große und Schöne, seinen Freimuth und seine Humanität in hundert kleinen Zügen beobachten zu können. Denn mit Ausnahme des Ehestandes gibt es wohl kaum ein gesellschaftliches Verhältniß, in dem man einen tieferen Einblick in das ganze Wesen eines Menschen gewinnt, als eine Einschiffung zur See, wo man Jahre hindurch gezwungen ist, auf dem verhältnißmäßig engen Raum eines Schiffes fortwährend mit einander zu verkehren; wo man die reinsten Genüsse wie die schwersten Entbehrungen, die herrlichsten Naturerscheinungen wie die furchtbarsten Elementarereignisse gemeinsam erlebt, und wo bei so mannigfachem Anlasse die ganze Scala menschlicher Empfindungen zum vollen Ausdrucke gelangt!*
>
> ** Charles Darwin z. B. schreibt an Dr. von Scherzer über das Novara-Werk: „... es sei darin eine erstaunliche Menge von belehrenden Mittheilungen angehäuft."*

Nach der Rückkehr der Expedition verbrachte Wüllerstorf längere Zeit in Triest, wo ein eigenes *Novara*-Büro errichtet wurde, um das überaus vielfältige wissenschaftliche Material zu sichten und den nautisch-physikalischen sowie den beschreibenden Teil der Reise für den Druck vorzubereiten.

In den nächsten Jahren avancierte Wüllerstorf zum Contre-Admiral und wurde zum Hafenadmiral und Festungskommandanten im Zentralhafen Pola befördert. Im Jahr 1862 übernahm der Admiral eine Landreise in westeuropäische Länder, um die Eisenindustrie in Bezug auf die Verwendung in der Kriegsmarine kennen zu lernen. Obwohl die Ausrüstung seines Geschwaders ebenso mangelhaft wie der Ausbildungsstand der Mannschaft war, musste sich Wüllerstorf während des Krieges gegen Dänemark 1864 vielen ungerechtfertigten Vorwürfen aussetzen. Es kursierte die Meinung, dass er durch seine Verzögerung einen größeren Erfolg Tegetthoffs im Gefecht bei Helgoland verhindert hätte.

Wüllerstorf beendete bald darauf seine Laufbahn als Seeoffizier und stieg in das Amt eines Ministers auf. In seine zwei Jahre andauernde Tätigkeit als Handelsminister fielen die Umstellung auf das metrische Maßsystem und die Einführung der Korrespondenzkarte. Der Admiral sorgte für den Abschluss mehrerer Handelsverträge, für den Beginn einiger Flussregulierungen innerhalb der Monarchie und für eine von der

Kriegsmarine durchgeführte wissenschaftliche Erforschung der Adria.

Der seeerprobte Minister veranlasste groß angelegte Studien zur Regulierung von Flüssen, leitete die Initiative zum Ausbau des Hafens von Triest ein und beschäftigte sich mit dem Ausbau des Eisenbahnnetzes von Österreich. Eine besondere Ehrung war seine Berufung als Mitglied des Herrenhauses auf Lebenszeit. Wüllerstorf zog sich in seiner Pension nach Graz ins Privatleben zurück, um sich seinen astronomischen, nautischen und volkswirtschaftlichen Arbeiten zu widmen. Sein Interesse an der österreichischen Polarforschung wurde im Namen Wüllerstorf-Gebirge auf der Inselgruppe Franz-Joseph-Land verewigt.

Zur Sommerfrische weilte Wüllerstorf zumeist in Südtirol, wo er auch im August 1883 verstarb. Seine sterblichen Überreste ruhen auf dem Friedhof in Gries bei Bozen. Sohn Karl (Carl) wurde ebenfalls Marineoffizier, sein Grab, dessen Grabstein ihn als *Linienschiffscapitän d. R.* kennzeichnet, befindet sich auf dem sehenswerten k. (u.) k. Marinefriedhof im heute zu Kroatien gehörenden Pula.

Wüllerstorfs zweite Gattin Leonie veröffentlichte nach seinem Tod ein Buch mit dem Titel „Vermischte Schriften des k. k. Viceadmirales Wüllerstorf-Urbair", das fast 700 Seiten umfasst und außer den wissenschaftlichen Abhandlungen des Admirals auch dessen Briefwechsel, Aphorismen, Reisebeschreibungen aus dem Gebirge, Gedanken über die Malaria und über den Einfluss der Astronomie auf die Religion sowie auch einen Aufsatz über das Wirken Tegetthoffs enthält.

Der 1821 in Wien geborene Karl Scherzer stammte aus prominenter Familie. Der Vater, Georg Scherzer, war Mitbegründer der Ersten Österreichischen Sparkassa und leitete später das berühmte Vergnügungs-Etablissement Sperl, in dem Johann Strauß Vater viele seiner Werke zur Uraufführung brachte. Scherzer junior erhielt Privatunterricht, absolvierte zunächst eine Buchdruckerlehre und plante, eine literarisch-artistische Anstalt zu gründen. Neben seiner Arbeit als Typograph in verschiedenen Druckereien (Times in London, Brockhaus in Leipzig) betrieb der vielseitig interessierte und umfassend gebildete junge Mann nationalökonomische und naturwissenschaftliche Studien, die er mit einem Doktorat abschließen konnte. Seine Dissertation, in der er sich mit sozialen Disparitäten beschäftigte, trug den Titel „Über das Armthum". Scherzer, ein Liberaler wie so viele Wissenschaftler in der Zeit des Vormärz, gründete eine kurzlebige Gewerkschaft für das graphische Gewerbe und veröffentlichte während der Revolution 1848 eine sozialkritische Schrift, die sofort von der Zensur verboten wurde. Nachdem die liberalen Ziele der Revolution gescheitert waren, bereiste Scherzer mit dem als Zoologen und Forschungsreisenden bekannten Journalisten Dr. Moritz Wagner Mittel- und Nordamerika. Ihre geographischen, biologischen, ethnographischen und wirtschaftlichen Erkenntnisse wurden nach ihrer Rückkehr 1855 in sechs Bänden herausgegeben. Scherzer, der auch die Mittelmeerländer bereist hatte, machte sich bald einen Namen als scharfer Beobachter, profunder Kenner vieler Länder und hervorragender Analyst, was wissenschaftliche Fragen betraf. Er entwickelte sich zu einer großen Gelehrtenpersönlichkeit mit universaler Ausrichtung. Obwohl er wegen eines geringfügigen Passvergehens eine kurze Arreststrafe absitzen musste, stieg seine Wertschätzung bei den maßgeblichen Personen ständig an. Seine Berufung als wissenschaftlicher Leiter der *Novara*-Expedition durch Minister Bruck bzw. durch den Marinekommandanten Erzherzog Ferdinand Max war für ihn eine angenehme Überraschung. Scherzer, der auch als der offizielle Chronist der Weltumsegelung vorgesehen war, wurde durch die Herausgabe seines dreibändigen Werkes „Reise der Österreichischen Fregatte Novara um die Erde in den Jahren 1857, 1858, 1859 unter den Befehlen des Commodore B. von Wüllerstorf" weit über Österreichs Grenzen hinaus bekannt.

Neben dieser in vielen Kreisen bekannten Reisebeschreibung verfasste er im Rahmen des 18-bändigen wissenschaftlichen *Novara*-Werkes zwei Bände mit statistisch-wirtschaftlichen Beobachtungen und ließ dabei den handelspolitischen Möglichkeiten Österreichs auf allen Kontinenten breiten Raum.

Nach der Expedition wurde Scherzer in den Ritterstand erhoben und begleitete einige Jahre später eine weitere österreichische Expedition nach Thailand, China und Japan. Im Alter von 50 Jahren wurde er zum Generalkonsul von Smyrna (Izmir) ernannt. Im Jahr 1877, 20 Jahre nach dem Start der *Novara*-Expedition, erhielt Scherzer auf allerhöchsten Wunsch über das Außenministerium den offiziellen Auftrag, den Kronprinzen Rudolf auf eine Reise nach England, Schottland und

Der umfassend gebildete Karl von Scherzer wurde von Erzherzog Ferdinand Max zum wissenschaftlichen Leiter der Expedition vorgeschlagen.

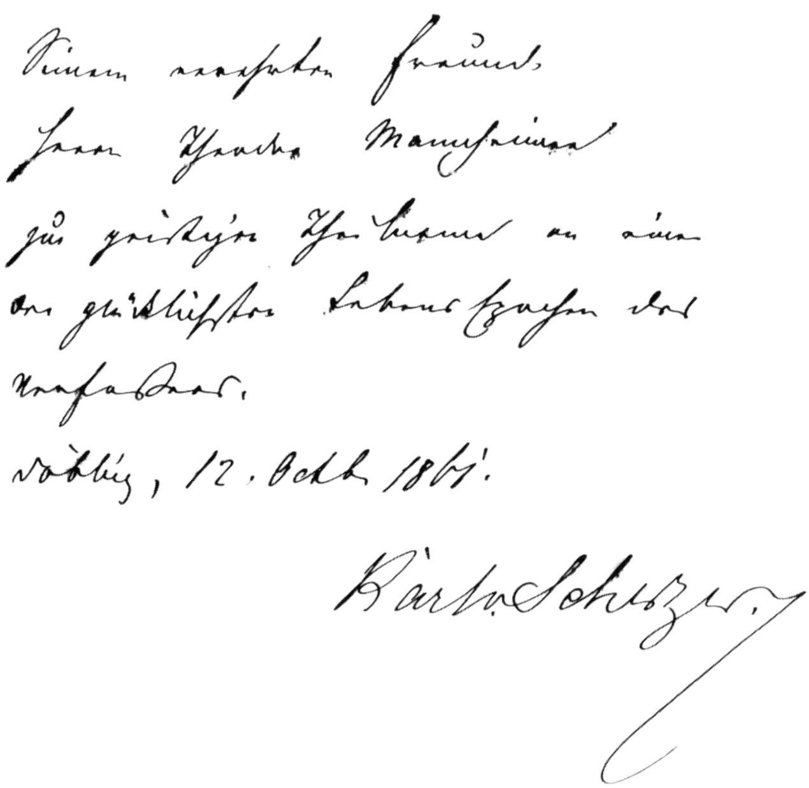

Seinem verehrten Freunde
Herrn Theodor Mannheimer
zur gütigen Erinnerung an einen
der glücklichsten [illegible] des
Verfassers.
Döbling, 12. Octbr. 1861.
Karl v. Scherzer

Autograph von Scherzer aus dem zweiten Band seiner dreibändigen Beschreibung der Weltumsegelung der Novara (Privatbesitz).

Irland zu begleiten. Scherzer, ein großer Bewunderer des britischen Staates und seiner Wirtschafts- und Kolonialpolitik, entwarf ein ausführliches Programm, bei dem verschiedene *Industrie-Etablissements* sowie vor allem Einrichtungen in Bezug auf Handel und Schifffahrt in Augenschein genommen wurden. Danach führte ihn der Konsulardienst nach London, Leipzig und nach Genua, wo er schließlich den Titel eines ao. Gesandten und bevollmächtigten Ministers erhielt.

Die große Autorität, die Scherzer genoss, äußert sich wohl am besten in einem Brief von Bernhard von Wüllerstorf-Urbair an seinen Freund und wissenschaftlichen Begleiter:

> *An Generalconsul von Scherzer.*
> *Graz, 13. Juni 1868.*
> *So eben erhalte ich Ihren Brief von gestern. Ich freue mich mit Ihnen und das von ganzem Herzen, daß Sie endlich freier athmen können und Ihre größeren Novara-Arbeiten zum Abschlusse gebracht haben. Sie haben wie kein Anderer rastlos gearbeitet und am meisten dazu beigetragen, unsere Expedition zu Ehren zu bringen. – Wenn ich auch wirklich, wie Sie meinen, durch meine Theilnahme oder sonstwie Ihnen von Nutzen gewesen bin, so haben Sie schon längst mehr Gegenleistungen geboten, als ich je zu verdienen in der Lage war.*
> *Ich anerkenne es aber frei und offen, daß ohne Ihre Mitwirkung die ganze Expedition längst vergessen und niemals zu so vieler Anerkennung gelangt wäre.*
> *Leider weiß man bei uns die geistige Arbeit nicht in dem Maße zu schätzen, wie sie es verdiente, aber Sie können immerhin das beruhigende Gefühl in sich zu tragen, Ihrer Pflicht als Oesterreicher getreu und gewissenhaft nachgekommen zu sein, Sie dürfen mit Befriedigung auf die nun verflossenen 11 Jahre zurückblicken, in welchen Sie dazu beigetragen, österreichische Leistungen in aller Welt zu Ehren zu bringen.*

Scherzer verstarb im Alter von 82 Jahren 1903 in Wien und wurde auch dort beerdigt.

Johann Zelebor (1819–1869) hatte als zoologischer Assistent und vor allem als Tierpräparator eine wichtige Funktion während der Expedition. Wüllerstorf verewigte den *echten Wiener* in seinen „Vermischten Schriften" in einer Anekdote. Es war in Hongkong: Zelebor war überwältigt von Exotik und Mannigfaltigkeit des Tierlebens an der chinesischen Küste. Er sammelte, so viel er konnte. Am Land in einem Hotel untergebracht, saß er da, fast begraben unter Tierbälgen aller Art. Säugetiere, Schlangen, Vögel, Schmetterlinge, Raupen, Würmer, Fische und sogar so manches lebende Exemplar füllten das große Zimmer. Das meiste war zu konservieren, vieles auszustopfen. Der Tag der Abreise rückte näher. Wüllerstorf besuchte Zelebor und ersuchte ihn, seine Arbeiten abzuschließen. Der aus Eggenburg stammende Niederösterreicher klagte, dass ihn in China kein Mensch, nicht einmal die Engländer, verstehen wollten:

> *„Ja, wissens, Herr Commandor, ich möcht' halt zum Ausstopfen auch Sägespäne haben. Da läut' ich dem Kellner und sag' ihm deutlich – jeder Gassenbub hätt's verstanden – bring' me Sogschaten – schaut mich der Kerl an, lacht mir in's Gesicht und geht wieder zum Teufel. Und so geht's immer fort." Sogschaten ist der Wiener Ausdruck für Sägespäne, und das, meinte Zelebor, müßte auch ein Engländer verstehen.*

Zelebor, der am Naturalienkabinett in Wien angestellt war, bewies seinen ungeheuren Fleiß durch tausende nach Triest mitgebrachte Exemplare. Er wurde zum Kustos befördert und bearbeitete dank seiner soliden Kenntnisse die Abhandlung über Säugetiere im zoologischen Teil des Werkes über die Expedition.

Ein weiterer Teilnehmer, Georg Frauenfeld, kam aus einfachen Verhältnissen, hatte sich aber, wie es damals nicht unüblich war, als Autodidakt profunde wissenschaftliche Kenntnisse angeeignet. Der 1807 in Wien geborene Frauenfeld war Kustos im damaligen k. k. zoologischen Hof-Cabinet (dem späteren Naturhistorischen Museum) in Wien und hatte in dieser Funktion die Mollusken-Sammlung zu betreuen. Schon 1851 begründete er die weithin geachtete Zoologisch-Botanische Gesellschaft. Nach der Rückkehr erhielt Frauenfeld in einem von *Sr. k. k. apostolischen Majestät* ausgestellten Schreiben die Order, die während der Expedition gesammelten Objekte, die zunächst zum Teil in der Börse in Triest ausgestellt waren, zu vereinigen, um sie in *Lokalitäten des k. k. Augartens* dem Publikum zugänglich zu machen. Frauenfeld, der in der *Novara*-Edition im zoologischen Teil den Band über die Mollusken akribisch bearbeitete und den Ausstellungskatalog herausgab, wurde für seine Verdienste in den erblichen Ritterstand erhoben.

Georg Ritter von Frauenfeld wurde 1868 Redakteur und Vizepräsident des Vereines zur Verarbeitung naturwissenschaftlicher Kenntnisse in Wien, wo er 1873, im Jahr der Wiener Weltausstellung, verstarb. Seine zahlreichen Berichte und Notizen während der Expedition wurden in Schriften des Zoologisch-Botanischen Vereins und in denen der Akademie der Wissenschaften publiziert, ebenso verfasste er ein Tagebuch, das wertvolle Informationen über die Expedition enthält und sich nun im Naturhistorischen Museum in Wien befindet.

Ein anderer Wiener, der 1824 geborene Josef Selleny (auch Selény), begleitete die Expedition sozusagen als offizieller „Bildberichterstatter". Die Kunst des Fotografierens steckte zur Zeit der Weltumsegelung noch in den Kinderschuhen und spielte für die Dokumentation der Reise mit Ausnahme von Aufnahmen in Australien nahezu keine Rolle.

Selleny hatte an der Wiener Kunstakademie unter Thomas Ender und Leopold Kuppelwieser studiert und mehrere Preise und ein Stipendium für Rom erhalten. Der Künstler, der 1848 als Mitglied der Akademischen Legion an der Verteidigung Wiens mitgewirkt hatte, unternahm mehrere Reisen, die ihn nach Italien, Tirol, Dalmatien und Istrien führten und eine Fülle von Skizzen und Bildern zur Folge hatten. Selleny selbst war es, der an den Marinekommandanten Erzherzog Ferdinand Max ein Gesuch richtete, an der Expedition teilnehmen zu dürfen. Dieses Gesuch, dessen Original im Kriegsarchiv Wien, altes Marinearchiv, zu finden ist, enthält nebst Sellenys Hinweisen auf seine Eignung und den geplanten Motiven für seine Reisebilder auch konkrete finanzielle Vorstellungen und Fragen rechtlicher Art. Der Erzherzog stimmte dem Antrag zu, Selleny, der neben seinem Sprachtalent auch gute Kenntnisse in den Naturwissenschaften, Geschichte und Literatur besaß, konnte sich dem Kreis der *Herren Naturforscher* anschließen und hatte die Ehre, an der Tafel der Offiziere zu speisen. Der Künstler brachte von der 28 Monate dauernden Expedition an die 2000 Studien zurück. Die Motive reichten von Bordstudien auf der *Novara* über Natur- und Landschaftsstudien auf allen Stationen, über so genannte *Völkerporträts* von Eingeborenen bis zu Darstellungen von einzelnen Gegenständen und Architekturen. Die über 200 Illustrationen, großteils Holzschnitte, mit denen die drei beschreibenden Bände der Expedition illustriert sind, gehen großteils ebenfalls auf ihn zurück.

Wenige Monate nach der Expedition begleitete Selleny den Erzherzog auf dessen Fahrt nach Brasilien, um wiederum die Reiseeindrücke zu dokumentieren. Der Künstler, der auch vorübergehend als Zeichenlehrer für den jugendlichen Kronprinzen Rudolf engagiert war, zeigte bei den Entwürfen zur Gestaltung des Schlosses Miramar und des Wiener Stadtparks sowie bei Dekorationen der Kaiservilla in Ischl weitere Facetten seines umfassenden Talentes. Als Selleny erste Anzeichen einer sich anbahnenden Krankheit verspürte, übersiedelte er bald nach der Feier zur Eröffnung des neuen Wiener Künstlerhauses 1868 nach Gries bei Bozen und verstarb sieben Jahre später in völliger geistiger Umnachtung in einer Nervenheilanstalt nahe Wien.

Die Entscheidung der Akademie der Wissenschaften, den Geologen und Naturforscher Dr. Ferdinand von Hochstetter für die Expedition zu engagieren, blieb unbestritten. Der 1829 in Esslingen am Neckar geborene Hochstetter war der Sohn des protestantischen Stadtpfarrers seines Geburtsortes. Der junge Mann studierte in Tübingen Theologie und Naturwissenschaften, übersiedelte nach Wien, wirkte an der Geologischen Reichsanstalt und erhielt bald an der Universität einen Lehrstuhl für Gesteinskunde. Der Tag der Abfahrt der *Novara* war gleichzeitig der Geburtstag des damals 28-jährigen Gelehrten. Hochstetter hatte sowohl von der Akademie als auch von der „Wiener Zeitung" den Auftrag erhalten, regelmäßig über die Reise zu berichten. Die Beiträge, die von den einzelnen Stationen mit Postdampfern nach Europa gelangten, erregten großes Aufsehen. Auch die „Illustrierte Zeitung" veröffentlichte diese Berichte, die mit Holzschnitten nach Vorlagen von Selleny auch optische Eindrücke der Fahrt vermittelten. Hochstetters Schilderungen, die später auch in Buchform erschienen, waren für ein breiteres Publikum gedacht, seine exakten Berichte sind gelegentlich durch humorvolle Begebenheiten gewürzt. So erzählt er mit sichtlichem Vergnügen von den Festlichkeiten zu Ehren der *Novara* in Sydney oder von einem Vorfall, bei dem eine Reihe von Affen aus ihren Käfigen flüchteten und die Kajüte Sellenys verwüsteten. Die mit Malfarben verschmierten Tiere verübten allen möglichen Schabernack und störten noch dazu den Ablauf einer Sonntagsmesse, die im Batteriedeck abgehalten wurde.

Hochstetter verließ die *Novara* in Neuseeland, um dort auf Wunsch der Regierung geologische Untersuchungen vorzunehmen, und verfasste nach seiner Rückkehr die drei geologischen Bände der *Novara*-Edition und ein Standardwerk über Neuseeland. Das Werk wurde ins Englische und in gekürzter Form ins Französische übersetzt. Einzelne Passagen daraus, welche die Länderkunde betreffen, griff Jules Verne in seinem abenteuerlichen Roman „Die Kinder des Kapitän Grant" (1867/68) auf.

Der Wissenschaftler machte sich durch seine zahlreichen Publikationen, Gutachten und Forschungsergebnisse einen weit über die Grenzen der Monarchie hinausreichenden Namen. Die nächsten Stufen seiner Karriere brachten ihm einen Lehrstuhl für Geologie und Mineralogie am Polytechnischen Institut (heute Technische Universität). An seinem 47. Geburtstag erfolgte die Ernennung des *Vaters von Neuseeland* zum Intendanten des k. k. Naturhistorischen Hofmuseums. Hochstetter begründete die Geologisch-Paläontologische und die Anthropologische Abteilung am Naturhistorischen Hofmuseum und bekleidete das Amt eines Präsidenten der Geographischen Gesellschaft in Wien. Er verstarb im Jahr 1884. Das Naturhistorische Museum ehrt heute noch sein Gedenken mit der Hochstetter-Medaille, die für besondere Verdienste um das Museum verliehen wird.

Zu Beginn der Expedition, am 30. April 1857, befanden sich – Commodore Wüllerstorf mitgezählt – 352 Männer an Bord der *Novara*. Die wissenschaftliche Kommission stand unter der Leitung Karl Scherzers, der Stab, bestehend aus den Offizieren, den Ärzten, dem Marinekaplan und den Marinekadetten, unter der des Commodores. Zur Mannschaft, auch Matrosenkorps genannt, gehörten etwa 230 k. k. Matrosen, 14 Männer der k. k. Marineartillerie, 33 Angehörige des k. k. Marineinfanterieregiments, acht Marinearsenalarbeiter und sieben Männer, die den beliebten Dienst als Angehörige der *Marinemusikbande* ausübten. Neben zwei Köchen und zwei Speisemeistern im Matrosenrang waren noch sieben *Civilarbeiter* an Bord, die ihre Tätigkeit als Segelmacher, Tischler, Kalfaterer und Böttcher ausübten. Die sieben an Bord befindlichen Offiziersdiener galten in der Statistik als *Isolierte*. Unter den k. k. Matrosen gab es aufsteigend Matrosen *dritter, zweiter und erster Classe*. Danach folgten im Rang Marsgasten, Steuermann, Quartiermeister und der hoch angesehene Obersteuermann und Bootsmann. Bei der Marineartillerie und Marineinfanterie gab es Ränge vom Gemeinen bis zum Feldwebel. Die Familiennamen der Matrosen deuten vorwiegend auf italienische oder kroatische Muttersprache hin, wie etwa Andreatini, Merloto, Slavich oder Vidacovich. Viele Matrosen wurden bereits während der Expedition befördert, alle stiegen nach Beendigung der Reise um einen Rang auf. Im dreibändigen Reisebericht Scherzers spielen die Tätigkeiten und die Befindlichkeiten der Mannschaft nur eine sehr geringe und wenig beachtete Rolle. Schiffsarzt Dr. Schwarz hingegen räsoniert im medizinischen Band der *Novara*-Edition über *das Leben auf dem Meer*. Er macht sich Gedanken über den Charakter von Seefahrern und über das *Bordleben als Einfluß auf Geist und Gemüth*:

> *Sehen wir völlig ab von dem beständigen Ringen des Seemannes gegen grosse Naturkräfte zur Erreichung seiner verschiedenen Zwecke, in deren erster Linie die Erhaltung des Lebens steht, – so kämpft er einen ebenso ununterbrochenen Kampf zur Befriedigung der Bedürfnisse seines Organismus. Behausung, Speise, Trank, Arbeit, Schlaf, Bewegung und Ruhe sind ihm in ungewohnter Form geboten. Wohl können ihm alle diese nach einer gewissen Zeit, nachdem er sich daran gewöhnt, gedeihlich werden; allein hundertfache Zwischenfälle stören und verändern häufig genug diese neuen Normen. Speise und Trank unterliegen der Verderbniss, die wohlberechnete und gleichmässig eingetheilte Arbeit häuft sich in einer Weise an, dass sie der Mensch nicht mehr bewältigen kann, Schlaf und Ruhe werden gewaltsam aufgehoben, gestört, unterbrochen, und das Schlimmste dabei ist die traurige Alternative: entweder die oben genannten Umstände ertragen zu müssen, oder, wenn sie unsere Kräfte übersteigen, zu Grunde zu gehen. Es liegt fast niemals in der Gewalt irgend eines Befehlshabers, einen oder den andern zu schonen, wenn die Verhältnisse gebieterisch werden.*

Eine bedeutende Rolle für *Geist und Gemüth* der Mannschaft spielte sicherlich die *Musikbande*, die ja immerhin aus sieben Mann bestand. Die österreichische Marinemusik wurde von 1850 bis 1864 von dem in Polepp bei Leitmeritz in Böhmen geborenen Marinekapellmeister Joseph Sawerthal (1819–1893) geleitet, der zu Ehren der erfolgreichen Expedition den „Novara-Marsch" komponierte. Er begleitete 1864 als „Leiter der Musik" Kaiser Maximilian nach Mexiko. Nach dem Drama von Querétaro trat er als „Bandmaster" in den Dienst der britischen Armee.

Wenige Tage vor der Abfahrt gab es – noch im Hafen von Triest – an Bord der *Novara* den ersten Todesfall. Ein Matrose war aus der Takelage in das Bajonett eines Wachsoldaten und weiter auf das Deck gestürzt. Wie die „Wiener Zeitung" berichtete, wurde dieser tragische Unglücksfall zwar von den anderen Matrosen sehr bedauert, aber doch als notwendiges „Omen" vor der großen Reise betrachtet.

Trotz aller Widrigkeiten und Gefahren, trotz der Beengtheit an Bord und aller Einschränkungen war der Drang nach Ferne, Weite, Abenteuer stärker. Viermal so viele Matrosen als benötigt hatten sich gemeldet, für mehr als 300 Männer ging der Traum in Erfüllung. Neun Matrosen desertierten in den diversen Hafenstädten, acht Männer verstarben während der Expedition. Für alle anderen galt es zeitlebens als ganz besondere Ehre und Leistung, während der Weltumsegelung auf der *Novara* den Dienst verrichtet zu haben.

Die Matrosen tanzen an Bord der Novara zu den Klängen der „Musikbande".

Die Einsegnung der neuen k. u. k. Dampffregatte „Radetzky" im Hafen von Triest.

5

Von Triest über Gibraltar und Madeira nach Rio de Janeiro – Äquatortaufe im Atlantik

DIE ABFAHRT

Der 30. April 1857, ein wie sich herausstellen sollte, wunderschöner Frühlingstag, war von höchster Stelle der Marine für den Start der Segelfregatte *Novara* zur Fahrt um die Erde auserkoren worden. Die Korvette *Carolina* sollte die *Novara* bis in die Gewässer Südamerikas begleiten. Einem weiteren Schiff der Kriegsmarine, dem Dampfer *(Santa) Lucia*, fiel die Aufgabe zu, die beiden Segelschiffe zumindest bis in die Straße von Messina zu schleppen, um damit einen etwaigen Zeitverlust zu vermeiden, da in der Adria im Frühjahr durch Flauten oder Gegenwinde häufig Verzögerungen zu erwarten waren.

Triest, Österreichs größte Hafenstadt, und seine Vororte zeigten sich in einem wahren Freudentaumel. Die Abfahrt der *Novara* war tagelang das wichtigste Ereignis, über das es zu erzählen und zu schreiben gab, alle Gazetten des Kaiserstaates beschäftigten sich mit diesem Thema. Bereits im Morgengrauen umkreisten kleine Boote die zur Abfahrt bereiten Schiffe. Verwandte und Freunde versuchten auf diese Weise den Männern der Expedition gute Wünsche und ein letztes „Lebewohl“ zuzurufen.

Um acht Uhr lichtete die *Novara* die Anker. Die *Lucia* dampfte heran und nahm die mit allen Flaggen und Wimpeln geschmückte Fregatte, die mit diesem Schmuck in der so genannten Flaggengala prangte, ins Schlepptau und zog sie und die *Carolina* aus der Bucht von Muggia um den Leuchtturm in den Hafen von Triest. Tausende Schaulustige säumten die Molen, die Ufer und die Piazza Grande, den zentralen Platz von Triest, der so wie heute einen freien Blick auf den Hafen bietet.

Die 21 von der *Novara* abgefeuerten Kanonenschüsse bedeuteten gleichzeitig den Gruß an die Stadt und den Abschied von der Heimat. Von der Fregatte erklang – gespielt von der *Musikbande* – Joseph Haydns ewig schöne Melodie. Unter diesem Klang der Volks- oder besser bekannt als Kaiserhymne verließ die *Novara* – im Schlepp des Dampfers – den heimatlichen Hafen.

Bald war die Silhouette des Karstgebirges, das Triest wie eine halbkreisförmige Arena umgibt, im Dunst verschwunden, der Alltag an Bord und die Tätigkeit, der jeder in seinem Wirkungskreis entsprechen musste, nahmen ihren Lauf.

Bereits am zweiten Reisetag galt bei der morgendlichen Verlesung einer der Matrosen als vermisst. Man befürchtete, dass er aus Angst vor einer eventuellen Bestrafung wegen eines geringfügigen Ordnungsfehlers über Bord gegangen sei. Glücklicherweise fand man den Matrosen unverletzt im Unterdeck, wo er versucht hatte, sich zu verstecken.

Die Fahrt verlief nach Plan, am 3. Mai verließen die drei Schiffe die Adria. Die *Lucia* nahm Kurs auf Korfu, um ihre Kohlevorräte zu ergänzen, die *Novara* und die *Carolina* setzten Segel und sollten zwei Tage später an der Südspitze Italiens wieder mit dem Dampfer zusammentreffen.

Die sieben zivilen Naturforscher, zumeist maritime Neulinge, wurden nun von Commodore Wüllerstorf mit der *eigenthümlichen Bordetiquette* und der *ungewöhnlichen Tageseintheilung* vertraut gemacht, um sich an den genauen Ablauf und an die strenge Ordnung zu gewöhnen, die notwendig waren, um eine Fregatte im regelmäßigen Gang zu halten. Karl Scherzer erzählt:

Bald begreift indeß Jeder, daß das lästige Reiben und Waschen der Decke, die tägliche Reinigung sämtlicher Gegenstände an Bord wichtige Maßregeln sind, welche wesentlich zur Gesundheit der Bemannung beitragen und daß eine fast pedantische Diensteintheilung nothwendig ist, um die Mannschaft beständig zu beschäftigen, ihre Kraft zu üben und sie für alle Fälle tauglich zu machen.

Der Zeitplan konnte eingehalten werden, obwohl eine leicht unruhige See bleiche Gesichter, Appetitlosigkeit und noch Ärgeres bei dem wenig meererprobten wissenschaftlichen Personal zur Folge hatte. Scherzer, von dem später behauptet wurde, dass er sich während der ganzen Reise in einem Zustand permanenter leichter Seekrankheit befunden hätte, meinte, dass der Anblick des schneebedeckten Ätna und der anmutigen Küste Siziliens durchaus Ablenkung oder Linderung verschaffen konnte. Für die Matrosen und Marineoffiziere waren Meeresbewegungen dieser Stärke nicht der Rede wert und bedeuteten keineswegs irgendeine Abweichung oder gar Behinderung der täglichen Arbeit.

Am 7. Mai erreichte man die Passage zwischen Sizilien und der Südspitze Italiens, wo nach der griechischen Mythologie und Homer seinerzeit auch Odysseus auf seinen Irrfahrten hindurch musste und von Seeungeheuern an der Heimkehr nach Ithaka behindert wurde. Auf der einen Seite lauerte in einer Höhle mit ihren Fangarmen die Skylla, auf der anderen Seite versuchten ihn die Wirbel und Wasserschlünde der Charybdis zu verschlingen.

Über die Durchfahrt der *Novara* berichtet Scherzer:

Nun ging es durch die Wirbel der Charybdis, in denen Schwärme von Delphinen spielend sich umhertrieben, an einem reizenden Panorama südlicher Naturbilder vorüber. Wir fuhren so nahe an der Küste, daß wir das Thun und Treiben der Menschen deutlich beobachten konnten. Die drei stattlichen Schiffe schienen die Aufmerksamkeit Vieler auf sich gezogen zu haben, denn hunderte standen in den Straßen und auf den Plätzen von Reggio und Billa San Giovanni und winkten uns, mit ihren Tüchern schwenkend, zu. Alle Fernröhre am Bord wanderten den ganzen Tag von Hand zu Hand, und als wir gegen Abend die Straße passirt hatten und an dem Felsenschlosse Skylla vorüber waren, konnten wir die mächtige Rauchsäule sehen, welche aus dem gewaltigen Stromboli empor wirbelte.

Günstige Winde erlaubten es am nächsten Tag, die Fahrt unter Segel fortzusetzen. Die Schlepptaue zur *Lucia* wurden losgeworfen, deren Kommandant hatte seine Order erfüllt und konnte mit den ersten inzwischen abgeschlossenen Berichten und Briefen zurück nach Triest dampfen. Leider ging die so viel versprechende Abenteuerreise auf der *Novara* hier bereits für zwei Matrosen zu Ende. Sie wurden vom Schiffsarzt als schwer krank eingestuft und nach Triest zurückgeschickt. Als Ersatz übernahmen zwei von der *Lucia* abkommandierte Matrosen ihren Dienst. Was mochten die beteiligten Männer gefühlt haben, deren persönliche Planung für die nächsten Jahre sich so plötzlich geändert hatte?

Schon vor Beginn der Reise hatten sowohl Marineure als auch das Forscherteam Instruktionen erhalten, wie der Tagesablauf auf See für die speziellen Aufgaben der Expedition bestmöglich zu nutzen sei. So wurde etwa für die Zoologen und Botaniker auf Deck zu bestimmten Tageszeiten ein Zelt aus Segeltuch aufgestellt, in dem Pflanzen und erlegte Tiere mithilfe von Konservierungsmitteln präpariert werden konnten. Das Hantieren mit Weingeist galt wegen seiner Brennbarkeit in den Kabinen als zu gefährlich. Meteorologische Beobachtungen und alle breit gefächerten Belange der Ozeanographie wurden Marineoffizieren übertragen, die neben ihrem üblichen Dienst wie der Führung und der Manövrierung des Schiffes und der Überwachung des Segelsetzens auch verschiedenste Beobachtungen und Messungen übernehmen mussten. Dazu gehörten zu den vorgeschriebenen Stunden die Überprüfung von Barometer, Thermometer, der Temperatur des Wassers, Wolkenbildung und natürlich auch die exakte Messung des jeweiligen Standortes. Die Resultate waren sofort in eigens dafür angelegte Tagebücher einzutragen.

Einer der Männer, der Schiffsfähnrich Robert Müller, der während der Reise vom Seekadetten zum Seeoffizier befördert wurde, wurde vom üblichen Wachdienst vollkommen befreit, da er durch seine nautischen und astronomischen Beobachtungen und Arbeiten voll ausgelastet war. Den Seekadetten, die ihre abschließende Ausbildung an Bord erhielten, wurden täglich praktische Tätigkeiten und regelmäßig wissenschaftliche

Hilfsdienste zugeteilt. Doch blieb die wissenschaftliche Ausbeute in den ersten Wochen eher gering. Die riesigen Schildkröten, die sich dem Schiff näherten, ließen sich leider nicht fangen.

Das Meer und seine Eigenheiten wurden nach den ersten Wochen bewusster wahrgenommen. Am Abend des 19. Mai erwies sich eine plötzliche gold-orange Färbung des Meeres bei näherer Untersuchung als eine Ansammlung von Milliarden kleiner gallertartiger Lebewesen, die einen gelben undurchsichtigen Kern hatten, während die schleimige Hülle durchsichtig und farblos war. In einen finsteren Raum gebracht, leuchtete das Seewasser weiter und gab einen milchig weißen Glanz von sich. So wurde der Weg der *Novara* durch einen schwimmenden Lichtstrom markiert. Dieses Meeresleuchten war damals für die Wissenschaft nichts Unbekanntes. Der deutsche Zoologe, Geologe und Ökologe Christian von Ehrenberg (1795–1876), der mit Scherzer bekannt und mit Alexander von Humboldt befreundet war, hatte sich schon mit dem Phänomen der Phosphoreszenz auseinander gesetzt. Ehrenberg publizierte zahlreiche Schriften, erhielt Auszeichnungen, Titel und höchste Ämter und hinterließ 40.000 mikroskopische Präparate. Während er das Meeresleuchten ganz prosaisch mit Mikroorganismen in Zusammenhang brachte, schilderten eher romantische Zeitgenossen solche Vorkommnisse als *wogendes Flammenmeer, schäumenden Goldberg* oder *leuchtende Goldtinktur*. Schlichteren Gemütern erschien die herrliche Naturerscheinung einfach als nicht geheuer.

GIBRALTAR

Am Morgen des 21. Mai lag die *Novara* bei Windstille wartend nahe dem Felsen von Gibraltar. Scherzer schildert den imposanten Felsen als *grau* und *ernst*. Er meint:

> ... *daß dieses kolossale, reichlich mit Kanonen besetzte Felsenmonument jener wachsamen und energischen Macht gehört, welche überall ihre Herrschaft auszubreiten versteht, wo es die Handelsinteressen des eigenen Volkes zu wahren oder den übrigen Nationen Achtung zu gebieten gilt.*

Nach stundenlanger Wartezeit erhob sich eine leichte Brise, und die *Novara* konnte endlich im Hafen einen Ankerplatz erreichen. Zum Gruß ertönten von der Fregatte die obligaten 21 Kanonenschüsse, die von den Wällen der Festung sogleich erwidert wurden.

Schon am ersten Tag kamen Besucher, Briefe und Zeitungen an Bord, sowie Einladungen und Anmeldungen für Kontakte mit allen Autoritäten der Stadt, an ihrer Spitze der Gouverneur Sir James Fergusson, der alles Menschenmögliche in Bewegung setzte, um den Männern der *Novara* einen gleichermaßen gesellschaftlich interessanten wie wissenschaftlich ergiebigen Aufenthalt zu bieten. Man hatte etwa eine Woche Zeit, um sich mit den Gegebenheiten von Land und Leuten zu befassen.

Die Säulen des Herkules

Die Straße von Gibraltar galt schon in der Antike als Ausgang zum Atlantischen Ozean oder als Eingang von dort in das Mittelmeer. Die Säulen des Herkules, benannt nach dem altgriechischen Helden Herakles, der hier stützende Säulen errichtet haben soll, die seinerzeit die Grenzen der bekannten Welt markierten, waren und blieben durch die Jahrhunderte ein Gebiet von höchstem politischem Interesse. Als eine der Säulen wird der Felsen von Gibraltar bezeichnet, die andere Säule – der Berg Abyle – liegt gegenüber am afrikanischen Festland. Die Meerenge zwischen den beiden Kontinenten ist an der engsten Stelle 14 Kilometer breit. Der Felsen wurde von den Arabern als Dschabal al Tarik (Berg des Tarik) bezeichnet, nach dem muslimischen General Tarik Ibn Said, dem es im 8. Jahrhundert gelungen war, nach Spanien einzudringen. In den nächsten Jahrhunderten konnten die Spanier Gibraltar zweimal zurückerobern, einmal gelang es den Arabern, es wieder zu erwerben. Nach der vorübergehenden Herrschaft des Kalifats von Córdoba gelang es den Spaniern erst im 15. Jahrhundert, die ganze Halbinsel zurückzuerobern. Nach dem Spanischen Erbfolgekrieg zwischen Habsburgern und Bourbonen, bekräftigt durch den Frieden zu Utrecht 1714, kam das begehrte Gebiet von Gibraltar in den Besitz der englischen Krone. Durch die Energie der Briten, die gleich einem wachsamen Zerberus den Eingang nach Europa beherrschten, war der Felsen von Gibraltar in eine unbezwingbare Festung verwandelt worden.

Gibraltar – die erste Station der Weltumsegelung – wird nach drei Wochen Fahrt durch das Mittelmeer erreicht.

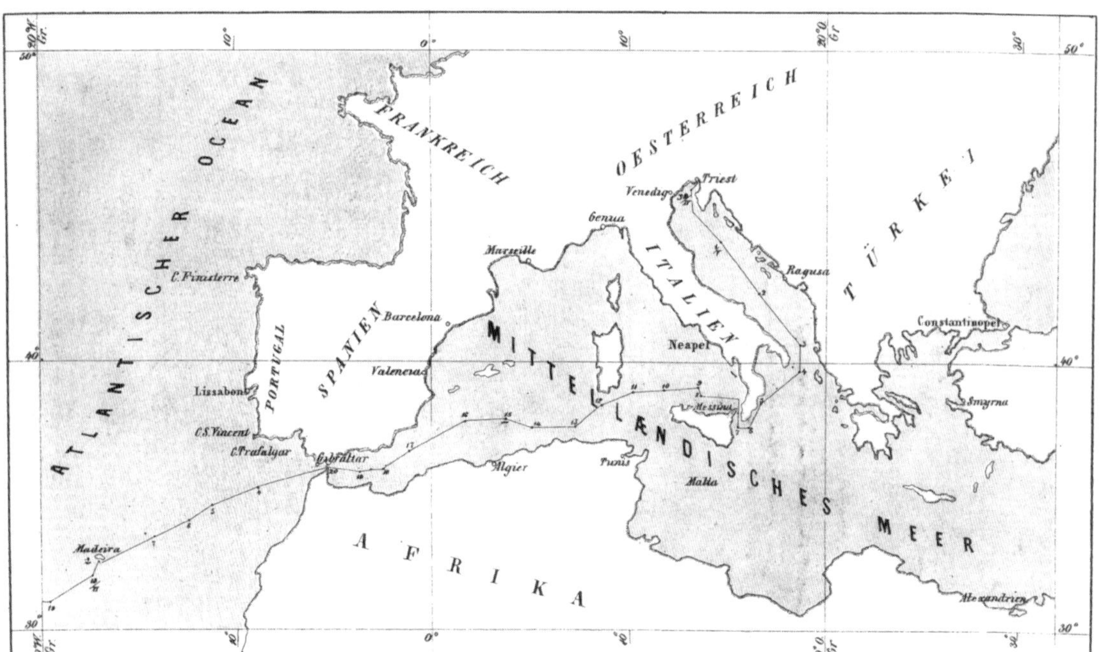

Kurskarte der Novara von Triest nach Gibraltar und weiter nach Madeira.

Die Männer der *Novara* erhielten die offizielle Erlaubnis, Europas gewaltigstes Festungswerk mit seinen *galleries*, *halls*, Labyrinthen, Höhlen und Gängen zu besichtigen. Zur Zeit der Expedition waren mehr als 700 Kanonen im ausgehöhlten Felsen untergebracht, etliche davon ragten drohend aus den Schießscharten heraus. Scherzer äußert sich bewundernd über die Anlage und merkt an, dass manche Gänge derartig groß und breit angelegt seien, dass sie sogar zu Pferde mit dem Hut auf dem Kopf bequem zu bewältigen wären.

Während des Aufenthaltes der *Novara* wurde gerade der Geburtstag der damals 38-jährigen Königin Viktoria von England gefeiert. Die für dieses Ereignis abgefeuerten Ehrensalven ermöglichten es, den „künstlichen Vulkan" in voller Eruption zu sehen. Neben diesem lautstarken Schauspiel des Feuer speienden Berges gab es eine glanzvolle Parade der etwa 6000 Mann starken britischen Garnison zu bewundern.

Auf der Spitze des Felsens von Gibraltar befanden sich 1857 bereits eine Telegraphenstation sowie ein Mast mit zwei Rahen, der mittels riesiger Ballons und Flaggensignalen die Ankunft jedes Dampfers oder Kriegsschiffes meldete, das die Meerenge passierte. Die damals schon als Kuriosum bekannte Affenherde, die auf dem Felsen lebte, bekamen die Männer der *Novara* nicht zu Gesicht.

Gibraltar war von Spanien – von der Landseite her – nur schwer zu betreten. Alle Tore öffneten um fünf Uhr früh die Eingangspforten, abends um 20 Uhr wurden sie nach einem Mahnschuss mit einem von Scherzer als skurril bezeichneten Zeremoniell gesperrt, das ein pedantischer Unteroffizier überwachte.

In Gibraltar zählte man einschließlich des Militärs etwa 20.000 Seelen. Die britische Bevölkerung nannte Gibraltar einfach „the rock" und bezeichnete sich selbst als „rock people". Außer Engländern lebten hier noch Spanier, Italiener, Portugiesen, Mauren (Araber), Türken, Griechen und Juden. Auf den Straßen herrschte ein Gemisch von Typen, Sprachen, Trachten und Sitten wie kaum an einem anderen Punkt Europas. Als sehenswert für die Männer der *Novara* erwiesen sich Elliot's Garden, eine schöne Parkanlage, wo abends Militärmusikkapellen konzertierten, sowie eine ins Meer vorspringende natürliche Terrasse – der so genannte Great Europe Point –, auf der sich schon damals ein großer Leuchtturm befand.

Gibraltar galt neben seiner strategischen Bedeutung natürlich auch als Schifffahrtszentrum und als bedeutender Handelsplatz. Der wichtigste Handelsartikel war Baumwolle, die mit großem Gewinn in die arabischen Länder Afrikas – um 1850 auch Berberei genannt – exportiert werden konnte. Scherzer meinte übrigens, dass sich für Österreich die Mühe lohnen würde, den Handel mit Gibraltar zu intensivieren und gleichzeitig Handelskontakte mit Nordafrika anzuknüpfen.

Nach einigen Tagen Wartezeit erlaubten günstige Winde, die südlichste Spitze Europas wieder zu verlassen. Die Korvette *Carolina* blieb zurück, da bei der Mannschaft einige Fälle von Blattern diagnostiziert worden waren.

Scherzer bewundert die neue Umgebung:

> *Wir waren nun im Ocean! Unter uns blaue, schäumende Fluthen, über uns der Himmel mit seinen funkelnden Gestirnen; unter uns die weite Meereswüste, und über uns die untrüglichen Führer, durch jene zu leiten!*
> *Wir erwachten zu neuer Thätigkeit auf diesem großen Elemente, welches so viele Reize, aber auch so viele Mühsale birgt, wo der unendliche Wechsel im Hoffen und Fürchten, im Genusse und in der Entbehrung, wo die Ermattung und scheinbare Erfolglosigkeit aller Anstrengungen, so wie die neue Kraft bei wiederkehrendem Glücke so anregend wirken und den Werth der menschlichen Fähigkeiten so herrlich bekunden. Das Leben am Bord, die Aufregungen des Augenblickes, die neuen Länder und Völker, die man zu sehen Gelegenheit findet, dies alles erzeugt Gefühle und Stimmungen, welche nur dem Seemanne vorbehalten sind und die sein Leben, wenn er es zu nützen versteht, auch zu dem beneidenswerthen und genussreichsten machen.*
> *Zur See auf die eigenen Kräfte beschränkt, erlangt man die Selbstständigkeit des Denkens; das geistige wie das physische Auge gewinnt an Schärfe, man sucht die Natur in allen ihren Phasen, die lebende wie die tote Materie zu entziffern, und lernt die Werke Gottes näher kennen und auch gründlich bewundern.*

MADEIRA

Auf der Weiterfahrt wurde täglich um ein Uhr mittags von Bord der *Novara* eine verkorkte, mit Leinwand überzogene Flasche ins Meer geworfen und ihrem weiteren Schicksal überlassen. Sie wanderte mit der Strömung, bis sie entweder von einem anderen Schiff oder irgendwo an einer Küste bemerkt und geöffnet wurde. Die Auffindung einer solchen Flaschenpost wurde in der Regel, zusammen mit den Angaben, die sich darin befanden, veröffentlicht, um daraus Schlüsse auf die allgemeine Stärke und Richtung der Strömung zu ziehen. In die Flasche der *Novara* wurde ein gerolltes Stück Papier gelegt, das folgende Angaben in deutscher, englischer, französischer, italienischer und spanischer Sprache enthielt:

> *Sr. Maj. Fregatte Novara. Wochentag, Datum, Stunde des Wurfes, Länge von Greenwich, Breite. Es wird ersucht, Tag, Stunde, Breite und Länge zu bezeichnen, wann diese Flasche gefunden wurde, dieselbe sodann wohl verkorkt neuerdings ins Wasser zu werfen, und ihr Auffinden so wie die daraus bezüglichen Angaben am nächsten Landungsplatze, wo ein Journal herausgegeben wird, zu veröffentlichen.*

Wie sich erst später zeigen sollte, hielt sich das Ergebnis dieser Aktion in Grenzen, da die meisten Flaschen nie mehr aufgefunden wurden.

Im Morgengrauen des 8. Juni ankerten die *Novara* und ihr Begleitschiff *Carolina*, das mittlerweile wieder dazugestoßen war, nahe der Reede von Funchal, der Hauptstadt der Insel Madeira.

Den ersten Eindruck, den die Männer der *Novara* nach Lichtung des Morgennebels beim Anblick der durch den üppigen Blütenschmuck und bis beinahe zu den Gipfeln reichenden Kulturen der Insel empfanden, beschreibt Scherzer als außerordentlich angenehm, überraschend, anmutig, großartig und mannigfach, wie es sich wohl die reichste Phantasie nicht reizender und lieblicher zu zaubern vermöge.

Scherzer vermerkte später, dass keine der auf der Expedition besuchten Inseln, selbst jene im Indischen Ozean, den Blumenzauber Madeiras an Duft, Fülle, Artenvielfalt und Lieblichkeit übertrafen. Der wissenschaftliche Expeditionsleiter, sonst eher kritisch und sachlich, gerät ins Schwärmen, erwähnt wohlriechende Magnolien und großblütige Tulpenbäume, Platanen, Myrten und Akazien, baumgroße Fuchsien, duftende Rosen, wild wachsende, mit üppigen Blüten übersäte Oleander, riesige Kamelien, dazu Kastanien, Pinien und Zypressen. Das Klima auf Madeira kennt keine ausgeprägten Jahreszeiten. Der andauernde Frühling und die ganzjährige Ernte ermöglichen große Erträge an Kaffee, Zuckerrohr, Bananen, Papayas und Mangos.

Der Hafen von Funchal, welchen einst die portugiesischen Entdecker nach der Gemüse-, Gewürz- und Heilpflanze Fenchel benannt hatten, steht auch heute noch – wie damals – im krassen Widerspruch zu der sonst von der Natur bevorzugten Insel, da die offene, unsichere Reede nur einen sehr mangelhaften Schutz vor den oft heftig anstürmenden Wellen bietet und bot. Immer wieder wurden Segelschiffe, die vergeblich in Ufernähe einen Ankerplatz zu finden hofften, ans Ufer geschleudert und durch die Wucht der Wogen zerstört. Auch die *Novara* blieb von den Widrigkeiten des Ankerplatzes nicht verschont. Während des neun Tage andauernden Aufenthaltes mussten immer wieder Boote angeheuert werden, um den Verkehr zwischen der weiter draußen ankernden Fregatte und der Hafenstadt aufrecht zu halten.

Der damalige österreichische Konsul, Karl Bianchi, gab sein Bestes, um die lästigen Formalitäten zu minimieren. Er war es auch, der in den nächsten Tagen alle Ausflüge organisierte und behilflich war, alle gewünschten Erkundigungen über Geschichte, Landesnatur, Bevölkerung und Handel einzuholen.

Bei Spaziergängen und Ritten in das Innere der gebirgigen Insel zeigte es sich, dass ein beträchtlicher Teil der überaus steilen Hänge dicht mit Heidekraut, Schwarzbeerstauden und Himbeersträuchern bewachsen und daher ungeeignet für den Anbau von Kulturpflanzen war.

Der Name Madeira bedeutet auf Portugiesisch „Holz", eine Bezeichnung, die im 15. Jahrhundert durchaus ihre Berechtigung hatte, als die Insel vom Seefahrer João Gonçalves Zarco (um 1380–um 1467 auf Madeira) offiziell, besser gesagt nach vergessenen Erkenntnissen der Antike, wiederentdeckt wurde. Madeira liegt etwa 1000 Kilometer südwestlich von Lissabon und 700 Kilometer westlich der marokkanischen Küste. Heute bildet die gebirgige Inselgruppe Madeira eine autonome Provinz. Als Teil Portugals gehört sie zur Europäischen Union, die vor allem den Straßenbau förderte. Der Strom der Touristen, der jährlich fast eine Million beträgt, ist zur wichtigsten Einnahmequelle geworden.

Ab etwa 1420 gebot Prinz Heinrich der Seefahrer (1394–1460), die Insel mit portugiesischen Untertanen zu besiedeln. Sklaven aus Afrika und später aus der Karibik ergaben billige Arbeitskräfte, die vor allem für die Holzschlägerung eingesetzt wurden. Bald waren nahezu der gesamte Wald und vor allem das kostbare und für den Schiffbau so nützliche Holz des Lorbeerbaums verbraucht. Heute sind wieder rund 20 Prozent der Inselfläche, das sind etwa 150 Quadratkilometer, von Lorbeerwäldern bedeckt. Der restliche Wald fiel nach und nach riesigen Bränden zum Opfer, da die ersten Siedler meinten, dass das für die Viehzucht und den Getreideanbau notwendige Land am einfachsten durch Brandrodung zu gewinnen sei. Eine immer bedeutendere Rolle fiel dem Zuckerrohr zu, da das Klima den Anbau begünstigte und sich die Insel auch als Standort für die Verarbeitung und Ausfuhr als besonders günstig erwies. Bald entstanden unzählige Levadas, Kanäle zur Bewässerung der Anbauflächen, und Wassermühlen zur weiteren Verarbeitung des Zuckers. Auch zur Zeit der Expedition der *Novara* waren zahlreiche Kontrollorgane damit beschäftigt, die Levadas mit ihrem kostbaren Inhalt zu bewachen, und so manche Dampfmühle wurde zum Antrieb von Destillierapparaten verwendet, war doch die Branntweinherstellung ein sehr einträgliches Geschäft.

Im 17. Jahrhundert bevölkerten neben Portugiesen auch Siedler aus Spanien, Italien, England und Holland die Insel. Nachdem der Zuckerrohranbau den Boden an vielen Stellen ausgelaugt hatte, wurde Wein zu einem weiteren wichtigen Produkt für den Export. Bald ließen sich britische Weinhändler auf der Insel nieder. England konnte zu dieser Zeit durch seine Flotte wirtschaftlichen Druck ausüben, und so blieb den Portugiesen der Weinexport untersagt. Einige Jahrhunderte lang galt die Insel auch als ein wichtiger Umschlagplatz für den Sklavenhandel.

Während der Napoleonischen Kriege wurde Madeira in den Jahren 1807 bis 1814 von England besetzt, mit der offiziellen Begründung, das Gebiet vor den Franzosen zu schützen. Und so siedelten sich weitere englische Familien und Firmen an.

Die Straßen Madeiras befanden sich in einem so schlechten Zustand, dass die Regierung jedem männlichen Bürger gebot, entweder jährlich einen nicht unerheblichen Betrag für deren Erhaltung zu bezahlen oder mit fünf Tagen Arbeit zur Verbesserung der Wege beizutragen. Die ungünstigen Verkehrsverhältnisse machten den Transport von Fässern auf Fuhrwerken unmöglich, sodass der berühmte Inselwein, der „Madeira“, von den Einheimischen in Häuten auf dem Rücken zum Hafen transportiert wurde. Die Madeiraweine verdanken ihren guten Ruf jenen Rebsorten, die schon im 16. Jahrhundert Jesuitenpatres von Kreta hierher gebracht hatten. Eine Besonderheit des Weinanbaus auf Madeira soll noch erwähnt werden: Man ließ die Reben häufig um Kastanienbäume ranken. Um 1850 hatte ein Pilzbefall einen Großteil der Weinstöcke vernichtet.

Ein Jahr vor Ankunft der *Novara* war in Madeira, dessen Klima wegen der ausgeglichenen Temperaturen als besonders gesund galt, die Cholera ausgebrochen. Vermutlich hatte ein portugiesischer Dampfer die Seuche eingeschleppt. Etwa zehn Prozent der mehr als 100.000 Menschen zählenden Bevölkerung sollen der furchtbaren Krankheit zum Opfer gefallen sein. Die Folge war die Abreise vieler wohlhabender Europäer, die geplant hatten, den Winter in dem gesunden Klima zu verbringen. Diese finanzielle Einbuße, der Verlust von Menschen und der Ausfall von Wein- und Kartoffelernten führten zu einer mehrjährigen wirtschaftlichen Katastrophe. England startete eine erstaunliche Hilfsaktion, entsandte zwei Dampfer mit großen Mengen an Lebensmitteln, Arzneien, Kleidung und Geld. Auch die Vereinigten Staaten schickten Hilfsgüter nach Funchal. Aus dieser Not entstanden neue Fertigkeiten. Die Fremden, die die Insel 1857 besuchten, interessierten sich für die neuen, in Heimarbeit hergestellten Korbwaren und die geklöppelten Spitzen, die heute noch beliebte Mitbringsel sind. Der häufig voreingenommene Scherzer meinte allerdings, dass die Portugiesen als eine *mit Negerblut vermischte Menschengruppe zu bequem seien, sich auf neue Produkte umzustellen.*

Er und auch Schiffsarzt Dr. Schwarz versäumten es nicht, sich für die *Humanitätsanstalten*, die Kranken- und Siechenhäuser, zu interessieren. Scherzer berichtet ausführlich über San Lazaro, ein von hohen Mauern umgebenes und am Meeresufer stehendes Lepraspital. Etwa 40 Kranke, die das Haus niemals mehr verlassen durften, konnten dort ihre Existenz fristen. Selleny, der Maler der Expedition, verfertigte nach Anleitung des Schiffsarztes einige Bilder bemerkenswerter Leprafälle, die man später im medizinischen Bericht über die Weltumsegelung publizieren wollte.

Scherzer bedauert die verarmte, teilweise verwahrlost wirkende Bevölkerung, kritisiert die hygienischen Zustände in den meisten Dörfern,

Ein Bewohner Madeiras mit der charakteristischen Kopfbedeckung.

Der Bau der Kathedrale in Funchal wurde bereits 1493 von Portugals König Manuel I. in Auftrag gegeben.

Noch heute ist eine Fahrt mit dem Schlitten eine beliebte Touristenattraktion auf Madeira.

schwelgt aber in enthusiastischen Berichten über Landschaft und Vegetation:

Was Funchal außer der Annehmlichkeit seines Klimas zum Winteraufenthalte für Leidende besonders empfiehlt, sind die Reize und Herrlichkeiten der es umgebenden Natur. Während im Innern der Stadt, ganz nahe dem Strande, üppige Platanen, großblüthige Magnolien und mächtige Eichenbäume ihre Schattenarme ausbreiten und in zierlichen Alleen den Spaziergänger zur Ruhe auf bequemen Sitzplätzen einladen, kann man zugleich in kürzester Frist ohne Anstrengung nach jenen reizenden Bergen gelangen, welche dicht hinter Funchal aufsteigen und von deren imposanter Höhe den Besucher ein so entzückendes Schauspiel erwartet.

Einer der beliebtesten Punkte, um einen solchen Ausblick zu genießen, ist die Terrasse vor der Wallfahrtskirche von Nossa Senhora de Monte, wohin man in weniger als einer Stunde mit dem einen oder dem anderen der bestehenden Verkehrsmittel bequem gelangen kann. Die gewöhnliche Weise der Beförderung geschieht mittels Pferden oder kleiner Ochsen. Eigentliche Räderwagen nach europäischer Art giebt es auf Madeira nicht, dagegen trifft man hier Schlitten mit einer zierlichen baldachinartigen Ueberdachung, denen in der Regel ein Ochsenpaar vorgespannt wird.

In der erwähnten Wallfahrtskirche ruhen die sterblichen Überreste von Kaiser Karl I., Österreichs letztem Monarchen, der 1922 im Exil auf Madeira verstarb. Monte liegt auf 600 bis 800 Meter über dem Meer oberhalb der Hauptstadt Funchal. Heute erleichtern Autobus, Taxi oder eine Seilbahn, deren Talstation in der Altstadt Funchals liegt, die Anreise. Die Abfahrt vom Plateau hinunter in die Stadt mit Schlitten ist noch immer eine Touristenattraktion. Die Korbschlitten, die weder über Bremsen noch Lenkung verfügen, werden von jeweils zwei Einheimischen gesteuert und durch Zurückhalten oder Querstellen gebremst. Oberhalb der Kirche steht übrigens jenes Haus, in dem Kaiser Karl mit seiner Familie die letzten Lebensmonate verbrachte.

Scherzer berichtet weiters:

Bald nach Mittag befanden wir uns auf der schönen Terrasse von Nossa Senhora de Monte. Von hier sollte unser Ausflug mit einem Vergnügen ganz eigenthümlicher Art beschlossen werden. Eine der Belustigungen der Bewohner Funchals besteht nämlich darin, von diesem 1500 Fuß hohen Berge in kleinen zweisitzigen Holzschlitten in die Stadt hinab zu rutschen. Die steile Bauart der Straßen und ihre glatten Steine haben hier auf natürlichem Wege wohl die großartigste Rutschbahn der Welt geschaffen. Unsere Fahrt in die Tiefe bot dadurch ein besonderes Interesse, daß mehr als ein Dutzend Schlitten sich auf einmal in Bewegung setzten. Diese seltsamen Fuhrwerke werden zu beiden Seiten von zwei Eingeborenen mit bewundernswerther Geschicklichkeit geleitet. Obschon man außerordentlich schnell von dieser steilen Höhe herab fährt, so sind doch selbst geringe Unfälle unerhörte Ereignisse. Von Zeit zu Zeit werden die Schlitten, die eine ungeheuere Reibung erleiden, mit feuchten Tüchern bestrichen, welchen Stillstand die Eingeborenen zugleich benützen, um die Sohlen ihrer ledernen Schuhe mit Sand und Erde einzureiben. Man bezahlt für die ganze Fahrt, welche uns in mancher Beziehung an die Rutschbahn im ehemaligen Wiener Tivoli erinnerte, einen verhältnißmäßig so geringen Betrag, daß ein solcher Schlittenausflug einen Theil der gewöhnlichen Volksbelustigung bildet.

Ein vortreffliches Diner im vornehmsten Hotel von Funchal, bei dem nach Landessitte nicht nur der Saal und die Tafel mit duftenden Bouquets geschmückt waren, sondern sogar die einzelnen Gerichte mit Blumen reich verziert aufgetragen wurden, vereinigte noch einmal Stab und Wissenschaftler der *Novara* mit den Honoratioren von Madeira.

KURS AUF DEN ÄQUATOR

Am Morgen des 17. Juni lichtete die *Novara* die Anker und nahm unter Abspielung heimatlicher Klänge Kurs auf Südsüdwest. Mehrere verheißungsvolle Wochen auf offener See standen bevor. Es ging in die Tropen, eine Zone, die viele Männer der *Novara* nur vom Hörensagen kannten. Die Oberfläche des Meeres wurde lebendiger, eine Fülle interessanter Lebewesen deutete eine neue Welt an, von der die Landbewohner kaum eine Ahnung hatten:

Unendlich schön sind in den Tropen auf der Oberfläche des Meeres vorkommende Thierchen, welche mit einer schwimmenden, dem Winde ausgesetzten, kammartigen Luftblase dahin segeln, während ihre vielen, sehr langen violetten oder dunkelblauen Arme gleich den Fasern oder Wurzeln einer Pflanze tief ins Wasser reichen und sich ausstrecken und zusammenziehen, um die nöthige Nahrung zu erhaschen. Die Blase selbst ist an den Rändern violett und gleicht, von der Sonne beschienen, einer prachtvollen schwimmenden Blume, welche das Meer mit dem Winde nach allen Richtungen durchzieht.

Scherzers besonderes Interesse gilt den Fliegenden Fischen:

Erreicht man endlich die äußerste Grenze des Passatwindes, so wird die Oberfläche des Meeres durch fliegende Fische belebt, jenes sicherste Anzeichen der Passatzone; und so wunderbar und seltsam ist dieses Schauspiel, daß der schlichte Landbewohner weit weniger an den haarsträubenden Seeabenteuern als an dieser einfachen Naturerscheinung zweifelt.

Der Vortheil, welchen den fliegenden Fischen ihre flügelartigen Flossen gewähren, ist indessen nur ein scheinbarer, denn während sie mit deren Hülfe den Boniten, Doraden und Delphinen entgehen, fallen sie den Seemöwen und Fregattvögeln zur Beute, welche gleich losgeschnellten Pfeilen sie erreichen, bevor sie noch im Stande sind sich im Ocean zu verbergen. Bei kleineren, niederen Schiffen fallen des Nachts oft viele auf das Deck; bei der Novara, deren Bordwand sich gegen zwanzig Fuß über den Meeresspiegel erhebt, war dies nicht möglich; gleichwohl geriethen einige in unsere Hände und wanderten in die Weingeistflaschen der Zoologen.

Mitte Juli war der Äquator beinahe erreicht, und die Mannschaft begann nach alter Seemannssitte mit den Vorbereitungen zum Fest der Überquerung jener imaginären Linie, die die Erde in eine Nord- und Südhalbkugel teilt.

Nach schon seit dem Zeitalter der Entdeckungen überlieferten Traditionen sollte Neptun, der Gott des Meeres, höchstpersönlich an Bord erscheinen, um denjenigen, die den Äquator noch nie überquert hatten, mit einem eher derben Ritual die „Taufe" zu verpassen.

Ein Bootsmann der *Novara*, verkleidet als Neptun und dekoriert mit einer Harpune, hielt am Vorabend des Ereignisses eine Rede, bei der er allerdings zum Gelächter aller ins Stocken geriet. Ströme von Wasser ergossen sich bei seinem Kommen und Gehen von allen Mastkörben und Feuerspritzen über Deck und ließen für den kommenden Tag noch Ärgeres erwarten. Ein entflammtes und ins spiegelglatte Meer geworfenes Teerfass sollte den Weg Neptuns markieren. Musik, Ausgelassenheit und sogar Tanzversuche beendeten die Festlichkeiten des Vorabends, während die *Novara* Stunden später um drei Uhr morgens ohne besonderes Aufsehen mit ihrem Bug die Linie durchschnitt.

Zu Mittag erschien neuerlich Neptun, diesmal mit Gattin (ein Artilleriefeldwebel) und neugeborenem Kind (ein Schiffsjunge), auf einem wundersamen Wagen thronend, dessen Unterlage eine Kanonen-Raperte bildete. Dieses Gerät wurde von sechs Tritonen gezogen, die auf allen Vieren krochen, während die *Musikbande*, angetan mit Schwimmhosen und bunten Fetzen, undefinierbare Musikstücke spielte.

Nach einer Ansprache Neptuns begann die eigentliche Taufe, die Hauptbelustigung, eine Art Volksfest zur See. Jeder „Neuling" wurde mit einer Mischung aus Teer und Fett beschmiert, um sich darauf mit einem riesigen Rasiermesser aus Blech abschaben zu lassen. Gleichsam zur Reinigung wurde der Täufling dann in ein an vier Ecken ausgespanntes Segeltuch geworfen und aus Eimern, Pumpen und Spritzen mit Seewasser übergossen. Alle, die der Prozedur entgehen und sich in den hintersten Winkeln der *Novara* verstecken wollten, wurden aufgestöbert, vor den Richterstuhl Neptuns gezerrt und gnadenlos getauft. Nachdem der größte Teil der Mannschaft seine Taufe erhalten hatte, folgte noch ein schauderhaftes Wasserbombardement, dem sich niemand entziehen konnte.

Mit den Offizieren und den Forschern ging Neptun weitaus sanfter um. Es war ihnen gestattet, sich loszukaufen, um der ärgsten Zeremonie zu entgehen.

Der Übermut und die Ausgelassenheit der Mannschaft erreichten ihren Höhepunkt, als ein Ruf des Wachoffiziers das Getümmel zu Ende brachte. Bald war die alte Ordnung wiederhergestellt, der Meeresgott mutierte wiederum zum Bootsmann, der Ton seines allgewaltigen Pfeifchens wies die Matrosen in den Rhythmus der gewohnten Pflichten. Fast schien es, als wäre die Maskerade nur ein schriller Traum gewesen.

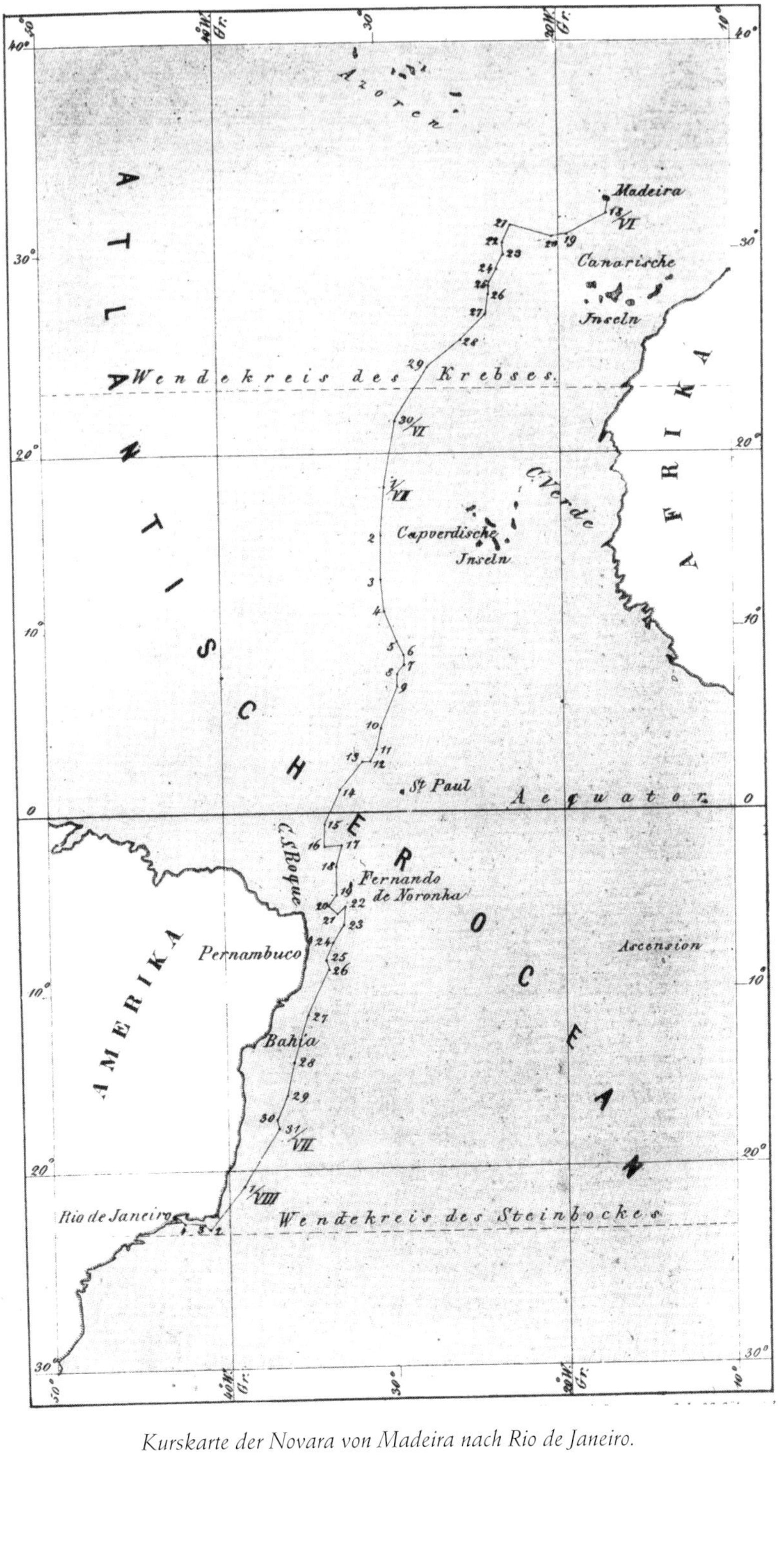

Kurskarte der Novara von Madeira nach Rio de Janeiro.

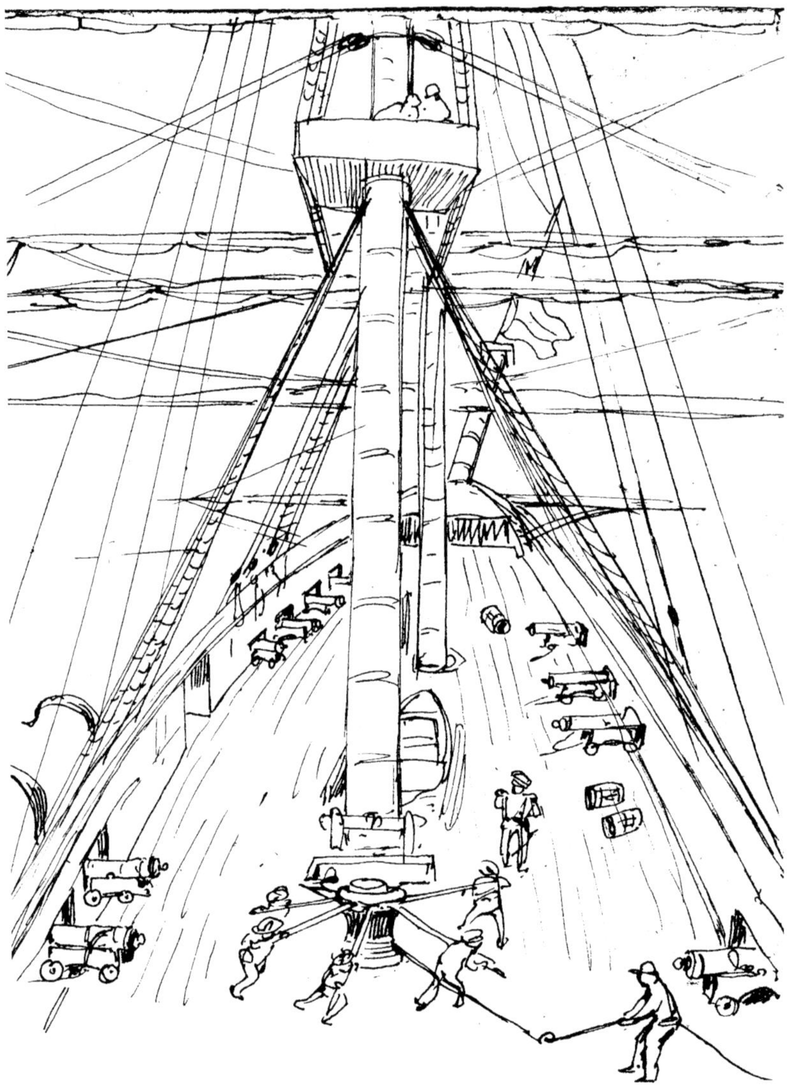

Oberdeck eines Kriegsschiffes. Federzeichnung eines unbekannten Künstlers, 1855.

6

Brasilien, Land der Kontraste – Von Südamerika zum Kap der Guten Hoffnung

RIO DE JANEIRO

Am 1. August – die Küste Südamerikas war mehr zu ahnen als zu sehen – schien ein seltsames, schwimmendes Gebilde die weitere Navigation zu behindern. Die einen meinten, einen riesigen Albatros zu sehen, die anderen einen Felsen, der allerdings in keiner Seekarte verzeichnet war. Erst die Bemannung eines ausgeschickten Bootes konnte mit Ferngläsern und mithilfe ihres Geruchssinnes erkennen, dass es sich um den Kadaver eines Wales handelte, an dem sich unzählige Haie und Seevögel gütlich taten.

Am Morgen des 5. August zeigten sich am Horizont die vielen kleinen Inseln, die vor dem Hafen von Rio liegen. Der Zuckerhut, jener berühmte schwarze Basaltfelsen, kam in Sicht, und die *Novara* lief bei trübem Wetter, das die Großartigkeit des Panoramas minderte, in den weiten Hafen ein.

Nach Meinung des Universalgelehrten Alexander von Humboldt (1769–1859) zählt Rio de Janeiro neben Salzburg und Konstantinopel zu den schönsten Städten der Welt. Der wissenschaftliche Expeditionsleiter Scherzer, der sich dieser Meinung vermutlich nicht anschließen konnte, zeigte sich nach einem Spaziergang in der damaligen Hauptstadt Brasiliens zunächst enttäuscht, revidierte aber später teilweise seine Meinung, als er die Stadt und die Bucht vom Gipfel des Corcovado aus überblickte, auf dem sich heute die 38 Meter hohe Christusstatue befindet.

Brasilien, mit seinen damals acht Millionen Einwohnern – und zwei Fünftel des Kontinents umfassend – hatte seit Ende des 18. Jahrhunderts unter allen Staaten Südamerikas das Interesse von Forschern, Ökonomen, Händlern und Auswanderern am intensivsten auf sich gezogen. In den 350 Jahren von der Entdeckung Brasiliens durch den Portugiesen Pedro Álvarez Cabral (1467–1526) im Jahr 1500 bis etwa 1850 hatten bereits zahlreiche Forscher die küstennahen Gebiete erkundet und eine reichhaltige Literatur hinterlassen. Cabral war von Lissabon nach „Ostindien" losgesegelt und hatte nach knapp sieben Wochen die Küsten eines verheißungsvollen Landes erreicht, das er kurzerhand als Besitz der Krone Portugals erklärte. Der Name Brasilien leitet sich vom „Brasilholz" ab, eine spanisch-arabische Bezeichnung für das wertvolle und reichlich vorhandene „Rotholz".

Eine besondere Verbindung des Kaiserstaates Österreich mit dem Land ergab sich durch die Heirat der Tochter Kaiser Franz' I., Erzherzogin Leopoldine, mit dem portugiesischen Kronprinzen Dom Pedro, dem späteren Kaiser von Brasilien.

Maria Theresia und die karibischen Inseln

Schon Maria Theresia, die Urgroßmutter von Erzherzogin Leopoldine, hatte reges Interesse an der Flora Brasiliens gezeigt, als sie sich vom Jesuitenpater Martin Dobritzhoffer (1717/18–1793), der übrigens eine dreibändige Geschichte der Urbewohner von Paraguay verfasste, mehrmals von den Naturwundern seiner langjährigen Wirkungsstätte berichten ließ. Ge-

Negersklaven in Brasilien. Erst 1888 erfolgte die endgültige Abschaffung der Sklaverei.

Im Urwald Brasiliens.

meinsam mit ihrem Leibarzt van Swieten entwickelten die Herrscherin und ihr Gatte Franz Stephan I. die Idee für eine Expedition in die Karibik. Der vorrangige Zweck der Reise zu den Westindischen Inseln sollte der wissenschaftlichen Erforschung dienen, praktische Ergebnisse erhoffte man sich über Berichte von Bodenschätzen und von neuartigen Kultur- und Heilpflanzen. Ein weiteres Motiv war die Sammelleidenschaft des kaiserlichen Paares, galt es doch auch, lebende oder ausgestopfte Tiere, dazu Ethnographica und vor allem Pflanzen für den botanischen Garten zu erwerben, welcher der Menagerie von Schönbrunn angeschlossen war. Die Expedition (1755–1759) wurde – sowohl was die wissenschaftliche Arbeit des Botanikers und Chemikers Nikolaus Joseph Freiherr von Jacquin (1727–1817) als auch die nach Österreich verschifften Objekte betraf – ein großer Erfolg.

Um der Hochzeit Leopoldines aus Staatsräson weltweite Beachtung zu verleihen, plante Kaiser Franz, vermutlich auf den Rat Metternichs, die Reise der Braut nach Brasilien mit einer groß angelegten Expedition zu verbinden. Die Überfahrt erfolgte mit mehreren Schiffen. Der Hofstaat nahm Quartier auf der portugiesischen *San Sebastião*, die Wissenschaftler schifften sich auf den österreichischen Fregatten *Austria* und *Augusta* ein, die Triest im April 1817 verließen.

Eine besondere Rolle unter den Teilnehmern kam dem Tierpräparator Johann Natterer (1787–1843) zu. Er war zuvor als Gehilfe und Sammler für das kaiserliche Naturaliencabinet in der gesamten Monarchie unterwegs gewesen, war behilflich, die Schätze des Museums vor den heranrückenden Franzosen nach Temesvar in Sicherheit zu bringen, und brachte nach der Niederlage Napoleons zahlreiche geraubte Sammlerobjekte aus Paris wieder nach Wien zurück. Nun als Zoologe und Forschungsreisender in Brasilien gelandet, unternahm er oft unter abenteuerlichen Umständen schwierige, aber erfolgreiche Exkursionen, als deren Ergebnis er eine Sammlung von mehr als 10.000 Exponaten hinterließ. Einige von ihm entdeckte Tiere wie etwa ein Käfer, Vögel und sogar ein Piranha – Natterers Sägesalmler, lat. *Serrasalmus natteri* – erhielten ihm zu Ehren seinen Namen. Eine von den Österreichern neu entdeckte Palmenart erhielt zur Erinnerung an die spätere Kaiserin den bis heute offiziellen Namen *Leopoldina pulchra*.

Viele der bei der Expedition gesammelten Ethnographica befinden sich heute im Museum für Völkerkunde in Wien. Als populärster Teilnehmer der Forschungsreise gilt der Künstler Thomas Ender (1793–1875), dem über 700 Skizzen, Studien und Aquarelle von Landschaften, Pflanzen und bemerkenswerten Objekten in Brasilien zu verdanken sind. Thomas Ender war nach seiner Rückkehr im Auftrag Metternichs im Salzkammergut tätig, ehe er 1828 zum Kammermaler Erzherzog Johanns avancierte, dessen Wanderungen in den Alpen und Reisen nach Russland und in den Orient er durch unzählige Bilder illustrierte.

Doch zurück zur *Novara*. Scherzer beschreibt vorerst die Stadt und ihre Bewohner, kritisiert Schmutz, Verwahrlosung und allgemeine Schlamperei, lobt aber die Vorstädte mit ihren eleganten Villen, bewundert die moderne Wasserleitung mit ihren zahlreichen öffentlichen Brunnen und die erst kürzlich installierte Beleuchtung der Stadt mit Gas, die in Wien allerdings schon seit 1844 in Verwendung war.

Auf den Ausflügen in die Umgebung Rios, das übrigens seinen Namen einem Irrtum verdankt, hielt doch der Seefahrer Gaspar de Lemos am 1. Jänner 1502 die Bucht für die Mündung des von ihm so genannten Jännerflusses (Rio de Janeiro), gerät Scherzer – ähnlich wie in Madeira – über die Natur ins Schwärmen:

> *Am genußreichsten ist wohl in dieser Beziehung ein Ritt nach dem 2300 Fuß hohen Felskegel des Corcovado, wohin der Weg fast fortwährend durch die herrlichsten Wälder führt. Am höchsten Punkte dieses Granitfelsens, ist seit wenigen Jahren eine Brüstung aufgeführt worden, so daß man mit großer Bequemlichkeit, ja selbst annehmlicher und bequemer als auf dem Rigi der sächsischen Schweiz, das zaubervolle Panorama, das sich ringsum ausbreitet zu betrachten vermag.*
> *Zu unseren Füßen liegt die Stadt Rio selbst ausgebreitet. mit den herrlichen Thälern …*
> *Am jenseitigen Ufer der Bai, Rio gegenüber, erblicken wir Praya grande, die Hauptstadt der Provinz, so wie die geisterhaft aufsteigende Gebirgskette der Orgaões, welche durch ihre orgelpfeifenartigen Felsspitzen so leicht erkennbar ist. Welch wunderbarer Anblick! Kaum scheint es denkbar, daß das Auge von einem Standpunkte aus ein großartige-*

res, mannigfaltigeres Bild überschauen könne! Wir verweilten über eine Stunde auf dem Gipfel des Corcovado und vermochten uns doch nicht satt zu sehen an allen den Herrlichkeiten, welche die Natur mit verschwenderischer Hand über diese Stelle ausgegossen hat …

Ein nicht minder lohnender Ausflug ist jener nach den Wasserfällen der Tejucaberge. Die tropische Urwüchsichkeit der Vegetation hat hier auf jede Quadratklafter Erdreich viele hundert Pflanzenarten zusammengedrängt. Sie wurzeln am Boden und streben himmelan, sie wurzeln in den Stämmen und auf den Aesten, sie senken sich zur Erde und umschlingen und verstricken sich unter einander derart, daß man in diesem grünen Dickicht und Gewirre oft Farnenkronen sieht, ohne ihren Stamm entdecken zu können.

In geringer Entfernung von diesem Naturbilde, welches einen landschaftlichen Genuß seltener Art bietet, befindet sich eine zweite, die sogenannte große Cascade, welcher indeß gleichfalls mehr der Vegetationscharakter als das theatralisch an den Felsblöcken herangewachsen, kolossale Bäume von den verschiedensten Formen, nicht zwei der gleichen Art neben einander, ihre Stämme und Aeste geschmückt mit zierlichen Parasiten und den Blüthenblättern zahlloser Schlingpflanzen, welche in ihrer urwüchsigen Ueppigkeit bald im Bogen guirlandenartig von Baum zu Baum hängen, bald senkrecht gleich grünen Schnüren vom höchsten Gipfel bis hinab zur Erde gespannt erscheinen.

Nach diesen Streifzügen in die Umgebung, die einen solch tiefen Eindruck hinterließen, fühlten sich Scherzer und seine Männer unbehaglich *in der dumpfen, düsteren Stadt.*

Freundlich war hingegen die Aufnahme, welche die Österreicher bei ihrem Generalkonsul sowie bei deutschen Familien erfuhren, die alle dem Verein Germania angehörten. Die Germania zählte damals in Rio etwa 200 Mitglieder, besaß ein Vereinshaus mit Speise-, Rauch- und Billardzimmer sowie einen Lesesaal mit umfangreicher deutschsprachiger Bibliothek. Eine deutsche Schule und ein Hilfsverein für in Not geratene Landsleute standen unter dem Schutz des protestantischen Kirchenrates im fernen Berlin. Mitglieder waren vorwiegend Unternehmer, Kaufleute und Ingenieure. Bemerkenswert erschien Scherzer die Tätigkeit des Verlages der Gebrüder Laemmert, deren Publikationen die Bereiche Geschichte, Gesetzgebung, Medizin, aber auch Belletristik, Schulbücher und Kalender umfassten. So erreichte 1859 ein ins Portugiesische übersetzter Volkskalender, der „allgemein nützliches" Wissen über Brasilien verbreitete, die stolze Auflage von 80.000 Exemplaren. Die zahlreichen kurzlebigen Zeitungen genossen in Brasilien uneingeschränkte Pressefreiheit, ihre kund getanen Tendenzen, die offenbar wenig Einfluss auf die Gesellschaft ausübten, wären im damaligen Europa durch die Zensur sicher unterbunden worden.

Dem Auftrag entsprechend gelang es, mit verschiedenen Ärzten in Kontakt zu kommen, um über verschiedene Pflanzengifte zu diskutieren und um einige Proben zur weiteren Untersuchung zu erhalten. Das Hauptaugenmerk galt dabei dem von Indianern verwendeten Pfeilgift Curare, auf dessen Eigenschaften für Heilungszwecke bereits Jahrzehnte zuvor Alexander von Humboldt hingewiesen hatte. Als entscheidendes Kriterium des Curare wurde erkannt, dass es nur dann vergiftend wirkt, wenn es in die Blutbahn gelangt, dagegen aber als Heilmittel dient, wenn es auf andere Weise mit dem Körper in Kontakt gerät. Dem Wunsch nach einem Quantum Curare konnte nicht sofort entsprochen werden, da nur die Indianer im Norden Brasiliens dieses Pfeilgift herstellten. Die Forscher der *Novara* erhielten allerdings die Zusage, das Gift auf dem Postweg nach Österreich zugeschickt zu bekommen.

Brasilien besaß zu jener Zeit keine gut organisierte, richtig funktionierende Universität. Angehende Juristen versuchte man in Pernambuco und in São Paulo auszubilden, für Medizinstudenten gab es Lehrkanzeln in Rio de Janeiro und Bahia.

Eine wissenschaftliche Anstalt des Landes, das Historisch-geographische Institut, lud die *Novara*-Reisenden zu einer Sitzung ein, bei der Brasiliens Kaiser Dom Pedro II. als Ehrenpräsident den Vorsitz führte. Scherzer kritisiert die geringe Effizienz des Instituts und der Versammlung und vermerkt:

Man trifft in Brasilien, wie überhaupt in allen von der romanischen Race bevölkerten Theilen Südamerika's, unendlich viel guten Willen und noch mehr Sucht die Völker nordländischer Civilisation in ihrem Fortschritts- und Forschungsdrange nachzuahmen, aber es fehlt hier jene Kraft und jene Ausdauer, welche der anglosächsischen Race in so vorzüglicher Weise eigen und eine Hauptbedingung ist, um das noch so eifrig Begonnene auch glücklich durchzuführen. Darum sehen wir in Brasilien im

wissenschaftlichen, ökonomischen und socialen Leben eine Menge Dinge angefangen, aber nicht beendet, und wohl nirgends in der Welt hört man so viel von dem sprechen, was geschehen soll, als in Rio de Janeiro.
Ein anderes Bildungsinstitut, die Militärakademie, im Jahre 1810 für die Ausbildung von Ingenieurs und Officieren aller Waffengattungen gegründet, hat seither nicht weniger als neun Reformen durchgemacht, und ist eben im Begriffe eine zehnte zu erleben. In dieser Anstalt besteht noch immer das verwerfliche System, zur Prüfungszeit jedem Schüler vierundzwanzig Stunden vorher das Kapitel zu bezeichnen, aus dem er geprüft werden wird, ein Verfahren, wodurch für den Begabten jede Anregung wegfällt, während es gerade mittelmäßigen Schülern beim Examen leicht durchzuschlüpfen gestattet.

Mehr Lob erhielt die Musikschule „Conservatorio de Musica", und auch der „Hygiena Publica", der Gesundheitsbehörde, wurde ein gutes Zeugnis ausgestellt, da diese dazu beigetragen hatte, Gelbfieber und Cholera in Grenzen zu halten. Der Bau von Lazaretten und die Überwachung primitivster hygienischer Regeln gehörten zu ihren Kompetenzen. Es war kein Wunder, dass Scherzer Rio als die schmutzigste Stadt der Welt bezeichnete, da bei Einbruch der Nacht der ganze Unrat der Metropole von Negersklaven zur Bucht getragen und dort seltsamerweise in der Nähe des kaiserlichen Palastes am Ufer deponiert wurde. Ferdinand von Hochstetter, der wie alle Wissenschaftler in den Hafenstädten im Hotel logierte, vermerkt in seinen später publizierten Berichten den unzumutbaren Zustand der Straßen. Nach einem Fest mit den Honoratioren der Stadt sollen *die Herren der Novara* die Damen auf ihren Armen getragen haben, damit diese nicht ihre kostbaren Garderoben durch den Unrat auf den Straßen beschmutzten.

Einen Ausflug mit einem Dampfer, im Beisein des Kommandanten der brasilianischen Flotte und einer *Musikbande*, die nationale Weisen spielte, behielt Scherzer dagegen in angenehmer Erinnerung.

Bei einer Exkursion nach Petropolis, einem Zentrum deutschsprachiger Auswanderer, ergab sich die Gelegenheit, Brasiliens einzige Kunststraße und die gerade erst angelegte kurze Eisenbahnstrecke zu benutzen. Petropolis war damals von etwa 2500 Deutschen (Einwanderern aus Österreich und anderen deutschen Ländern, das Kaiserreich Österreich gehörte ja seit 1815 zum Deutschen Bund) bevölkert, die ihren Erwerb zumeist beim Straßenbau und in Handwerksbetrieben fanden. Die ersten Emigranten waren erst etwa 15 Jahre zuvor hier angekommen und hatten von der Regierung sofort ein Häuschen, ein kleines Areal mit Urwald, Vieh und etwas Geld erhalten. Der Zustrom von Arbeitskräften aus Europa war für Brasilien zur Frage seiner wirtschaftlichen Existenz geworden. Sowohl die ökonomische Entwicklung als auch die Anerkennung des Kaiserreiches hingen eng mit der Frage des Sklavenhandels und der von europäischen Staaten geforderten Abschaffung der Sklaverei zusammen, da England die Anerkennung des brasilianischen Kaiserthrones mit der Bedingung verknüpfte, den unwürdigen Menschenhandel zu beenden.

Trotz dieses gegenseitigen Übereinkommens wurden in Brasilien zwischen 1842 und 1851 nach einem vom Foreign Office in London veröffentlichten Dokument etwa 325.000 afrikanische Neger als Sklaven verkauft. Scherzer beschäftigt sich eingehend mit dem Problem der Emigration, nennt Daten und die neueste Literatur und versucht Vor- und Nachteile für auswanderungswillige Europäer darzulegen. Er erwähnt kurz die Rolle der indianischen Urbevölkerung, die damals in keiner Weise in das Wirtschaftsleben integriert war, um sich gleich darauf wieder den Problemen der zwei Millionen Sklaven zuzuwenden, wobei er interessante und für die damalige Zeit relevante Unterscheidungen trifft:

Die Verhältnisse der schwarzen Bevölkerer Brasiliens sind indeß wesentlich von jenen verschieden, wie sie in den Vereinigten Staaten von Nordamerika und auf den westindischen Inseln, auf Jamaica, Cuba, Porto Rico und St. Thomas bestehen. Der Unterschied der Hautfarbe, welcher selbst freien bemittelten Negern den Aufenthalt in dem Norden der amerikanischen Union verleidet und Ursache unzähliger Zurücksetzungen ist, fällt in Brasilien gänzlich weg. Die Frage ist hier nicht ob weiß oder schwarz, sondern ob frei oder Sclave. Freie Neger können hier anstandslos die höchsten Stellen im Staate einnehmen und selbst auf die Geschicke der weißen Bewohner nachhaltigen Einfluß ausüben. Aber auch die Sclaven werden hier humaner, theilnehmender, vorurtheilsloser behandelt als in irgend einem andern uns bekannten Lande, auf dem noch der Fluch der Sclaverei ruht. Ja wir geste-

Ein Höhepunkt ihres Brasilien-Aufenthaltes war für die Österreicher eine Audienz bei Kaiser Dom Pedro II., einem Enkel des österreichischen Kaisers Franz I.

Rio de Janeiro. Scherzer ist zunächst über die Stadt enttäuscht, revidiert aber seine Meinung nach einem Ausflug auf den Corcovado, von wo man das prachtvolle Panorama der Bucht überblicken kann.

hen ohne Bedenken, daß uns das Sclaventhum, wie wir es in Brasilien, freilich nur während eines sehr flüchtigen Aufenthaltes, kennen gelernt, weit mehr ein Unglück für die weiße Bevölkerung als für die schwarze Race schien; denn in einem Lande, wo bisher Arbeit, weil sie blos von Sclaven verrichtet wurde, nicht wie in freien Staaten als ehrenvoll, sondern als Schande betrachtet wurde, konnten weder Agricultur noch Industrie sich entwickeln und gedeihen. Nicht blos die Sclaven, welche kein Interesse hatten fleißig zu sein, auch die Herren waren faul, und der nahe volkswirtschaftliche Ruin wurde immer augenfälliger. Diesem unwürdigen Zustande kann allein die freie Arbeit abhelfen, wenn sie einmal im Lande die Oberhand gewinnt. Mit ihr kann die Sclavenarbeit auf die Dauer die Concurrenz nicht aushalten. Die Intelligenz, Thätigkeit und Ausdauer von hunderttausend weißen freien Arbeitern wird Brasilien zu größerem Reichthume und dauernderem Glücke verhelfen als die Zwangsarbeit von zwei Millionen schwarzer Negersclaven.

Für das schöne, fruchtbare, an ungehobenen Naturschätzen überreiche Brasilien giebt es nur die Alternative: entweder aus Mangel an Arbeitskräften einem volkswirtschaftlichen Ruin entgegen zu gehen oder der fremdländischen Einwanderung unter den glänzendsten Concessionen das Land zu öffnen.

Brasiliens wichtigstes Ausfuhrprodukt war damals Kaffee, gefolgt von Zucker, Reis, Baumwolle, Häuten sowie tropischen Hölzern. Der Handel mit Österreich war gering, erstaunlich erscheint dagegen, dass Mehl aus Triest und Fiume wegen seiner vorzüglichen Qualität in Rio sehr gefragt war und somit die höchsten Preise erzielen konnte.

Einer der Höhepunkte des Aufenthaltes war ein Empfang am Hofe Kaiser Dom Pedros II. von Brasilien. Der Kaiser, Sohn einer Österreicherin, nämlich der bereits erwähnten Erzherzogin Leopoldine (1797–1826), empfing die Expeditionsteilnehmer in der Uniform eines Admirals, umgeben von sämtlichen Ministern. Er äußerte großes Interesse an der *Novara* und wusste jedem vorgestellten Mitglied der Expedition etwas Freundliches zu sagen.

Dona Leopoldina, seine früh verstorbene Mutter, wurde schon damals – wie auch noch heute – vor allem wegen ihrer Verdienste um die Unabhängigkeit des Landes als „nossa mãe“, als Mutter Brasiliens, verehrt.

Erzherzogin Leopoldine auf Brasiliens Kaiserthron

„Er ist so schön wie ein Adonis“, teilte die verliebte Leopoldine ihrer Familie brieflich mit, als sie sich spontan in ihren Ehemann Dom Pedro verliebte, den sie erst Monate nach der „Procuram“ in Wien geschlossenen Hochzeit zum ersten Mal sah. Stellvertreter für den abwesenden Bräutigam war ihr Onkel, Erzherzog Karl, gewesen. Als sie zum ersten Mal brasilianischen Boden betrat, glaubte sie sich in ein „exotisches Märchenland“ versetzt, wie sie ihrer Schwester Marie Louise, der Gattin Napoleons, versicherte. Das riesige Land war damals noch portugiesische Kolonie. Aus Angst vor Napoleon war das Königshaus Braganza nach Brasilien geflohen. Ab 1820, nach der Rückkehr des Königs nach Lissabon, wobei der Kronprinz Dom Pedro als Regent der Kolonie im Lande verblieb, gewannen die Befürworter der Unabhängigkeit Brasiliens die Oberhand.

Leopoldine, zunächst willkommene Ehefrau, war auch als Beraterin ihres wenig gebildeten und noch weniger kultivierten Gatten tätig. Es war ihrem Einfluss und ihrem Rat zu verdanken, dass ihr Mann gemeinsam mit den Parteien des Landes die Unabhängigkeit proklamierte und zum ersten Kaiser Brasiliens ausgerufen wurde.

Bald jedoch zeigte sich die bittere Realität: Die Ehe mit ihrem grobschlächtigen und untreuen Mann erwies sich als ein Alptraum, Chaos, Schmutz – selbst im kaiserlichen Palast –, Krankheiten, Korruption und die politischen Intrigen dämpften den Enthusiasmus der jungen Frau.

Nach mehreren Schwangerschaften und Fehlgeburten verstarb Leopoldine noch vor ihrem 30. Geburtstag. Im Jahr 1954 wurden die sterblichen Überreste der Kaiserin mit großem Prunk und Zeremoniell in der Krypta des Nationaldenkmals in Ipiranga, einer Vorstadt São Paulos, beigesetzt.

Dom Pedro verzichtete 1831 zugunsten seines erst fünfjährigen Sohnes Pedro II. auf den Thron. Der Knabe erwies sich im Gegensatz zu seinem Vater als äußerst talentiert und zeigte nach sorgfältiger Ausbildung ausgeprägte wissenschaftliche und kulturelle Interessen, so war er im späten Lebensalter Mitglied mehrerer wissenschaftlicher Gesellschaften in Paris und Förderer der Festspiele in Bayreuth. Unter seiner Ägide begann sich Brasilien langsam zu stabilisieren, die Wirtschaft erstarkte, viele Einwanderer kamen ins Land.

Die indianische Urbevölkerung, darunter der Stamm der Botokuden, war aus den Küstenregionen ins Landesinnere vertrieben worden.

Sklaven. Federzeichnung von einem unbekannten Künstler, um 1855.

14 Jahre nach der Ankunft der *Novara* in Rio sollte der „freie Mutterleib“ Gesetz werden, wodurch die Neugeborenen von Sklaven sofort freie Bürger waren. Doch erst 1888 erfolgte die endgültige Abschaffung der Sklaverei. Als die Bundesstaaten Brasiliens zum wiederholten Mal mit einer Abspaltung drohten, zog Pedro II. es vor, abzudanken und Brasilien zu verlassen. Schon 1889 wurde in Brasilien die Republik ausgerufen, Leopoldines und Pedros I. Tochter, Maria da Gloria, übernahm das Erbe ihrer Familie väterlicherseits, der Braganza, und regierte als Königin von Portugal. Soweit zur habsburgischen Mutter Brasiliens, ihren Nachfahren und ihrem Einfluss auf die weitere Entwicklung eines der größten Länder der Erde.

Auf der *Novara* wurde am 18. August in Rio der 27. Geburtstag des fernen österreichischen Kaisers in feierlicher Weise begangen. Schon am frühen Morgen zeigte sich die *Novara* in ihrem schönsten Flaggenkleid. Auch die im Hafen vor Anker liegenden englischen und französischen Kriegsschiffe hatten Flaggengala angelegt. Um acht Uhr morgens wurden beim Hissen der rot-weiß-roten Fahne 21 Kanonenschüsse abgefeuert, mittags und abends ertönte die gleiche Anzahl von Salven. Um elf Uhr fanden an Bord eine Parade und ein feierlicher Gottesdienst statt, dem auch der Konsul und andere in Rio lebende Österreicher beiwohnten. Dem Frühstück in den Räumlichkeiten des Commodore folgte abends ein Festmahl in einem Hotel an Land, wobei die *Musikbande* der *Novara* österreichische Stücke zum Besten gab.

Bei der starken Frequenz des Hafens mit Kriegs- und Handelsschiffen gewann das Salutfeuer an manchen Tagen förmlich den Charakter eines Bombardements. Jedes einlaufende Schiff grüßte mit 21 Schüssen. Durch höfliche Erwiderung auf Grüße anderer Schiffe hatte die *Novara* in Rio in knapp vier Wochen 432 Schüsse abgefeuert, die gegenseitigen Ehrehrbietungen aller Beteiligten bedeuteten etwa 1500 Kanonenschüsse, wobei man etwa 5250 Pfund Munition verpulverte.

Ein gänzlich anderes Thema behandelt Dr. Schwarz in einem Bericht, wenn er meint: *Matrosen frönen in Hafenstädten dem Gott Bacchus und der Göttin Venus.* Die Folgen des Kontaktes mit „Venus“ oder vielmehr der Besuch in Bordellen blieb für einige Matrosen nicht ohne Folgen. Schon in den ersten Monaten der Expedition stellte der Schiffsarzt fest, dass sich bereits in Triest einige Männer mit *Ulcus syphiliticus*, *Syphilis secundaria* und *Gonorrhoea* infiziert hatten. Ein Matrose, bei dem die Syphilis den Gaumen schwer beschädigt hatte, was man bei der Einschiffung offenbar übersehen hatte, war schon in den ersten Reisetagen gemeinsam mit einem an Tuberkulose erkrankten Kollegen auf der *Lucia* zurück nach Triest geschickt worden. Auf Madeira und in Rio kamen jeweils noch zwei Fälle mit Symptomen von Geschlechtskrankheit dazu. Später diagnostizierte der Mediziner die gleichen Krankheiten nach Landbesuchen in Ceylon, Manila, Java, Hongkong und Shanghai. Dennoch übertraf die Anzahl der noch im Heimathafen Triest neu Infizierten jene der Erkrankten in den übrigen Stationen um das Doppelte. Der Schiffsarzt kritisierte die ohne ärztliche Kontrollen etablierten Bordelle auf schärfste, insbesondere jene in China.

Die Abreise war für den 31. August geplant, die Anzahl der Teilnehmer war gesunken. Korvettenarzt Dr. Lallemant hatte schon vor Beginn der Reise ersucht, sich in Rio ausschiffen zu dürfen, um zu Studienzwecken Südbrasilien bereisen zu können. Drei Männer mussten krankheitshalber ins Spital, drei Matrosen zogen es vor, nicht mehr an Bord zurückzukehren.

Dazu Scherzer:

> *Der Matrosenfang steht bekanntlich in Rio de Janeiro in der Blüthe. Manche Schiffe sollen oft dreißig bis vierzig Matrosen verlieren. Unter allen denkbaren Vorspiegelungen und Versprechungen suchen falsche Werber, welche aus diesem Menschenhandel ein Geschäft machen, junge, kräftige Matrosen zur Desertion zu verleiten, indem sie ihnen Geldvorschüsse machen und sie zu einem leichtfertigen Leben verführen, um dieselben später, wenn sie sich schutzlos und verlassen in einem verzweiflungsvollen Zustande befinden, entweder als Matrosen auf Kauffahrer oder, was noch ärger ist, an Pflanzer im Inneren gleichsam als weiße Sclaven zu verkaufen.*

Die *Novara* wurde termingerecht mithilfe eines Dampfers aus dem Hafen bugsiert, um auf See ihre Segel zu entfalten und Kurs über den Atlantik nach Südafrika zu nehmen. Karl Scherzer resümiert den Aufenthalt in Brasilien, kritisiert

Trägheit und Egoismus der besitzenden Klasse und bemängelt das Desinteresse an wissenschaftlicher Betätigung:

> *Die Brasilianer stehen auf einer niedereren Stufe der socialen Bildung, ohne Tiefe der Besinnung und Empfindung, und fast scheint es, als wären sie jeder ausdauernden Thätigkeit unfähig. Dieser sichtbare Mangel an einem markigen, thatkräftigen Willen, dieses Gewirr und Gemisch von fremden Nationen, welche blos erscheinen, um das Land auszubeuten und nach gemachtem Gewinn wieder heimzukehren, erzeugt bei den Ankommenden ein Gefühl des Unbehagens, das selbst nach dem Ausspruche von Fremden, welche Rio schon Jahre lang bewohnen, sich keineswegs mit der Zeit verliert, vielmehr den Wunsch immer reger macht, recht bald wieder von diesen Küsten scheiden zu können.*

Diese herbe Kritik an Brasilien brachte Scherzer nach Erscheinen seiner Bücher recht kritische Gegenfragen ein. Trotzdem war er nicht gewillt, diese Passagen bei einer Neuauflage seines Werkes zu ändern.

KURS AUF DAS STURMKAP

Die Winterzeit auf der südlichen Halbkugel ging dem Ende zu. Die Männer hofften, die nächsten Wochen auf See ohne Störungen und Stürme bewältigen zu können. Zahlreiche Vögel, vor allem Sturmtauben, begleiteten das Schiff. Auch Albatrosse, die größten Seevögel, folgten im bunten Gewirr den Spuren der *Novara*. Oft blieben einige Tauben auf den Wellen zurück, sammelten sich und holten im raschen Flug das Schiff ein, an das sie die leicht zu erkennende Nahrung fesselte. Besonders belebt war die Umgebung des Schiffes zur Mittagszeit oder danach, wenn mit der Reinigung des Geschirrs begonnen wurde. Manche Vögel schnappten nach Speiseresten, andere stritten sich mit Gekreisch um Abfälle von Werg, mit denen man die Kessel reinigte. Der Lärm verebbte, sobald sich ein Albatros am Ort des Streites niederließ. Waren die Vögel besonders gierig, so gelang es den Matrosen, einige mit der Angel zu fangen, selbst Albatrosse konnten so an Bord gezogen werden. Die „Jagd" auf diese Vögel diente einerseits dem Zeitvertreib, andererseits waren die lebenden Exemplare von großem Interesse für die Zoologen.

Am 26. September kam der Tafelberg in Sicht, die berüchtigte See in diesen Breiten machte der von den Portugiesen einst „Sturmkap" (Cabo Tormentoso) genannten Südspitze Afrikas an diesem Tage ihrem Namen alle Ehre.

Ein dumpfes Grollen und Brausen fuhr durch das Tauwerk und entlang der Masten. Höher und höher kamen riesige Wellenberge angerollt, das Schiff bald auf die eine, bald auf die andere Seite werfend. Schäumend stürzten Wogen durch die Kanonenluken in die Batterie, alles mit sich reißend, was lose auf ihrem Weg lag. Ein Krachen, Zittern und Stöhnen fuhr durch alle Fugen der *Novara*, ein Gepolter von umgeworfenen Gegenständen, Gläsergeklirr, zuweilen unterbrochen vom dumpfen Rollen einer Kanonenkugel, die sich von ihrem Lager losgerissen hatte und von einer Seite auf die andere lief. In dem ungeheuerlichen Lärm und Getöse ertönte schrill der Ton der Bootsmannspfeife, die den Matrosen keine Unterbrechung ihrer Arbeit erlaubte. Zwei Tage dauerte der Sturm an, der die *Novara* weit von der Küste abgetrieben hatte.

Wer heute das Kap umfahren möchte, versucht der mehr als 200 Meter hohen Steilküste in einem Ehrenabstand auszuweichen. Denn seit der Entdeckung durch Bartolomeo Diaz (1450–1500) im Jahr 1487/88 sind hier schon etwa 3000 Schiffe gesunken. Fünf Jahre bevor die *Novara* auf dieser Route segelte, war der britische Schaufelraddampfer *Birkenhead* an einer Klippe aufgelaufen und gesunken. „Women and Children first", lautete damals der letzte Befehl des ersten Offiziers. Dieser Befehl rettete den Genannten das Leben, über 400 Männer kamen bei dem Unglück zu Tode. Der „Birkenhead-Drill" mit den Worten „Frauen und Kinder zuerst" gilt bis heute bei Gefahr auf See als oberste Maxime.

Nur mit Mühe näherte sich die *Novara* wieder dem Lande. Von einem Dampfer kam ein englischer Pilot an Bord, um bei der Einfahrt behilflich zu sein und um die begeistert aufgenommene Nachricht von einer Anzahl angekommener Briefe und Zeitungen zu bringen.

Am 2. Oktober fielen endlich in der geräumigen, von einem trostlos aussehenden Gebirge umgebenen Simons-Bay die Anker.

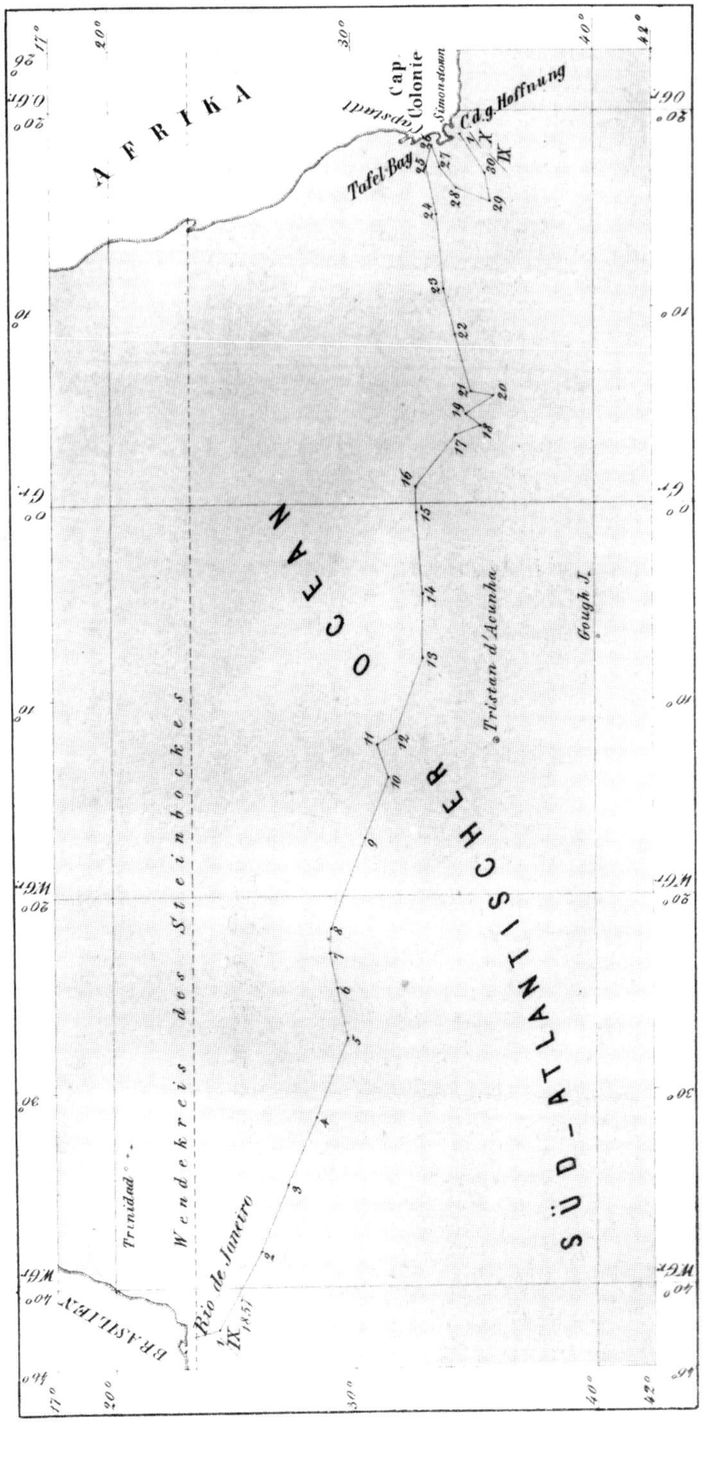

Kurskarte der Novara von Brasilien über den südlichen Atlantik zur Kapkolonie.

Nicht umsonst bezeichneten die Portugiesen diese Klippen an der Südspitze Afrikas einst als „Sturmkap" (Cabo Tormentoso).

Die Novara hatte an der Südspitze Afrikas einen schweren Sturm zu überstehen, der sie weit von der Küste abtrieb.

7

Erkundungen in der Kapkolonie und in subantarktischen Gewässern

SÜDAFRIKA

Den Männer der *Novara*, die, von den üppig grünen blühenden Küsten Brasiliens kommend, nun die kahlen starren Steinmassen rund um die Simons-Bay erblickten, mag dieser erste optische Eindruck Afrikas verwunderlich und öde erschienen sein. Denn alle die in den diversen Reiseberichten geschilderten Naturschönheiten der Kapkolonie entfalten sich erst hinter den düsteren Sandsteinflächen der Bucht, wo der Frühling – auf der südlichen Welthalbkugel von Oktober bis zum Jahresende dauernd – seine ganze Pracht zeigt.

Simonstown, die kleine Hafenstadt an der Ostseite der Kaphalbinsel, mit ihren damals etwa 800 Bewohnern vorwiegend malaiischer Herkunft, bot ebenfalls einen trostlosen Anblick. Scherzer und seine Männer waren daher hoch erfreut, bald nach der Landung auf einen Ausflug mit einem Gespann entlang der Küstenstraße in Richtung Kapstadt, ungefähr 20 Meilen entfernt, eingeladen worden zu sein und auf dieser Fahrt erste erfreulichere Eindrücke gewinnen zu können. Er schildert das *Prangen beim Beginn des Frühlings* und schwärmt von *Blüthenflur* und *dem herrlichsten Blüthenkleide* der Landschaft.

> *Eine Stunde nachdem man Simonstown verlassen, gelangt man in ein kleines, niedliches, an der Kalk-Bai gelegenes Fischerdorf. Viele hundert Fische hingen zum Trocknen an der Sonne, Walfischrippen dienten zur Umzäunung von Feldern und Gärten, aus den Wirbeln dieses riesigen See-Säugethieres waren ganze Mauern aufgeführt, aus dessen Schulterblättern Treppen errichtet und die kolossalen Kinnbacken am Eingange zu den Hütten aufgestellt. Diese Verwendung der einzelnen Theile jenes Seeungeheuers nahm sich gar seltsam aus und schien der deutlichste Beweis, daß dessen Vorkommen hier nicht zu den Seltenheiten gehört. Einer der Eigenthümer der Fischerstation war so freundlich, uns ein Stück in Fett gekochten Fleisches vom Kinnbacken des Walfisches als vortrefflich mundende Speise anzubieten, und da sich über Geschmacksachen nicht streiten läßt, so gaben wir uns auch nicht weiter die Mühe, das Gegentheil zu behaupten, nachdem wir aus Neugierde etwas von dieser theerartigen Substanz glücklich hinabgewürgt hatten.*

Die Wale, die sich leicht harpunieren ließen, trugen zum Wohlstand des Kaplandes bei, Kapstadt und die erwähnte Kalk-Bay waren die Zentren der Walverarbeitung. Die Glattwale, die heute wieder zu Hunderten die Gewässer um das Kap beleben, waren um 1900 fast völlig ausgerottet.

Ein anderer Bewohner dieser Meeresregion ist der Weiße Hai, zu Scherzers Zeiten ebenso gefürchtet wie heute. Während vor 150 Jahren der „White Shark“ respektvoll von Bord der Schiffe aus beobachtet wurde, gibt es heute nahe bei Kapstadt ein Forschungsteam, das die Haie – von einem Metallkäfig aus – unter Wasser beobachtet und analysiert. Die Haiforscher oder „Shark-Watcher“ laden auch zahlungskräftige Touristen ein, sie auf ihren Tauchgängen in den Käfigen zu begleiten – ein extremer Nervenkitzel für besonders Wagemutige.

Walfang zu Beginn des 19. Jahrhunderts. Einige Jahrzehnte später war das Kapland ein wichtiges Zentrum für die Verarbeitung von Walen.

Straße und Landschaft änderten sich nach Verlassen des vorhin genannten Fischerdorfes. Der Weg führte in gerader Linie über die Ebene, die das felsige, unwegsame Kap mit dem Festland verbindet und nach Norden den Blick auf die charakteristische Silhouette von Tafel- und Teufelsberg freigibt. Das Kap der Guten Hoffnung ist übrigens der südwestlichste, nicht der südlichste Punkt Afrikas – denn das ist Kap Agulhas, jenes Kap, bei dem die Küste ihren Schwenk nach Osten macht und eine warme Meeresströmung den Beginn des Indischen Ozeans markiert.

Triumphe und Tragödien rund ums Kap

Wie schon erwähnt, verlieh Bartolomeo Diaz (1450–1500) der 20 Kilometer in das Meer vorragenden Felsgruppe zuerst den Namen Cabo das Tormentas (Kap der Stürme), dem Portugals König Johann II. (1455–1495) den verheißungsvollen Namen Cabo da Boa Esperança (Kap der Guten Hoffnung) gab, da er nun mit Recht hoffen konnte, einen wesentlichen Abschnitt des Seeweges nach Indien zu kennen. Nachdem Bartolomeo Diaz 1487/88 die Südspitze Afrikas erreicht hatte, gelang es Vasco da Gama mehr als zehn Jahre später, das Kap in großem Bogen zu umsegeln und mithilfe kundiger Lotsen die Westküste Indiens zu erreichen. Nun war der Seeweg nach Indien entdeckt, und dem Ausbau der Handelsbeziehungen stand nichts mehr im Wege.

Bereits im Jahr 1500 unternahm Pedro Álvarez Cabral im Auftrag Portugals eine weitere Erkundungsfahrt nach Indien. Kapitän eines dieser 13 Schiffe umfassenden Expedition war der inzwischen berühmte Diaz. Die Fahrt verlief abenteuerlich, die Flotte wurde durch die Kraft der Strömung im Atlantik viel zu weit nach Westen abgetrieben und landete an der Küste Brasiliens. Das unbekannte Land wurde sogleich zu portugiesischem Besitz erklärt, Cabral schickte eines seiner Schiffe mit der Erfolgsmeldung nach Lissabon zurück und nahm sofort wieder Kurs auf Südafrika. In den stürmischen Gewässern gingen vier Schiffe mit ihrer gesamten Besatzung verloren, darunter auch Bartolomeo Diaz. Cabral erreichte Indien, Mitte 1501 kam er mit nur mehr vier Schiffen nach Portugal zurück. Soweit über Erfolg und Tragik im Zeitalter der Entdeckungen.

Doch wieder zurück zum Ausflug der *Novara*-Forscher. Nach einer Raststätte, dem „Halfway-house“ oder „Halbweghaus“, das ein Deutscher aus Württemberg betrieb, wandelte sich das Land abermals: Nun lag eine Parklandschaft mit Pinien und Eichen vor den Männern, dazwischen gepflegte Gärten mit eleganten Villen, hier in holländischem, dort in englischem Stil. Bald lag die Tafel-Bay, Kapstadt und die Felsmauer des Tafelberges vor den erstaunten Augen der Expeditionsteilnehmer, die nun in einem Hotel Quartier nahmen, das von einem Österreicher geleitet wurde, den die Revolution von 1848 hierher verschlagen hatte.

Der erste Gang führte Scherzer, der ja während der Expedition selbst den diplomatischen Status eines Konsuls genoss, was rein äußerlich schon an seiner eleganten Diplomatenuniform zu merken war, zum österreichischen Konsul, der nebenbei eines der erfolgreichsten Handelshäuser Kapstadts führte. Eine große, hoch über den Giebeln flatternde österreichische Flagge zeigte den Weg nach dem Konsulat, wo die herzliche Aufnahme die Aufgaben der Expedition ganz wesentlich erleichterte.

Mit den hervorragendsten Männern der Wissenschaft (z. B. Thomas Maclear, dem Direktor der Sternwarte) rasch bekannt gemacht und von ihnen tatkräftig unterstützt, gelang es den Naturforschern in kurzer Zeit, wertvolle wissenschaftliche Objekte aller Art zu erwerben und wichtige Kontakte für die Zukunft anzuknüpfen. Herrn Konsul Mosenthals gastliches Haus war außerdem fast jeden Abend das Zentrum für Geselligkeiten jeder Art.

Kapstadt wird von Scherzer als hübsche Stadt beschrieben, in der das englische Element mit seinen *stereotypen Lebensgewohnheiten* und den gleichen Gesetzen, die das Empire überall in seinem Machtbereich verbreitete, das ältere holländische Element vollständig verdrängte.

> *Ueberhaupt dürfte sich der Reisende, welcher die Capstadt mit der vorgefaßten Meinung betritt, er werde sich daselbst mitten unter urwüchsigen Hottentotten und Buschmännern befinden und einen von europäischen Sitten und Lebensgewohnheiten gänzlich verschiedenen Zustand antreffen, wir möchten fast sagen, unangenehm getäuscht fühlen. Die Urbewohner, welche Jan van Riebeck ausschließlich einst hier antraf, als er am 6. April 1652 mit drei Schiffen in der Tafel-Bai landete und*

Vasco da Gama war es 1497/98 gelungen, um die Südspitze Afrikas zu segeln und in der Folge Indien zu erreichen.

im Namen der holländisch-ostindischen Compagnie am Fuße des Tafelberges eine Ansiedlung gründete, sind dermalen fast gänzlich aus der Hauptstadt verschwunden. Um Vollbluthottentotten und Buschmänner zu Gesicht zu bekommen, muß man wochenlange, mühevolle Reisen tief ins unwirthbare Innere der Colonie unternehmen.
In der Capstadt findet man diese wunderliche Race nicht mehr als zuweilen in Gefängnissen und Spitälern als unfreiwillige Einwohner und selbst dann größtentheils nur als Bastarde.
Obwohl die Capcolonie weniger wie irgend eine andere Besitzung der britischen Krone in den großen Weltverkehr miteingezogen ist und sogar bis zur Stunde noch nicht einmal eine directe Dampfschiffverbindung mit Europa unterhält, so herrscht doch viel Sinn für geistige Thätigkeit und wissenschaftliche Forschungen, und man muß wirklich staunen, was von einem kleinen Häuflein unabhängiger, thatkräftiger Europäer, unterstützt von liberalen, freisinnigen Institutionen, hier im Hottentottenlande geleistet wird. Von den 280.000 farbigen und weißen Bewohnern der Capcolonie kommen nur ungefähr 30.000 auf die Capstadt selbst, und von diesen sind nur die Hälfte Weiße und gehören wohl nicht mehr als 1000 den höheren einflußreichen Ständen an. Freilich fanden die Engländer, als sie im Jahre 1815 in den dauernden Besitz des Caplandes kamen, bereits eine tüchtige Basis vor, welche schon hundertundfünfzig Jahre früher durch die Holländer gelegt worden war, allein der Aufschwung des Caplandes, die Entwicklung seiner natürlichen Kräfte datirt doch erst seit der britischen Herrschaft, nachdem die Fesseln gefallen waren, welche die engherzige holländische Colonialpolitik auch dieser Besitzung wie ihren übrigen angelegt hatte.

Heute würde man Scherzer als anglophil bezeichnen, da er an allen Stationen der Expedition, die der englischen Krone unterstanden, prinzipiell nur Gutes zu sagen wusste. Was die Geschichte und die Fähigkeiten der schwarzen Urbevölkerung betrifft, so zeichnete Scherzer ein dem damaligen Zeitgeist entsprechendes oberflächliches und von der Überlegenheit der Europäer geprägtes Bild. Tatsächlich stellt sich die historische Entwicklung Südafrikas weit komplexer dar, vor allem wenn die Rolle der Schwarzafrikaner mit einbezogen wird. Auch die damals schon bestehenden Spannungen zwischen Buren und Briten, die einige Jahrzehnte später in den berüchtigten Burenkriegen eskalieren sollten, wurden in seiner Reisebeschreibung nicht erwähnt.

Südafrika gilt wegen seiner auf 2,5 Millionen Jahren datierten Fossilfunde von Hominiden als eine der Wiegen der Menschheit. Die ergiebigsten Fundstellen in Höhlen zählen heute zum Weltkulturerbe. Vor etwa 40.000 Jahren lebte im Süden Afrikas das Volk der Khoisan als Jäger und Sammler. Eine andere Gruppe, die Khoi-Khoi, betrieb Viehzucht und Ackerbau. Vor etwa 4000 Jahren wanderten, vermutlich wegen des Klimawandels in ihren ehemaligen Siedlungsgebieten, verschiedene Bantuvölker ein. Zwischen den Stämmen kam es häufig zu Konflikten.

Im Auftrag der Vereinigten Niederländischen Ostindien-Kompanie (VOC) gründete Jan van Riebeck (1619–1677) im Jahr 1652 in Südafrika eine europäische Niederlassung, die den Namen Kapstadt erhielt und vorwiegend zur Verproviantierung von Schiffen diente. Bald ließen sich auch Siedler aus Holland und dem Heiligen Römischen Reich Deutscher Nation als Bewohner nieder. Diese neu entstandene Bevölkerungsgruppe nannte sich bald Afrikaaner, Kapholländer oder Weißafrikaner. Am Ende des 17. Jahrhunderts brachten Schiffe aus Holland hunderte Frauen, um den Männerüberschuss auszugleichen. Seglern aus Frankreich hingegen war die Kenntnis vom Weinanbau zu danken.

Etwa 100 Jahre vor Ankunft der *Novara* lebten etwa 4000 Buren (holländische Bezeichnung für Bauern) in und um Kapstadt. Viele Siedler waren als halbnomadische Viehzüchter ins Landesinnere weggezogen. Im Jahr 1779 kam es zu blutigen Konflikten zwischen Buren und Schwarzafrikanern. Damit begann der erste von acht „Kaffernkriegen“, die über ein Jahrhundert andauern sollten. Während der Französischen Revolution kam es zur Rebellion der Buren gegen die mächtige Ostindien-Kompanie.

Als im Rahmen des Ersten Koalitionskrieges 1795 Frankreich die Niederlande besetzte, nutzten die Briten die Gunst der Stunde und nahmen, um den Franzosen zuvorzukommen, die Kolonie am Kap in ihren Besitz. England berief sich dabei auf alte Rechte, da es am Kap schon 1620 eine englische Niederlassung gegeben habe. Der Wiener Kongress brachte die endgültige Entscheidung: Die Niederlande bestätigten die britische Kolonie am Kap, als Ausgleich vergrößerte sich ihr Land um das Gebiet der früheren Österreichischen Niederlande.

Die Victoria-Fälle. Der Missionar, Arzt und Afrikaforscher David Livingstone entdeckte zwei Jahre vor der Novara-Expedition die gewaltigen Wasserfälle des Sambesi, die er nach der britischen Königin benannte.

In kurzer Zeit verloren die Afrikaaner ihre dominierende Rolle. Englisch wurde 1827 zur offiziellen Landessprache erhoben, die Abschaffung der Sklaverei im gesamten Empire 1834 brachte viele Buren an den Rand ihrer wirtschaftlichen Existenz. Tausende zogen im „großen Treck" in Gebiete nördlich der Flüsse Oranje und Vaal. Nach Kriegen mit Schwarzafrikanern kam es wenige Jahre vor Ankunft der *Novara* zur Gründung von vier Burenrepubliken, die England anerkannte oder wie die Republik Natalia bereits 1845 annektierte.

Das Kapland besaß laut einer von Königin Viktoria 1850 unterzeichneten Urkunde eine eigene Verfassung mit gesetzgebendem Rat und Parlament. Zur Zeit der *Novara*-Expedition galt der damalige Gouverneur, Sir George Grey (1812–1898), als ein hervorragender Politiker, als verständnisvoller Humanist und Wissenschaftler mit breit gefächerten Interessen. Seine private Büchersammlung über afrikanische und polynesische Sprachen war weithin bekannt. Dem Einfluss von Sir Grey war die Errichtung zahlreicher Institutionen zu verdanken, wie etwa der prächtige botanische Garten, die moderne Sternwarte, das umfangreiches Südafrikanische Museum, mehrere Bibliotheken, wissenschaftliche Anstalten und an die 50 Vereine zu wohltätigen, religiösen oder gewerblichen Zwecken. Wegen des großen Mangels an Arbeitskräften und den weiten, brachliegenden Landstrichen der Kapkolonie förderte Sir Grey die Einwanderung vor allem englischer und deutschsprachiger Kolonisten.

Nach der Rückkehr der Expedition ging Scherzer im statistisch-kommerziellen Band der *Novara*-Edition auf die Frage der Auswanderer nach Südafrika näher ein. Grundsätzlich gab es für das an Ressourcen reiche Land zu wenig Kolonisten, was die Kolonialregierung veranlasste, die Einwanderung durch eine Reihe von Maßnahmen zu forcieren. Bemerkenswert waren die geforderten persönlichen Voraussetzungen: Jeder Kolonist sollte für sich und seine Familie (nach der Anzahl der Personen) billig ein Stück Land erhalten und den Preis dafür erst nach vier Jahren erlegen. Ab 1862 trug die Regierung sogar die Kosten der Überfahrt für Emigranten, die nachweisen konnten, einen landwirtschaftlichen Beruf erlernt zu haben. Alle übrigen, angefangen vom Bäcker bis zum Zimmermann, hatten einen Teilbetrag zu leisten. Alle Emigranten mussten „gesund, nüchtern, betriebsam, moralisch und gewohnt sein, für Wochenlohn zu arbeiten". Das Alter, sowohl für Männer als auch für Frauen, durfte zur Zeit der Einschiffung 45 Jahre nicht übersteigen. Witwer oder Witwen mit kleinen Kindern, weiters Personen, die aus dem Armenfonds regelmäßig Unterstützung erhielten oder sich schon einmal in einer Strafanstalt befunden hatten, und alle nicht gegen Kuhpocken Geimpften dagegen konnten nicht aufgenommen werden. Alle Emigranten erhielten von der Regierung eine Grundausstattung für den Haushalt, hatten aber selbst für ausreichende Leibwäsche, Kleidung und Schuhe zu sorgen. Im Jahr 1861 wurden auf diese Weise etwa 1700 Emigranten ausgestattet.

Scherzer findet die Idee, die Möglichkeit zur Auswanderung aus den Ländern des Deutschen Bundes in die Kapkolonie bekannter zu machen, durchaus überlegenswert:

> *Es gibt indess schon eine ziemliche Anzahl deutscher Landsleute in Südafrika, namentlich in der vom Capland getrennten Colonie Britisch Kaffraria, wo sich der Rest der deutschen Legion aus dem Krimkriege mit Unterstützung der britischen Regierung angesiedelt hat. Während der Revolte in Indien fanden allerdings Viele am Waffengeklirr wieder mehr Gefallen, als an landwirthschaftlicher Thätigkeit und zogen neuerdings in den Krieg, aber die von den Legionären verlassenen Dörfer sind jetzt von pommer'schen Bauern bewohnt, welche über Hamburg hierher auswanderten und durch ihren Fleiss und ihre Ausdauer auf dem besten Wege sind reiche Leute zu werden. Es heimelt Einen ganz eigenthümlich an, wenn man diese kräftigen nordländischen Bauern mit ihren Familien in King Williams-Town zu Markt kommen sieht: der Mann in seinem langen, blauen Tuchrocke mit blanken Metallknöpfen; die Frau ein schwarzes Seidentuch um den Kopf gewunden, das Kleid noch immer nach pommer'schem Schnitt, noch immer in blauen Strümpfen und schweren, dicken Schuhen. Die Alten reden wie zu Hause plattdeutsch, aber die Kinder verlernen die Sprache der Heimat und reden einen wunderlichen Jargon von Plattdeutsch, Holländisch und Englisch, aus dem vielleicht noch mit der Zeit wie in Pennsylvanien, ein besonderer Dialekt sich herausbildet. Auch auf die gesellschaftlichen Verhältnisse sind die deutschen Emigranten nicht ohne Einfluss geblieben. Die deutschen Colonisten liessen sich nämlich in ihren gewohnten Sonntagsvergnügungen, trotz des Ärgernisses, welches sie den englischen Pietisten*

Der Gouverneur des Kaplandes gestattete es, fünf junge Kaffern als Matrosen an Bord der Novara mitzunehmen.

Kapstadt wird von Scherzer als hübsche, typisch englische Stadt beschrieben. Der erste Gang führte die Wissenschaftler der Novara zum österreichischen Konsulat.

dadurch gaben, nicht stören, und jetzt findet man es ganz in der Ordnung, an Sonntagen zu musiciren, zu tanzen, Kegel zu schieben und sich den verschiedensten geselligen Freuden hinzugeben, und selbst die Engländer lernen einsehen, dass man sich bei Tanz und Spiel harmlos vergnügen kann, ohne sich dabei betrinken zu müssen oder den Sabbath dadurch zu entheiligen.

Ein in Kapstadt etabliertes „Comitee of Emigration from Holland" versuchte die holländischen Traditionen zu bewahren, indem es Waisen oder Kinder verarmter Eltern aus der Heimat nach Südafrika transferierte. Die Jugendlichen wurden teils als Lehrlinge ausgebildet, teils in der Landwirtschaft beschäftigt und standen bis zu ihrer Großjährigkeit unter der Obhut der Gesellschaft. Die Männer der *Novara* hatten die Gelegenheit, diese jungen Leute zu sehen, die allesamt einen guten und gepflegten Eindruck machten. Ihr in holländischer Sprache vorgetragenes Lied „Scheiden tut weh" rührte die Zuhörer. Weniger gerührt schildert Scherzer ein Treffen und eine Vorführung mit Schwarzen:

Der Umstand, daß gerade ein Transport Kaffern von der Grenze, wo sich dieselben Raubeinfälle erlaubt hatten, als Gefangene nach der Capstadt gebracht worden waren, verschaffte uns die interessante und seltene Gelegenheit eine große Anzahl Individuen beiderlei Geschlechtes dieser kräftigen und wohlgeformten Menschenrace, welche im Nordosten des Caplandes haust, zu sehen. Der Aufseher der Anstalt, ein äußerst gefälliger, freundlicher Irländer, welcher der Kaffernsprache vollkommen mächtig ist, hatte die Güte, in einem großen Hofraume, wo die Gefangenen ihre Zelte aufgeschlagen hatten, von denselben mehrere ihrer nationalen Tänze aufführen zu lassen. Eine dieser wilden Gelenksübungen, Ukutenga genannt, soll, wie uns der Dolmetsch übersetzte, hauptsächlich dazu dienen, die Kaffern für den Krieg zu begeistern. Sechs schön gebaute Tänzer traten vor, während der Rest, einige dreißig Männer, einen Kreis um sie schlossen und durch Heulen und Händeklatschen gleichsam die Musikbegleitung zu diesem grauenerregenden Vergnügen bildeten. Die Tänzer seufzten, stöhnten, zischten und versuchten alle möglichen Grimassen und Gliederverrenkungen, um sich in eine Art künstliche Aufregung zu versetzen. Die umstehenden Kaffern, anfangs nur Zuschauer, wurden allmählig ebenfalls von dieser seltsamen Tanzmanie ergriffen, bis am Ende die ganze angeeiferte Menge, wie von der Tarantel gestochen, in wildem Taumel durch einander tobte.

Von Hottentotten und Kaffern

Die Bezeichnung Hottentotten geht auf die Kolonialmacht der Holländer zurück. Die Sprache des Volkes der Khoi-Khoi weist für europäische Ohren völlig ungewohnte Schnalzlaute auf, die von den Buren als Gestotter (im Dialekt Afrikaans als hottentots bezeichnet) empfunden wurde. Daher galten die Khois für sie als die „Stotterer", ähnlich den Barbaren (die Stammelnden) bei den alten Griechen. Diese abschätzige Bezeichnung war in Europa in der Reiseliteratur wie etwa bei Karl May als auch im allgemeinen Sprachgebrauch durchaus üblich. Die Bezeichnung Hottentotte gilt heute als beleidigend, wird aber in Redewendungen wie „Hier geht es zu wie bei den Hottentotten" im Sinne von Unordnung und Chaos noch vereinzelt verwendet.
Die Bezeichnung Kaffer (arabisch Kafir, Ungläubiger) wurde von den Kolonisten zunächst für das Volk der Xhosa, später aber für Bantuvölker im Allgemeinen verwendet. Im Zeitalter der Apartheid galt es als Schimpfwort, heute ist dieser Ausdruck in Südafrika und Namibia verboten.

Scherzer berichtet, dass der Gouverneur gestattete, fünf junge Kaffern an Bord der *Novara* als Matrosen mitzunehmen. Ein Schriftstück bestätigte, dass die Schwarzen, falls sie es wünschen sollten, in ihre Heimat zurückkehren könnten. Zwei der Matrosen desertierten in Neuseeland. Die anderen drei kamen nach Österreich, wo sie auf der kaiserlichen Jacht *Phantasie* als Matrosen einen regulären Beruf ausübten. Eduard von Marocchini, der mitfahrende Kaplan auf der *Novara*, brachte den jungen Schwarzen während der Expedition die italienische und deutsche Sprache bei. Dem Priester dürfte das damals herablassende Überlegenheitsgefühl vieler anderer Europäer fremd gewesen sein, da er selbst die „Kaffernsprache" seiner Schützlinge erlernte. Auch die Matrosen sollen ihre neuen, durchwegs musikalisch begabten Kameraden bei der Ausübung italienischer und kroatischer Lieder und Tänze in die Lehre genommen haben. Weitere

Resultate der Bemühungen des Kaplans aber waren die Bekehrung der drei Matrosen zum Christentum und die Herausgabe eines kleinen Katechismus in der „Kaffernsprache".

Eine ganze Woche ihres Aufenthalts nutzten Scherzer und seine Begleiter zu einer Erkundungsfahrt ins Innere Landes. Als Transportmittel bis zur ersten Station, dem Städtchen Stellenbosch, diente ein leichter, von vier Pferden gezogener Wagen. Erstaunt berichtet Scherzer über die sonst üblichen Gepflogenheiten, was den Transport, sei es für die Übersiedlung von Familien oder für die Beförderung von Waren, anbelangte: Nach Sitte des Landes wurde nämlich ein Vehikel ausgerüstet, dem etwa zehn bis 20 vorgespannte Zugochsen eine zwar kraftvolle, aber langsame Antriebskraft verliehen.

Stellenbosch, das seinen rein holländischen Charakter bewahrt hatte, erwies sich als ungemein gepflegte Siedlung mit überaus freundlichen Bewohnern. Die etwa 4000 Siedler lebten vorwiegend von der Landwirtschaft und dem Weinbau. Der Tag des Besuches war ein Feiertag. Die Kapkolonie hatte ein Freiwilligenkorps aufgestellt, das die regulären Truppen am Kriegsschauplatz in Indien verstärken sollte. Das Korps, bestehend aus Briten und Holländern, hielt eine große, von der Bevölkerung bestaunte Parade ab.

Die Freiwilligen (volunteer riflemen) zogen, mit dem Gouverneur Sir George Grey an der Spitze, unter klingendem Spiel auf den Paradeplatz. Es mochten ungefähr dreihundert Cavalleristen und zweihundert Infanteristen zugegen gewesen zu sein. Auch mehrere Geschütze kamen heran gefahren. Die Wehrmänner sahen in ihren höchst einfachen aber sehr zweckmäßigen Uniform, bestehend in Hosen und Jacken aus leichtem schwarzen Tuch mit Metallknöpfen, und einer ungewöhnlichen Mütze mit einigen Silberverzierungen, sehr schmuck und zierlich aus. Nachdem die kleinen Truppenkörper gehörig aufgestellt waren, wurde exercirt und manövrirt und dabei eine große Quantität Pulver verschossen.
Nach beendigter Revue fand unter einer prachtvollen Eichenallee an mehreren fast unabsehbar langen Tafeln ein großartiges Gabelfrühstück statt, an dem gegen sechshundert Wehrmänner und viele geladene Gäste Theil nahmen, während sich im Hintergrunde die Musikbande und eine große Anzahl von Damen und Herren als Zuschauer gruppirten. Die zufällige Anwesenheit einiger Mitglieder der kaiserlichen Expedition gab dem vorsitzenden Bürgermeister des Städtchens Veranlassung, nach dem üblichen Trinkspruche: „The Queen!" mit einigen Bemerkungen über die Bedeutung des Novara-Unternehmens auf das Wohl S. M. des Kaisers von Oesterreich zu trinken.

Einst nach Kapstadt die bedeutendste Siedlung des Landes, verlor Stellenbosch nach dem großen Treck zunehmend an Bedeutung. Heute dagegen erlebt die Stadt mit ihren nahezu 120.000 Einwohnern vor allem durch die zahlreichen Weingüter und die hervorragenden Exportweine einen wirtschaftlichen Aufschwung, ist wegen der alten Gebäude touristisch sehenswert und durch ihre Universität attraktiv für Studierende und Wissenschaftler.

Nach der nächsten Station der Reise, dem Städtchen Wellington, ungefähr 70 Kilometer von Kapstadt entfernt, überquerten die Österreicher nach Nordost den Pass Baine – der Scherzer an den Semmering erinnerte.

In Worcester, einer Siedlung, mehr als 100 Kilometer nordöstlich von Kapstadt, deren Bewohner von Schafzucht lebten, fielen Scherzer die hohen Eukalyptus-Bäume auf, die offenbar von der britischen Kolonie Australien hierher verpflanzt worden waren. Heute wird in dieser Region ebenfalls Wein angebaut, und in den großen Kellereien wird auch Brandy destilliert. Berühmt ist der botanische Garten, der sich auf wasserspeichernde Pflanzen spezialisiert hat. John M. Coetzee, Literatur-Nobelpreisträger 2003, verbrachte seine Kindheit in Worcester und beschrieb die kleine Stadt in einem seiner Werke.

Ein weiterer Besuch galt den heißen Quellen von Brandvalley, die in Aussehen und Wirkungsweise an die Thermen des österreichischen Wildbads Gastein erinnerten.

Gnadenthal, bereits 1737 als Missionsstation der „Mährischen Brüder" mit Schule, Kirche, riesigen Werkstätten und Wohngebäuden gegründet, brachte der Gruppe viele überraschende Erkenntnisse.

Die Mährischen Brüder

Die religiöse Gemeinschaft war im 15. Jahrhundert aus der politischen und religiösen Protestbewegung der Hussiten in Böhmen hervorgegangen und erstrebte eine Erneuerung im Sinne des karitativ tätigen und vom Kirchenzwang freien Urchristentums an. Eine daraus entwickelte Brüdergemeinde ließ sich 1722 in der Oberlausitz auf dem Gut des Grafen Zinzendorf nieder und nannte sich auch „Herrnhuter". Als eine ihrer Hauptaufgaben betrachteten die Brüder die Mission von Völkern, die geringe Chancen hatten, so wie die Bekehrung der Indianer Nordamerikas, der Bewohner der Karibik und der Stämme in Südafrika. Im Lauf von zwei bis drei Jahrhunderten konnte die Gemeinschaft auf religiösem, kulturellem und sozialem Gebiet Enormes leisten. Heute gehört die auch Brüderunität genannte Gemeinschaft, seinerzeit auch von der evangelischen Kirche misstrauisch behandelt, zur Arbeitsgemeinschaft christlicher Kirchen und zählt weltweit etwa eine halbe Million Mitglieder.

Die Empfehlungsschreiben aus Österreich an den Superintendenten der Gemeinde und an den dort lebenden deutschen Arzt und Pharmazeuten hatten sofort eine freundliche Aufnahme und Bewirtung zur Folge. Die Bewohner waren großteils Schwarzafrikaner, die ihren Lebensunterhalt entweder durch Landwirtschaft oder handwerkliche Tätigkeit verdienten und mit der Missionsstation bloß durch ein religiöses Band verbunden waren. Die bei den Brüdern angestellten Arbeiter erhielten einen bestimmten Wochenlohn, den sie nach Belieben verwenden konnten. Der Erlös aus den handwerklichen Fabrikaten gehörte aber der Gemeinde, die damit die Unkosten und Erhaltung der Mission bestritt. Bemerkenswert erschien den Männern die Qualität der Holzschnitzereien, die einem der *Hottentottentischler* sogar einen Preis bei der Weltausstellung in London im Jahr 1851 beschert hatte. Überrascht zeigten sich die Österreicher, als sie eingeladen wurden, den Prüfungen im Lehrerseminar beizuwohnen:

Dieses Seminar zur Heranbildung tauglicher Lehrer wurde erst im Jahre 1838 durch eine großmüthige Unterstützung des sächsischen Grafen Schönburg gegründet und wird von diesem Menschenfreunde jährlich fortwährend so freigebig bedacht, daß dessen Fortbestand vollkommen gesichert erscheint. Gegenwärtig befinden sich 14 Zöglinge (Hottentotten, Kaffern und Mischlinge) im Seminar. Im Ganzen wurden seit dem Jahre der Gründung 50 Jünglinge aufgenommen, von denen sich jedoch nur die Hälfte für das Lehramt brauchbar erwies. Bis zum Jahre 1856 wirkten bereits 22 Zöglinge im Dienste der Gemeinde, 14 waren als unfähig wieder ausgetreten und 14 befanden sich noch im Seminar. Dieselben treten in einem Alter von zehn bis fünfzehn Jahren ein, werden sechs Jahre hindurch unterrichtet, beköstigt und bekleidet, und sodann ohne weitere Obliegenheit gegen die Gemeinde, welche sie erzogen, als Lehrer und Verbreiter des Christenthums in die entferntesten Theile entsendet.

Das Examen begann damit, daß ein Mestize von ungefähr sechzehn Jahren, der Sohn eines Mulatten und einer Hottentottin, Clavier spielte. Derselbe zeigte große musikalische Begabung, hatte einen hübschen gewandten Vortrag und spielte außer Clavier noch Orgel, Violine und Violoncell. Hierauf wurden an die anwesenden Zöglinge verschiedene Fragen über Geographie und Geschichte gestellt. Leicht begreiflicher Weise bewegten sich dieselben hauptsächlich auf englischem Boden. Die Befragten wußten überraschend viel von Liverpool, London, Manchester, Dublin, von der Themse und der Westminsterabtei zu erzählen. Was einigermaßen störend wirkte, war die sonderbare Sitte, daß stets alle Zöglinge zugleich antworteten und der eine dem andern durch Ueberschreien seine größere Vertrautheit mit dem verhandelten Gegenstande zu erkennen zu geben glaubte. Im Ganzen aber war es höchst überraschend und bezeichnend, Hottentotten, Kaffern und Neger an der Südspitze Afrika's von England und seiner tonangebenden Größe als commercielle, maritime und industrielle Macht erzählen zu hören.

Zum Abschied luden die Missionare, die übrigens alle verheiratet waren, zu einem Essen ein, der Arzt der Station, Herr Dr. Roser, überreichte ethnographische Gegenstände und von ihm verfasste Bücher über medizinisch-naturhistorische Themen der Kapkolonie. Der deutsche Mediziner wies auch noch darauf hin, dass Hottentotten häufig die getrockneten Blätter von wildem Hanf *(Cannabis sativa)* als Genussmittel oder Betäubungsmittel verwenden.

Gnadenthal, heute Genadendal, einst fast so groß wie Kapstadt, ist gegenwärtig ein unbedeutendes Städtchen. Durch die missionsfeindlichen Apartheidgesetze des 20. Jahrhunderts wurde das berühmte Seminar bereits 1926 geschlossen, geblieben von der einst blühenden Ausbildungsstät-

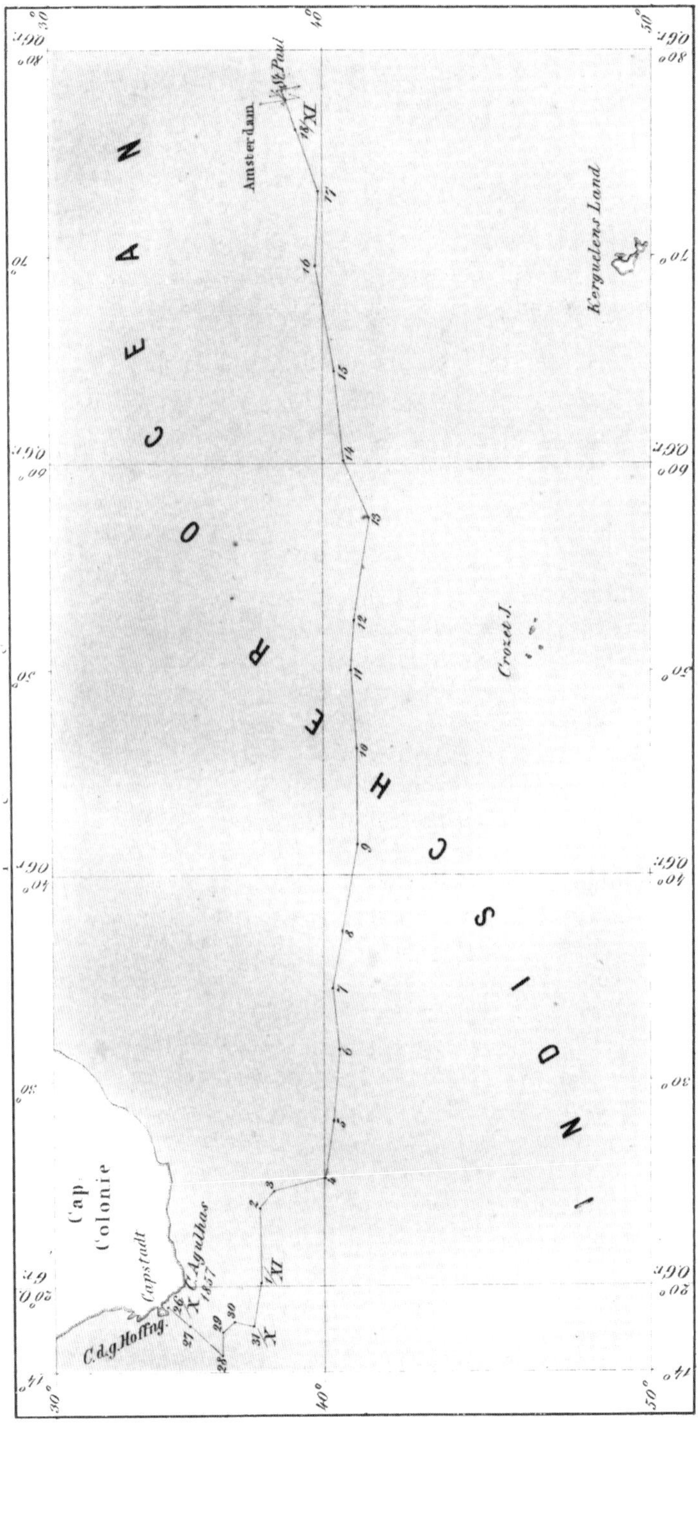

Kurskarte der Novara von Kapstadt zu den Inseln St. Paul und Amsterdam.

te sind die Kirche, einzelne Gebäude und ein Missionsmuseum.

Nach ihrer Rückkehr nach Kapstadt beschäftigten sich die Wissenschaftler neben den Routinemessungen das Klima betreffend noch mit statistisch-wirtschaftlichen Fragen sowie dem Problem der Schlafkrankheit und der Bekämpfung der berüchtigten Tsetsefliege *(Glossinia morsitans)*.

Der Geologe Hochstetter berichtet in einem Artikel, der in mehreren Folgen in der „Wiener Zeitung" erschien, über *mitgenommene Landesprodukte* wie Schildkröten, Chamäleons, Schakale oder Vögel. An allen Ecken und Enden der *Novara* sollen Kisten, Schachteln, Kolben, Büchsen mit Steinen, Pflanzen, Käfern, Schnecken und weitere kuriose Sachen herumgestanden sein, die Galerie des Commodore soll einem Naturalienkabinett geglichen haben, mit ihren ausgestopften Tieren und ausgebreiteten Löwen- und Leopardenfellen. Antilopenhörner wurden aufgenagelt und Straußeneier aufgehängt, Souvenirs aller Art füllten die Seesäcke der Matrosen und schmückten die Kabinen des Stabes. Kurz – es sah recht afrikanisch aus auf der *Novara*, und jeder schien zufrieden zu sein mit seinen eroberten Beutestücken vom Kap. Weniger zufrieden war man mit dem Zustand der Wäsche, zu deutlich waren die Spuren der eingeborenen *Waschweiber*, die zu Hunderten in der Tafelbergschlucht die mit Wasser übergossene Schmutzwäsche auf Steinen durch Schlagen bearbeiteten, um sie dann auf Dornen und Hecken ausgebreitet zu trocknen. Eine andere Art von Menagerie – nämlich in Käfigen gehaltene Hühner, Schafe und Schweine – verhieß frischen, schmackhaften Proviant.

Vor der Abfahrt wurden noch einige Kisten, angefüllt mit verschiedenstem wissenschaftlichem Material, mit dem Postdampfer nach Wien gesandt. Originalrechnungen und Frachtbriefe werden in der Akademie der Wissenschaften aufbewahrt, ebenso wie die Bestätigungen, dass die ersten Berichte von Wüllerstorf, Scherzer, Hochstetter und Frauenfeld über die Stationen Madeira, Rio und Kapstadt in Wien eingetroffen sind.

Am 26. Oktober lichtete die *Novara* in Simonstown die Anker, von einem im Hafen liegenden englischen Schiff ertönte zum Abschied die Kaiserhymne – eine Ehrenbezeugung, welche die *Musikbande* des österreichischen Expeditionsschiffes mit der Hymne „God save the Queen" erwiderte.

IM INDISCHEN OZEAN

Die nächsten Tage auf hoher See verliefen zunächst ohne Zwischenfälle. Die Temperaturen sanken allmählich, und da der Wind aus den eisigen arktischen Regionen kam, erreichte das Thermometer mittags kaum noch 18 °C.

Am 4. November herrschte große Aufregung an Bord, lautes Gepolter war auf dem Deck zu hören – man sah einen schwarzen Körper in der See und warf rasch eine lebensrettende Boje hinterher. Zum Glück war es kein Mann, der ins Wasser gefallen war, sondern ein Affe, den eine Dame aus Kapstadt dem Commodore Wüllerstorf zum Geschenk gemacht hatte. Bessy, der Liebling aller an Bord, hatte sich von seiner Kette losgerissen und war in seiner Angst ins Meer gefallen. Rasch wurde ein Boot ausgesetzt, der Affe wurde gerettet und mit einer ihm gereichten Orange getröstet.

Am 18. November war vom Top der Masten das nächste Ziel der Reise, die Insel St. Paul, zu sehen. Beim Aufenthalt auf diesem Eiland wurde den Wünschen und Anregungen Humboldts entsprechend kartiert, vermessen, untersucht, gesammelt und ausgewertet wie kaum sonst bei einer anderen Station. Die Insel galt als unbewohnt:

> *Wie groß war aber jetzt unser Erstaunen, als wir hier kleine künstlich angelegte Terrassen wahrnahmen, mit frischerem Grün als die übrige Oberfläche der Insel es zeigte! Das waren offenbar Culturflecken von früheren oder jetzigen Bewohnern. Aber kein lebendiges Wesen kam zum Vorschein, weder menschlicher noch seehundsartiger Natur. Nur Schaaren von Albatrossen, Raubmöven und Seeschwalben und dann und wann der gedehnte, einem stöhnenden menschlichen Klagelaute nicht unähnliche Ruf der Pinguins, jener sonderbaren Seevögel, welche durch ihre frappante Erscheinung wie durch ihre Lebensweise ein so hohes Interesse erregen. …*
> *Wir waren kaum geankert, als ein von der Insel herannahendes Boot auf dem Schiffe gemeldet wurde, das sich mit drei Menschen – von eben so wüstem Aussehen wie ihr Aufenthalt – rasch der Fregatte näherte.*

Die vermeintlich Schiffbrüchigen erwiesen sich als ein Franzose, ein Mulatte und ein Schwarzer, die als Aufseher einer Fischfangstation hier jedes Jahr einige Monate verbrachten. Scherzer

Wegen der unruhigen See musste die Novara vor der Insel St. Paul kreuzen. Für die wissenschaftliche Arbeit an Land wurden die Beiboote ausgerüstet.

1854 wurde an der Küste von Dänemark ein Riesenkalmar angespült. Ein riesiges Exemplar wurde 1875 am Strand der Insel St. Paul gefunden. Die Spezies wurde daher Architeuthis Sanctipauli genannt.

berichtet von ihren ergiebigen Fängen und von den Methoden, den Fisch durch Trocknen und Einsalzen zu konservieren. Das fertige Produkt wurde zweimal jährlich abgeholt. Diese Handelsschiffe und vereinzelte Walfänger waren die Einzigen, die ihre Beiboote zur Insel sandten. Die Naturwissenschaftler und Offiziere der *Novara* begannen bald mit den geplanten Arbeiten, wobei die exakte Vermessung und Kartierung für die Marineure im Mittelpunkt standen.

Die Insel St. Paul liegt 38°46' südlich des Äquators und 77°31' östlich des Null-Meridians im südlichen Indischen Ozean. Die Vulkaninsel ist etwa sieben Quadratkilometer groß, wurde vermutlich von Portugiesen entdeckt und im 17. Jahrhundert erstmals von Holländern erwähnt. Die höchste Erhebung mit 284 Metern trägt bis heute zu Ehren ihrer Erforscher den Namen „Crete de la Novara". Zur Zeit der Expedition war sie in französischem Besitz, heute gilt sie als französisches Überseeterritorium und untersteht der Verwaltung der französischen Süd- und Antarktisgebiete. Die Insel hat einen auffälligen kreisrunden Krater, der nach einer Seite zum Meer hin offen ist. Dadurch ergibt sich eine kleine natürliche Hafeneinfahrt, die von beiden Seiten durch zwei schmale Landzungen geschützt ist. Um die Insel ranken sich Histörchen und Geschichten, angefangen von Ausgesetzten und Schiffbrüchigen bis zu einem geraubten Goldschatz aus ehemals jüdischem Besitz, den ein deutsches Kriegsschiff im Zweiten Weltkrieg hier versteckt haben soll. St. Paul ist sogar in der Literatur verewigt, denn Jules Verne lässt in seinem Roman „Die Kinder des Kapitän Grant" die Protagonisten hier einige Abenteuer ausfechten. Auch die zuvor geschilderte Szene mit dem Boot und den drei Männern auf einer vermeintlich unbewohnten Insel wird von dem Romancier übernommen.

Bei einer der ersten Erkundigungstouren entdeckten die Forscher am Rande des Kraterbeckens bei Ebbe mehrere heiße Quellen, die aus dem Boden schossen, ihr Hitzegrad war dermaßen hoch, dass ein in der Nähe geangelter Fisch binnen fünf Minuten in dem Wasser gegart werden konnte. Eine Kolonie von etwa 600 gelbbuschigen Spring-Pinguinen *(Eudyptes chrysocome)* fand sowohl bei den Zoologen als auch bei den Matrosen große Beachtung. Am Gipfel der höchsten Erhebung fühlte sich das Erdreich heiß an, was auf eine latente Aktivität des Vulkans, der die ganze Insel prägt, schließen ließ. In den ersten Tagen kehrten die Männer nach Besichtigung der geologischen, zoologischen und botanischen Besonderheiten jeden Abend auf die *Novara* zurück. Am 20. November schifften sich alle Forscher und die an den wissenschaftlichen Arbeiten beteiligten Marineoffiziere sowie einige Matrosen mit einer Menge von Instrumenten und Apparaten in mehreren Beibooten aus. Die kleine Expedition wurde für sechs Tage mit Trinkwasser und Proviant versorgt, für die wertvollen Instrumente baute man rasch hölzerne Verschläge, die allerdings bald einem Sturm zum Opfer fielen:

> *Auf einer kleinen Anhöhe oberhalb der Fischerhütten wurde ein Häuschen zum Schutze für die astronomischen, und in einer Entfernung von 40 Fuß ein zweites für die magnetischen Instrumente aufgerichtet und mit deren Benützung der Schiffsfähnrich Herr Robert Müller betraut. Für die geodätischen Aufnahmen mittels des Theodoliten wurde der Fregattenfähnrich Herr Gustav Battlogg, und für jene mit dem Meßtische der Fregattenfähnrich Herr Eugen Kronowetter bestimmt. Unter der Leitung des Letzteren standen gleichzeitig die meteorologischen Beobachtungen, die Untersuchungen mit dem Fluthmesser und dem Stromgeschwindigkeitsmesser, die Tieflothungen im Becken und an beiden Seiten der Barre, Arbeiten, mit deren Ausführung der Cadet Graf Borelli und der Obersteuermann Sian beauftragt waren. Wir quartierten uns so gut es ging in den schmutzigen ärmlichen Hütten ein, welche im Sommer den Fischern als Obdach dienen. In einer derselben hingen mehrere Bilder, das eine Napoleon I. auf einem Schimmel reitend, die andern weibliche Portraits und Scenen aus dem Pariser Leben darstellend; so wie überhaupt die ganze Wirthschaft einen echt französischen Anstrich hatte.*

Tags darauf ankerte ein amerikanischer Walfänger vor der Insel. Der Kapitän kam an Bord der *Novara* und erzählte, einer seiner Matrosen sei vor wenigen Tagen vom Mast gefallen und habe sich dabei erheblich verletzt. Commodore Wüllerstorf wies den Schiffsarzt Dr. Ruschitzka an, dem Verwundeten ärztlichen Beistand zu leisten.

Die Mannschaft, die in Scherzers Bericht kaum Beachtung findet, blieb während des Aufenthalts vor der Insel größtenteils an Bord. Einige Matrosen sorgten in ihrer Freizeit für die Verfeinerung und Ergänzung des Speiseplans, da es ihnen gelang, in kürzester Zeit große Mengen von Fischen zu fangen und körbeweise Langusten aus dem seichten Wasser am Rande des Kraterbeckens heraufzuholen.

Seeungeheuer

Berichte von Seeungeheuern und Riesenkalmaren gehörten um 1850 zumeist zu den Glanzlichtern bei gesponnenem Seemannsgarn. Bei gelegentlichen Sichtungen wurde die Größe dieser Kopffüßer mit ihren zehn unheimlichen Tentakeln maßlos übertrieben. Dennoch, im dänischen Jütland wurde 1854 ein Riesenkalmar angespült, das gleiche Schicksal erlitt 1875 ein riesiges Exemplar am Strand der Insel St. Paul. *Architeuthis Sanctipauli* lautet seit damals folgerichtig der offizielle Name dieser Spezies. Die Länge des Seeungeheuers soll mitsamt seinen Tentakeln etwa 20 Meter gemessen haben. Heute werden Riesenkalmare gelegentlich in den Schleppnetzen der Tiefseefischer gefunden.

Was die Fauna auf der Oberfläche der Insel anbelangt, so waren einige verwilderte Schweine, Ziegen und Kaninchen zu sehen, allesamt Nachkommen von Tieren, die von Schiffen hier zurückgelassen worden waren, um allenfalls für potenzielle Schiffbrüchige als Proviant zu dienen. Der als Botaniker geschätzte und als „Kunstgärtner“ apostrophierte Jellinek legte einen Gemüsegarten an, um eventuell nachfolgenden Schiffen zu frischen Nahrungsmitteln zu verhelfen. Er pflanzte Kohl, Sellerie, Rettich und Kresse an, alles Produkte, die das wichtige Vitamin C enthalten, das damals allerdings noch unbekannt war.

Die Teilnehmer der Expedition ließen auf St. Paul ein Schriftstück, eine Art Tätigkeitsbericht und gleichzeitig eine Anregung für die weitere Forschungsarbeit nachfolgender Expeditionen, zurück:

Die kais. österreichische Fregatte Novara, 44 Kanonen, unter den Befehlen des Commodore v. Wüllerstorf-Urbair auf einer Reise um die Erde zu wissenschaftlichen Zwecken begriffen, ankerte am 19. November 1857 früh neun Uhr an der östlichen Seite von St. Paul in der Absicht, astronomische, magnetische, meteorologische und geodätische Messungen vorzunehmen und die Insel gleichzeitig naturwissenschaftlich zu durchforschen. Außerst ungünstige Witterungsverhältnisse verzögerten wesentlich den Aufenthalt der kais. Expedition und nachdem dieselbe die wichtigsten Beobachtungen und Untersuchungen ausgeführt und naturwissenschaftliche Sammlungen gemacht hatte, deren Resultate seiner Zeit dem Drucke übergeben werden sollen, verließen die an den verschiedenen Arbeiten betheiligt gewesenen Officiere und Naturforscher am 6. December dieses Jahres wieder St. Paul, indem jeder einzelne von ihnen die befriedigendsten Erinnerungen an dieses interessante Eiland und seine drei armen, aber freundlich zuvorkommenden Bewohner mit sich nahm. …

Nach kurzer Fahrt kam die Insel Amsterdam in Sicht, die *Novara* war hier bald von antarktischem Riesentang *(Macrocystis pyrifera)* umgeben, der das Weiterkommen stark behinderte. Erstaunlich war die Menge von Fischen in Ufernähe, mehrere Matrosen waren ununterbrochen beschäftigt, die Leinen einzuholen und die leicht gefasste Beute zu versorgen.

Die Insel Amsterdam geht wie die 92 Kilometer entfernte Nachbarinsel St. Paul auf vulkanische Tätigkeit zurück. Ihre Fläche beträgt 57 Quadratkilometer, die Küsten sind steil und unzugänglich, an der Westseite haben sich bis zu 600 Meter hohe Felsabstürze gebildet. Die im Jahr 1857 unbewohnte Insel hatte im 17. Jahrhundert ihren Namen von einem holländischen Kapitän erhalten. Heute ist sie ebenfalls Teil der französischen Süd- und Antarktisgebiete und bis auf eine Forschungsstation noch immer unbewohnt, was in erster Linie an einem fehlenden Hafen liegt.

Dieses Problem galt natürlich auch für die *Novara*, die selbst Schwierigkeiten hatte, in Ufernähe einen Ankerplatz zu finden. Da es für die Forscher nur zweimal möglich war, die Insel von einem Beiboot aus zu betreten, blieb die Summe der Erkenntnisse über Amsterdam gering. St. Paul hingegen wurde als die für die Schifffahrt bedeutendere Insel betrachtet, da zumindest das Kraterbecken als Zuflucht für Mannschaft und havarierte Schiffe dienen konnte. Auf Amsterdam war überdies ein Flächenbrand unbekannter Genese ausgebrochen. Am 8. Dezember bezeichnete für die *Novara* nur mehr eine dunkle Rauchwolke am wolkenlosen Horizont die Lage dieser unwirtlichen Insel, denn die Fregatte segelte bei frischer Brise nach Norden – der nächsten Station, dem Indischen Subkontinent, entgegen.

8

Weihnachtsfeier und Neujahr im Indischen Ozean – Besuch in Ceylon und an der Ostküste Indiens

CEYLON (SRI LANKA)

Kurz nach der Abfahrt der *Novara* von der Insel Amsterdam kam es im Indischen Ozean zu einem bemerkenswerten Zwischenfall. Ein Segler ohne Flagge, trotzdem wegen der Aufschrift *Bunkers Hill, Boston* als Amerikaner erkennbar, kreuzte knapp vor dem Bug den Weg der Österreicher. Die fehlende Flagge und das Verhalten waren ein Verstoß gegen die internationalen Regeln auf See, sodass die *Novara* dem Schiff mit einem „blinden Kanonenschuss" eine Rüge erteilte. Nachdem der Blindschuss gefallen war, ersuchte der Amerikaner mittels Flaggensignalen um Angabe der geographischen Länge und Breite, versäumte aber weiterhin, seine Flagge zu zeigen. Erst ein zweiter, diesmal scharfer Schuss hinter das Heck bewog den Kapitän, endlich das Sternenbanner aufzuziehen.

Am 24. Dezember erreichte die *Novara* den Übergang von der regenreichen Passatzone zu den drückend heißen tropischen Gebieten mit Flauten. Während man sich im fernen Österreich anschickte, von den Tannenbäumen die blinkenden Eisnadeln abzuschütteln und dafür zuhause Gold- und Silberfäden draufzuhängen, fuhr die *Novara* in Gluthitze dahin. Groß war die Überraschung der Mannschaft, als es in diesem Klima an Bord eine Weihnachtsfeier mit Geschenken gab.

Zum Jahreswechsel, genau um Mitternacht, durchschnitt das Schiff zum zweiten Mal auf der Reise den Äquator und begann das Jahr 1858 auf der nördlichen Hemisphäre. Das Fest an Bord wurde von dem Schreckensruf unterbrochen, dass einer der Schiffsjungen von den Wanten ins Meer gefallen war. Da es in diesen Breiten nach Berichten Scherzers nur so von Haien wimmelte, war höchste Eile angesagt. Eine Rettungsboje wurde ins Wasser geworfen, ein Bootsmann und zwei Matrosen sprangen nach und packten den armen Jungen, der ohne Zweifel verloren gewesen wäre. Nach der Rückkehr in die Heimat erhielt der Bootsmann das Silberne Verdienstkreuz, die beiden Matrosen wurden bereits während der Reise um einen Grad befördert.

Am 8. Jänner wurde vom Ausguck Land gesichtet – Ceylon war erreicht. Bald darauf kam die Meldung, dass sich ein seltsames Gefährt der Fregatte näherte. An Bord des winzigen Auslegerboots waren Lotsen, die „zufällig" auch Bananen, Ananas, Kokosnüsse und Edelsteine in ihrem Gepäck mitführten. In Küstennähe war die *Novara* bald von zahlreichen Kanus umschwärmt, jedes mit halbnackten braunen Eingeborenen bemannt, die versuchten, ihre Früchte, insbesondere Bananenstauden, an den Mann zu bringen.

Die *Novara* ging im Hafen von Point de Galle vor Anker, und bald begannen die üblichen Formalitäten mit Antrittsbesuchen, der Knüpfung wichtiger Kontakte und der Ladung von Lebensmitteln und frischem Wasser.

Scherzer merkt an, dass gewisse Mängel in Ceylon wohl in dem Umstand begründet wären, dass die Insel britisches Krongut sei und nicht den Charakter einer unabhängigen Kolonie habe. Der Hafen Galle war damals zur Drehscheibe des Dampfschiffverkehrs mit Ostindien, China und Australien geworden. Eine im Bau befindliche

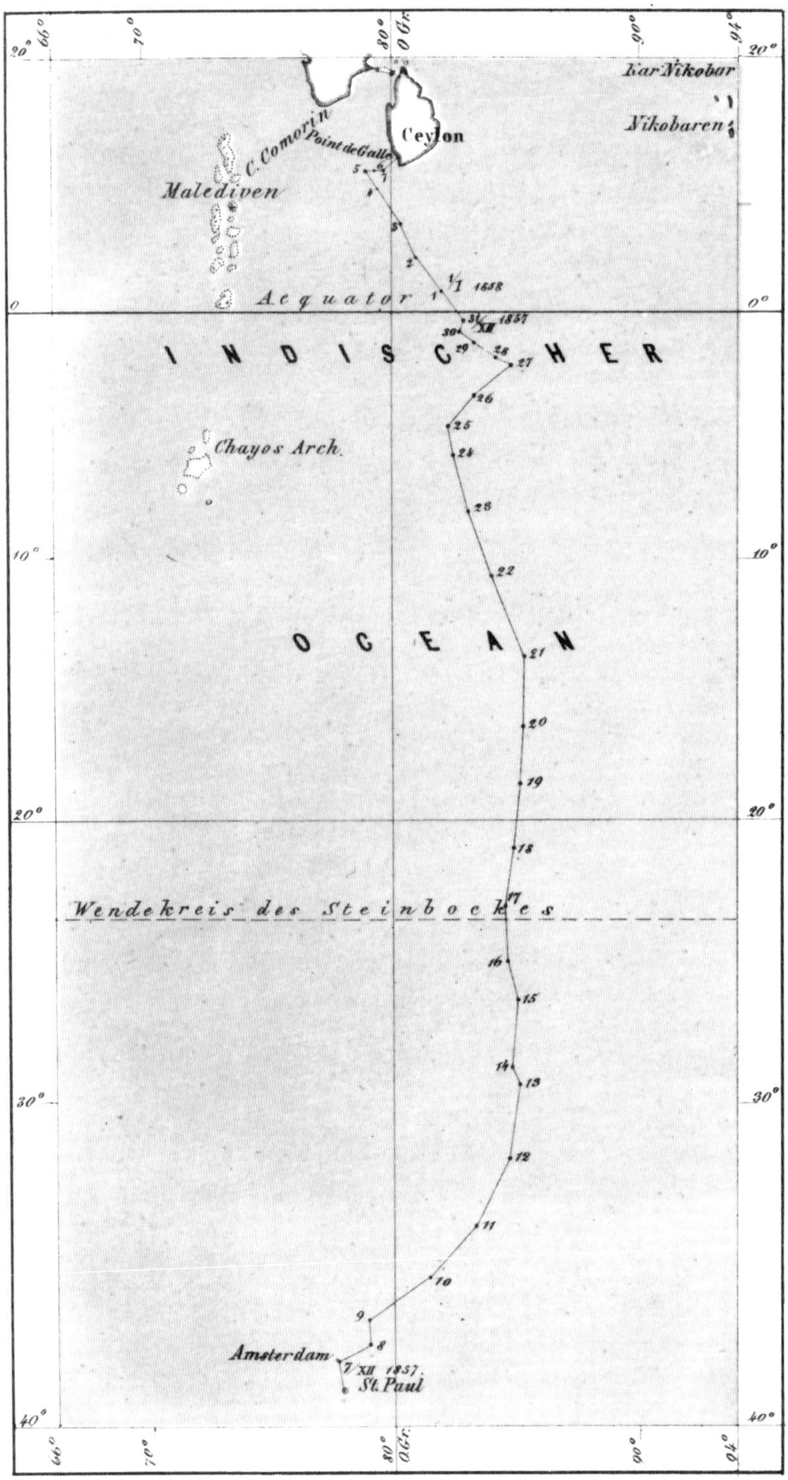

Kurskarte der Novara von der Insel St. Paul nach Ceylon.

Telegraphenleitung sollte die Insel demnächst mittels Kabel und Unterseekabel quer über den Orient und durch Europa mit dem fernen England verbinden.

Ceylon galt damals, sowohl was die Kenntnis über Geschichte und Bevölkerung als auch über Natur und Geographie betrifft, als gut erforscht. Scherzer erwähnt voll Lob und Stolz den deutschen Landsmann, den Geographen Karl von Ritter (1779–1859), dessen Veröffentlichung über die Insel als Standardwerk galt. Der Verdienst Ritters war umso höher einzuschätzen, da der Gelehrte den Boden Ceylons selbst nie betreten hatte.

Wir haben es hier nicht, wie auf den meisten Südseeinseln, mit einem wilden Volke zu thun, das erst seit dem Erscheinen der Europäer aus dem Zustande der Barbarei auf eine Stufe der Besittung erhoben wurde, vielmehr begegnen wir allenthalben wie in Ostindien, China u. s. w. einer einheimischen Civilisation, die zwar von der europäischen wesentlich verschieden, aber darum nicht minder schätzenswerth und bewunderungswürdig erscheint. Die Weißen (kaum 7000, darunter 2482 weibliche) waren bisher nur wenig im Stande, auf die Sitten und Gewohnheiten einer einheimischen farbigen Bevölkerung von 1,726.640 Seelen einen merklichen Einfluß zu üben, und darum hat auch Ceylon, wie überhaupt Indien, vor den meisten britischen Ansiedlungen in fernen Welttheilen den Charakter des Exotischen und Romantischen voraus.

Ein Volk wie die Singhalesen, von so reicher Einbildungskraft, mit einer großartigen Geschichte und einem Cultus, zu dem sich in den verschiedenen Ländern des Ostens an dreihundert Millionen Menschen bekennen, gewinnt an Interesse, je genauer wir es kennen lernen, je mehr wir seine Traditionen, seine Sitten und Gebräuche zum Gegenstande der Forschung machen.

Brahmanismus, Buddhismus und Hinduismus

Bei den oben erwähnten Singhalesen gab es ursprünglich – ähnlich wie in Indien – ein strenges Kastensystem:

1. das königliche Geschlecht
2. die Brahmanen (Priesterkaste)
3. die Kaufleute, Handwerker, Hirten und Bauern
4. die „niederen und gemeinen" Berufe

Dazu kamen die „Unberührbaren", die keiner Kaste zugeordnet wurden.

Die alte indische Religion, der Brahmanismus, entwickelte sich im ersten vorchristlichen Jahrtausend. Der Glaube, der von den aus Nordwesten eingewanderten Ariern getragen wurde, kannte für jeden Bereich des Lebens zuständige Gottheiten, die über den Kosmos wachten, aber auch für zwischenmenschliche Regeln zuständig waren. Den Göttern wurden Opfer gebracht, die sie bewegen sollten, die Opfernden zu unterstützen. Die Priesterkaste der Brahmanen wachte über die vielfältigen Riten und schrieb in der Heiligen Sprache des Sanskrit die so genannten Veden (Veda = Wissen). Das sich bald entwickelnde Kastenwesen wurde durch die Lehre von der Seelenwanderung und die zu erwartende Wiedergeburt verstärkt. Da bei dieser Religion der Einzelne und nicht die soziale Gemeinschaft im Zentrum stand, konnte sich der Brahmanismus nie zu einer staatstragenden Religion entwickeln.

Im 6. vorchristlichen Jahrhundert begann sich die Lehre Buddhas durchzusetzen. Im Buddhismus wird das Kastenwesen abgelehnt und der Grund allen Leidens im Begehren gesehen: Geburt ist Leiden, Altern ist Leiden, mit Ungeliebtem vereint zu sein ist Leiden, und das nicht zu bekommen, was man begehrt, bedeutet Leiden, kurz: das fünffache Haften am irdischen Leben ist Leiden.

Der Hinduismus, gleichsam die Nachfolgereligion des Brahmanismus, zu dem sich heute etwa 800 Millionen Inder bekennen und der den Buddhismus im indischen Großraum teilweise überlagerte, kennt keine Dogmen, keinen Gründer, keinen Anfang und kein Ende. Mehr als Gebote zählen Riten und soziale Normen, die sich nach wie vor und trotz des staatlichen Verbots im Kastenwesen zeigen. Hindus akzeptieren ihre Kastenzugehörigkeit, ihr Leben gilt als Ergebnis vieler vorangegangener und gleichzeitig als Basis für die Wiedergeburt im künftigen Leben.

Nachdem sich Scherzer in seinen Ausführungen über Ceylon eingehend mit Philosophie und Religion auseinander setzt, beschäftigen ihn wieder Dinge des alltäglichen Lebens. Er beschreibt die Kleidung der männlichen Bevölkerung, die in der Regel aus einem Turban und einem langen weißen Gewand bestand. Er erwähnt, dass die

Der Geograph Karl von Ritter galt als profunder Fachmann für die Insel Ceylon, ohne sie jemals betreten zu haben.

Singhalesischer Lotse vor der Küste von Ceylon (heute Sri Lanka).

Männer relativ klein, dennoch muskulös, wohlgestaltet, von hellbrauner Haut- und schwarzer Haarfarbe seien. Auffallend jedoch seien die fast unverhältnismäßig kleinen Hände und Füße. An den Frauen bemängelt er den beölten Körper. Und er schreibt über die seltsame Sitte des Betelkauens:

> *... die unter allen indischen Völkern so sehr verbreitete Sitte des Betelkauens, dem sich nicht blos Männer und Weiber, sondern selbst Kinder mit besonderer Vorliebe hingeben. Die Kauingredienzien bestehen aus den saftgrünen Blättern des Betelpfefferstrauches, den Nüssen der Arecapalme, etwas Muschelkalk und Tabak ... Die ätzenden Substanzen färben zugleich den Speichel so tief roth, daß Lippen und Zähne fortwährend wie mit Blut bedeckt aussehen.*

Durch dieses ständige Kauen von Betel ergebe sich ein störender Gesamteindruck, meint Scherzer, den auch die folgenden Kennzeichen für ein singhalesisches Schönheitsideal nicht verhindern könnten:

> *Von diesen sechsundvierzig Zeichen der weiblichen Schönheit führen wir nach singhalesischen Schriftstellern beispielsweise an: reiches Haar wie der Schweif der Pfauen, lang herab bis zu den Knieen in Locken hängend, Augenbrauen gleich dem Regenbogen, Augen gleich dem Saphir und den Blättern der Manilablume, eine Habichtsnase, Lippen glänzend und roth wie Korallen, Zähne klein und regelmäßig stehend, gleich Jasminknospen, Hals dick und rund, Hüften breit, Brust fest, kegelförmig wie die gelbe Kokosnuß, die Taille schmal, mit der Hand zu umspannen, die Glieder spindelförmig zulaufend, die Sohlen ohne Höhlung, die Haut weich und zart ohne Knochenvorsprung, so daß die Körpertheile rundlich gewölbt erscheinen.*

Die Sprache, erläutert Scherzer, sei ein Zweig des Sanskrit, harmonisch im Klang, ausdrucksvoll und mit reichem Wortschatz. Es gebe drei so genannte Vokabularien und Redeweisen, nämlich eine Königssprache, eine Ministersprache und eine Gesellschaftssprache. Dazu komme noch das Pali, die Sprache der Priester, in der auch alle heiligen Bücher, Traditionen und Poesien verfasst sind. Lesen und Schreiben waren in Ceylon so allgemein üblich wie in den meisten europäischen Staaten.

Die Männer der *Novara* besuchten bereits am Tag nach der Ankunft zwei buddhistische Tempel, um sich über die religiösen Vorstellungen und den damit verbundenen Kult zu informieren. Der Tempel von Dadala-Panzela war die größte Anlage dieser Art in der Provinz und zugleich der Sitz des Oberpriesters der Buddhisten. In der Mitte der prächtigen Tempelanlage befand sich ein als heilig geltender Bo-Baum, da sich nach alter Überlieferung Buddha unter dem Schatten seiner Zweige ausgeruht hatte, sooft er die Erde besuchte. Die Expeditionsteilnehmer besichtigten die umfangreiche Bibliothek und fühlten sich sehr geehrt, als ein Priester einige Notizen über die *Novara*-Reise in singhalesischer Sprache niederschrieb.

Außer den Singhalesen lebten auf Ceylon Hindus, Malaien, Araber, Schwarze sowie Portugiesen, Holländer und Briten. Über die im Inneren der Insel in undurchdringlichen Gebieten lebenden und auf niedriger Zivilisationsstufe befindlichen „Weddhas" konnten die Männer nur wenig erfahren. Ein Ausflug in diese Gebiete war außerdem aus Zeitmangel nicht möglich.

Die Hafenstadt Galle, die im 16. Jahrhundert von den Portugiesen gegründet, später durch die Holländer erobert und schließlich den Engländern abgetreten worden war, zeigte äußerlich kaum Spuren dieser wechselhaften Geschichte. Die privaten Wohnhäuser wiesen kaum europäischen Einfluss auf. Interesse weckte der „Punkah", jener eigenartige Windfächer, der die ganze Zimmerdecke überspannt und durch einen Diener in ständiger Bewegung gehalten wird und derart die in diesem Klima unbedingt erforderliche, angenehme Kühlung bringt.

Eine weitere Kuriosität war für die Europäer der Anblick von Geckos, jener unheimlichen kleinen Stubeneidechsen, die behände an Wänden, Bildern, Zimmerdecken auf- und abhuschen und den Bewohnern so vertraut sind wie hierzulande kleine Hunde oder Katzen.

Im Marktviertel von Galle gab es neben prachtvoll auf Palmen- und Bananenblättern arrangierten Obst- und Gemüsebergen auch Gaukler und Schlangenbeschwörer zu bestaunen:

> *Sie holen die berüchtigte 4 bis 5 Fuß lange Brillenschlange aus einem weißen Tuche, reizen sie heftig und lassen sie am nackten Körper allerlei unheimliche Kunststücke ausführen. Oft versucht die Schlange, ihrem Peiniger zu entfliehen; dann ent-*

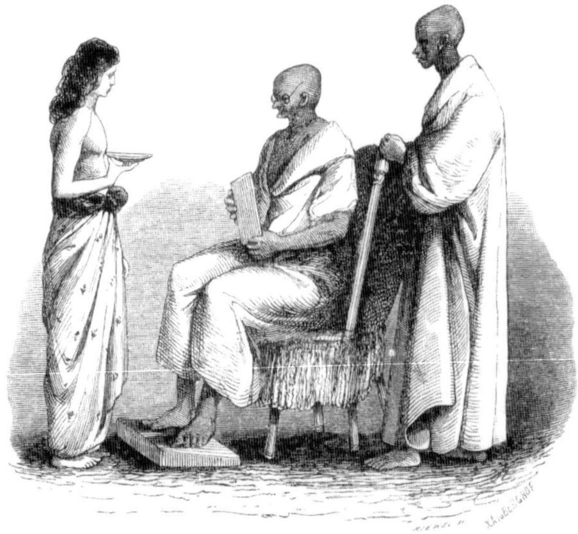

Die Wissenschaftler der Novara beschäftigten sich auf Ceylon unter anderem mit der Sprache, der Philosophie und der Religion der Bewohner.

Buddhistischer Tempelbezirk auf Ceylon.

steht unter den Zuschauern eine Bewegung des Entsetzens, das jeden zur Flucht zwingt. Nur der Schlangenbezauberer bleibt mit seiner widerspenstigen Künstlerin zurück und hat noch obendrein die Vorstellung umsonst gegeben. Gezähmte Schlangen werden auch als Hauswächter gehalten. Sie schleichen, ein Schreck für alle Diebe, Tag und Nacht um das Haus herum, während sie den Bewohnern nichts zuleide tun.

Bei einer Erkundungsfahrt mit dem Pferdewagen nach Colombo, dem Sitz der Regierungsbehörden, wurden die ausgedehnten Kokoswälder entlang der südlichen und südwestlichen Küste bestaunt. Die Produkte der Kokoswälder lieferten nicht nur den ärmeren Schichten der Eingeborenen die Grundlage für ihren Lebensunterhalt, sondern auch etlichen in europäischen Händen befindlichen Fabriken einen lukrativen Gewinn: Zur Zeit der Expedition wurde jährlich Öl aus Kokosnüssen im Wert von eineinhalb Millionen Pfund Sterling exportiert. Außerdem dient die elastische Faser, die die Schale der Kokosnuss umgibt, zur Herstellung von Schnüren, Matten oder kunstgewerblichem Flechtwerk.

Bei diesem Ausflug versäumten Scherzer und sein Team nicht, eine Plantage mit Zimtsträuchern zu besichtigen. Die Bearbeitung dieses wohlriechenden Gewürzes spielt in der Geschichte Ceylons eine wichtige Rolle. Für alle europäischen Regierungen, welche die Insel nacheinander kontrollierten, war Zimt ein wichtiges Monopol. Insbesondere die Niederländische Ostindien-Kompanie betrieb dieses Geschäft mit unmenschlicher Strenge, die Zerstörung einer Staude oder die Veruntreuung des Gewürzes galt als Verbrechen, das die Todesstrafe zur Folge hatte. Die Zimtschäler und -entrinder, die ursprünglich zu einer der untersten Kasten gehörten und wie Sklaven gehalten wurden, waren jedoch zur Zeit der Expedition bereits freie Arbeiter mit einem ausreichenden Lohn. Dort wo die Zimtrinde geschält wurde, verbreitete sich ein ungemein starker, aromatischer Duft. Die gerollten und gehobelten Rinden wurden gemeinsam mit einer großen Menge von schwarzen Pfefferkörnern in Säcken verpackt und nach Europa verschickt. Der Pfeffer, ein ebenfalls wichtiges Exportprodukt, sollte die Feuchtigkeit binden und den Geschmack der beiden Gewürze intensivieren. Scherzer berichtet weiter, dass jährlich über 600.000 Zentner Kaffeebohnen einen weiteren lukrativen Exportartikel bildeten.

Zwei andere Produkte, die als Früchte des Meeres und als Geschenk der Erde betrachtet wurden – nämlich Perlen und Edelsteine –, erweckten das Interesse unserer Forscher:

Gerade zur Zeit unserer Anwesenheit in Colombo wurden wieder große Vorbereitungen für den Perlenausterfang in Aripo getroffen, welcher jährlich anfangs Februar beginnt und ungefähr zwanzig Tage hindurch dauert. Es ist zugleich eine Art Volksfest, dem der Gouverneur und ein großer Theil der reichen Klasse der Bevölkerung beiwohnen. Zu gewöhnlichen Zeiten der Inbegriff des Oeden und Trostlosen, ein grauenhaftes Stelldichein von unerträglicher Hitze, lästigen Fliegen, Schmutz und üblem Geruch, belebt sich diese Gegend während der Perlenfischerei mit Tausenden von Booten und Hunderttausenden von Menschen, welche die verlockende Aussicht auf raschen, großen Gewinn erwarten.

Wie mit einem Zauberschlag zeigte sich die Stadt belebt. Abenteurer, Taschenspieler traten auf, gewandte Diebe schlichen sich ein, alle indischen Trachten und Kasten waren vertreten, Gaukler, Tänzer und Musikanten versuchten die lärmende Menge zu übertönen. Belustigend für die Europäer waren vom Staat bezahlte Männer, die Zauberworte für die Taucher sprachen, um sie vor Angriffen von Haien und Seeungeheuern zu schützen.

Nach dieser Vorbereitung fahren die Taucher in die Tiefe, am Körper befestigen sie einen Stein von 15 bis 25 Pfund, damit sie schnell auf den Grund kommen; in einer gewissen Tiefe lassen sie den Stein los, der sogleich aufgezogen wird; der Taucher selbst wirft sich auf das Angesicht, hält sich am Boden fest, rafft schnell alles zusammen und füllt es in den mitgebrachten Korb. Sobald er an dem Seile zieht, wird er emporgezogen. Selten bleibt er länger als 60 Sekunden unter Wasser.

Ein geübter Taucher konnte im Laufe eines Tages bis zu 4000 Austern erbeuten. An Land begann man sogleich mit dem Sortieren und Klassifizieren der Perlen, die sofort an einen der meistbietenden Händler veräußert wurden. In der Tauchsaison von 1858 konnte die stattliche Menge von 9,5 Millionen Austern ans Tageslicht befördert werden.

Eine beträchtliche Anzahl von optimistischen Glücksrittern ging auf Ceylon dem aufregenden

Singhalesische Familie.

Straßenszenerie in der Hafenstadt Point de Galle.

und unsicheren Geschäft der Edelsteinsuche nach, wobei es durchaus Rubine, Saphire, Topase, Amethyste, Granate, Turmaline und „Katzenaugen“ (ein grünlicher Quarz mit einem Streifen Asbestfaser) zu finden gab.

Übrigens stammt einer der bekanntesten Edelsteine der Welt, der 400-karätige blaue Saphir namens „Blue Bell of Asia“, der die englische Königskrone schmückt, aus Ceylon. Er ist sicher nicht die einzige Erinnerung an die etwa 150 Jahre dauernde Vorherrschaft der Briten. Umgekehrt erinnert der wichtigste Exportartikel der Insel, der Ceylon-Tee, an die Engländer, da sie gerade zur Zeit der Expedition der *Novara* den Grundstein für die ausgedehnten Plantagen mit Teesträuchern aus Assam legten.

Als besonderes Kuriosum wurde ein Depot von Kauris *(Cypraea moneta)* angesehen, jener berüchtigten Muschelsorte, die im Handel im Inneren Afrikas eine so wichtige Rolle spielte, da sie dort das einzige Zahlungsmittel war, für das alle Arten von Produkten und sogar Sklaven eingetauscht werden konnten.

Durch die Kontakte eines österreichischen Konsular-Agenten namens Wilson gelang es Scherzer, eine wertvolle Kopie des alten Epos „Mahawonso“ zu erwerben, in dem mehr als 2000 Jahre der Geschichte Ceylons beschrieben werden. Das kostbare Schriftstück befindet sich heute in der Nationalbibliothek in Wien.

Nach dem Besuch auf einer Missionsstation, wo sich die Teilnehmer an einem Festmahl und an einer Tanzvorführung von Singhalesen erfreuen konnten, erfolgte die Rückkehr in die Hafenstadt Galle, wo ein gastfreundlicher Konsul aus Hamburg die Gesellschaft zum Diner erwartete. Auf zwei weitere Exkursionen – eine Elefantenjagd und eine Reise zum Tempel Kandy, wo ein Zahn Buddhas als Reliquie verehrt wird – musste aus Zeitgründen verzichtet werden. Lediglich zwei Teilnehmer, die Wissenschaftler Hochstetter und Frauenfeld, erhielten die Erlaubnis, länger in Ceylon zu verweilen, um den höchsten Gipfel der Insel, den Adamspik (Adam's Peak), zu besteigen. Ein Postschiff sollte die beiden zwei Wochen später nach Madras bringen, wohin die *Novara* voraussegeln wollte. Über die anstrengende Bergtour wird ausführlich berichtet:

> *Wir brachen um sieben Uhr früh auf und hatten nach anderthalbstündiger Wanderung das letzte Dorf, in dessen Buddhatempel sich eine metallene, mit silbernen Rosetten verzierte Platte aufbewahrt befindet, mit welcher zur Zeit der jährlichen Wallfahrt der heilige Fußeindruck überdeckt wird. Auf dem Tische vor der kolossalen Buddhafigur lagen wie gewöhnlich eine Menge, von den Gläubigen geopferte Blumen; es waren die Blüthenbüschel von Areca, Hibiscus, Alamanda, Tagetes; zugleich standen unmittelbar neben der Holzstatue kleine silberne oder hölzerne Figürchen. Der Priester zeigte uns auch ein prachtvolles Manuscript von wenigstens 1000 Palmenblättern, auf beiden Seiten eng und zierlich mit singhalesischen Lettern beschrieben.*
>
> *Der letzte Theil des Berges ist dermaßen zäh und beschwerlich, daß alles entbehrliche Gepäck zurückgelassen und nur das nothwendigste mitgenommen wurde. Bis hierher fanden wir Spuren von Elephanten, mitunter so frisch, daß dieselben kaum eine Stunde alt sein konnten. An den steilsten Punkten waren eiserne Leitern befestigt, auf welchen man emporklettern mußte. Um sechs Uhr war endlich die Spitze erreicht und lohnte mit einer Rundschau von unbeschreiblicher Herrlichkeit.*
>
> *Drei Religionen, Buddhisten, Brahmanen und Mohamedaner, begegnen sich hier auf diesem nur wenige Schritte umfassenden Raum, um voll frommer Andacht zur unsichtbaren Gottheit vor diesem sichtbaren Zeichen eines großen Fußabdruckes hinzusinken. Die eingedrückte Fußspur wird von den Buddhisten dem letzterschienenen Buddha, dem frommen Einsiedler Gautama zugeschrieben, während sie von den Brahmanen für den Fußstapfen Siwa's und von den Mohamedanern für jenen Adams gehalten wird, für die Stelle, wo der Urvater des Menschengeschlechtes nach seiner Vertreibung aus dem Paradiese so lange büßend gestanden, bis ihm Gott verziehen hatte.*
>
> *Nachdem die interessantesten Beobachtungen, Messungen und Zeichnungen am Gipfel eines der merkwürdigsten Punkte der Erde beendet waren, traten wir wieder den Rückweg an.*

Ceylon konnte erst im Jahr 1948 seine Unabhängigkeit von Großbritannien erreichen und nahm 1972 den Namen Sri Lanka an. Die „Perle des Indischen Ozeans“ wird zurzeit von etwa 20 Millionen Menschen bewohnt. Der Inselstaat ist ein beliebtes Ziel für Touristen, die einerseits wegen der Fülle kultureller Zeugen aus zwei Jahrtausenden, aber auch wegen der prachtvollen Landschaft und der üppigen Flora kommen. Die Freude an Festlichkeiten ist wie vor 150 Jahren noch zu spüren, wie etwa in der alten Königsstadt

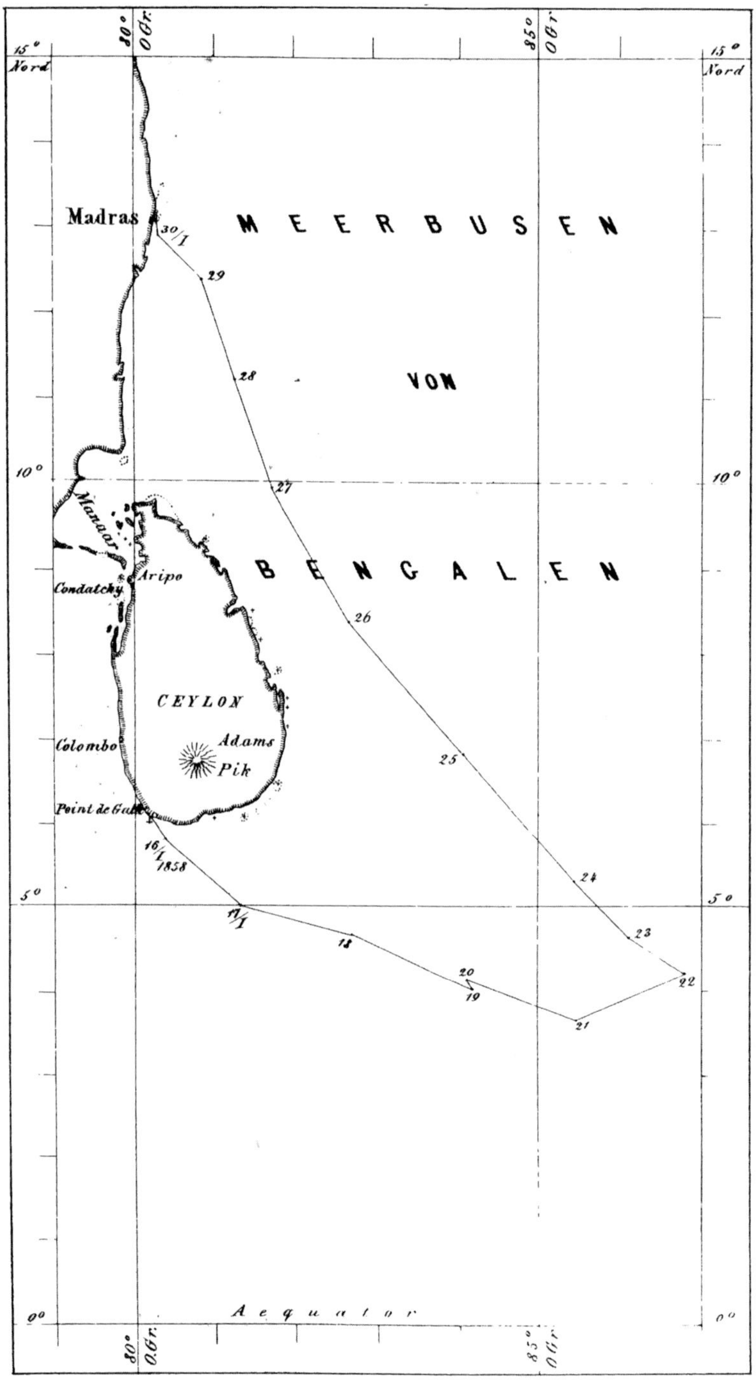

Kurskarte der Novara von Ceylon nach Madras.

Kandy, wo in traditioneller Art ein Fest zu Ehren Buddhas gefeiert wird, bei dem man einen Blick auf den als Reliquie mitgeführten Zahn des „Erleuchteten" werfen kann. Der Umzug, bei dem Tribünenplätze hunderte Rupien kosten, wird von unzähligen Musikanten, Gauklern, Fahnenschwingern, Stelzenläufern, Akrobaten, Feuertänzern und von festlich geschmückten Elefanten begleitet.

Die Folgen des Tsunami, der schrecklichen Flutkatastrophe im Dezember 2004, sind noch immer nicht ganz überwunden, der schwelende Bürgerkrieg zwischen Singhalesen und Tamilen behindert in manchen Jahren außerdem ganz erheblich den sonst recht einträglichen Tourismus.

MADRAS (CHENNAI)

Unterdessen hatte die *Novara* am 16. Jänner die Anker gelichtet, Segel gesetzt und Kurs auf die Ostküste Indiens genommen, um die Hafenstadt Madras zu erreichen. Dieser kurze Abschnitt der Reise verlief, was die Nautik und Wetterlage betraf, ohne besondere Vorkommnisse, brachte aber für den Alltag an Bord einige bemerkenswerte Überraschungen. So wurde einem Akrobaten aus Berlin, der aus widrigen Umständen in Ceylon gestrandet war, die Mitfahrt auf der *Novara* gestattet. Der Berliner unterhielt nun täglich die Mannschaft mit seinen Fähigkeiten als Gaukler, Jongleur und Seiltänzer, wobei er seine halsbrecherischen Fertigkeiten auf Seilen, die zwischen den Masten gespannt waren, zum Besten gab.

Weit weniger angenehm dagegen waren die nun immer häufiger auftretenden Fälle von Skorbut, sodass man sich entschloss, dem Trinkwasser Essig zuzusetzen. Zusätzlich verdarben die Lebensmittel an Bord wegen der herrschenden feuchten Hitze sehr rasch, und 1200 Pfund Schiffszwieback mussten über Bord geworfen werden.

Dazu traten auch noch Fälle von Hemeralopie oder Nachtblindheit auf, die seltsamerweise die Männer der *Musikbande* betrafen. Jeden Abend bei eintretender Dunkelheit verloren die Betroffenen das Sehvermögen und mussten wie Blinde geführt werden. Die Schiffsärzte wandten eine alte Therapie der Volksmedizin an, verabreichten tierische Leber und empfahlen, den Wasserdampf, der beim Kochen der Leber entstand, über die Augen streichen zu lassen. Die Leber stand zur Verfügung, weil man im Hafen von Galle einen Stier an Bord genommen hatte, der nun als Frischfleisch zur Verfügung stand. Die Therapie erwies sich trotz einiger Rückschläge als Erfolg versprechend. Insgesamt gab es während der Expedition beachtliche 75 Krankmeldungen mit Symptomen dieses Augenleidens. In seinem medizinischen Bericht schreibt Dr. Schwarz:

> *Wo wir Gelegenheit hatten, die Cur mit den Dämpfen und Verabreichen der Ochsenleber zu machen, nahmen wir diese jedes Mal vor. Die größte Anzahl der Fälle wurde durch Lichtentziehung behandelt. Wir legten den Kranken einen Verband an, welcher das Licht abhalten sollte und schickten sie in den „Raum".*

Skorbut und Nachtblindheit

Sowohl Skorbut als auch Hemeralopie sind Mangelerkrankungen, die erst nach Wochen durch das Fehlen von Vitamin C (bei Skorbut) und Vitamin A (bei Nachtblindheit) auftreten. Skorbut oder Scharbock zeigt sich anfangs durch Zahnfleischbluten, Zahnfleischschwund, Anfälligkeit gegen Infektionskrankheiten, Erschöpfung und kann bis zu Muskelschwund, Gelenksentzündung, hohem Fieber und Organversagen führen. Skorbut war schon in der Antike bekannt, der griechische Arzt Hippokrates und der römische Schriftsteller Plinius haben davon berichtet.

Im Zeitalter der Entdeckungen wurde diese Krankheit auf den langen Schiffsreisen zum Überlebensproblem und zum Gradmesser für das Gelingen einer Expedition. Vasco da Gama soll bei seiner Suche nach dem Seeweg nach Indien beinahe zwei Drittel seiner ursprünglichen Mannschaft durch Skorbutfälle verloren haben. Erst 1752 erkannte der britische Marinearzt Dr. James Lind (1716–1794), dass Zitrusfrüchte Abhilfe schaffen konnten, allerdings schrieb man die Heilkraft ihrer Säure zu. Bereits James Cook (1728–1779) verlor auf seinen Reisen keine Matrosen mehr durch Skorbut, da er stets frisches Sauerkraut und Zitrusfrüchte mitführte. Von der vorbeugenden Wirkung war nichts bekannt, und ebenso wusste man nichts von den lebenswichtigen Vitaminen, die man erst zu Beginn des 20. Jahrhunderts entdeckte.

Auch der Schiffsarzt der *Novara*, Dr. Schwarz, beschäftigte sich gründlich mit der Ätiologie

Eingeborenen-Truppen der Britischen Ostindien-Kompanie. Zur Zeit der Expedition der Novara eskalierte in Indien der Sepoy-Aufstand.

Hindu-Tänzerin.

von Skorbut. Immerhin war es während der gesamten Expedition zu 125 Skorbuterkrankungen gekommen. Außer in der unausgewogenen Schiffskost sah er allerdings auch moralische und psychische Gründe als Ursache an. Der Schiffsarzt verabreichte seinen Patienten nach dem Vorbild der britischen Marine zweimal täglich „Lime-Juice“, was offenbar eher zur Linderung beitrug als die ebenfalls verordneten kalten Duschen und die Elixiere aus Weinstein- und Schwefelsäure.

Unter Nachtblindheit oder Hemeralopie versteht man die eingeschränkte Sehfähigkeit in der Dämmerung und im Dunkeln bei normaler Tagessichtigkeit. Sie wird hauptsächlich durch Veränderungen der Netzhaut verursacht, und kann in schlimmsten Fällen zur Erblindung führen. Außer auf einen Mangel an Vitamin A kann Nachtblindheit auch auf eine zu grelle Lichteinwirkung zurückzuführen sein. Neben der Verabreichung von Ochsenleber bewirkte auch Schweineleber wahre Wunder. Die chinesische Medizin behandelte dieses Leiden ausschließlich mit der Leber schwarzer Schafe, während im ostindischen Raum Fischleber als erfolgreiche Behandlung eingesetzt wurde. Dr. Schwarz vertrat die damals moderne und eher angezweifelte Ansicht, dass eher die Ernährung und nicht die Schädlichkeit von Sonnen- oder Mondlicht den Ausbruch der Hemeralopie begünstige, behandelte die Patienten aber auch mit Lichtentzug.

Ein anderer gefährlicher Zwischenfall ereignete sich am 22. Jänner, als plötzlich der Schreckensruf „Feuer an Bord“ ertönte. Alles stürzte in großer Aufregung an Deck. Die Alkoholvorräte aus den Beständen der Naturforscher hatten durch das unvorsichtige Hantieren mit einer Laterne Feuer gefangen. Sogleich bemannte man die Wasserpumpen, die Segel wurden aufgegeit, alle Stückpforten geschlossen, um jeden Luftzug zu vermeiden. Die Hängematten wurden rasch in Meerwasser getaucht und an Deck geworfen, um so die weitere Verbreitung des Brandes zu verhindern. Die Matrosen schlugen mit nassen Matten auf kleine Flammen, sodass das Ärgste bald abgewendet war. Wie groß die Gefahr gewesen war, empfand man erst bei dem Gedanken, dass auf der *Novara* unter anderem 30.000 Pfund Schießpulver verladen waren.

Als sich die *Novara* am 30. Jänner 1858 der wegen ihrer heftigen Brandung berüchtigten Küste von Madras an der Ostküste Indiens näherte, waren aus der Stadt Kanonensalven zu hören, die die Österreicher befürchten ließen, dass hier an der Koromandelküste ein Aufstand gegen die Engländer ausgebrochen sei. Bald jedoch stellte sich heraus, dass die Schüsse bloß als Ehrensalut für einen von der Parade heimkehrenden General zu werten waren.

Scherzer erwähnt allerdings mit keinem Wort, dass zu dieser Zeit in einigen Regionen Indiens kriegerische Zustände herrschten. Die indischen Soldaten, auch Sepoys oder Sepahi genannt, die in der Britischen Ostindien-Kompanie dienten, sahen sich nämlich ihrer bisherigen Privilegien beraubt: Sie wollten keinesfalls außerhalb ihres indischen Mutterlandes eingesetzt werden und auch nicht auf ihr traditionelles Kastenwesen verzichten. Eine andere Ursache für den Aufstand, der tausende Todesopfer forderte, war die Einführung des modernen Enfield-Gewehrs. Dieser Vorderlader verschoss Patronen, die mit einem Papier umgeben waren, dessen gefalztes Ende gemäß britischem Exerzierreglement vor dem Laden mit den Zähnen abgebissen werden musste. Diese Papierhülsen waren mit einer Mischung aus Rindertalg und Schweineschmalz behandelt. Den gläubigen Hindus, denen Rinder als heilig galten, und den Muslimen, denen Schweine als unrein galten, musste dies gleichermaßen als schwerer religiöser Affront erscheinen. Nach der Niederwerfung des Aufstands erfolgten die offizielle Auflösung der Britischen Ostindien-Kompanie (1857/58) sowie die Übertragung der Verwaltung Indiens an die britische Krone.

Der wissenschaftliche Expeditionsleiter Scherzer erzählt von der schwierigen Landung mit Hilfe kleiner hölzerner *Kattamarane* oder aus Leder und Kokosfasern hergestellten *Musslibooten*, die die Männer in kleinen Gruppen von der eine Seemeile vor der Küste ankernden *Novara* holten. Drei gewaltige Brandungswellen galt es zu überwinden. Trotz dieser wenig vorteilhaften Lage für den Hafen war Madras mittlerweile auf einige hunderttausend Seelen angewachsen. Die Stadt bestand damals aus einer mit vielen Parkanlagen durchsetzten „weißen Stadt“, in der die Europäer lebten, und der „black town“, die den Indern und farbigen Zugereisten vorbehalten war.

Scherzer berichtet, dass er hier zum ersten Mal mit Vertretern und Anhängern des Brahmanismus oder Hinduismus zusammengetroffen sei. Ausführlich schildert er ein Fest zu Ehren des Gottes Wischnu (Vishnu).

Der Brahmanismus ging nach der, aus Brahma's eigenem Munde geflossenen, in den Veda's oder heiligen Büchern enthaltenen Lehre von der Verehrung der als Gottheiten gedachten Naturkräfte aus, namentlich in ihren erhabensten Erscheinungen der Sonne, des Mondes, der Sterne und des Firmamentes. Daraus entwickelte sich weiter der Glaube an einen einzigen unendlichen, allmächtigen Urheber und Beherrscher der Welt: Brahma, abgebildet mit vierfachem, nach den vier Weltgegenden schauenden Antlitze, auf einem Schwane ruhend. Diese einfache Lehre bildete sich allmählig weiter aus in der Offenbarung des Brahma als Dreiheit, nämlich als schaffende (Brahma), als alles beseelende (Wischnu), und als zerstörende und zugleich erneuernde Naturkraft (Siwa).
Der wesentliche Teil des Festes fand zum Glück für die Fremden, denen der Zutritt zu den heiligen Stätten verwehrt war, auf den Straßen statt, durch die sich während der Dauer der Feier jede Nacht gegen 11 Uhr eine ungeheure Menge betender, singender und tanzender Hindus in buntem Aufzuge von einem Tempel zum anderen bewegte. Den Zug eröffneten Musiker mit eigentümlichen Trommeln, näselnden Pfeifchen und blechernen Klarinetten. Dann folgte ein Hindu, auf einem festlich aufgeputzten Ochsen reitend, dann weißgekleidete Mädchen und Bajaderen, das Haar reich geschmückt, Ringe durch die Nasenflügel und Ohrläppchen gezogen, mit vielem Geschmeide um den Hals und an den Hand- und Fußgelenken; sie tanzten vor dem Heiligtume, das von 24 stämmigen Wischnuanbetern getragen wurde. Es bestand aus einem mit Blumen, Flitterwerk und kleinen Spiegeln bunt gezierten Aufsatze mit Stufen und einem darüber gespannten Schirme; vorn in einer Nische war eine Art Blumenfigur sichtbar. Zu beiden Seiten schritt eine große Menge von Lichterträgern mit stark schwefelhältigen Fackeln und sonstigen eigentümlichen Beleuchtungskörpern, nämlich eisernen Gestellen, an denen pyramidenartig oder in Bogenform 7 bis 13 Feuerballen angebracht waren, die ein wahres Meer von Licht verbreiteten. Wo der Zug vorüberging, standen die Bewohner mit andächtig gefalteten Händen. Manchmal blieb der Zug stehen, die Tänzerinnen tanzten in zwei Reihen und sangen Lieder zum Lobe ihres Gottes. Starker Lärm und Gewirr begleitete den Zug. Wandernde Zuckerbäcker trugen aus Kokosnüssen bereitete Süßigkeiten herum und sahen es ungern, wenn das Auge der Fremden auf ihren hoch aufgetürmten Leckereien haften blieb, aus Furcht, daß dadurch ihr Geschäft verdorben werde. Denn sowohl der Christ wie alles was seine Hand berührt, gilt dem Hindu als unrein. Nur der Paria oder outcast, der niedersten Volksclasse angehörend, genießt Speisen aus der Küche eines Christen.

In den nächsten Tagen erfolgte die obligate Besichtigung der Stadt. Scherzer äußert sich gleichermaßen lobend wie überrascht über die Qualität des so genannten Zentral-Museums: In den weiten Sälen des stattlichen Gebäudes waren kostbare indische Altertümer und Bilder, Inschriften in Sanskrit auf Stein- und Marmorplatten sowie ausgezeichnete Sammlungen technischer und ethnographischer Gegenstände, Modelle von Schiffen und Festungen, Arbeitsgeräte und Instrumente „der Eingeborenen" ausgestellt. Was die zoologische Abteilung des Museums betraf, so gab es eine Menge an ausgestopften Tieren zu sehen, aber auch lebende Exemplare waren in Käfigen zu bewundern, angefangen von Affen, Hühnern, Schlangen bis hin zu Bären, Tigern und Pantern.

Die Madras Literary Society, eine Tochtergesellschaft der Royal Asiatic Society in London, veröffentlichte Mitteilungen über die neuesten Erscheinungen auf dem Gebiet der Wissenschaft in Indien. Die Wissenschaftler der *Novara* waren den Mitgliedern dieser Gesellschaft zu größtem Dank verpflichtet, da sie von ihnen auch nach ihrer Abfahrt von Madras laufend Informationen über die neuesten indischen Publikationen erhielten.

Scherzer erzählt weiters von einer *Schule der schönen Künste* und berichtet über das Medical College, in dem vorwiegend Inder zu Apothekern und Hilfs-Chirurgen ausgebildet wurden. Keine Erwähnung findet die Universität, die 1857 – ein Jahr vor dem Besuch der *Novara* – nach dem Muster der University of London gegründet worden war. Übrigens gingen im Laufe des 20. Jahrhunderts drei indische Nobelpreisträger aus der Universität von Madras hervor. Als weitere Besonderheiten der Stadt nennt Scherzer zeitweilige Blumen- und Industrieausstellungen und den Palast des letzten indischen Königs Nabob an der Koromandelküste.

Die Österreicher versäumten es auch nicht, die berühmten „sieben Pagoden" aufzusuchen, die jeweils aus einem Felsen gehauen waren. Neben einer Bestandsaufnahme von allen dort befindlichen kunsthistorischen Raritäten zog man Erkundigungen über religiöse Sitten und Gebräuche im Alltag ein. Dabei war zu erfahren, dass man die Verstorbenen vier Stunden und 40 Minuten nach ihrem Ableben verbrenne, da dies genau der Zeitraum sei, den die Seele brauche, um vom Körper aus den Himmel zu erreichen.

Mit Einladungen, festlichen Abendessen und Gegeneinladungen an Bord ging der Aufenthalt in Indien dem Ende zu. Am 10. Februar hieß es endgültig Abschied nehmen. Als die *Novara* jenseits der Brandungswellen ihre Anker lichtete, donnerten als Abschiedsgruß 21 Kanonenschüsse nach. Dieser Ehrensalut wurde wie üblich sogleich erwidert.

Zwei Tage lang regte sich kein Wind. Fast schien es, als wollte Indien die Österreicher nicht entlassen. Endlich, nach 48 Stunden, fing die Fregatte an, Fahrt zu machen. Der Wind füllte die Segel, und die *Novara* näherte sich bei freundlichem Wetter dem nächsten Ziel der Reise, der Inselgruppe der Nikobaren.

Im Hof eines Hindu-Tempels in Madras.

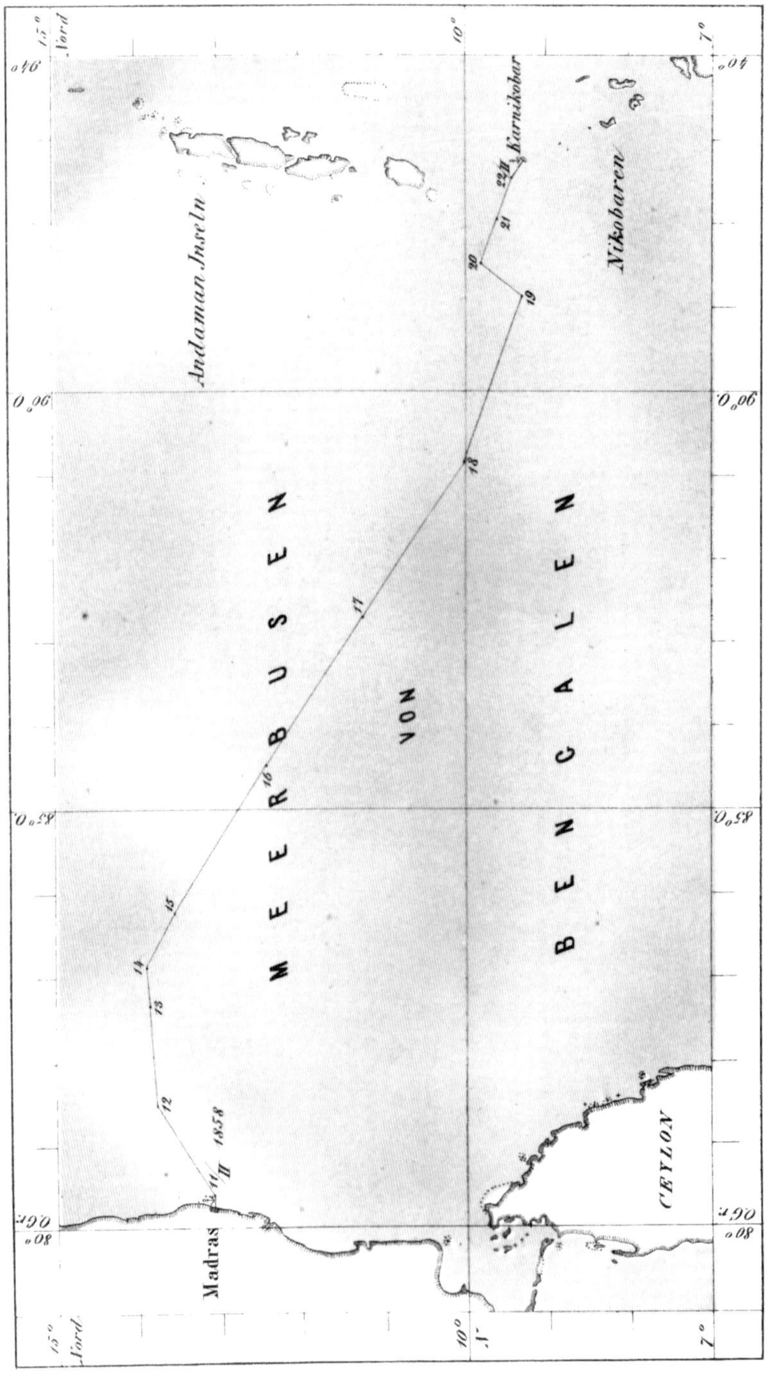

Kurskarte der Novara von Madras zu der Inselgruppe der Nikobaren.

9

Reminiszenzen an Österreichs Kolonien – Die Inselgruppe der Nikobaren – Die Cholera in Singapur

DIE NIKOBAREN

Wie mag es den Expeditionsteilnehmern ergangen sein, als sie am Horizont die Nikobaren erspähten, die drei Generationen zuvor für wenige Jahre zu Österreichs Kolonialbesitz gehörten? Diese historische Tatsache, vermischt mit nostalgischen Gefühlen, bewirkte eine besonders intensive Beschäftigung mit der kaum bekannten Geschichte dieses Archipels und der Aufarbeitung in Vergessenheit geratener historischer Quellen.

Die ersten Besucher der im Golf von Bengalen gelegenen Nikobaren waren vermutlich im 9. Jahrhundert arabische Seefahrer. Im Zeitalter der Entdeckungen wurden die Inseln erwähnt und auch angelaufen, jedoch weder besiedelt noch erforscht. Der erste Versuch einer europäischen Niederlassung ging auf den Orden der Jesuiten zurück, die im Jahr 1711 auf die nördlichste Insel Kar-Nikobar gelangten. Doch keiner der Patres sollte mehr als ein Jahrzehnt überleben, die Missionsversuche bei den Eingeborenen, die auf dem Niveau von Jägern und Sammlern lebten, zeigten keinen bleibenden Erfolg.

Als Nächste folgten 50 Jahre später die Dänen, die diese kurzlebige Kolonie nach ihrem König die „Frederiks-Inseln" benannten. Auch eine Gruppe von Mährischen Brüdern versuchte das Missionswerk der Jesuiten wieder aufzunehmen. Nachschubschwierigkeiten und das für Europäer ungesunde tropische Klima brachten dieses Unternehmen bald zum Erliegen.

Ein dritter Versuch wurde unter Österreichs Banner im Zeitalter Maria Theresias und ihres Sohnes Josef II. gestartet. Über diese gleichermaßen merkwürdige wie bemerkenswerte Expedition war schon zu Scherzers Zeiten kaum mehr bekannt als das, was der Schiffswundarzt Nikolaus Fontana, der die Seefahrt begleitete, in seinem 1782 in Druck erschienenen Reisetagebuch erzählt. Weder die Bibliotheken noch die Archive im Kaiserstaat verfügten über weitere Dokumente, die Licht ins Dunkel dieses Abenteuers geben konnten. Einzig kurz vor Beginn der *Novara*-Expedition war es Erzherzog Ferdinand Max gelungen, im königlichen Archiv zu Brüssel in einige diesbezügliche Dokumente einzusehen.

Österreichs Kolonien in Afrika und Asien

Im Jahr 1775 überreichte der damals in Triest ansässige Kapitän Wilhelm Bolts (um 1740–1808), der zehn Jahre lang in Indien bei der britischen Handelskompanie beschäftigt gewesen war, Maria Theresia eine Denkschrift, in der auf die günstige Gelegenheit hingewiesen wurde, eine erbländische Handelskompanie für den Raum Ostindien zu begründen. Bolts hatte Erfolg – die Kaiserin gestattete die Gründung einer Triester-Ostindischen Handelskompanie, die mit kaiserlichen Privilegien ausgestattet wurde. Die Schiffe der Gesellschaft erhielten das Recht, unter der Reichsflagge mit dem Doppeladler zu segeln.
Ein Jahr darauf, 1776 – es war das Jahr, in dem sich die 13 Neuengland-Staaten zur USA erklärten und sich vom britischen Mutterland lossag-

ten –, lief die *Joseph und Theresia*, das größte Schiff der Kompanie, aus dem Triestiner Hafen aus. Zum Schutz der vorwiegend aus der Toskana stammenden Seeleute und der aus österreichischen Waren bestehenden Ladung war eine etwa 30 Mann starke militärische Besatzung mit an Bord. Im März des folgenden Jahres erreichte das Schiff die Delagoa-Bai an der Südostküste Afrikas. Kapitän Bolts erwarb von einem über die mitgebrachten Geschenke sichtlich erfreuten einheimischen Häuptling den Hafen und erklärte diesen feierlich als österreichische Kolonie. Bolts ließ eine kleine Befestigung aus Erdwällen und Pfählen errichten, die mit neun Kanonen bestückt wurde. Dann wurde die Reichsflagge gehisst. Nach einigen Monaten blieben zehn Mann als Besatzungsmacht zurück, die *Joseph und Theresia* segelte weiter in Richtung Indischer Ozean.

Der Österreichische Flottenverein gab im Jahr 1912 einen Sammelband mit dem Titel „Seegeschichten" heraus. Ein Beitrag in diesem vorwiegend die Marine betreffenden Buch trägt den Titel „Die Handelsschiffahrt Österreichs im 18. Jahrhundert". In dieser Erzählung wird in leicht geänderter Form das Tagebuch des auf der *Joseph und Theresia* mitfahrenden Schiffsarztes Nikolaus Fontana wiedergegeben.

Die folgenden Abschnitte sind diesem Werk entnommen:

Wir dachten daher an die Abreise und wendeten uns nach dem Golf von Mozambique, und richteten unseren Lauf nach der Küste von Malabar in Asien. Auf dieser sechswöchentlichen Reise nahm der Scharbock (Skorbut) *sehr unter dem Schiffsvolk überhand, und diejenigen litten am meisten daran, die das Fieber verschont hatte. Am 6. September ankerten wir auf der Reede von Surate. Sie war vordem berühmt und vordem Seehafen des Großmoguls; jetzt ist sie fast ganz der englisch-ostindischen Kompagnie unterworfen. Die wußte sich unter dem Vorwande, den Platz gegen feindliche Einfälle zu verteidigen, im Jahre 1759 von der Festung und dem Hafen zum Meister zu machen. Nun ist es so weit gekommen, daß der Mogul bloß die Kosten zu tragen hat, und den Engländern die Einkünfte bleiben ...*

Wir hielten uns im Golf von Bengalen und vor Sumatra vom 1. April bis 4. September auf, so lange nämlich in Bengalen und auf der Küste von Malabar die regnichte Jahreszeit herrscht. In dieser Zwischenzeit nahmen wir mit Genehmigung der Eingebornen vier Inseln im Namen Seiner Majestät Josefs II. Besitz.

Es verdient hier noch angemerkt zu werden, daß alle europäischen Nationen in Indien einen sehr nachtheiligen Begriff von der Gesundheit der nikobarischen Inseln haben. Und in der Tat trug die traurige Erfahrung der Dänen, welche seit dem Jahre 1756 eine Faktorei daselbst errichtet hatten, nicht wenig dazu bei, diese ungünstige Meinung zu bestätigen.

So viel ist indessen gewiß, dass diese dänisch-ostindische Kompagnie auf Befehl ihres Direktors im Jahre 1773 diese Inseln gänzlich verlassen hat. Allein die Erfahrung und eine genauere Untersuchung werden diese Furcht vermindern.

Die Europäer, welche zuerst die Absicht hatten sich in diesen Gegenden niederzulassen, brauchten nicht alle Vorsicht und Aufmerksamkeit, welche bei der Auswahl eines Wohnplatzes unumgänglich nötig sind. Man sieht noch die Ruinen ihrer Wohnungen, welche bei hohem Meere fast immer unter Wasser sind, und in dichtem Gesträuche gleichsam begraben sind. Und diese Umstände sind zu allen Zeiten und an allen Orten der Gesundheit nachteilig.

Während unseres Aufenthaltes auf diesen Inseln befand sich die Mannschaft, obschon sie mit Aushauen des Gesträuches und Ausgleichung des Erdreiches sehr angestrengt wurde, dennoch in vollkommener Gesundheit; einige wenige ausgenommen, welche sich dem Regen ausgesetzt und die Nacht auf dem Lande zugebracht hatten. Anordnungen dieser Art sind gewöhnlich die Ursachen der Krankheiten, denen die Europäer in heißen Himmelsstrichen auch an den gesündesten Plätzen ausgesetzt sind. Man hat allen Grund zu glauben, daß dieser Pflanzort ohne große Mühe und Kosten in kurzer Zeit, sowohl in Absicht auf die Gesundheit als andere Vorzüge, zu einem hohen Grade der Vollkommenheit gebracht werden kann.

Der Mangel an Lebensmitteln nötigte uns, diese Insel zu verlassen, und nach unserer Abreise den nächsten Ort zu besuchen, um uns mit frischem Vorrat zu versehen.

Wir besuchten auch Kowolon, 20 Meilen gegen Südwest von Madras, die ehemalige österreichische Faktorei der erloschenen Kompagnie von Ostende; jetzt ist außer einer Kirche und ihrem Pfarrer, einem italienischen Missionär, keine Spur vorhanden.

Die Untätigkeit und der unphilosophische Geist der Portugiesen läßt nicht hoffen, daß der wahre Grund der von diesem Klima erzeugten Krankheiten je mit gehöriger Sorgfalt untersucht werden wird. Sogar das Beispiel aller anderen europäischen Nationen, welche die afrikanischen und asiatischen Küsten besuchen, erweckt sie nicht zur Nacheiferung. Hartnäckig hängen sie an ihrer barbarischen Methode des Aderlassens, welche allen Kranken, die das Unglück haben, in ihre asiatischen oder afrikanischen Pflanzorte zu kommen, das Leben kostet.

Soweit einige Details aus diesem einzigartigen Dokument aus der Zeit Maria Theresias und Josefs II., das nicht nur einen Überblick der kolonialen Situation in Ostasien bietet, sondern auch detaillierte Beschreibungen der hygienischen Verhältnisse enthält und therapeutische Maßnahmen der Schiffsmedizin des 18. Jahrhunderts schildert.

Für die hier erwähnte Erwerbung der österreichischen Kolonien soll Kapitän Bolts dem ehemaligen Besitzer, einem indischen Fürsten, unter anderem Kanonen aus dem Triestiner Arsenal und Porzellan aus der Wiener Augarten-Manufaktur als Ehrengeschenk überlassen haben.

Nach vierjähriger Abwesenheit kehrte Kapitän Bolts nach Triest zurück. Die Expedition war zur vollen Zufriedenheit des Wiener Hofes verlaufen. Die mitgebrachte Ladung bestand aus Salpeter, das man notwendig zur Herstellung von Schießpulver brauchte, sowie aus allerlei kostbaren und teuren Gewürzen.

Die Flotte der Triester-Ostindischen Kompanie wurde erweitert, der Personalstand in den kleinen österreichischen Kolonien auf 1000 Mann aufgestockt. Die oberste Leitung erhielt ein „Faktor", ein „Almosemer" war für die geistliche Betreuung zuständig, und zwei Chirurgen sorgten für das körperliche Wohlbefinden der Kolonisten.

1783 kam das blühende Unternehmen zum Stillstand, denn Kaiser Josef II. (der seit 1765 Mitregent seiner Mutter Maria Theresia war) erklärte das ganze Kolonialgeschäft als sehr „verworren". Der wahre Grund lag wohl in der Konkurrenz der übrigen Seemächte und im Mangel an einheimischen Mannschaften und Offizieren für die Marine. Der Nachschub wurde eingestellt, die Niederlassungen verfielen, die Faktoreien und die Kompanie wurden aufgelassen.

Ein afrikanischer Hafen, vorübergehend eine kleine österreichische Kolonie in Ostafrika, kam an Portugal, die indischen Besitzungen und die Nikobaren an Großbritannien. An den einstigen österreichischen Kolonialbesitz auf den Nikobaren erinnert bis heute der Name der Insel Teressa, die zu Ehren Maria Theresias so bezeichnet wurde.

Karl Scherzer berichtet in seinem Reisebericht ausführlich über die Geschichte um Österreichs Kolonien, er erwähnt beispielsweise, dass Maria Theresia Kapitän Bolts in den Rang eines Oberstlieutenants erhoben hatte oder dass er verschiedene Vollmachten, einen Pass für die „Berberei" und von der Kaiserin mit eigener Hand unterschriebene Empfehlungsschreiben an den Kaiser von China, den „König" von Persien und die indischen Fürsten, deren Staaten er besuchen wollte, erhalten hatte.

Zu Beginn des 19. Jahrhunderts versuchte Dänemark – abermals ohne bleibenden Erfolg – seine alten kolonialen Pläne auf den Nikobaren wieder zu beleben. Doch die Eingeborenen waren weder an Dänen noch an Briten als Kolonialherren interessiert, ihr Hauptinteresse war es, das wichtigste Produkt der Inseln, die in großen Mengen vorhandenen Kokospalmen, selbst nutzen oder tauschen oder verkaufen zu können.

Seit diesem unergiebigen Versuch, eine österreichische Kolonie zu errichten, hatte kein Schiff mehr mit der österreichischen rot-weiß-roten Flagge die Nikobaren berührt. Die Ankunft der *Novara* diente diesmal jedoch in erster Linie wissenschaftlichen Untersuchungen und eventuell der Anknüpfung von Handelskontakten. Neben den wissenschaftlichen Arbeiten auf St. Paul und Amsterdam bildete diese Inselgruppe einen Schwerpunkt in puncto Forschungsarbeit. An den für die Navigation wichtigen Punkten sollten geodätische Aufnahmen, astronomische und magnetische Messungen vorgenommen werden. Eine weitere Zielsetzung war die genaue Erkundung von Flora und Fauna. Im statistisch-kommerziellen Teil der *Novara*-Publikation geht Scherzer allerdings ausführlich auf die Frage ein, ob Österreich die Inselgruppe als Kolonie erwerben solle und ob der Archipel geeignet sei, österreichische Sträflinge hierher als Arbeitskräfte zu deportieren. Aus den ehemaligen Häftlingen könnten dann, wie er meinte, ähnlich wie in Australien Kolonisten werden.

Der Aufenthalt der Österreicher verlief in diesem Gebiet mit tropischen Urwäldern und Eingeborenen, an denen jede von außen angebotene

Die Eingeborenen der Nikobaren näherten sich der Novara mit lauten Rufen.

Wohnhütten auf den Nikobaren, die zur Zeit Kaiser Josefs II. vorübergehend Kolonialgebiet Österreichs waren.

Art von Zivilisation fast spurlos vorübergegangen war, ganz anders als in den bisher von der *Novara* angelaufenen Stationen.

„Good friend?", „No fear?" – schrien die etwa 30 fast nackten braunen Bewohner, als sie nach der Landung der Expeditionsteilnehmer mit ihnen am Strand unter Kokospalmen zusammentrafen. Die Inselbewohner waren teils mit alten Säbelklingen, teils mit hölzernen Spießen mit Spitzen aus Tierknochen bewaffnet. Scherzer schildert seine ersten Kontakte:

> *Die Bekleidung der Eingeborenen ist im Allgemeinen eine höchst primitive, sie besteht in nichts anderem als einem langen, sehr schmalen Streifen aus dunkelblauer Leinwand, den sie um den Leib winden, zwischen den Beinen nach rückwärts ziehen, am Gürtel befestigen und hinten herabhängen lassen. Einzelne Bewohner machen von den alten Kleidungsstücken, welche sie von Schiffscapitänen eintauschten oder zum Geschenk erhielten, einen höchst wunderlichen Gebrauch, indem sie bald in einem schwarzen Hut, bald in einem Rock oder Hemd ohne alle sonstige Bekleidung erscheinen.*
>
> *Fast jeder der Eingeborenen, die sich uns vorstellten, brachte ein schmutziges, zerknittertes Zeugnis zum Vorschein, welches seinen ehrlichen Charakter und seine Redlichkeit im Handel mit den Früchten der Kokospalme bestätigen sollte und von einem oder dem andern Schiffscapitän herrührte, der hier gegen verschiedene Waaren reife Kokosnüsse eingetauscht hatte, um sie in Ostindien oder auf Ceylon mit großem Vortheil zu verwerthen. Die meisten dieser Zeugnisse waren in englischer Sprache abgefaßt; nur ein einziges deutsches, vom Capitän eines Bremer Schiffes, und ein holländisches kamen uns zu Gesichte. Auf denselben sind gleichzeitig die gesuchtesten Gegenstände, so wie das Verhältnis der getauschten Artikel zur Anzahl der gelieferten Kokosnüsse verzeichnet, ein Verfahren, welches sowohl späteren handeltreibenden Besuchern zum großen Nutzen dient, als auch einen interessanten Blick in die Culturgeschichte der Bewohner gestattet.*
>
> *So sehen wir z. B. auf der Insel Kar-Nikobar vertauscht:*
>
> *Für eine Art Hirschfängerklinge (cutlass, im Werthe von ungefähr 1 1/2 Dollars) 300 Paar reife Kokosnüsse*
>
> *„ eine kleine Messerklinge............100 „ „*
> *„ sechs Tischmesser-Klingen ....300 „ „*
> *„ ein amerikanisches Messer ....50 „ „*
> *„ eine Hacke ....300 „ „*
> *„ eine Muskete ....500 „ „*
> *„ eine Doppelflinte ....2.500 „ „*
> *„ einen großen Löffel ....150 „ „*
>
> *In der That sind die Bewohner von Kar-Nikobar die vollkommensten Naturmenschen. In ihrem Verkehr mit uns zeigten sie sich als ein kindliches, unwissendes, aber biederes, zutrauliches Volk, ohne Ehrgeiz und Wissensdrang, aber auch ohne Scheelsucht und Neid. Wenn sie sich je gegen Europäer ein Verbrechen zu Schulden kommen ließen, so geschah dies sicher mehr durch diese aufgestachelt, gewissermaßen aus Nothwehr, als aus bloßem Hange zum Bösen. Als wir einen Eingeborenen fragten, auf welche Weise auf der Insel Verbrechen bestraft würden, entgegnete er höchst naïv: „Wir begehen deren nicht, wir sind alle gut; – aber in eurem Lande muß es viele böse Menschen geben, wozu braucht ihr sonst so viele Kanonen und Gewehre?"*
>
> *Inzwischen hatten sich eine Anzahl Eingeborener in Canoes der Fregatte genähert, welche Schweine, Hühner, Bananen, Yams und Eier in den ausgehöhlten Schalen der Kokosnuß als Geschenke brachten, zugleich aber auch frugen, was man ihnen als Anerkennung dafür geben wolle. Sie verlangten Zwieback, Branntwein, Medicinen, Kleider, und vor allem schwarze Hüte, was hauptsächlich daher kommen mag, daß sie zuweilen die Capitäne englischer Schiffe runde Hüte tragen gesehen und nun zu glauben scheinen, ein solches Toilettestück sei das Abzeichen der Capitänswürde oder des Mannes von Ansehen.*

Die Eingeborenen lebten in kleinen Dörfern, die aus mehreren Hütten bestanden. Diese Behausungen aus Flechtwerk, Bambusstäben und Blätterdächern standen auf einer Plattform, die von mehreren Holzpfählen gestützt war, sodass man darunter bequem durchgehen konnte. Der Häuptling eines der Dörfer nannte sich „Kapitän John" und überraschte die Österreicher mit einer seltsamen Adjustierung, da er am nackten Leib den alten Uniformrock eines Musikers der Triestiner Garde trug und sich bemühte, dieses Prunkstück trotz tropischer Hitze bis zum Halse zuzuknöpfen. Amüsiert nahmen die Österreicher zur Kenntnis, dass er seine Stammesgenossen mit Namen wie Lord Nelson oder Lord Byron vorstellte, die ihre prominente Identität offenbar den bizarren Einfällen englischer Seeleute verdankten.

Auch auf den Nikobaren wurden einzelne Bewohner von Scherzer und dem Expeditionsarzt, Dr. Schwarz, nach genau festgelegten Richtlinien vermessen.

Urwaldszenerie auf den Nikobaren.

Die Forscher hatten Gelegenheit, festlichen Gebräuchen beizuwohnen, wie etwa dem alljährlichen Beginn des Südwestmonsuns. Am Festtag wurden Schweine von jungen mutigen oder mutwilligen Männern mit Spießen gereizt, sodass sie aggressiv wurden und ihre Peiniger verletzten. Nach einem aussichtslosen Kampf wurden die Schweine schließlich getötet, am Feuer gebraten und von Kämpfern und Publikum verzehrt.

Scherzer beschreibt auch einen anderen, makaber anmutenden Brauch: Die Gebeine jener Menschen, die seit dem letzten Nordostmonsun in der Erde lagen, wurden ausgegraben, in die Hütten gebracht und beklagt und beweint wie die Toten an ihrem Sterbetag. Danach aber wurden sie ins Meer oder in den Wald geworfen. Gleichzeitig wurde zum Zeichen der Trauer eine Anzahl Kokospalmen gefällt und deren Früchte nach allen Winden verstreut. Wahrscheinlich fanden durch diesen Ritus das Überwältigende ihres Schmerzes und die Gleichgültigkeit – selbst für die kostbaren Gaben der Natur – einen sichtbaren Ausdruck.

Mehr als einen Monat verbrachten die Männer der *Novara* auf den Nikobaren. Da es hier weder gesellschaftliche Verpflichtungen noch wissenschaftliche Kontakte, noch Besichtigungen von historisch interessanten Sehenswürdigkeiten gab, war ausreichend Zeit vorhanden, sich den Gegebenheiten des Klimas auf den Inseln, der Zoologie und der Botanik zuzuwenden. Scherzer geht ausführlich auf die neuen Erkenntnisse ein, beschreibt den Regenwald und die Mangrovenwälder, bespricht die Bedeutung der Kokospalmen, der Brotfruchtbäume, Früchte und Knollengewächse, nicht ohne den Reichtum der Wälder an tropischen Edelhölzern zu erwähnen.

Was die Tierwelt anbelangt, so wurden auf den Nikobaren mehrere Affenarten, Flughunde, Fledermäuse, Ratten und Mäuse gesichtet. Als etwas artenreicher erwies sich die Vogelwelt mit 40 verschiedenen Namen, darunter Seeschwalben *(Omphorion melanauchen)*, Honigvögel *(Nectarinia pectoralis)*, Papageien, Eulen, Reiher, Tauben und Seeadler. Die Klasse der Reptilien war offensichtlich gering vertreten, da nur zwölf verschiedene Arten, wenn auch teils unbekannte, erbeutet wurden.

Die Bewohner der Nikobaren, deren Anzahl man auf 5000 bis 6000 Seelen schätzte, wurden genauestens beschrieben, teils von Dr. Schwarz, dem Expeditionsarzt, vermessen und – soweit das bei den gegebenen Verständigungsmöglichkeiten machbar war – über ihre Lebensgewohnheiten befragt. Schwarz widmete sich nach der Expedition im medizinischen Band ausgiebig den Problemen des Nikobarenfiebers und meinte dazu richtig, dass es unbedingt nötig sei, die Sümpfe trocken zu legen. Unter den Krankheiten der Eingeborenen erwähnt er in erster Linie Malaria, Rheumatismus und Tuberkulose, Syphilis hingegen war unbekannt. An dieser Stelle lobte er auch den Schiffsarzt Fontana, da dieser schon zur Zeit Maria Theresias erkannt hatte, dass der nahezu bei allen Krankheiten praktizierte Aderlass weit mehr Schaden anrichte als nütze und dass die Hygiene auf den Schiffen viele Krankheiten verhindere. Dass eine gesunde Ernährung mit frischen Lebensmitten als beste Präventivmaßnahme galt, war den Schiffsärzten in der Mitte des 19. Jahrhunderts bereits bekannt.

Als eine besondere Leistung der Österreicher muss der geglückte Versuch, die Sprache der Eingeborenen nach einer Art von Lautschrift aufzuzeichnen, erwähnt werden.

Mit der Unabhängigkeit Indiens 1947 ging auf dem Archipel der Nikobaren die britische Dominanz zu Ende. Heute gehört die Inselgruppe mit einer Fläche von insgesamt 1841 Quadratkilometern und etwa 42.000 Bewohnern zum indischen Unionsterritorium Andamanen und Nikobaren. Nur zwölf der 22 Inseln sind bewohnt, eine der Inseln trägt noch immer – wie schon erwähnt – den Namen Teressa. Die Inseln waren jahrzehntelang von der indischen Regierung für Besucher gesperrt, um die Urbevölkerung vor den schädlichen Einflüssen moderner Zivilisation zu schützen. Auch heute werden Touristen offiziell nicht geduldet, einzig Forscher erhalten gelegentlich eine Ausnahmegenehmigung. Der Norddeutsche Rundfunk erhielt vor einigen Jahren die Dreherlaubnis für eine Dokumentation.

Tsunami

Am 26. Dezember 2004 löste ein Seebeben – das drittstärkste je gemessene Beben (9,3 auf der Richterskala) – im Indischen Ozean vor der Insel Sumatra eine der bisher schlimmsten Tsunamikatastrophen der Geschichte aus. Über 200.000 Menschen fanden dabei den Tod. Be-

troffen waren die Länder Indonesien/Sumatra, Sri Lanka, Indien, Thailand, Myanmar, die Malediven, Malaysia und Bangladesch. Die Flutwelle drang mehrere tausend Kilometer bis nach Ost- und Südostafrika vor; weitere Opfer wurden in Somalia, Tansania, Kenia, Südafrika, Madagaskar und auf den Seychellen verzeichnet.
Auch auf den Nikobaren richtete der Tsunami schwerste Schäden an, liegt doch die Inselgruppe nur wenige hundert Kilometer vom Zentrum des damaligen Seebebens entfernt. Einige Inseln wurden durch die Gewalt der Wellen deformiert, angehoben oder wie die Insel Trinket in zwei Teile zerrissen. Viele Menschen waren rechtzeitig in höher gelegene Gebiete geflüchtet, noch mehr kamen ums Leben. Die Gesellschaft für bedrohte Völker kritisierte ein Jahr nach der Katastrophe die indischen Behörden, die den Bewohnern Wellblechhütten geschickt hatten, mit den Worten: „Aus ehemals selbstbewussten Ureinwohnern werden Almosenempfänger und Slumbewohner gemacht." Vergeblich hatten die Inselbewohner die Regierung um Werkzeug gebeten, um ihre – schon 1858 von Karl Scherzer beschriebenen – traditionellen, aus Palmenblättern, Bambus- und Holzgeflecht erbauten Hütten wieder aufzubauen.

Die Forscher der *Novara* hatten auf den Nikobaren gründliche Arbeit geleistet, zufrieden konnte man am 26. März die Anker lichten, um Kurs auf die Malakkastraße zu nehmen, wo man nach etwa 20 Tagen Fahrt in den Hafen von Singapur einlaufen wollte. Während der Fahrt, auf der häufige Gewitter und tropische Regengüsse die Mannschaft nicht zur Ruhe kommen ließen, ereignete sich eine höchst makabere Geschichte: Der Schiffskaplan verspürte, als er lesend in seiner Kabine saß, einen eigenartigen Druck am Fuß. Ein herbeigerufener Diener entdeckte mit Entsetzen eine ziemlich große Seeschlange *(Chorsydrus fasciatus)*, die den Knöchel des Geistlichen umschlungen hielt. Während der Kaplan das Reptil mit einer starken Bewegung des Fußes von sich schleuderte, kamen Matrosen und versuchten, den gefährlichen Eindringling tot oder lebendig zu erwischen. Man zerhieb das Tier im ersten Eifer in Stücke, was die Zoologen bedauerten, da sie das interessante Exemplar gerne in Weingeist gesehen hätten. Vermutlich war die Schlange über die Ankerkette gekrochen und zufällig in diese Kabine gelangt.

SINGAPUR

Die Insel Singapur liegt an der südlichen Spitze der Halbinsel von Malakka, von der sie bloß durch eine schmale, kaum eine Seemeile breite Wasserstraße getrennt ist. Die Stadt wurde auch Singhapura, Löwenstadt, genannt: „Singha" bedeutet im Sanskrit „Löwe". Als Löwenstädte werden auch mehrere indische Residenzen bezeichnet, und Singhala, das Löwenreich, wie Ceylon in seinen ältesten Annalen genannt wurde, geht ebenso auf diesen Wortstamm zurück.

Seit 1819 wehte die britische Flagge auf der Insel, weithin den Ausbruch einer neuen Ära verkündend, denn zuvor war Singapur nur ein armseliges, malaiisches Fischerdorf gewesen. Innerhalb weniger Jahrzehnte hatte die Stadt einen kometenhaften Aufschwung erlebt, der in der Geschichte des Welthandels im 19. Jahrhundert ohne Beispiel war. An die 1000 Schiffe aller Nationen und über 3000 malaiische Boote und chinesische Dschunken liefen jährlich – mit Waren und Produkten aller Art beladen – in den Hafen ein. Rund 110 Millionen österreichischer Gulden soll der gesamte Wert der jährlich hier getauschten Güter betragen haben.

Die Männer der *Novara* bestaunten – besonders nach dem Erlebnis der einsamen Strände auf den Nikobaren – die Schiffe aller Größen und Formen, mit den Flaggen aller seefahrenden Nationen der Erde. Da jedoch bald bekannt wurde, dass in der Stadt die Cholera wütete, wurden die geplanten Exkursionen gekürzt oder gestrichen. Wäre nicht die Ladung von frischem Trinkwasser und von Nahrungsmitteln für die Weiterfahrt notwendig gewesen, wäre die *Novara* gleich wieder unter Segel gegangen. Und tatsächlich sollte fünf Tage nach dem Auslaufen an Bord der *Novara* der ersten Cholerafall auftreten.

Scherzer fasste also den Beschluss, den Aufenthalt in Singapur auf sechs Tage zu beschränken. Daher sind auch seine Berichte – im Vergleich mit anderen Stationen – eher kurz gehalten. Die Bevölkerung der Insel Singapur betrug damals etwa 100.000 Seelen. Es war ein buntes Völkergemisch: Malaien, Chinesen, Inder, Araber, Bengalen, Birmesen, Siamesen, Javaner und darunter etwa 400 Europäer. Die Chinesen waren am stärksten vertreten: Jedes Jahr kamen mit dem Nordostmonsun Menschen aus China, die aus Armut und Not ihr Vaterland verließen. Schon damals gab es Subjekte – heute würde man sie Schlepper nennen –, die überhöhte Preise für die Überfahrt und die Aussicht auf einen Arbeitsplatz verlangten. Manche Chinesen brachten es wegen ihres sprichwörtlichen Fleißes zu Wohlstand oder gar zu Reichtum, andere gehörten geheimen Gesellschaften an, deren Mitglieder einander unterstützten. Scherzer gelang es, die gedruckte Legitimation einer solchen Bruderschaft zu erwerben und sie nach seiner Rückkehr von dem Münchner Sinologen Prof. Neumann übersetzen zu lassen:

> *Die Bruderschaft des Himmels und der Erde spricht es unumwunden aus, daß sie sich vom höchsten Wesen dazu berufen hält den furchtbaren Contrast zwischen Reichthum und Armuth aufzuheben. Die Inhaber der irdischen Macht und des Vermögens sind nach ihrer Ansicht unter denselben Ceremonien in die Welt gekommen, und gehen auf dieselbe Weise hinaus, wie ihre betrogenen Brüder, die Unterdrückten, die Armen. Das höchste Wesen wolle nicht, daß Millionen zu Sclaven einzelner Tausende verdammt werden. Vater Himmel und Mutter Erde haben nie und niemals den Tausenden ein Recht gegeben, das Eigenthum der Millionen Brüder zur Befriedigung ihrer Ueppigkeit zu verschlingen. Den Großen und Reichen war der Besitz ihres Vermögens vom höchsten Wesen nie als Sonderrecht verpachtet; es besteht vielmehr in der Arbeit und in dem Schweiße ihrer Millionen unterdrückten Brüder. Die Sonne mit ihrem strahlenden Antlitz, die Erde mit ihren reichen Schätzen, die Welt mit ihren Freuden ist gemeinschaftliches Gut, welches zur Bestreitung der Bedürfnisse von Millionen nackter Brüder aus den Händen der Tausende zurückgenommen werden muß. …*
>
> *Das Vereinssiegel dieser Bruderschaft des Himmels und der Erde ist mit vielen Schriftzeichen bedeckt und vieleckig in seinem Innern zur Bezeichnung der Hauptglückseligkeiten, nach chinesischer Denkweise: Weisheit, Gerechtigkeit, Nachkommenschaft, Ehre und Reichthum. Diesen Glückseligkeiten entsprechen ihre Elemente: Erde, Holz, Wasser, Metall und Feuer, deren Charaktere an den Ecken des Siegels angebracht sind. Unmittelbar darunter sieht man andere Schriftzeichen des Sinnes: kräftige, unerschrockene Führer, chinesische Helden stehen fest zusammen, unerschütterlich.*

Eine Eigentümlichkeit der Bevölkerung bestand in der großen numerischen Ungleichheit zwischen den Geschlechtern: Das Verhältnis der weiblichen Bewohnerschaft zur männlichen stand im Verhältnis eins zu sieben. Die Ursache dieses Ungleichgewichts lag wohl darin, dass es Chinesinnen verboten war, aus ihrer Heimat auszuwandern.

Das moderne Singapur ist endgültig seit 1965 vom britischen Kolonialreich unabhängig. Der Stadtstaat mit einer Größe von 704 Quadratkilometern ist eine Republik und zählt heute mehr als vier Millionen Bewohner. Malaiisch ist die offizielle Nationalsprache, neben Englisch gelten auch Chinesisch und Tamilisch als gleichberechtigte Sprachen.

Singapur – die sauberste Stadt der Welt

Nirgendwo sonst auf der Welt gibt es derartig strenge Vorschriften für den Umweltschutz, bei deren Missachtung mit empfindlich hohen Strafen zu rechnen ist, als in diesem Stadtstaat. Auch gegen Personen, die Abfälle auf die Straße werfen, werden hohe Geld- und Sozialarbeitsstrafen verhängt. Die funktionale Gliederung der Stadt gilt weltweit gesehen als vorbildhaft, zahlreiche gepflegte Grünflächen trennen Wohn-, Geschäfts-, Industrie- und Transportbereiche. Das Wahrzeichen der Stadt heißt Merlion und ist eine Fabelgestalt, halb Löwe, halb Fisch. Die Bezeichnung setzt sich aus der Anfangssilbe von „Mermaid" (Meerjungfrau) und dem Wort „Lion" (Löwe) zusammen und soll Geschichte und Gegenwart symbolisieren.

Trotz des Auftretens der Cholera spazierten die Österreicher durch die Straßen, besuchten Redakteure, Schulen, einen Polizeigerichtshof und schließlich eine liberal geführte Strafkolonie, in der die Häftlinge tagsüber das Gefängnis verließen, um einer geregelten Arbeit nachzugehen. In den Schlafsälen waren die Sträflinge nach ihren begangenen Verbrechen zusammengelegt, so gab es eine Abteilung für Diebe, eine für Brandstifter und eine, in der alle Mörder und Totschläger zusammenwohnten.

Bei einem Juwelier bewunderten die Männer Diamanten aus Borneo und erfuhren, dass in Singapur der spanische oder mexikanische Thaler

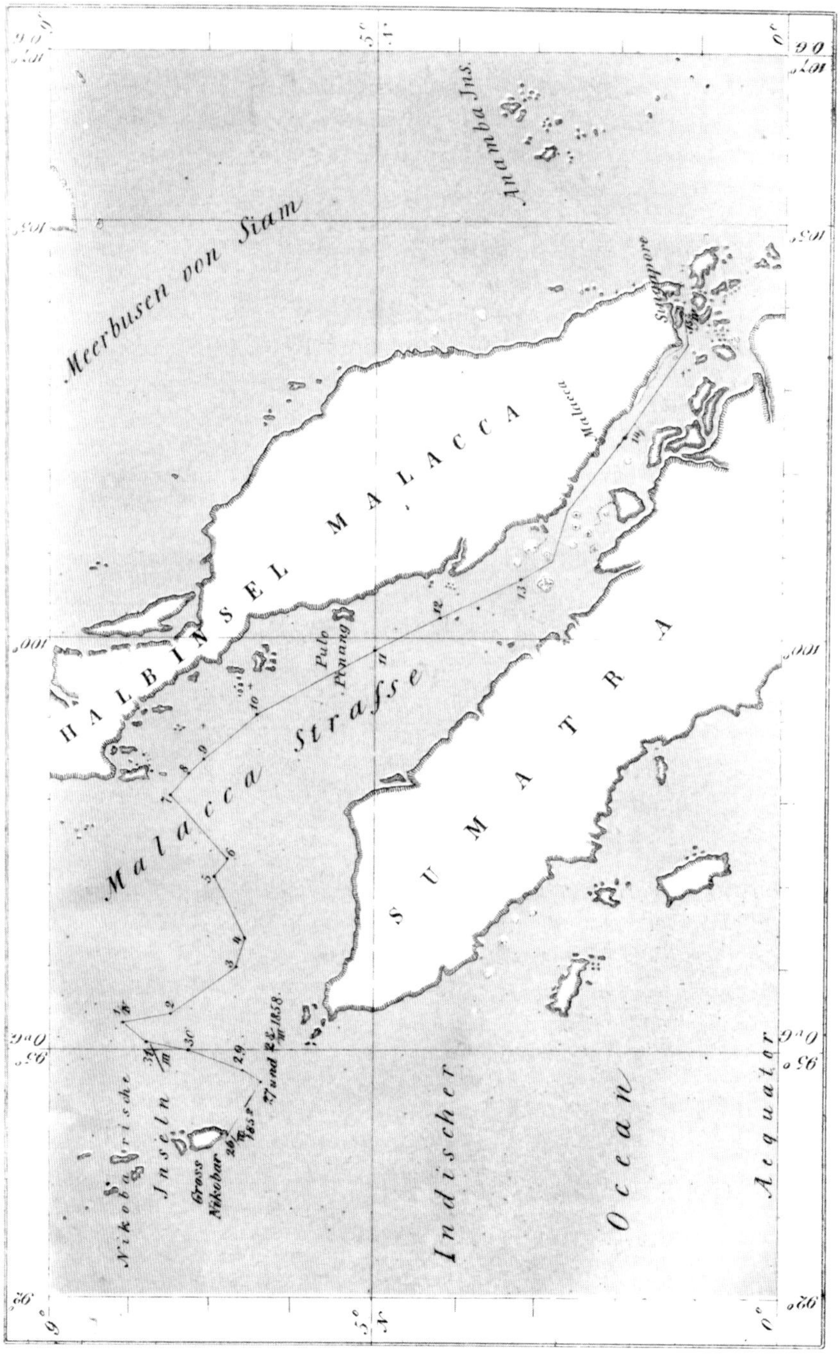

Kurskarte der Novara von den Nikobaren nach Singapur.

(Dollar) die offizielle Währung war, was größere Probleme zur Folge hatte: Wollte man eine größere Summe dieses schweren Silbers transportieren, musste man Handkarren benutzen.

Scherzer schildert auch ausführlich den Besuch in einer Opiumfabrik – mit allen sich daraus entwickelnden Problemen für die Konsumenten und die Vorteile für Hersteller, Händler und Staat an diesem *schmachvollen Unternehmen*:

> *In der Opiumfarm zu Singapore sahen wir nun den aus der Mohnpflanze gewonnenen Milchsaft in eigentliches rauchbares Opium oder Tschandu verwandeln, indem derselbe in großen halbrunden messingenen Pfannen gekocht, durch Filze geseiht, und sodann neuerdings einem schwachen Feuer ausgesetzt wird, bis er endlich wieder verdickt und dem Theriak oder Syrup ziemlich ähnlich sieht. Dieser ganze Proceß nimmt vier bis fünf Tage in Anspruch. Ein Kuchen oder Ballen verdickten Mohnsaftes kostet den Fabricanten 20 Dollars. Aus zehn solchen Ballen oder vierzig Pfund rohen Mohnsaftes, dem üblichen Gewicht der Kisten, wie sie aus Hindostan kommen, werden durchschnittlich 216 Tiles (sprich Teils) oder 18 englische Pfund Opium gewonnen. Im Verkaufsladen hat das Opium Silberwerth. Wir sahen den chinesischen Verkäufer einen spanischen Dollar statt eines Gewichtstückes in die eine Wagschale legen und denselben in der andern mit Opium aufwiegen.*
>
> *Die Arbeiter der Opiumbereitungs-Anstalt erhalten einen Theil ihres Arbeitslohnes in Opium vergütet. Die meisten von ihnen sind selbst Opiumraucher und dadurch um so sicherer an die Fabrik gefesselt. Wir sahen eine Anzahl derselben in düstern, schmutzigen, spelunkenartigen Räumen hinter dunkelblauen Bettvorhängen auf Strohmatten hingestreckt, die brennende Spirituslampe in erreichbarer Nähe, um das Tschandu von Zeit zu Zeit zu erhitzen, und dessen Rauch durch eine eigenthümliche construirte Pfeife in die Lunge einzuführen.*
>
> *Mehrere der Raucher sah man durch die schmutzigen, gasartig-durchsichtigen Vorhänge völlig betäubt und regungslos auf harten Bettgestellen liegen; die Pfeife war ihrer Hand entfallen, die Lampe auf dem Tische vor ihrem Lager im Erlöschen. Sie hätten wahrlich nicht erst der Bettgardinen bedurft, um nicht von lästigen Mücken aus ihren süßen Träumen gestört zu werden, denn sie befanden sich in einem todesähnlichen Zustande, aus dem sie schwerlich irgend ein äußerer Anlaß zu wecken vermocht hätte, so lange die Wirkung des eingeathmeten Giftes fortdauerte. Es fehlen uns leider genaue Angaben über die Zahl der Opiumraucher und die Quantität des Opiumverbrauches in Singapore, dagegen schätzt ein nordamerikanischer Missionär, Mr. Allen, die Zahl der Personen, die sich im chinesischen Reiche diesem Laster ergeben, auf vier bis fünf Millionen, welche jährlich ungefähr 50.000 Kisten Opium consumiren. Wir werden Gelegenheit finden, während unseres Aufenthaltes in China, auf dieses glänzendste einträglichste, aber auch schmachvollste Monopol der britisch-ostindischen Compagnie zurück zu kommen, das Millionen Menschen in eine furchtbare Sclaverei stürzt.*

Da nun endgültig die Abreise bevorstand, war es dringend nötig, für die Verproviantierung zu sorgen. Commodore Wüllerstorf nahm mit einem chinesischen „Ship-Candler“ namens Whampoa Kontakt auf, der ihm von britischen Kapitänen empfohlen worden war. Binnen zwei Tagen war die Fregatte mit Lebensmitteln aller Art für die Dauer von sechs Monaten versorgt, außerdem wurden 100 Tonnen Trinkwasser mittels Schläuchen in eiserne Behälter der *Novara* gepumpt, denn der schon erwähnte französische Destillierapparat, der mitgeführt wurde, erwies sich für die großen Mengen an benötigtem Wasser als nicht ausreichend. Scherzer berichtet, dass bei der „Schiffsverproviantierer“-Firma ausschließlich Chinesen mit langen Zöpfen und schwarzseidenen Gewändern tätig waren. Whampoa erwies sich übrigens als äußerst großzügiger Mann, da er den gesamten Stab der *Novara* in seine prächtige, mit Kostbarkeiten aller Art geschmückte Villa einlud und mit einem Menü überraschte, das von chinesischen Köchen nach französischer Art zubereitet war. Der Gastgeber verstand es vortrefflich, die Honneurs zu machen, kredenzte nach dem Essen Sherry und Champagner und erwähnte, dass er seinen Sohn in eine deutsche Handelsstadt zur weiteren Ausbildung schicken wolle.

Kurz darauf stach die *Novara* in See. Schon wenige Tage später war ein Todesfall zu beklagen. Ein Schiffsjunge namens Simonovich war an der Ruhr erkrankt, dazu kamen noch Symptome der Cholera, die seinem Leben schließlich ein Ende bereiteten. Und so musste zum ersten Mal eine Seebestattung vorgenommen werden. Stab und Mannschaft versammelten sich zu einer Trauerfeier an Deck. Der Kaplan sprach die üblichen Gebete, die Leiche des Jungen war mit einem

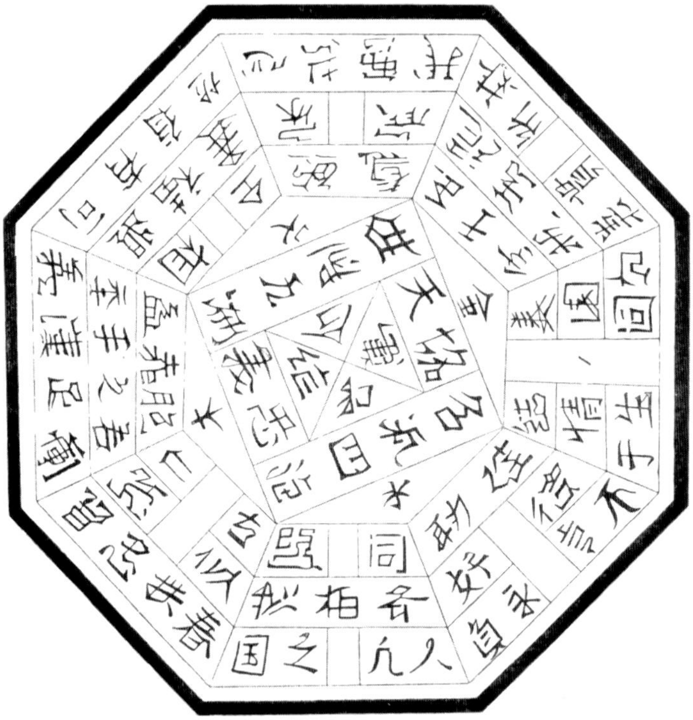

Legitimation einer geheimen chinesischen Gesellschaft.

Eine Moschee in Singapur – dem bunten Völkergemisch entsprach die Vielfalt der Religionen.

Flaggentuch bedeckt. Auf der Steuerbordseite glitt der leblose Körper von einem Brett ins Meer. Die See nahm ihre Beute auf, die Wellen schlossen sich, der Alltag an Bord ging weiter. Auch wenn er die *Novara* nicht direkt betraf, musste doch bald ein weiterer Trauergottesdienst zelebriert werden, da man die Nachricht erhalten hatte, dass Feldmarschall Radetzky, dessen Sieg bei Novara ja namensgebend für die Fregatte war, im 92. Lebensjahr verschieden war. Die *Musikbande* spielte Weisen, die dem Ernst der Stunde entsprachen, intonierte aber zum Schluss die zweite, bis heute sozusagen inoffizielle Hymne Österreichs – den unvergesslichen Radetzkymarsch.

Generell muss angemerkt werden, dass – gemessen an der damaligen Zeit, der Dauer der Expedition und an der Stärke der Mannschaft – die Anzahl der Unfälle gering war. Schiffsarzt Dr. Schwarz berichtet von acht Stürzen aus der Takelage, wobei drei Matrosen völlig unverletzt blieben, da sie direkt ins Wasser gefallen waren, drei konnten ihre Verletzungen ausheilen, die restlichen zwei fanden den Tod. Weitere Todesfälle waren durch Cholera (der oben erwähnte Schiffsjunge), Dysenterie (drei Fälle) und durch Malaria und Tuberkulose (jeweils ein Mann) zu beklagen.

Am 25. April durchschnitt die *Novara* zum dritten Male den Äquator, diesmal in Richtung Süden, am 30. April wurde auf See der erste Jahrestag der bislang so erfolgreichen Expedition gefeiert.

Englische Marine, Federzeichnung eines unbekannten Künstlers um 1855.

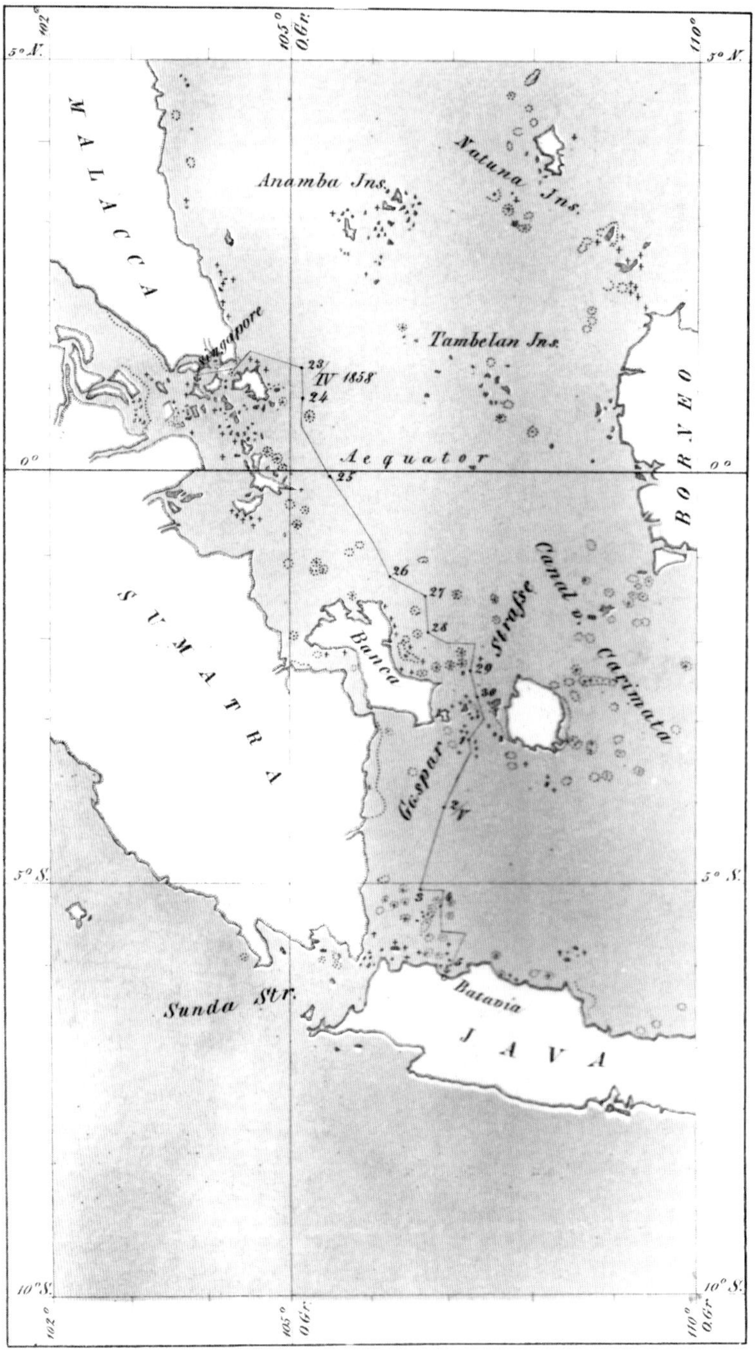

Kurskarte der Novara von Singapur nach Java.

Die Fregatte Novara in chinesischen Gewässern, 1858. Nach Teuber/Ottenfeld, Archiv ADEVA, Graz.

Bootsmann Ceregogna, „JS 2. Mai 57",
† Auckland Jänner 1859, Bleistiftzeichnung J. Selleny,
Heeresgeschichtliches Museum, Wien.

Zwei Steuerunteroffiziere am Steuerrad der Novara,
Bleistiftzeichnung J. Selleny, Heeresgeschichtliches
Museum, Wien.

Die Fregatte Novara von der Backbordseite, „J. Selleny 20. April 857", aquarellierte Bleistiftzeichnung,
Heeresgeschichtliches Museum, Wien.

Offiziersmesse der Novara, Federzeichnung J. Selleny, Heeresgeschichtliches Museum, Wien.

Sonntagstanz der Matrosen an Deck, „J Selleny 857", Bleistiftzeichnung, Heeresgeschichtliches Museum, Wien.

Matrosenstudien, aquarellierte Bleistiftzeichnungen J. Selleny, Heeresgeschichtliches Museum, Wien.

Matrose, Aquarell J. Selleny,
Heeresgeschichtliches Museum, Wien.

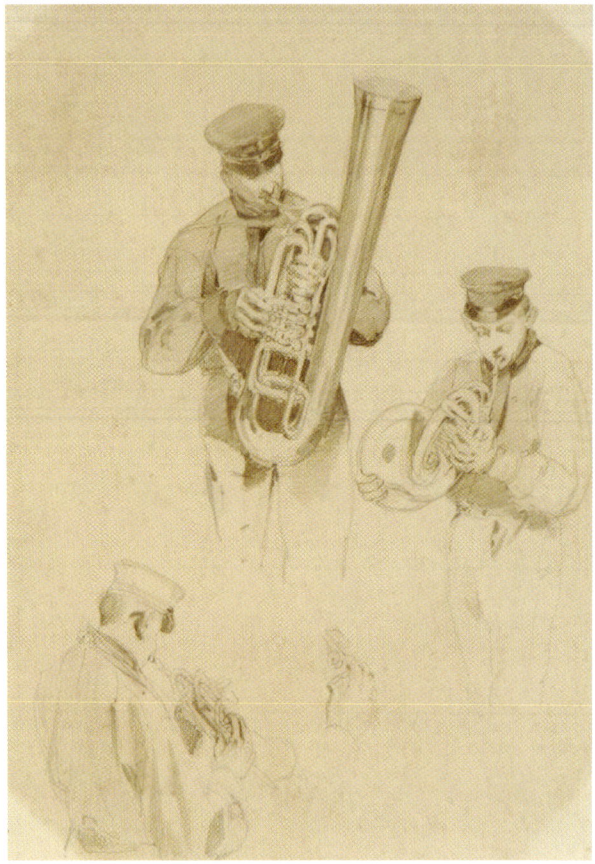

Bordmusik, Aquarell J. Selleny,
Heeresgeschichtliches Museum, Wien.

Gottesdienst an Bord der Novara, „J. Selleny 857", Bleistiftzeichnung, Heeresgeschichtliches Museum, Wien.

Eingeborenenhütte auf der Insel Karnikobar, Bleistiftzeichnung J. Selleny, Heeresgeschichtliches Museum, Wien.

Eingeborenenhütte auf Sikaiana (Stewart-Inseln), aquarellierte Bleistiftzeichnung J. Selleny, Heeresgeschichtliches Museum, Wien.

Palastplatz in Rio de Janeiro, aquarellierte Bleistiftzeichnung J. Selleny, Heeresgeschichtliches Museum, Wien.

Villanasia, Straßenszene in Hongkong, Aquarell, Heeresgeschichtliches Museum, Wien.

Rückkehr der Novara im Hafen von Triest am 26. August 1859, Bleistiftzeichnung J. Selleny, Heeresgeschichtliches Museum, Wien.

Volkstypen aus Manila, Kreolin, Österreichische Galerie, Belvedere, Wien.

Volkstypen, Mädchen aus Tahiti, Österreichische Galerie, Belvedere, Wien.

Volkstypen, Singapur, J. Selleny, Nachlass Fayenz, Graz.

Chinesischer Wahrsager und Barbier in Hongkong, J. Selleny, Bleistiftzeichnung, Heeresgeschichtliches Museum, Wien.

Chinesische Volkstypen, Aquarell, Heeresgeschichtliches Museum, Wien.

Figurenstudien von Chinesen, 1858, Aquarell, Österreichische Galerie, Belvedere, Wien.

Volkstypen aus China und den Karolinen, J. Selleny, aus dem Tagebuch von Friedrich Müller, Österreichisches Staatsarchiv, Kriegsarchiv.

Volkstypen aus Indien, Andenken von J. Selleny aus Madras, aus dem Tagebuch von Friedrich Müller, Österreichisches Staatsarchiv, Kriegsarchiv.

Volkstypen aus Manila, Aquarell J. Selleny 1858, aus dem Tagebuch von Friedrich Müller, Österreichisches Staatsarchiv, Kriegsarchiv.

Volkstypen von den Nikobaren, aus dem Tagebuch von Friedrich Müller, Österreichisches Staatsarchiv, Kriegsarchiv.

Eingeborener von Neu-Kaledonien, J. Selleny 1858, Bleistift, Aquarell auf Papier, Österreichische Galerie, Belvedere, Wien.

Eingeborener mit Bumerang aus Wollongong (Australien), J. Selleny 1858, Bleistift, Aquarell auf Papier, Österreichische Galerie, Belvedere, Wien.

Eingeborenenfrau aus Wollongong (Australien),
J. Selleny 1858, Bleistift, Aquarell auf Papier,
Österreichische Galerie, Belvedere, Wien.

Eingeborenenmädchen aus Wollongong (Australien),
J. Selleny 1858, Bleistift, Aquarell auf Papier,
Österreichische Galerie, Belvedere, Wien.

Eingeborene der Insel Puynipet, J. Selleny 1858, Bleistift, Aquarell auf Papier, Österreichische Galerie, Belvedere, Wien.

Studie von Booten und Bootsleuten auf Ceylon, J. Selleny 1858, Bleistift, Aquarell auf Papier, Österreichische Galerie, Belvedere, Wien.

Singhalesische Priester auf Ceylon, J. Selleny 1858, Bleistift, Aquarell auf Papier, Österreichische Galerie, Belvedere, Wien.

Boot vor der Insel Puynipet (Ponape), Karolinen-Inseln, J. Selleny 1858, Bleistift, Aquarell auf Papier, Österreichische Galerie, Belvedere, Wien.

Landschaft in Neuseeland. Aus dem geologischen Teil der Novara-Publikation, Universitätsbibliothek Graz.

Landschaft mit heißen Quellen in Neuseeland. Aus dem geologischen Teil der Novara-Publikation, Universitätsbibliothek Graz.

Schmetterlinge. Aus dem 2. Band des zoologischen Teiles der Novara-Publikation, Universitätsbibliothek Graz.

Schmetterlinge. Aus dem 2. Band des zoologischen Teiles der Novara-Publikation, Universitätsbibliothek Graz.

Vögel. Aus dem 1. Band des zoologischen Teiles der Novara-Publikation, Universitätsbibliothek Graz.

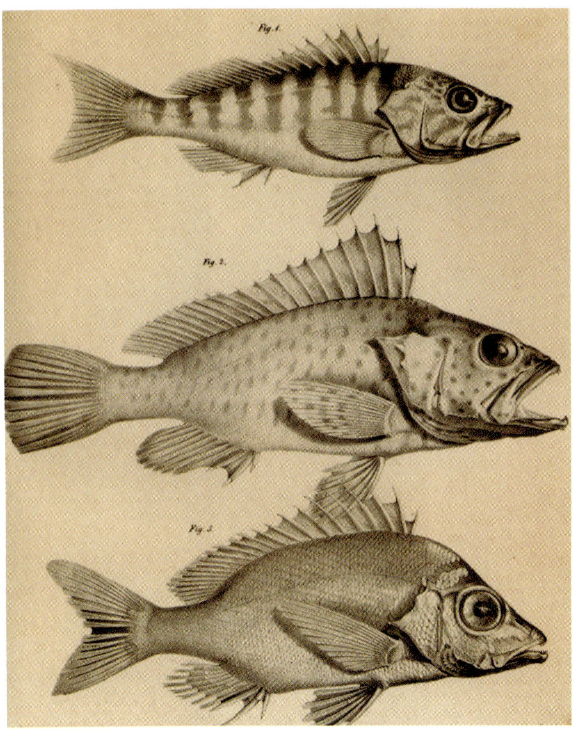

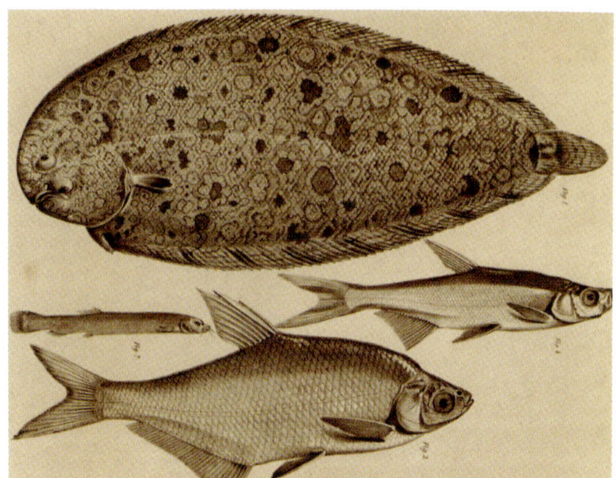

Fische. Aus dem 1. Band des zoologischen Teiles der Novara-Publikation, Universitätsbibliothek Graz.

Pinguinfamilie. Aus dem 1. Band des zoologischen Teiles der Novara-Publikation, Universitätsbibliothek Graz.

Nagetier. Aus dem 1. Band des zoologischen Teiles der Novara-Publikation, Universitätsbibliothek Graz.

SMS Novara vor dem Markusplatz in Venedig, um 1860, Heeresgeschichtliches Museum, Wien.

Querdurchschnitt

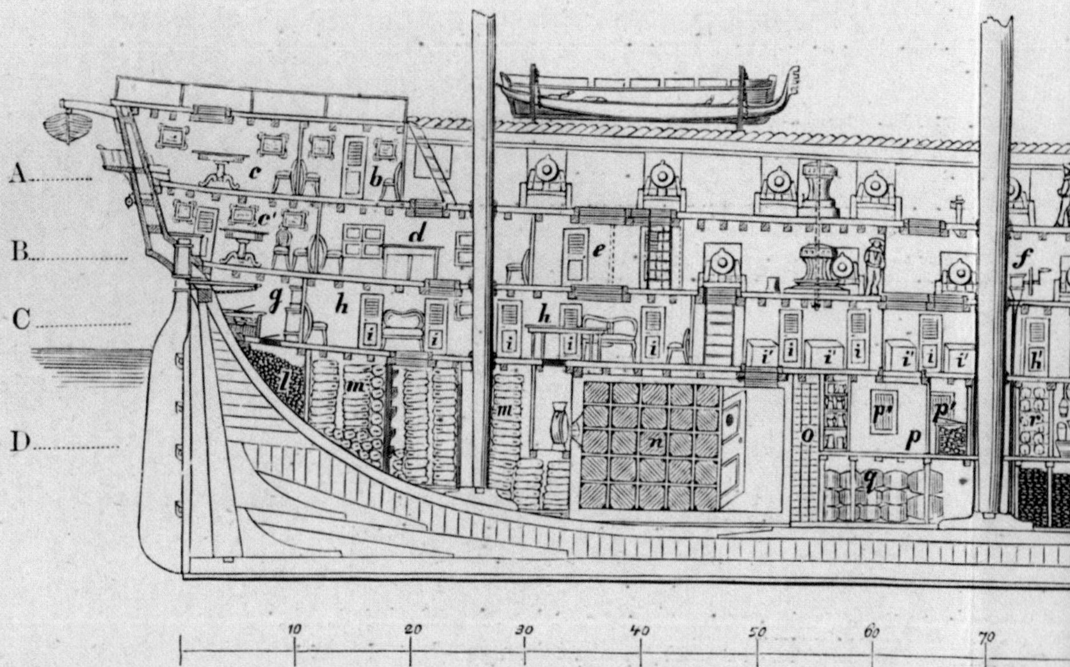

ERI

A.

a. Reserve-Masten.
b. Wohnung des Commandanten.
c. Schlafkajüte des Commodore.

B.

c'. Wohnung des Commodore.
d. Lesezimmer der Officiere und Cadetten, zugleich Speisesaal des Commodore.
e. Cabinen der Naturforscher und des ersten Lieutenants.
f. Pumpen.
f'. Küche und Destillir-Apparat.

C.

g. Credenz der Officiere.
h. Officiers-Kajüte.
h'. Vorrathskammer des Commodore.
i. Cabinen der Officiere.
i'. Kisten für die Effecten der Cadett
j. Banjerdeck.
k. Unterofficiers-Cabinen.
k'. Bordspital.

Querschnitt durch die Fregatte Novara. Aus dem medizinischen Teil der Novara-Publikation, Universitätsbibliothek Graz.

Fregatte Novara.

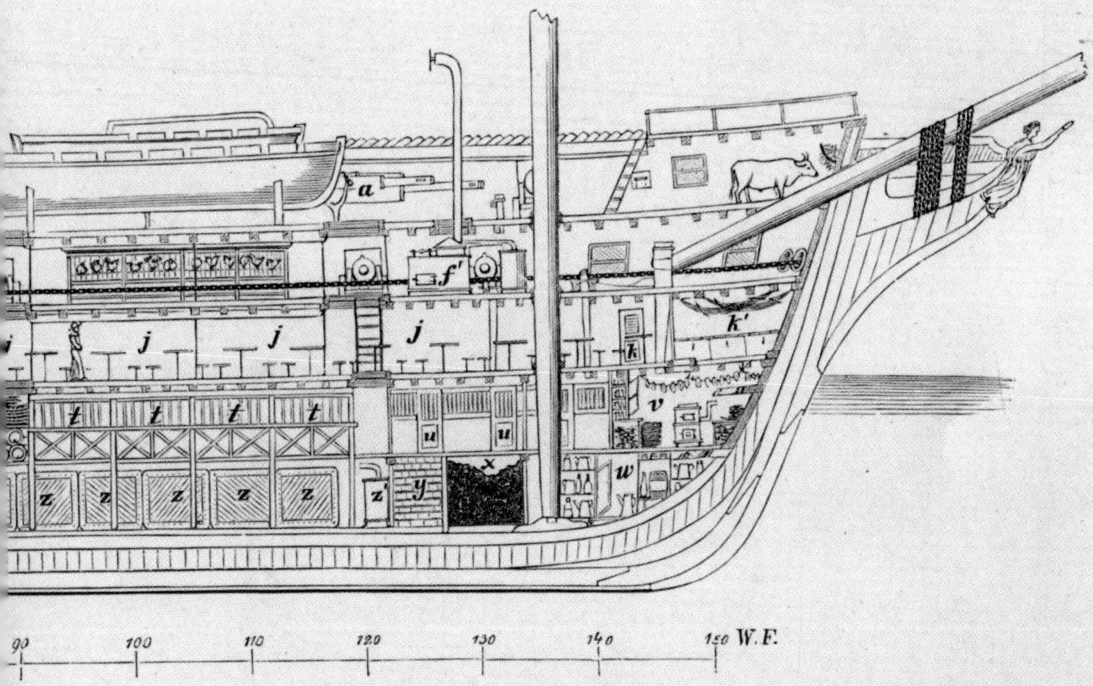

UNG.

D.

l. Kugeldepot.
ı. Brotdepot.
. Pulverkammer.
. Depot für conservirte Lebensmittel des Commodore, der Officiere und der Kranken.
. Bottlerei.
'. Depot für Reis, Hülsenfrüchte, Cacao etc.
. Wein- und Rum-Depot.
. Pökelfleisch-Depot.

s. Waschrequisiten (zum Deckscheuern).
t. Segel-Depot.
u. Depots für Artillerie-, Steuer- und Handwerker-Geräthe etc.
v. Bootsmanns-Kammer.
w. Depot für Farben, Oel etc.
x. Kohlen-Depot.
y. Aufbewahrungsort des conservirten Fleisches für die Mannschaft.
z. Eiserne Wasserkisten.
z'. Eiserne Wasserkisten des Destillir-Apparates.

Signalflaggen der k. k. Kriegsmarine 1822–1878, Heeresgeschichtliches Museum, Wien.

…aggen

…Marine

…878

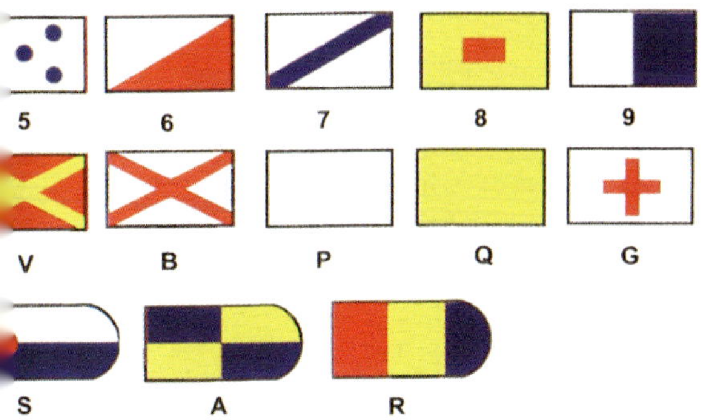

Flaggengala

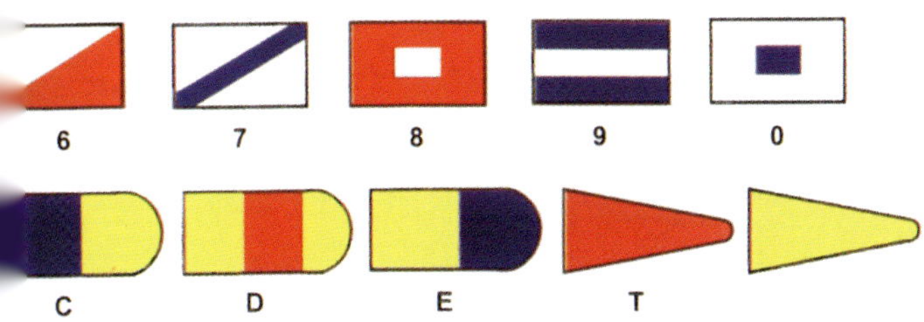

1855

Flaggen des österr. Lloyd

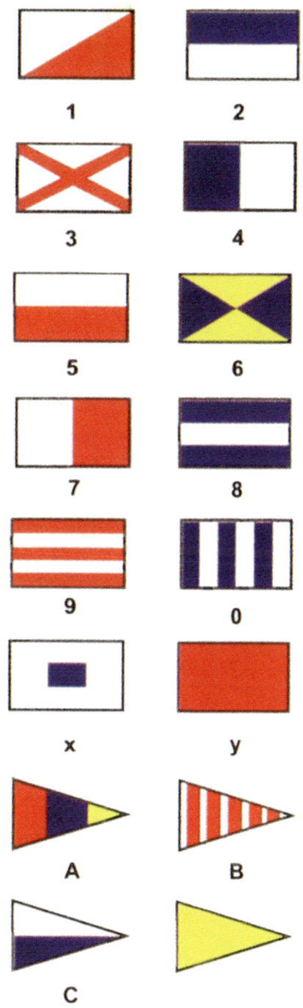

Handsignal Flaggen

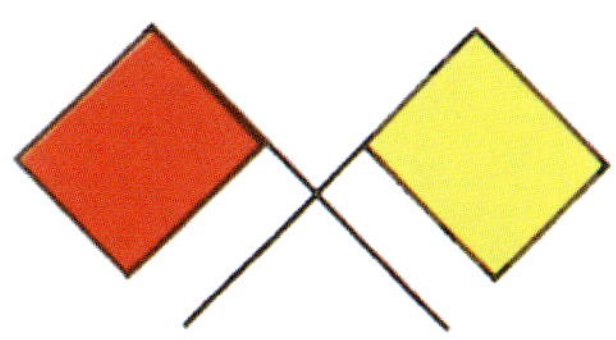

Modell der Fregatte Novara, Maßstab 1:500, hergestellt von Prof. Dr. Walter Rieck, Wien.

Grabstein von Heinrich Fayenz in Graz.

Novara-Gedenkmedaille an die erste österreichische Weltumsegelung und Gedenkmedaille Rückseite – „Den braven Matrosen der Novara-Expedition, die dankbare Wissenschaft 1857–1859", Nachlass Heinrich Fayenz, Graz.

Briefbeschwerer, gefertigt aus Resten der abgewrackten Novara. Die Weltkugel zeigt die Route der Expedition. Akademie der Wissenschaften, Wien. Foto: Helmreich, Wien.

Modell der Novara, von Modellbauer Michael Schildorfer aus Graz, Fotos: Dr. Angelika Basch, Graz.

NOVARA

10

Von Java, dem „Augenlid der Hölle", bis Hongkong, dem „Eingangstor zum Reich der Mitte"

JAVA

Am 5. Mai näherte sich die *Novara* dem „Augenlid der Hölle", wie die Einheimischen ihre Heimatinsel Java zu nennen pflegen, da sich auf ihr etliche imposante, noch tätige Vulkane befinden. Die Expeditionsteilnehmer waren sicher wie bei jeder neuen Station gespannt, wie sich der Aufenthalt gestalten würde. Natürlich war auch für die Sundainsel ein Programm vorgesehen, zu dem erste Kontaktaufnahmen, Besuche und Besichtigungen gehörten. Ob Planung und Organisation den Tatsachen entsprechen sollten, war nicht vorauszusehen. Diesmal standen ausgedehnte Touren ins Landesinnere auf dem Programm, man wollte sich neben den üblichen Erkundigungen über die Bewohner, über ihre Kultur und Lebensgewohnheiten vor allem der Landesnatur widmen und sich über die Tätigkeit der Vulkane, der Erd- und Seebeben informieren.

Der erste Anblick von Batavia, der von Holländern gegründeten Hafenstadt, war enttäuschend, der Schiffsverkehr schien sich hier im Vergleich zum pulsierenden Treiben von Singapur in Grenzen zu halten. Am Ufer waren etwas trostlose Mangrovenwälder zu sehen, die Stadt wirkte am späten Nachmittag wie ausgestorben, denn der Nebel, der sich bei Sonnenuntergang wie ein Gifthauch über die Stadt senkte, war für Europäer so ungesund, dass täglich eine wahre Völkerwanderung aus den als Magazinen verwendeten Häusern der Altstadt in höher gelegene, gesündere Stadtteile stattfand, wo sich hübsche Villen zwischen blühenden Gärten erhoben. Die Holländer, die Batavia 1619 in einer unschönen, sumpfigen Küstengegend gegründet hatten, schienen ihr schönes Amsterdam als Wunschvorstellung vor Augen gehabt zu haben, als sie dicht nebeneinander schmale, hohe Häuser bauten und durch diese für ein Tropenklima ungesunde Bauart die Nachteile der Küstenebene noch verstärkten.

Doch der erste Eindruck war falsch. Die Österreicher wurden längst in Batavia erwartet, schon seit Wochen waren nach allen Teilen der holländisch-ostindischen Kolonien die Direktiven des Generalgouverneurs zum feierlichen Empfang und zur kräftigen Unterstützung abgegangen. Offizielle und inoffizielle Honoratioren, Händler, Private und Wissenschaftler erwarteten die fremde Fregatte aus Österreich schon sehnsüchtig. Die Wächter auf der Signalstation meinten jedes Mal, wenn ein großes Schiff am Horizont erschien, sie könnten endlich die Ankunft der *Novara* melden. Der Erlebniswert und die Erkenntnisse der Wissenschaft sollten sich hier als besonders erfreulich und ergiebig erweisen. Mehrere angesehene und hilfsbereite Gelehrte und Forscher waren in den nächsten 24 Tagen – so lange dauerte der Aufenthalt auf Java – die ständigen Begleiter von Scherzer und den anderen Österreichern.

Gleich am ersten Morgen wurde in Gesellschaft der neu gewonnenen Freunde wie beispielsweise des deutschen Java-Spezialisten Dr. Franz Junghuhn (1809–1864) ein ethnographi-

Die Bevölkerung der Insel Java bestand größtenteils aus Malaien, Chinesen wurden nur in den Küstenorten geduldet.

Werft der Ostindien-Kompanie in Holland.

sches Museum besucht. Man sah figurale Idole aus der Frühzeit des Buddhismus, Kleider aus Baumrinde, weiters Kuriositäten wie Gewänder aus Fischschuppen, Kopfputz und Schmuckreifen aus Tier- und Menschenzähnen, malaiische Dolche, Lanzen und Pfeile aus Bambus, deren Spitzen aus Eisen durch einen Anstrich aus Arsen vergiftet waren. Unter den Musikinstrumenten erwies sich das merkwürdige Gamelan, das aus einer Reihe von Glocken und Glöckchen aller Art besteht und mit Bambusstäben geschlagen wird, als besonders interessant. Angetan zeigten sich die Besucher auch von einer Sammlung von prachtvollen Sonnenschirmen, die je nach Rang von den Eingeborenen verwendet wurden. In Java war die gesellschaftliche Stellung jeder Person an der Verzierung ihres Schirms zu erkennen, ähnlich wie in China an der Zahl der Pfauenfedern und der Farbe der Knöpfe auf der Kopfbedeckung. Je höher der Rang, desto breiter war die Vergoldung, sodass der Schirm eines Fürsten ganz vergoldet war und aufgespannt drei Schirme übereinander bildete, die sich wie heutzutage ein moderner Knirps auf einen Druckpunkt öffnen ließen.

Als ein besonders wertvolles Geschenk wurde den Österreichern eine Kollektion von 60 Kranien (Menschenschädeln) überreicht, die alle Völkertypen des malaiischen Archipels umfasste. Scherzer lobt die publizistische Aktivität des Museums und erwähnt, dass er alle dort erschienenen Druckwerke über Geschichte, Länder- und Völkerkunde und Medizin als Geschenk erhalten habe.

Schiffsarzt Dr. Schwarz weiß – aus medizinischer Sicht – ebenfalls Positives über Batavia zu berichten. Er erwähnt das gut geführte Bordell, in dem die Mädchen zweimal pro Woche untersucht wurden und mit einer Quecksilberverbindung eine prophylaktische Behandlung erfuhren. Wie schon bei anderen Aufenthalten erlaubte die Regierung auch, so genannte *Körpermessungen* an Strafgefangenen durchzuführen.

In den Hauptstraßen Batavias fielen den Fremden seltsame offene Wachthütten auf, in denen ein kleines Holz, ein so genanntes Tongtong, befestigt war, das bei drei verschiedenen Anlässen als Alarmsignal verwendet wurde. Einleuchtend erschienen die Möglichkeiten, nachts damit die Stunden anzuzeigen oder einen Feuerausbruch zu melden. Die dritte Möglichkeit, nämlich vor einem Amokläufer zu warnen, erschien dagegen eher unglaubwürdig. Doch diese seltsame Szene, einen Malaien mit dem blanken Dolch rasend durch die Straßen laufen zu sehen, der jeden, der ihm zufällig begegnet, zu ermorden versucht, soll jedes Jahr des Öfteren passiert sein. Wobei der erste Mord zumeist aus Rache oder Hass verübt wurde. Erst dann lief der durch Opium enthemmte Mörder mit dem Schrei „Amok" („schlagt tot") durch die Straßen und attackierte jeden, der ihm in den Weg kam. Da man sich dem Rasenden nur unter großer Lebensgefahr nähern konnte, befanden sich in den Wachthütten lange, unseren Heugabeln ähnliche Stiele, mit deren Hilfe man den Amokläufer zu stoppen suchte.

Java zählte Mitte des 19. Jahrhunderts etwa zehn Millionen Einwohner. Die Bevölkerung, größtenteils Malaien, waren vorwiegend Muslime. Ihre Sprache hatte viele Worte aus dem indischen Sanskrit und dem Arabischen entlehnt und wurde in drei Dialekten gesprochen: Es gab eine allgemeine Volkssprache, einen zeremoniellen Dialekt und schließlich einen alten, mystischen Dialekt, das so genannte Hoch-Javanisch. Neben den Eingeborenen lebten auf Java auch noch Chinesen, die allerdings nur in einigen Küstenorten geduldet waren.

Topographisch gesehen ist Java eine der vier Großen Sundainseln, die heute mit ihren 127 Millionen Einwohnern zu den am dichtesten besiedelten Gebieten der Welt und politisch zu Indonesien gehört, das seit 1945 unabhängig ist. Das alte Batavia, das während der 300 Jahre andauernden holländischen Einflussnahme das Zentrum der Insel war, hat heute etwa elf Millionen Bewohner und heißt Jakarta. Diese starke Bevölkerungszunahme hat in Teilen der Stadt zur Slumbildung, Arbeitslosigkeit, Kriminalität und Umweltverschmutzung geführt.

Doch zurück zur Expedition: Scherzer schildert die Bevölkerung als friedlich, fleißig, freundlich, den Europäern gegenüber überhöflich und devot. Im Jahr 1799 hatte der holländische Staat Java offiziell als Kolonie von der bankrotten Ostindien-Kompanie übernommen. Einen Aufstand, der zwischen 1825 und 1830 wegen einer Abgabe auf die Reisernte an die Kolonialmacht entbrannte, erwähnt Scherzer nicht. Den Kämpfen fielen damals über 200.000 Javaner und 8000 Europäer zum Opfer.

Scherzer und seine Männer brachen in drei großen Reisewagen nach Beutenzorg auf, wo sie Gäste der Regierung waren. Nach Landessitte begleiteten jeden Wagen zwei Läufer, die unent-

Chinesisches Stadtviertel in Batavia, heute Jakarta.

Der Geologe der Expedition, Ferdinand Hochstetter, informierte sich auf zahlreichen Ausflügen über die tätigen Vulkane der Insel.

wegt vom Trittbrett auf- und absprangen, um der kleinen Kolonne unter lautem Schreien Platz zu machen und die vorgespannten Pferde anzutreiben. Jede halbe Stunde wurden Läufer und Pferde gewechselt, sodass die Reise rasch vonstatten ging. Entlang der Straße fiel auf, dass die Telegraphendrähte von einem blühenden Baum zum anderen gespannt waren.

Das Städtchen Beutenzorg besaß einen der großartigsten botanischen Gärten der Welt, und die Österreicher erhielten viele Setzlinge botanischer Raritäten. Der Leiter des Gartens erzählte von den erfolgreichen Versuchen, in Java die kostbare Vanillepflanze *(Vanilla planifolia)* aus Indien und den so genannten Chinabaum zur Gewinnung von Chinin aus Südamerika hierher verpflanzt zu haben.

Chinin

Chinin wird aus der Rinde des Chinarindenbaumes gewonnen, der nichts mit China zu tun hat, sondern in Südamerika beheimatet ist. Schon den Ureinwohnern war die fiebersenkende Wirkung des weißen Pulvers bekannt. Spanische Jesuiten sorgten schließlich für die Verbreitung des Heilmittels in Europa, worauf die Niederländer versuchten, Chinarindenbäume auf Java zu kultivieren. Chinin erlangte seinen Ruf vor allem als einzig wirksames Mittel bei Malaria und war bis zur Mitte des 20. Jahrhunderts ein bedeutender Wirtschaftsfaktor. Die Vernichtung von Chinarindenbaumplantagen war während des Zweiten Weltkriegs sogar ein Mittel der Kriegsführung. So vernichteten die Japaner auf Java eine Fläche von 20.000 Hektar mit Chinarindenbäumen. Mit der Entwicklung neuer Medikamente ging die Bedeutung des Chinins jedoch stark zurück. Heute werden auf Java noch ca. 300 bis 500 Tonnen Chinin pro Jahr gewonnen.

Heute heißt die einst von Holländern benannte Stadt Beutenzorg („Sorgenlos") Bogor und zählt bereits etwa 800.000 Einwohner, der botanische Garten ist noch sehenswerter geworden, er enthält unter anderem 200 verschiedene Palmenarten und mehr als 880 Arten von Orchideen. Für einen Besuch dieser Raritäten, bei denen auch die größten Blüten der Welt zu bewundern sind, werden zwei Tage empfohlen.

Auf mehreren Ausflügen beschäftigten sich die Wissenschaftler mit der geologischen und petrographischen Struktur von Vulkanen. Beim Anmarsch auf die über 5000 Fuß hohen Berge bewunderte man üppige Artischocken- und Erdbeerfelder und von der Regierung angelegte komfortable Rasthäuser.

Gegen drei Uhr war die ganze Gesellschaft, einschließlich der naturforschenden und jagenden Nachzügler am Gipfel des Kegels eingetroffen. Als im Jahre 1839 der erste Sterbliche diese Höhe betrat, fand er keine Spur eines menschlichen Treibens und mußte sich mühsam auf Rhinocerospfaden, durch die tief überhängenden Blättergewölbe der Gesträuche winden. So gelangte er endlich durch die Waldung nach einem kahlen Fleck in der Mitte des Gipfels, wo ein Rhinoceros am Bache lag und ein anderes am Rande des Wäldchens weidete. Schnaubend flogen dieselben auf und davon. – Denn die Rhinocerosse sind trotz ihrer Riesenhaftigkeit scheue, furchtsame Thiere, die den Menschen fliehen und ihn nur in Momenten gezwungener Selbstvertheidigung angreifen.

Das von Scherzer erwähnte Rhinozeros war vor 150 Jahren in etlichen Ländern Asiens und Südostasiens zu finden. Das Java-Nashorn hat eine Schulterhöhe von 170 Zentimetern und wiegt 1,8 Tonnen, heute ist es fast überall ausgerottet und hat nur noch in einem Nationalpark auf Java und in Urwäldern Vietnams überlebt. Der Hauptgrund für seine Ausrottung ist der Volksglaube, dass das zerstoßene Horn bei allerlei Schwächen und Gebrechen eine heilsame Wirkung haben soll. Und vor allem: Nashornpulver soll bei Impotenz wahre Wunder bewirken.

Nach der Besteigung eines Vulkans schildert Scherzer:

Da standen wir nun am gahnenden Rande eines thätigen Kraters. Wir konnten keinen Schritt mehr vorwärts thun. Ein trichterförmiger Abgrund von 250 Fuß Tiefe lag vor uns, sein Boden mit Schlamm gefüllt, in dem da und dort gelbliche Wasserpfützen standen. Die uns begleitenden Javanesen behaupteten, daß sie es hier nie früher so ruhig gesehen, und der Krater sonst immer voll Dampf gewesen sei. Diesmal stiegen nur aus einzelnen Seitenspalten des Schachtes schwache Wasserdämpfe in die Höhe, so wie sie auch überall aus den Rissen und Spalten an der Außenseite des Schuttkegels hervorbrachen. Nur

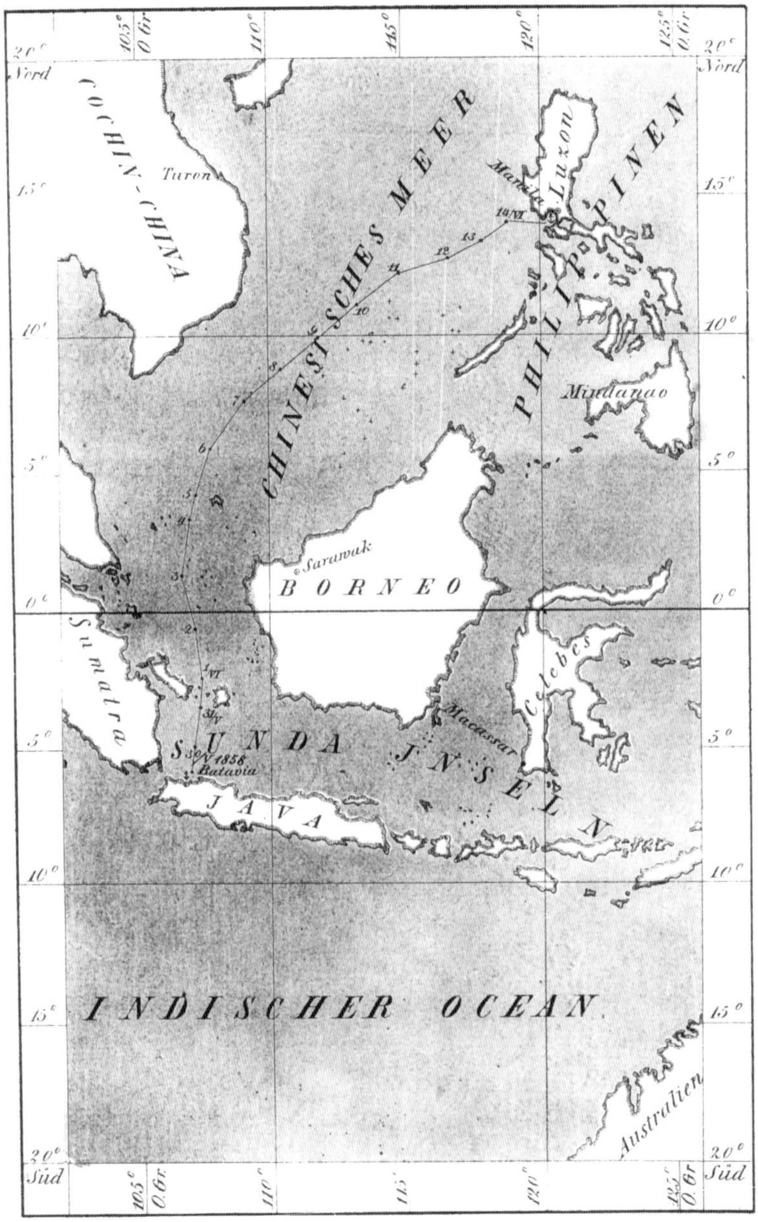

Kurskarte der Novara von Java zu den Philippinen.

Wasser, Wasserdämpfe, Schlamm und eckige Gesteinstrümmer, die Schutt- und Trümmermassen der abgestürzten Felsen des Einsturzkraters, sahen wir, aber keine Spur von geschmolzenen Massen oder Lavaströmen, welche der heutige Krater zu Tage gefördert hätte. Die ganze historische Thätigkeit des Vulcans läßt sich mit den Explosionen eines Dampfkessels vergleichen, welcher durch die, im Innern des Berges noch nicht erkalteten, in rothglühendem Zustande befindlichen Massen uralter Lavaströme geheizt ist, die bei ihrem Hervorbrechen den Vulcankegel selbst aufbauten. Wasser, Schlamm und Steine hat der Berg zu wiederholten Malen bis in die neueste Zeit ausgeworfen, fein zerriebenen Sand und vulcanische Asche, die bis nach Batavia flog, auch feurige Steintrümmer und glühender Sand wurden mitgerissen, und bildeten die von ferne bewunderten Feuergarben; aber bis zu heißflüssigen Lavaströmen, bis zu rund abgeschmolzenen Bomben hat es der Krater des Gedeh seit Menschengedenken nicht gebracht. Dazu reicht seine innere Lebenskraft nicht mehr hin, er ist eben so in seinem letzten Stadium, im Absterben, wie alle übrigen Vulcane Java's.

Diese letzte Bemerkung erwies sich als fehlerhaft: Der größte Vulkanausbruch in Indonesien lag erst eine Generation zurück und wurde von ihm nicht erwähnt, und weitere sollten noch folgen.

Vulkan- und Erdbebengebiet Sundainseln

Im Jahr 1815 war der Tambora auf einer Insel östlich von Java ausgebrochen und hatte mehr als 70.000 Menschenleben gefordert. Das durch die Eruption ausgeworfene Material bewirkte vorübergehend globale Klimaveränderungen. Sogar in Österreich sprach man im Jahr 1816 von einem Jahr ohne Sommer, was Missernten zur Folge hatte.

25 Jahre nach der *Novara*-Expedition, 1883, explodierte westlich von Java in der Sundastraße der Vulkan Krakatau. Es war eine Katastrophe ungeheuren Ausmaßes und gilt als der zweitgrößte Vulkanausbruch der Neuzeit.

Neben Vulkanausbrüchen kommt es aufgrund geologischer Gegebenheiten im gesamten Gebiet auch häufig zu Erdbeben und Tsunamis. Ein Seebeben vor Java im Juli 2006 verursachte eine Flutwelle, die nach Augenzeugenberichten eine Höhe von bis zu vier Metern erreichte. 660 Menschen wurden getötet und rund 30.000 obdachlos. Das vorläufig letzte große Unglück auf Java geht allerdings mit großer Wahrscheinlichkeit auf das Konto einer Ölfirma zurück. Bei einer Probebohrung stieß man 2006 auf einen Schlammvulkan, der sich mit einer riesigen, 140 °C heißen Fontäne bemerkbar machte. Der Schlammstrom hat bereits viele Städte und Dörfer im Osten Javas überflutet und die Wissenschaftler vermuten, dass es noch Jahre dauern wird, bis der Schlamm versiegt.

Scherzer und der Geologe Hochstetter konnten sich vor der Abreise noch über die Gewinnung essbarer Schwalbennester informieren, die entweder an kaum zugänglichen Klippen oder im Landesinneren im Kalkgebirge „geerntet" wurden. Geschickte Javaner, die wegen dieses Berufes hohes Ansehen genossen, erklommen mithilfe von Leitern aus Rotang und Bambus die entlegensten Höhlen oder Klippen, wo sich bis zu 1000 Nester an einer einzigen Stelle befinden konnten. Der Preis für diese Leckerbissen, die in China als Delikatesse galten, war hoch, für einige Kisten waren 4000 bis 5000 holländische Gulden zu berappen:

Ehe man zum Pflücken der Vogelnester die Leitern aushängt und auf ihnen hinabsteigt in die grausige Nachbarschaft der schäumenden See, richtet man zuerst ein feierliches Gebet zur Göttinn oder Königin der Seeküste, welche um ihren Segen angerufen wird. Sie führt hier den Namen Ratu-Segor-Kibul und besitzt im Dorfe Karang-bólong einen Tempel, der sorgfältig rein gehalten wird. Zuweilen bringen die Pflücker auch am Grabmal ein frommes Opfer, da wo der erste Entdecker der Vogelnesterhöhlen begraben liegen soll.

Zweimal waren die Österreicher bei javanischen Fürsten eingeladen. Ein anderes Fest zu Ehren der *Novara* veranstaltete die militärische Gesellschaft namens Concordia. Der Tanzsaal war mit bunten Flaggen verziert, über dem Eingang prangten Bilder von Kaiser Franz Joseph und Kaiserin Elisabeth. Als Dekoration gab es sogar ein Schiffsmodell mit gesetzten Segeln und österreichischer Flagge, gleichsam die *Novara* symbolisierend. Holländische und österreichische Offiziere feierten ein wahres Fest der Verbrüderung, Gastgeber und Damen trugen rot-weiße-rote Bänder. Fast war es selbstverständlich, dass Österreichs Kaiserhymne ertönte, als Commodore Wüllerstorf den Raum betrat.

Am 29. Mai hieß es jedoch Abschied nehmen, die Anker wurden gelichtet, es ging nach Norden, den Philippinen entgegen. Zum vierten Mal passierte die *Novara* den Äquator. Es war bereits der 399. Tag der Reise.

MANILA

Luzon oder Manila, die größte und handelspolitisch wichtigste Insel des Archipels der Philippinen, war die einzige Kolonie der spanischen Krone, die von den Männern der *Novara* bei ihren zahlreichen Stationen rund um die Erde einen Besuch erhielt. Die Fregatte ließ am 15. Juni im Hafen von Cavite, sieben Seemeilen von Manila entfernt, die Anker fallen, weil dieser Hafen weit sicherer und geschützter war als die seichte, offene Reede der Hauptstadt. Ein kleiner Dampfer brachte die Österreicher nach der Hauptstadt, die den gleichen Namen wie die wegen ihrer schönen Landschaft legendäre Insel trägt. Scherzer, der in der Folge viele Missstände benennt, spart gleich zu Beginn seiner Beschreibung nicht mit scharfer Kritik:

> *Freilich war die Geschichte der übrigen spanischen Colonien keineswegs geeignet, für die Weisheit und Milde der spanischen Colonialpolitik Bewunderung einzuflößen, und von dem politischen und socialen Zustande auf den philippinischen Inseln eine besonders günstige Vorstellung zu geben.*
> *... dem unbefangenen Forscher die allerdings für letztere wenig schmeichelhafte Ueberzeugung aufdringt, daß die Geschichte ganzer Erdtheile einen anderen Gang genommen haben würde, wenn vom Anfange an die anglo-sächsische Race mit dem Principe der Freiheit und der religiösen Toleranz statt der Spanier und Portugiesen, welche Tyrannei und Fanatismus auf ihre Fahne schrieben, diese Länder zuerst entdeckt und davon Besitz ergriffen hätte!*
> *Die Spanier haben die Inseln erobert und unterjocht, fanatische Mönche haben die Eingeborenen zwangsweise zum Christenthume bekehrt, aber für das Gedeihen und Aufblühen des Landes, für die sittliche und geistige Entwicklung seiner Bewohner ist seit der mehr als dreihundertjährigen Herrschaft der Kastilier nur wenig geschehen.*

Die Inselgruppe der Philippinen, die sich zwischen 5° und 21° nördlicher Breite befindet und sich über neun Längengrade erstreckt, wurde im Rahmen der ersten Weltumsegelung (1519–1522) am 17. März 1521 durch den Portugiesen Magellan entdeckt. Es waren damals 29 Jahre seit der Entdeckung Amerikas durch Kolumbus und zwei Jahre seit der Eroberung Mexikos durch Cortez vergangen. Magellan nannte die Inseln „El Archipélago de San Lazaro", weil der Tag der Entdeckung mit dem Namensfest jenes Heiligen der katholischen Kirche zusammenfiel. Die Entdeckung brachte aber lange nicht die Eroberung des Archipels, denn die ersten vier Expeditionen der Spanier verliefen ohne bleibenden Erfolg. Erst 1571 gelang es unter der Führung von Miguel López de Legazpi (1502–1572) endgültig, die Inseln der spanischen Krone zu unterwerfen.

Der Name der Inselgruppe wurde zu Ehren des spanischen Königs Philipp II. in „Philippinen" umgeändert. Spanien musste seinen Besitz mehrmals verteidigen, Holland und Portugal zeigten reges Interesse, und England unternahm während des Siebenjährigen Krieges (1756–1763) eine von Indien ausgehende Invasion und besetzte die Philippinen. In diesem Krieg kämpften auf der einen Seite Preußen und Großbritannien, auf der anderen standen Österreich, Frankreich und Russland. Die Kriegsschauplätze waren zahlreich: Gekämpft wurde in Mitteleuropa, Nordamerika, Indien, in der Karibik und auf den Weltmeeren. Für Großbritannien und Frankreich ging es dabei um die Vorherrschaft in Nordamerika und in Indien. Mitte des 19. Jahrhunderts hatte Spanien sein ehemals riesiges Kolonialgebiet weitgehend eingebüßt, nur die Philippinen, die Marianen sowie Kuba und Puerto Rico waren der spanischen Krone verblieben.

Die 1571 an der Mündung des Pasigflusses gegründete Hauptstadt Manila zeigte laut Scherzer ganz den Charakter einer altspanischen Stadt mit Mauern und Gräben, geraden Straßen zwischen schwarzen Steinmassen und düsteren Gebäuden, in denen ausschließlich Spanier und ihre Nachkommen lebten. Die Altstadt mit den Palästen des Erzbischofs und des Gouverneurs, mit Municipium, Kasernen, Klöstern, Gerichtshof und privaten Häusern beherbergte etwa 10.000 Menschen. Daneben hatten sich lebhaftere neue Viertel entwickelt, in denen Handel und Geschäfte florierten. Die 140.000 Menschen, die hier lebten, waren Europäer, Chinesen, Inder, Malaien und zahllose Mischlinge aller Schattierungen – ein wahres Völkergemisch. Als Urbevölkerung nennt Scherzer die den Malaien verwandten Tagalen, deren Vorfahren vermutlich von den Sundainseln kamen. Ein anderer Volksstamm, die Negritos, die zurückgezogen in den Waldgebieten lebten, war um 1850 noch kaum erforscht. Die Negritos oder Negrillos galten als „Neger", waren aber hellhäutiger und kleiner als ihre afrikanischen Verwandten.

Die offizielle Sprache, das Spanische, wurde nur in Manila und von den Europäern gesprochen, schon wenige Meilen landeinwärts war das Tagalische die Umgangssprache.

Scherzer kritisiert die Männermode, bei der es – ihm völlig unverständlich – üblich war, das Hemd locker über die *Beinkleider* zu tragen. Über die Damenmode weiß er zu sagen:

> *Die Frauen tragen, ähnlich wie die Javaninnen den Sarong, einen buntfarbigen, gestreiften Baumwollenzeug um die Lenden gewickelt, und ein eng anliegendes ganz kurzes Jäckchen, so daß zwischen diesem und dem Rocke zollbreit der nackte Oberkörper zum Vorschein kommt, während der feine durchsichtige Faserstoff, aus dem das Jäckchen verfertigt ist, weit mehr Reize zeigt als verhüllt. Diese nichts weniger als sittliche Tracht ist um so überraschender, als die verschiedenen Mönchsorden in allen anderen Dingen eine wahrhaft despotische Controle über die Eingeborenen ausüben, und es weit mehr ihrem Einflusse als jenem der weltlichen Autoritäten zugeschrieben werden muß, wenn sich Sprache, Sitten und Gebräuche des alten Kastiliens in so ausgedehnter Weise auf den Philippinen eingebürgert haben.*
> *Die Tagalen sind ein kleiner Menschenschlag, von hellgelber Hautfarbe, und besitzen trotz ihren breiten, flachen Nasen und dicken Lippen kein unangenehmes Aeußeres. Ihre Hände und Füße sind, wie überhaupt bei der malayischen Race, zierlich und klein. Ihr Kopfhaar ist struppig, straff, schwarz.*

Die Straßen, durch die alle diese Leute flanierten, waren sehr eng, sodass es ein Leichtes war, von einem Verkaufsladen zum anderen Sonnensegel zu spannen. Auffallend waren die Fenster, deren Scheiben nicht aus Glas, sondern aus geschliffenen Schalen einer Austernart bestanden. Das matte Licht war wohltuend, die billigen Scheiben bewährten sich in diesem Land, das oft von Erdbeben und Stürmen heimgesucht wurde und wird.

Scherzer kritisiert die Regierung wegen ihrer allgemeinen Schlamperei und Gleichgültigkeit, weiß aber auch über die zahlreichen Klöster wenig Positives zu sagen. Er nennt die dortigen Klöster *großartige Versorgungsanstalten lebensmüder Seelen, die in stiller sorgloser Beschaulichkeit ihr Tagewerk vollenden,* und stellt sie in scharfen Gegensatz zu europäischen Klöstern, die wahre Zentren von Kultur und Zivilisation seien. Er nennt vier Orden, in deren Händen das geistliche und *ein großer Theil des zeitigen Wohles* der Bewohner der Philippinen ruhe: Augustiner, Franziskaner, Dominikaner und Barfuß-Augustiner *(Agustinos descalzados).* Die Reisenden besuchten einige Klöster, wo es den Männern schwer fiel, den wenig gebildeten Mönchen klar zu machen, aus welchem Land die *Novara* komme:

> *Der Umstand, daß Oesterreich im Spanischen „Austria" heißt, verwirrte noch mehr die Begriffe der Mönche, deren geographische Kenntnisse kaum weiter als ihr Sehvermögen zu reichen schienen. Zuerst verwechselte man Austria mit Australia und glaubte, wir kämen direct aus dem fünften Welttheil, als aber die auf ihr Vaterland stolzen Novara-Reisenden diese Annahme nicht gelten lassen wollten, und eine nähere Erklärung gaben, glaubte einer der jüngeren Mönche endlich unsere Heimat ausfindig gemacht zu haben, indem er, sichtbar erfreut über den Einfall, seinen Genossen erklärend bemerkte, wir kämen nicht aus Australia, sondern aus Asturia und seien somit Landsleute. Der schlichte Verstand des Franziscaners nahm Austria für Asturia und hielt den österreichischen Kaiserstaat für eine spanische Provinz!*

Die Ignoranz der staatlichen Behörden, was den Zweck der *Novara*-Expedition betraf, war so groß, dass den Forschern statt der erbetenen und versprochenen Tabellen, die die jährlichen Handelsbewegungen des Archipels enthalten sollten, nur eine ohnehin schon bekannte Statistik aller Klöster und Geistlichen ausgehändigt wurde. Die missliche Stimmung wurde durch den Eintritt der Regenzeit noch verstärkt. Die heftigen tropischen Regenfälle verwandelten Manila und seine Vorstädte in eine Art von Kanälen

Karl Scherzer kritisiert die Mode in Manila, da die Männer ihre Hemden locker über den Beinkleidern trugen.

Schiffe im Hafen von Manila.

durchzogenes Venedig, sodass vorübergehend kleine Barken auf den Straßen verkehren konnten. Das einzige Vergnügen während der Regenzeit waren für die Eingeborenen die Hahnenkämpfe, ein rohes, blutiges Spiel, das in starkem Kontrast zum *weichen, schüchternen Charakter der Eingeborenen* stand. Die „Gallos“ oder Hahnenkämpfe waren ein Monopol der Regierung, für das man Gebühren zu entrichten hatte. Schauplatz des lauten Spektakels war eine Hütte aus Bambusstäben, mit einem Dach aus Palmenblättern, in der sich die Bänke um einen Kreis wie in einem Amphitheater erhoben. Die Arena war voll mit Zuschauern, die hohe Wetten setzten. Den Hähnen wurden, um ihre Aggression zu stärken, einige Federn am Hals ausgerissen, der Sporn wurde durch ein scharfes, kleines angebundenes Messer verstärkt. Die Kampflust brachte meist beiden Kontrahenten den Tod.

Ein kurzer Ausflug führte die Österreicher in eine Zigarrenfabrik, in der tausende Arbeiter beschäftigt waren. Ein anderer Besuch galt den Plantagen und Betrieben, in denen ein wichtiger Exportartikel des Archipels, der „Manila-Hanf“, zu allerlei Produkten verarbeitet wurde, wobei die Herstellung von Tauen für Segelschiffe an erster Stelle stand.

Kurz vor der Abreise stand ein Ausflug auf dem Programm, der nach Los Baños („die Bäder“) führte, das für seine heißen Quellen bekannt war. Auf dem Besichtigungsprogramm standen auch noch ein See und eine Lagune:

> *Der Glanzpunkt und die unvergeßlichste Erscheinung unseres ganzen Ausfluges war ein Besuch der nur eine Meile von Los Baños entfernten Laguna encantada oder des bezauberten Sees. Vulcanismus und Tropenpracht haben hier eines der geheimnißvollsten, eigenthümlichsten Naturbilder geschaffen, welches des Menschen Auge zu schauen im Stande ist. Obschon nur ein schmaler Hügel das kleine Wasserbecken von der großen Lagune trennt, so ist doch der Zugang außerordentlich mühevoll und schwierig. Man muß zuweilen die Hände zu Hülfe nehmen, um durch das Dickicht, an der steilen Felswand hinab, nach dem Seeufer zu gelangen. Selbst die ausgehöhlten Baumstämme, in welchen man den See zu befahren pflegt, müssen über diesen unwirthbaren Hügel geschafft werden. Da die Lagune in dem unheimlichen Rufe steht, der Sammelplatz zahlreicher beutegieriger Krokodile zu sein, welche schon zu verschiedenen Malen die kleinen schmalen Canoes, die sich darauf wagten, umwarfen und deren menschlichen Inhalt ohne viel Umstände verschlangen.*
>
> *Während die Eingeborenen diese Fahrzeuge herrichteten, standen wir am Ufer, ein jeder versunken in den Anblick dieses wundervollen Naturgemäldes. Ruhig und geheimnisvoll lag der See vor uns, ein kreisrundes, von zahllosen, fast mikroskopischen Wasserpflanzen tiefgrünes Becken, der Sage nach unergründlich, eingeschlossen von einem kraterähnlichen Wall von Lavablöcken. Ueberall am Ufer entfaltete sich der reichste Tropenwald, uralte Riesenstämme, mit üppig wuchernden Schlingpflanzen wild verflochten, erhoben majestätisch das Haupt.*

Die Österreicher sahen nur ein einziges Krokodil, dafür aber nach Abfeuern eines Gewehrschusses tausende von Vögeln und zahllose Fledermäuse und Fliegende Hunde *(Pteropus edulis)*, von denen ein erlegtes Exemplar zur Beute für die zoologische Sammlung der *Novara*-Expedition wurde.

Forschungszentren für Reis

Heute zählt das ehemals romantische Los Baños mehr als 80.000 Bewohner und ist von einem kleinen Dörfchen zum Standort der Universität der Philippinen mutiert. Außerdem gilt die Stadt weltweit als Forschungszentrum für Reis, da sich dort das International Rice Research Institute (IRRI) und PhilRice befinden. Das Internationale Reis-Forschungsinstitut widmet sich in erster Linie der Ausbildung der Reisbauern und arbeitet an der Entwicklung neuer, nach ökologischen Kriterien verbesserter Reissorten. Ganz ähnliche Zielsetzungen verfolgt PhilRice, die nationale Forschungseinrichtung. Neben seiner Bedeutung als Stadt der Wissenschaft ist Los Baños ein wichtiges Touristenzentrum. Der zur Zeit Scherzers so romantische und geheimnisvolle See war 2005 Austragungsort der Wettkämpfe im Wassersport während der Südostasienspiele. Die zahlreichen Ressorts mit den heißen Quellen sind beliebte Ziele für Besucher aus der Metropole Manila, die in kurzer Zeit über den South Luzon Expressway hierher gelangen können.

Die gesamten Philippinen mit ihren über 7000 Inseln, von denen nur etwas mehr als zehn Prozent bewohnt sind, zählen heute etwa 90 Millionen Bewohner. Genau 50 Jahre nach dem Besuch der *Novara* war es der Bevölkerung gelungen, sich von dem Joch der spanischen Kolonialmacht zu lösen. Allerdings bemächtigten sich damals die USA des Archipels, den sie erst kurz nach dem Zweiten Weltkrieg in die Unabhängigkeit entließen.

Die Republik gilt als „Pantherstaat", der das Stadium eines Entwicklungslandes überwunden hat, ist aber trotzdem, verglichen mit europäischen Staaten, arm, was auch der Fremdenverkehr nicht auszugleichen vermag. Die zahlreichen Touristen besuchen die Inselgruppe wegen ihrer Kulturdenkmäler, die Scherzer kaum erwähnte, und wegen der prachtvollen Natur, die 150 Jahre zuvor auch die Österreicher faszinierte.

Der Abschied von dieser Station der Reise fiel nicht allzu schwer. Das regenreiche Wetter hatte viele Ausflüge, die zu naturwissenschaftlichen Zwecken geplant waren, vereitelt. Zudem hatte die Regierung bis zur Abreise ihre Gleichgültigkeit bewahrt, und nur wenige gebildete Spanier hatten der Expedition ihr Interesse bekundet.

Am 25. Juni nahm die *Novara* Kurs auf das Reich der Mitte, neun Tage später tauchte mittags am Horizont die Silhouette der chinesischen Küste auf. In gespannter Erwartung näherten sich die Männer den Inseln vor Hongkong, wo bald tausende von Fischerbarken zu sehen waren. An vielen Dschunken fiel am Bug zu beiden Seiten ein großes geschnitztes oder gemaltes Auge auf, das gleichsam die Sehkraft des Schiffes verstärken sollte, damit es gefährlichen Riffen aus dem Weg gehen könnte. Folgerichtig konnte man dem Boot die Augen mit einem Tuch verdecken, damit es ein Seeungeheuer oder ein nahendes Unwetter nicht bemerkte. Auf die Frage, warum die Dschunken Augen hätten, antwortete ein chinesischer Matrose in bestem Kanton-Englisch: „Suppose no get eye, how can see?" Dieser Logik konnte nicht widersprochen werden.

Am nächsten Morgen lief die *Novara* in den *bezaubernden* Hafen von Hongkong ein, von wo man die wie ein Amphitheater ansteigende Stadt Viktoria erblickte. Zwischen chinesischen Booten aller Art und zwischen Schiffen aus England, Frankreich, Holland, Russland, Spanien und aus den Vereinigten Staaten von Amerika wehte nun auch die rot-weiß-rote Flagge Österreichs.

Glanzpunkt des Aufenthaltes war ein Besuch der geheimnisvollen Laguna encantada in Los Baños.

11

Feindseligkeiten, Exotik und Gastfreundschaft in den Hafenstädten Hongkong und Shanghai

IM DUFTENDEN HAFEN

Hongkong bedeutet auf Chinesisch „duftender Hafen" und ist heute der Name einer Sonderverwaltungszone an der Südküste der Volksrepublik China. Das an der Mündung des Perlflusses auf einer Halbinsel und etwa 260 kleinen Inseln gelegene Territorium war bis 30. Juni 1997 eine Kronkolonie Großbritanniens und wurde vertragsgemäß am Tag darauf an China zurückgegeben. Sieben Millionen Menschen, vorwiegend Chinesen, bevölkern heute die Metropole, in der das marktwirtschaftliche System erhalten blieb, um die Rolle Hongkongs als eines der wichtigsten Handels- und Finanzzentren Asiens zumindest für weitere 50 Jahre zu sichern.

Der Zeitpunkt vor 150 Jahren, als die Flagge des großen „Mandjings" oder Doppeladlers, wie die Chinesen den Kaiserstaat Österreich nannten, im Reich der Mitte erschien, war für die Expedition alles andere als günstig. Was war geschehen? Der so genannte Zweite, gegen England geführte Opiumkrieg war im Gange und schien den Chinesen wieder eine weitere Niederlage zu bescheren.

1699 hatte die Britische Ostindien-Kompanie ihre Handelsbeziehungen mit China aufgenommen. Produkte aus China, vor allem Seide, waren in Europa sehr begehrt, die Briten fanden jedoch nur wenige Güter, die man im Reich der Mitte verkaufen konnte, und so begannen die Briten, Opium ins Land einzuführen. Als die chinesische Regierung versuchte, die Einfuhr von Opium aus dem britisch dominierten Indien zu stoppen, griff die weit überlegene britische Flotte 1839 China an, das 1842 den Friedensvertrag von Nanking unterzeichnen musste: Hongkong wurde an England abgetreten, Shanghai und andere Häfen wurden für den britischen Handel geöffnet. Noch während des Zweiten Opiumkriegs (1856–1860) wurden 1858 weitere Häfen geöffnet bzw. Handelserleichterungen erzwungen, bis die Briten, aber auch die Franzosen, Russen und die USA mit Kriegsende das Recht erhielten, in Peking (bis dahin eine geschlossene Stadt) Botschaften zu eröffnen. Der Opiumhandel wurde legalisiert und die Missionstätigkeit christlicher Kirchen im ganzen Reich gestattet. Nach den beiden Opiumkriegen erlebte die Freihandelszone Hongkong eine rasante Entwicklung, das Gebiet wurde im Juni 1898 vergrößert und für 99 Jahre an England verpachtet.

Vier Jahrzehnte zuvor sah sich Scherzer in Hongkong wegen der damaligen Ereignisse mit „Fremdenhass" konfrontiert, überall war die feindselige Stimmung gegen alle Europäer zu spüren. Der Ressentiment und die Verbitterung der Bevölkerung wurden durch die chinesischen Behörden angeheizt und aufgestachelt, sie schienen sich mit jedem Sieg der „Barbaren" zu steigern. Scherzer, der sonst geneigt ist, den britischen Standpunkt prinzipiell zu loben, ist diesmal etwas kritischer eingestellt:

> *Während wir noch im Hafen von Hongkong vor Anker lagen, brachte ein Extrablatt des in Schanghai erscheinenden „North-China-Herald" die Kunde, daß am 26. Juni 1858 der Friedensvertrag mit*

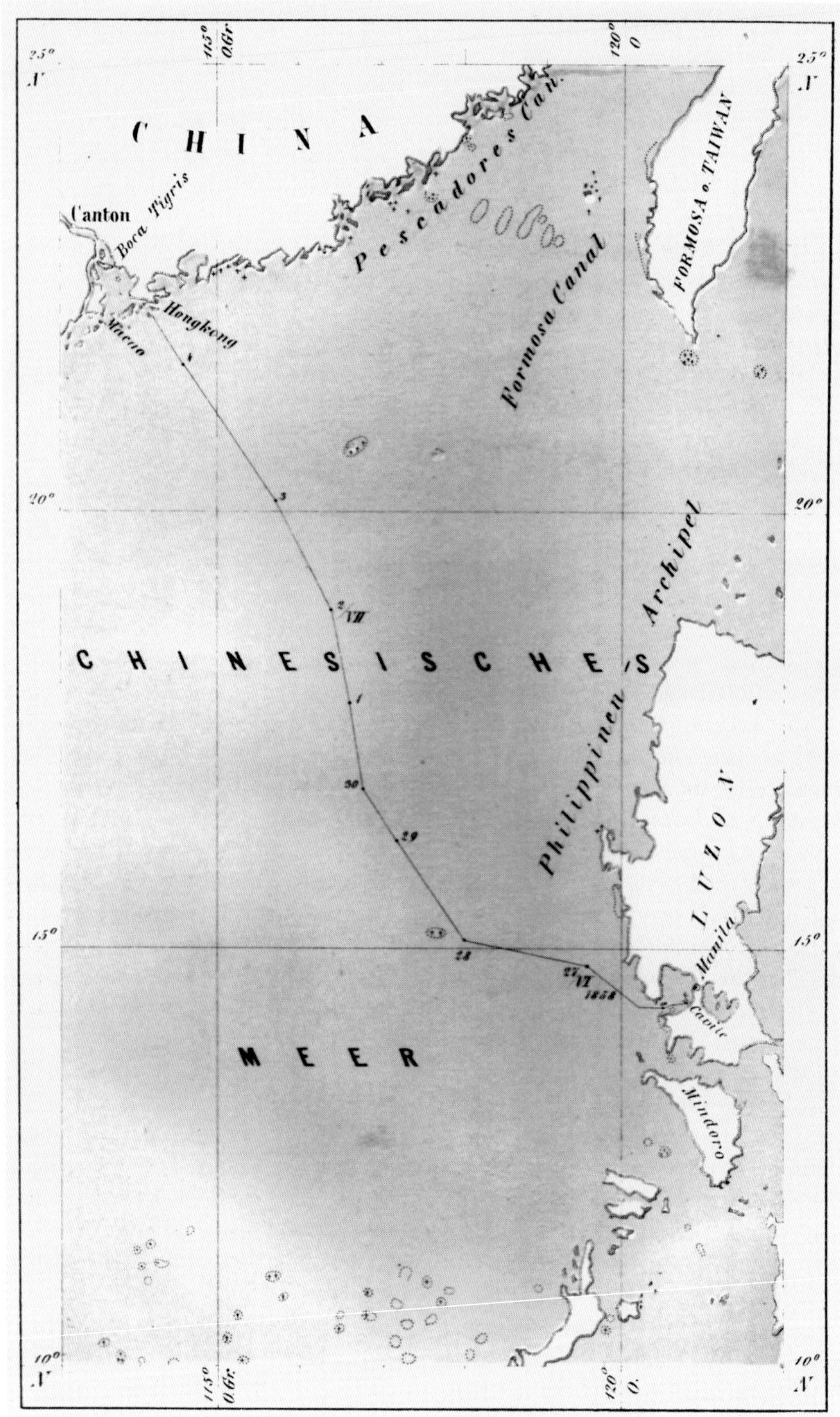

Kurskarte der Novara von den Philippinen nach Hongkong.

England zu Tien-Tsin unterzeichnet und nach Peking geschickt worden sei, damit diesem wichtigen Documente die eigenhändige Unterschrift des Kaisers beigefügt werde. Dieser, 56 Punkte umfassende Vertrag gestand den Engländern weit mehr Rechte zu, als sie jemals früher besessen hatten. Namentlich sollte von nun an ein englischer Gesandter mit allen seinem Range gebührenden Ehren am Hofe von Peking residieren dürfen, die christliche Religion ungehindert geübt und gelehrt werden. Britische Untertanen mögen mit, von ihren Consuln ausgestellten und von den chinesischen Localbehörden gegengezeichneten Pässen entweder zum Vergnügen oder zu Handelszwecken das chinesische Reich in allen Richtungen durchziehen, die Schiffahrt des Yang-tse-kiang oder großen Flusses wird freigegeben, und außer den bereits durch den Frieden von Nanking dem fremden Handel geöffneten fünf Häfen, sollen die Engländer von nun an auch in New-Chwang, Tang-Chow, Tai-Wan (auf der Insel Formosa), Chau-Chow und Kiung-Chow (auf Hainan) ungestört Handel treiben, sich daselbst niederlassen, Häuser miethen und kaufen, Kirchen, Spitäler und Friedhöfe errichten dürfen. Alle officiellen Mittheilungen von Seite der englischen Behörden müssen in englischer Sprache an die Regierung des Mittelreiches geschehen, und obschon dermalen noch von einer chinesischen Übersetzung begleitet, soll doch in jedem zweifelhaften Fall der Text des englischen Originals als maßgebend zu gelten haben. Artikel L bestimmt, daß das Zeichen „I" (Barbar) in keinem chinesischen officiellen Documente weder in der Hauptstadt noch in den Provinzen mehr für „Engländer" oder „englische Regierung" gebraucht werden dürfe. Dagegen schweigt der Vertrag von Tien-Tsin gänzlich, ob der Opiumhandel, jener Hauptstreitpunkt und die erste Ursache der verschiedenen Kriege ist. Die Opiumhändler sowohl als ihre Antagonisten, die philantropische Partei in London, schienen gleich unbefriedigt, daß die Opiumfrage noch immer eine „pending question" blieb.

Fast alle chinesischen Bevölkerungsgruppen waren den Weißen schlecht gesinnt. In Hongkong hatten einheimische Bäcker den Versuch gewagt, das von Europäern bevorzugte Brot zu vergiften, um sich so ihrer Feinde auf subtilere Art als durch im Krieg übliche Waffen zu entledigen. Überfälle und Mordkomplotte standen an der Tagesordnung, selbst bei kurzen Spaziergängen trugen Europäer stets einen geladenen Revolver bei sich. Unter diesen Umständen erschien es unmöglich, an eine Exkursion auf das chinesische Festland zu denken. Die Österreicher mussten sich vorerst auf Hongkong beschränken, um hier möglichst viele Erkenntnisse über Land und Leute zu sammeln.

Der Alltag in Hongkong zeigte trotz all dieser Animositäten einen Hauch von europäischer Lebensart. So beschreibt Scherzer die Tätigkeit eines „Compradors" (chinesisch Mái-Paú), der gleichsam der Verwalter oder die „Seele" eines gehobenen Hausstandes war und der die Rolle eines englischen Butlers bei Weitem übertraf. Diese wichtige Person überwachte alle Obliegenheiten der Küche, führte die Haushaltskassa, tätigte alle Einkäufe, war verantwortlich für alle beweglichen Gegenstände des Hauses einschließlich der Pretiosen und hatte noch dazu für die Ehrlichkeit der Dienerschaft zu bürgen. Jede Beschädigung oder jeden Verlust des Inventars hatte er aus seiner eigenen Tasche zu ersetzen.

Ein anderer typischer, aber außerhalb des Hauses, bei Spaziergängen anzutreffender „public character" war der chinesische Wahrsager, den man häufig mit allen möglichen und unmöglichen Fragen konfrontierte. Kam eine Kundschaft, die gerne Auskunft über ihr Schicksal erhalten wollte, so ließ der Wahrsager einen kleinen Vogel über ein Schachbrett laufen, auf dessen mit Reiskörnern belegten Feldern alberne Sprüche standen. Dort, wo die Felder leer gefressen waren, stand dann die Antwort zu lesen.

Das größte Interesse bei einem Spaziergang durch das Chinesenviertel brachten die Österreicher den Apotheken und Kuriositäten der „curious shops" entgegen:

Wir wollen indeß hier blos die wunderlichsten Stoffe anführen, deren sich chinesische Aerzte zur Bereitung von Arzneien bedienen, wie z. B. Vogelnester, getrocknete rothgefleckte Eidechsen, die frischen Spitzen des Hirschhornes, Schildpatt, Hundefleisch, Thierknochen, verschiedene Präparate aus Theilen des menschlichen Körpers, Walfischzähne, Austernschalen, Schlangenhaut, Haifischmagen und Haifischflossen, Sehnen von Rehen und Büffeln, getrocknete Seidenwürmer, deren Larven und Excremente, Raspelspäne von Bambus, Bärengalle, Präparate aus menschlichen Excrementen, Raspelspäne von Rhinoceros- und Antilopenhörnern, Kaninchenkoth, Tintenfischbein, getrockneten Firniß, getrocknete Blutegel und Erdwürmer, rothen Marmor, Elfenbein-

Chinesen in den Straßen von Hongkong.

Der Hafen von Hongkong mit dem Städtchen Victoria.

Abfälle, Präparate von Kröten, Petrefacten, altes Kupfergeld, Schneewasser, Menschenmilch u. s. w. Die chinesischen Weiber erhalten sich, ganz abgesehen von dem Brauche, ihre Kinder zwei bis drei Jahre hindurch und oft noch länger zu stillen, auch aus Speculation in einem continuirlichen Milchstande, und decken auf diese seltsame Weise das Deficit, welches bei der unzureichenden Menge von Kuhmilch zwischen dem Marktbedarf und dem wirklichen Vorrath an Thiermilch entsteht. Ein Chinese, der neben seiner legitimen Frau manchmal noch 5–6 Kebsweiber besitzt, kann eine förmliche Meierei anlegen. Da die Seefahrer, in einem Hafen angekommen, gemeiniglich leidenschaftlich gerne Milch trinken, so erstaunten wir nicht wenig, von einem Arzte in Hongkong die Quelle zu erfahren, aus welcher die von uns reichlich genossene Milch wahrscheinlicher Weise geflossen war.
Der geschätzteste und kostbarste Heilstoff der chinesischen Apotheke ist aber die Ginsengwurzel (Panax Ginseng oder Panax quinquefolia), welche hauptsächlich in der Mandschurei und den Wildnissen nördlich von Korea gefunden wird. Der Umstand, daß der Ginseng noch fortwährend Monopol der chinesischen Regierung, und nur wenigen bevorzugten Unterthanen gestattet ist, eine gewisse Quantität desselben gegen das gleiche Gewicht in reinem Golde alljährlich kaufen zu dürfen, trägt wohl mehr als dessen wirkliche Heilkraft zu dem Ruhme bei, den er genießt.

In allen Verkaufsläden sprach man im so genannten Kanton-Englisch, einem Jargon aus Englisch und Chinesisch, das beiden Nationen die Kommunikation erleichterte. Eine Eigentümlichkeit dieser Verständigung war es, Wörter, die mit einem stummen „e“ endeten, in ein „i“ zu verwandeln und auszusprechen. So sagte man beispielsweise „timi, housi oder pieci“ und so weiter. Auch an viele andere Wörter wurde ein „i“ angehängt, zum Beispiel bei „coachi oder cooki“. Das von den Chinesen gesprochene Idiom besteht aus 450 einsilbigen Lauten, die sich durch Betonung und Nuance auf 1600 Töne vervielfältigen. Ebenso schwer ist es, die chinesischen Schriftzeichen zu erlernen, da jedes der 40.000 Zeichen ein anderes Wort benennt. Die Kenntnis von etwa 5000 Zeichen reicht aber aus, um die meisten Originaltexte zu verstehen. Die Schrift läuft von oben nach unten, die Zeilen beginnen rechts, sodass auch der Titel rechts zu finden ist.

Die Österreicher hatten vor ihrer Abreise den Auftrag erhalten, seltene chinesische Schriften anzukaufen und sich um die Beantwortung ethnographischer und linguistischer Fragen zu bemühen. Wenn es Scherzer gelungen war, der Mehrzahl dieser angeregten Wünsche zu entsprechen, so verdankte er dies einem Gelehrten und Missionar, dem in China lebenden Deutschen Dr. Wilhelm Lobscheid, der ein gründlicher Kenner der Sprache, Kultur und Geschichte Chinas war.

Schanghai-Dialect, aufgenommen während des Aufenthaltes Fregatte Novara in Schanghai
Juli–14. August 1858
Expedition Sr. M. Fregatte „Novara“.

Sprachproben

Nombre del Tribú:	Name des Volksstammes:	*Schanghai Dialect:*
Dios	Gott	*Zang oder Zong ti*
espiritú maligno	böser Geist	*Mú-Kü*
hombre	Mensch, Mann	*Niăn (auch Zăn)*
muger	Weib	*Nü-niăn oder Wu*
muchacho	Knabe	*Síο nön*
muchacha	Mädchen	*Síο nön*
infante, niño	Kind	*Sió kûn*
padre	Vater	*Já oder Wú (Kinder sagen Pá)*

Nombre del Tribú:	Name des Volksstammes:	*Schanghai Dialect:*
madre	Mutter	*Niăng oder Mú (Kinder sagen Má)*
marido	Ehemann	*Zang-fú oder Zú*
esposa	Ehefrau	*Niăng- tsz oder tsé*
hijo	Sohn	*Ni- tsz oder tsz*
hija	Tochter	*Sio-nü*
hermano	Bruder	*Hiúng-dé*
hermana	Schwester	*Tsí-mé*
cabeza	Kopf	*Dö*
pelo	Haar	*Dö-fah*
cara	Gesicht	*Siáng-mó*
frente	Stirn	*Ngah-koh-dö*
oreja	Ohr	*Ní-tú*
ojo	Auge	*Ngan-tsing*
nariz	Nase	*Bih-dö*

So glänzend die Verdienste der Missionare auf wissenschaftlichen Gebieten waren, so wenig erfolgreich erwiesen sich ihre Bekehrungsversuche. Die Chinesen blieben mit *starrer Züchtigkeit* bei ihrer Religion und hielten hartnäckig – außer vielleicht in den Hauptstädten – an ihren Gewohnheiten und Sitten fest. So vermochte das Christentum zum Beispiel nur in wenigen Fällen auf die Sitte, neugeborene Kinder, vor allem Mädchen, auszusetzen, mildernd einzuwirken. Ein anderer Brauch, die Füße von Mädchen im Kindesalter durch Bandagen zu verstümmeln, soll in erster Linie in der Eifersucht der Männer seinen Ursprung haben, die in einer erschwerten Fortbewegung zugleich eine Garantie für die Treue und Keuschheit ihrer Frauen zu erblicken glaubten.

Scherzer und der Stab der *Novara* waren mehrmals eingeladen, so auch beim britischen Gouverneur von Hongkong, Sir John Bowring (1792–1872), der die Österreicher mit allen führenden Männern der Wissenschaft in Kontakt brachte und für sie sogar eine Sondersitzung der königlich asiatischen Gesellschaft organisierte.

Commodore Wüllerstorf unternahm mit einigen Marineoffizieren auf einem vom britischen Kommandanten zur Verfügung gestellten Kanonenboot eine Reise nach Kanton, das damals – während des noch immer andauernden Opiumkriegs – arg zerschossen daniederlag. Besonders schwer waren die europäischen Handelshäuser betroffen. Die „schwimmende Stadt" auf dem Fluss war ebenso verschwunden wie die berühmten Blumenboote. Die Lage war bedrohlich, da auch die Mandarine immer wieder Aufrufe gegen die „fremden Teufel" und verhassten Barbaren erließen. So herrschte eine fast unheimliche Stille, als das Kanonenboot anlegte. Plötzlich unterbrach Feuerlärm die Ruhe. Chinesische Banden hatten in der Nähe ein Haus angezündet und hofften, das Feuer werde auf das Haus des Kommandanten und die Pulvertürme übergreifen, was sich jedoch als Trugschluss erwies.

Die Österreicher statteten auch einem England treuen *Tartarengeneral* und Mandarin einen Besuch ab. Eine große Menschenmenge war in den Straßen versammelt, der Empfang beim General ging mit dem ganzen Pomp des chinesischen Zeremoniells vor sich. Böllerschüsse, ohrenzerreißende Musik, ein Spalier der entwaffneten Leibwache, dazu der General mit seidener Mütze, der jeden seinem Rang entsprechend begrüßte.

Von einem Ausflug nach dem portugiesischen Besitz Macao berichtet Scherzer:

Chinesische Dschunken waren häufig mit Augen bemalt, um „besser sehen zu können".

Straßenszenerie in Shanghai.

Kurskarte der Novara von Hongkong nach Shanghai.

Man legt in der Regel diese Reise in vier bis fünf Stunden zurück; der „Sir Charles Forbes" aber war ein kleiner, langsamer Dampfer, und da sich unsere Abfahrt in Folge des massenhaften Einschiffens von Kisten mit Opium, für welches man eben in Macao einen besseren Preis zu erzielen hoffte, um mehrere Stunden verspätete, so kamen wir erst bei anbrechender Dunkelheit in Macao an.
Wir waren nicht wenig überrascht, am Bord des Dampfers viele Passagiere mit Revolvers bewaffnet zu sehen. Allein dieser scheinbar übertriebene Vertheidigungszustand auf einer Fahrt von wenigen Stunden hatte seinen guten Grund. Erst neulich soll es sich ergeben haben, daß die europäischen Passagiere während der Fahrt von Hongkong nach Macao durch die am Bord befindlichen Chinesen überfallen und ermordet wurden. Die schlauen Chinesen lauschten den Moment ab, wo Capitän und Passagiere in der engen Schiffskajüte sich sorglos den Freuden der Tafel hingaben, bemächtigten sich des Schiffes und tödteten alle am Bord befindlichen Europäer. Der Capitän und einige Passagiere waren, um sich zu retten ins Wasser gesprungen, aber nur einem einzigen Engländer gelang es sich zu retten und von diesem schauderhaften Ereignisse Kunde zu geben.

Einer der Teilnehmer der *Novara*-Expedition fasste den Entschluss, sein weiteres Leben in Hongkong zu verbringen. Es war ein Koch, der seine gastronomische Ausbildung in Paris genossen hatte und seine Kunst hohen Herrschaften zu präsentieren hoffte. Die Rolle eines Schiffskochs schien ihn und sein Können zu wenig herauszufordern. Er wurde später Leiter eines großen Restaurants, und Scherzer meinte jovial, dass er vielleicht noch Leibkoch am Kaiserhof zu Peking werden könnte.

Einige Matrosen hatten sich in Hongkong mit Dysenterie infiziert. Bis zum Erreichen der australischen Gewässer erkrankten sechs Mann an dieser Darmkrankheit, drei davon verstarben.

Ein frischer Südwestwind half am 18. Juli mit, die *Novara* von der Küste zu entfernen. Zehn Tage später ging die Fregatte im Mündungsbereich des Jangtsekiang, des „Sohnes des Ozeans", vor Anker. An Wusong, der Zentrale des Opiumhandels, vorbei, ging es flussaufwärts in Richtung Shanghai.

SHANGHAI

Shanghai (chinesisch Stadt, annähernd der See) bestand vor 150 Jahren aus der mit hohen Mauern umgebenen Chinesenstadt und einem damals neuen, mit viel Eleganz und Bequemlichkeit angelegten Fremdenviertel. Eine Viertelmillion Menschen bewohnte die Stadt, die Scherzer nach seinem Aufenthalt im August 1858 beschreibt:

Die Gassen sind außerordentlich schmutzig, zuweilen kaum so breit, daß zwei Menschen bequem einander ausweichen können, und erinnern an die Seitengäßchen Venedigs oder die sogenannten Lanes in London. Nur mit Mühe vermögen sich die Lastträger in diesem Gedränge durch beständiges Schreien und Stoßen Bahn zu brechen und weiter fort zu bewegen. Die ein bis zwei Stock hohen Häuser haben im Erdgeschoß größtentheils Verkaufsläden mit glänzenden, riesigen Aufschriften, welche, um die Neugierde des Vorübergehenden noch mehr zu fesseln, häufig quer über die schmale Gasse hängen. Das Leben, das sich hier den ganzen Tag über entwickelt, ist so großartig und mannigfaltig, daß es auf den Fremden einen noch gewaltigeren Eindruck macht, als selbst das Wogen und Treiben an einem heiteren Maitag in Piccadilly oder Regentstreet. Das Unschöne, Schmutzige der meisten Erscheinungen erhöht gewissermaßen noch die Eigenthümlichkeit des Schauspiels, und während der Besucher einerseits bald genug Ursache findet, sich aus diesem wilden Getümmel wieder herauszusehnen, begegnet er andererseits auf jedem Schritte einem Gegenstand neuer Anziehung und fesselnden Interesses.

Wenn man durch das östliche Thor oder East gate, an dessen Mauern zahlreiche Todtenschädel hingerichteter Verbrecher und Rebellen dem großen Haufen zum warnenden Beispiel in Säcken und geflochtenen Körben aufgehängt sind, die Stadt betritt, so gelangt man in die China-Street, eine der Hauptgassen Schanghai's, in welcher sich die zierlichsten Verkaufsläden der Eingeborenen befinden.

Wir traten jetzt ganz nahe dem östlichen Stadtthore in einen Bücherladen, in dem sich ungeheure Massen broschirter Bücher aufgehäuft befanden. Eine Anzahl Chinesen in weiten Nankinjacken, den Vorderkopf glatt geschoren und rückwärts einen Zopf, welcher bis an die Ferse reicht, beeiferten sich die Schätze zu zeigen …

Scherzer erzählt weiters über öffentliche Bäder, Pfandleihanstalten und die Vielfalt an Krankenhäusern und auch Humanitätsanstalten selt-

Eine chinesische Familie.

Der kunstvoll angelegte Teegarten diente der Erholung und Erbauung der Bevölkerung.

samer Art wie etwa der *Halle vereinter Wohltätigkeit*, die es sich zur Aufgabe gemacht hatte, die kostspielige Beerdigung von verstorbenen Armen zu übernehmen. In einer *Halle der Gerechtigkeit* waren mit Ketten gefesselte Menschen in Käfigen zu sehen, denen schwere Verbrechen angelastet wurden, daneben befand sich eine Schaubühne, auf der den ganzen Tag heitere Stücke zur Aufführung gelangten. Speisehäuser und Teehäuser verschiedenster Qualität wurden von der männlichen Bevölkerung stark frequentiert:

> *Der Hauptvergnügungsort der einheimischen Bevölkerung Schanghai's ist aber der Theegarten (Tschin-huang-miau) oder Tempel des Kaisers, welcher zahlreiche Gartenanlagen und Verkaufsläden umfaßt und in dem Gaukler, Sänger, Spieler, Wahrsager, Musikanten und Possenreißer ihr Unwesen treiben. Die ganze Anlage ist höchst charakteristisch für das Barocke und Bizarre des chinesischen Geschmackes. Künstliche Canäle und Teiche mit übelriechendem, grünem, stagnirendem Wasser, in dem Lotosblumen ihre üppigen weißen Blüthen öffnen, zahlreiche Zickzackbrücken mit zierlich geschnitzten Geländern, Inseln mit künstlich aufgemauerten Felsen, Grotten, unterirdische Gänge, Pavillons von allen Größen und Formen mit bombastischen Sinnsprüchen, sind die Hauptbestandtheile des chinesischen Volksgartens, welcher, auf Staatskosten errichtet, in jeder größeren Stadt besteht, und in dem von Morgen bis Abend eine ungeheure Menschenmenge, welche Belustigung, Zerstreuung oder Gewinn sucht, unaufhörlich auf- und abwogt …*
>
> *Gleich dem Theegarten giebt es auch fast in jeder Stadt China's einen Tempel zu Ehren des großen Lehrers Kong-fu-tse, an dessen Weisheit und Moral sich noch heute, mehr als 2400 Jahre nach seinem Erdenwallen, nicht blos sein eigenes Volk, sondern alle für das Edle und Erhabene empfängliche Gemüther der Erde erbauen und erfreuen.*

Die Österreicher besuchten unter anderem auch das chinesische Kloster „Spiegel der Tugend", wo auch Fremde tageweise gegen Bezahlung Aufnahme fanden, um sich mit dem Tao, dem Weg der Erkenntnis nach den Grundlagen der Lehre Laotses, zu befassen. Großes Interesse erweckten die Läden, in denen Porzellan angeboten wurde, wobei man zwischen alten kostbaren Stücken und billiger Massenware unterscheiden musste, die man damals vermutlich aus Europa importierte.

Eine Eigenart der Chinesen bestand darin, Heuschrecken in kleinen, aus Bambusstreifen oder Draht geflochtenen Käfigen zu halten, die in ihren Gefängnissen unverdrossen und laut zirpten. Diese alte Sitte war in China seit Jahrhunderten weit verbreitet, selbst am Kaiserhof erfreute man sich daran, und kein Stoff, keine Stickerei, kein Gefäß war ohne die Darstellung dieses Tierchens vollkommen. Eines dieser Exemplare wurde mitsamt seinem Käfig auf die *Novara* gebracht, wo es monatelang – selbst bei Sturm oder im Schrank eingesperrt – ungebrochen seine Virtuosität zum Besten gab.

Die Teilnehmer der Expedition konnten in Shanghai täglich Einladungen annehmen. Chinesen und Weiße verschiedenster Nationen und aus allen Gesellschaftsschichten, Konsuln, Kaufleute, Missionare, Gelehrte, Redakteure und Offiziere bemühten sich, nützlich zu sein und Informationen zu liefern.

Für die Schiffsärzte der *Novara* brachte ein Besuch bei dem Missionar und Arzt Dr. Hobson neue medizinische Erkenntnisse über die Verwendung des Chinins. Der Arzt hatte soeben ein Lehrbuch der Physiologie im Kanton-Dialekt veröffentlicht und war gerade dabei, ein Handbuch der praktischen Chirurgie mit 400 Holzschnitten zu publizieren. Viele medizinische Ausdrücke mussten dafür erst graphisch neu gebildet werden. Ein Werk über Arzneikunde und Bücher über Frauen- und Kinderheilkunde standen ebenfalls auf seinem Programm. Übrigens war es den Ärzten der *Novara* nicht möglich, allen die Medizin betreffenden Vorschlägen und Wünschen nach Informationen, welche die k. k. Gesellschaft der Ärzte vor der Abreise vorgelegt hatte, nachzukommen und zu entsprechen, da der Katalog auch Fragen zu Gebieten enthielt, die die Route der *Novara* gar nicht berührte. Dr. Hobson jedenfalls informierte die Österreicher ausführlich über die uralte klassische chinesische Medizin, die sich von der allerdings weit beliebteren Kurpfuscherei streng distanzierte. Ein Standardwerk der traditionellen chinesischen Medizin, „Die Lehre vom Puls", soll schon 500 v. Christi geschrieben worden sein.

Auch ein anderes Problem wurde ausführlich diskutiert: Selbst wenn man annehmen konnte, dass nur ein bis zwei Prozent der chinesischen Bevölkerung dem Opiumkonsum verfallen waren, so handelte es sich doch um etwa fünf Millionen Chinesen.

Eines der interessantesten Erlebnisse war die Einladung zu einem reichen chinesischen Kauf-

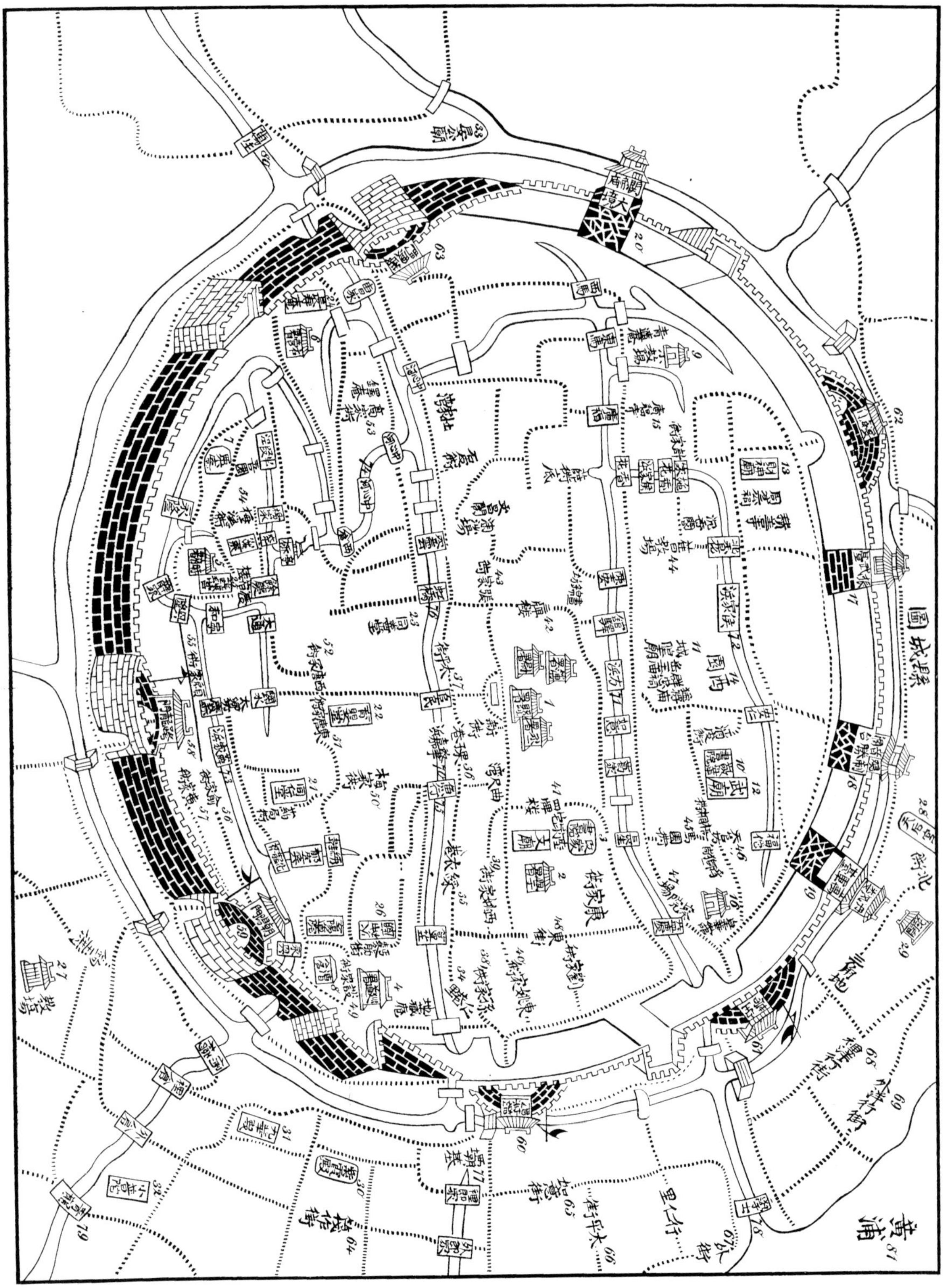

Stadtplan von Shanghai, um 1850.

mann, der das Gastmahl mit einer Theateraufführung aus „old, old times" verband.

Scherzer räsoniert über Gemeinsamkeiten der chinesischen Sitten mit den europäischen Gewohnheiten, wundert sich aber noch mehr über die Gegensätze: Denn so wie der Chinese beim Gruß den Kopf bedeckt, statt ihn zu entblößen, den Ehrenplatz zur Linken, statt zur Rechten anbietet, zur Farbe der Trauer die Weiße statt der Schwarzen bevorzugt, ebenso beginnt er die Mahlzeiten mit Speisen, mit denen man sie in Europa beendet. Das erwähnte Mahl begann mit Süßigkeiten und Früchten. Der Gastgeber reichte den Gästen mithilfe von Stäbchen die besten Bissen. Um zu beweisen, dass diese tadellos rein seien, zog er sie jedes Mal zwischen den Lippen durch und saugte sie ab, bevor er ein neues Stück auf den Teller legte:

> *Was die Art der gebotenen Gerichte anbelangt, so gestehen wir offen, daß uns die Mehrzahl davon unbekannt war, denn die chinesischen Köche setzen seltsamer Weise einen großen Werth darein, die Speisen unkenntlich zu machen und durch verschiedene Recepte und Geheimnisse ihren natürlichen Geschmack zu verändern.*
> *Leider schien unser Hauswirth sein Versprechen, uns ein echt chinesisches Mahl zu geben, so gewissenhaft erfüllen zu wollen, daß er uns mit keinem Leckerbissen der nationalen Küche verschonen zu dürfen glaubte. Und so wurden uns denn nicht blos Schwalbennester, Kibitzeier und gedämpfte Frösche, sondern auch gebratene Seidenwürmer, Haifischflossen, Reh- und Buffalo-Sehnen, Trepang, Bambuswurzeln, Seegras, halb ausgebrütete Küchlein und viele andere chinesische Delicatessen vorgesetzt. Der Tisch wurde mindestens drei Mal mit neuen Speisen frisch gefüllt, und wir glauben uns keiner Uebertreibung schuldig zu machen, wenn wir die verschiedenen aufgetragenen Gerichte auf mindestens ein halbes Hundert veranschlagen. Fleischspeisen waren entschieden in der Minderzahl und kamen bereits in kleine Stücke zerschnitten auf den Tisch; dagegen wurden Reis und Gemüse in allen erdenklichen Formen credenzt.*

In den letzten Tagen ihres Aufenthaltes beschäftigten sich die Wissenschaftler mit Fragen der Seidenproduktion, des Anbaus von Tee und mit den Problemen des Opiumhandels.

Taiping-Aufstand

Ein völlig anderes chinesisches Problem war der Taiping-Aufstand, der seit 1849 in mehreren Provinzen Chinas zu bürgerkriegsähnlichen Zuständen führte. Der Führer dieser Bewegung, ein Chinese namens Hong Xiuquan, meinte, in Visionen Botschaften zu erhalten, die ihn zum Kaiser von China bestimmten. Um 1850 umfasste die Sympathisantenschar bereits mehr als eine Million Chinesen. Die Doktrinen dieser Bewegung waren voller Widersprüche. Traditionelle religiöse Vorstellungen verbanden sich teilweise mit christlichem Gedankengut, die Ablehnung der regierenden Mandschu-Kaiser schloss einen eigenen theokratisch geführten Staat nicht aus, der allerdings die hierarchischen Vorstellungen und Lehren des Konfuzianismus als überholt ansah. Der Aufstand wurde wenige Jahre nach der *Novara*-Expedition mit Hilfe der Briten niedergeschlagen, er forderte vermutlich 20 Millionen Menschenleben und hinterließ ein in weiten Teilen verwüstetes, politisch völlig geschwächtes Reich und noch dazu ruinierte Staatsfinanzen. Die Opiumkriege und der Taiping-Aufstand führten dazu, dass das innenpolitisch weiterhin zerrissene China sich kaum gegen die Einflussnahme von Europa und später auch von Seiten der USA zur Wehr setzen konnte.

Die Volksrepublik China steht, was ihre Fläche anbelangt, heute an der vierten Stelle der Weltrangliste, die etwa 1,3 Milliarden Bewohner garantieren allerdings in dieser Kategorie den ersten Platz. Shanghai, schon zu Zeiten Scherzers mit etwa 300.000 Bewohnern eine der größten Städte der Welt, zählt heute mit Vorstädten und Umland an die 16 Millionen Menschen.

Am 11. August verließ die *Novara* ihren Ankerplatz und erreichte mithilfe eines Schleppdampfers die Hauptader des mächtigen Jangtsekiang.

In einer Stunde setzen wir zur Abfahrt die Segel und verlassen China, meint Scherzer am 15. August 1858 in einem Brief an die Akademie der Wissenschaften, der zusammen mit einer Kiste auf dem Seeweg als „Überlandpost" nach Österreich gelangte. Scherzer listet in dem Schreiben den Inhalt der Sendung auf, erwähnt unter anderem Medizinen aus chinesischen Apotheken, Stoff-

Vorhof des großen Buddhatempels in Shanghai.

proben, diverse alte Banknoten, chinesische Gazetten und Bücher, dazu ein höchst seltenes Exemplar eines Neuen Testamentes im Shanghai-Dialekt, vier Bände Anatomie und Physiologie nach europäischen Autoren in chinesischer Sprache, ein *Klassenbüchlein* aus der Jesuitenschule von Shanghai und Samen von Zuckerrohr, *der auch in kühleren Klimaten gedeiht*. Die nächste Meldung kündigt er für Anfang November aus Sydney an. Sein Brief endet mit dem Hinweis, ein kleines Paket zum Füllen der Kiste für den Handelsminister Georg Otto Ritter von Toggenburg beizulegen, und schließt mit den Worten:

Geehrtester Herr – mit ausgezeichneter Hochachtung – Euer Wohlgeboren – ganz ergebenster Dr. Karl Scherzer.

Die Novara segelte dem Stillen Ozean und neuen Abenteuern entgegen.

KAISERS GEBURTSTAG IM TAIFUN

Am Morgen des 18. August 1858 beendete eine frische Brise die schon seit langem andauernde schwüle Atmosphäre. Der Himmel war plötzlich mit Wolken bedeckt, deren Farbe fast ins Schwarze überging. Wind und Seegang nahmen an Stärke zu, die Luft trübte sich ein, das Barometer fiel – kurz, es schienen sich alle Anzeichen eines nahenden Taifuns einzustellen. Es war geplant, den 28. Geburtstag Kaiser Franz Josephs auch mitten im Chinesischen Meer nach österreichischer Tradition feierlich zu begehen. Die schwere See hinderte jedoch Commodore, Stab und Mannschaft daran, das geplante Programm auszuführen. Die Segel mussten gerefft werden, das Meer bäumte sich auf und warf die Fregatte so gewaltig hin und her, dass alles, was nicht festgeschraubt war, von einer Seite auf die andere geschleudert wurde. Wüllerstorf hatte trotzdem zu einem feierlichen Bankett geladen, wer nicht an der Seekrankheit litt, nahm vorerst noch heiter gestimmt am Mahle teil. Plötzlich – nach einem gewaltigen Ruck – verschwand ein Teil der Gesellschaft zusammen mit Gläsern, Flaschen, Tellern und Speisen von der Tafel und landete im wüsten Durcheinander zwischen zerbrochenem Geschirr und zertrümmerten Stühlen auf dem schwankenden Boden. Die Gäste waren ohne Verletzung davongekommen. Man nahm wiederum an der großen, festgeschraubten Tafel Platz und versuchte vergeblich seine Position zu behaupten.

Auch der nächste Tag war düster, von allen Seiten bedrängten die Wellen die Fregatte, die Spritzer schlugen bis hoch in die Masten hinein. Selbst erfahrene Matrosen und Seeoffiziere konnten sich nicht fortbewegen, ohne sich an den zu diesem Zweck vom Bug zum Heck gezogenen Tauen mit aller Kraft festzuhalten. Wie mochte es den weniger seefesten Wissenschaftlern bei den geschilderten Ereignissen ergangen sein? Scherzer, selbst nicht gegen Seekrankheit gefeit, berichtet von den gefahrvollen Stunden:

> *Regen und über Bord gepeitschte Wolkenspitzen, die der Orkan mit Wuth verstreute, hüllten uns in ein unheimliches Halbdunkel. Gegen Nordost bezeichnete die bleigraue Färbung compacterer Wolkenbänke die Lage des Zyklonen-Centrums. Die Bewegung des Schiffes war eine so gewaltige, daß die Seitenboote beständig Wasser schöpften und dieses beim Rollen der Fregatte wieder stromweise aufs Verdeck gossen. Zuweilen füllten sie sich dermaßen mit Wasser, daß durch ihr Gewicht die Krahne zu zerbrechen drohten, an welchen sie festgemacht sind. Die Batterie war von den Sturzwellen überschwemmt, welche an der Schiffswand zerschellten und deren Schaum der Sturmwind bis hoch in die Masten jagte. Die Wellen kreuzten sich in allen Richtungen, fast konische Wellenberge erhoben sich plötzlich, so weit man es zu schätzen vermochte, bis zu 25 und 30 Fuß Höhe und versanken wieder eben so schnell.*

Am 20. August bei Tagesanbruch hatte sich der Sturm gelegt, man konnte endlich daran gehen, die Schäden festzustellen. Masten und Tauwerk waren bis hoch hinauf mit einer Kruste von Seesalz überzogen. Dank der Disziplin an Bord war es möglich gewesen, während des Taifuns Messungen der Wellenhöhe vorzunehmen, die mitunter ein Ausmaß von 15 Metern erreichten. Die *Novara* hatte keine bedrohlichen Schäden erlitten, lediglich einige Kupferplatten, die unterhalb der Wasserlinie als Verkleidung dienten, hatten sich gelockert. Am meisten mitgenommen zeigten sich die Menagerie seltener Vögel und Affen sowie einige Nutztiere, die eigentlich als Frischfleisch dienen sollten. Wie sich später herausstellen sollte, waren die Tiere durch den Taifun derart „gestresst", dass ihr Fleisch ungenießbar wurde. Der Sturm hatte die in Käfigen gehaltenen Vögel geradezu gerupft, sodass sie völlig ohne Federn nur wenige Stunden überlebten.

Seekrankheit

Ein Übel, das erprobte Seeleute kaum betrifft, unter dem aber etwa 90 Prozent aller Landratten zu leiden haben, die nur selten eine Seefahrt unternehmen, ist die seit der Antike gut bekannte Nausea. Das Krankheitsbild umfasst Blässe, Schwindel, Kopfschmerz, Übelkeit und Erbrechen. Der wissenschaftliche Leiter der *Novara*-Expedition, Karl Scherzer, erwähnt diese später als Kinetose bekannte Krankheit kaum, Schiffsarzt Dr. Schwarz dagegen räumt dem Thema im medizinischen Band der *Novara*-Edition großen Stellenwert ein.
Einerseits war er bemüht, die Ursachen für dieses lästige Gebrechen mit physikalischen Tatsachen zu erklären, andererseits führt er in der Ätiologie (Lehre von den Ursachen) auch psychische Gründe an, wie Angst, Langeweile oder sogar Heimweh. Der damals noch kursierenden Theorie über Meeres-Miasmen oder einfach Miasmen (übler Dunst, Krankheit auslösende Substanzen) begegnet er mit Skepsis. Der Schiffsarzt stand wie alle Kollegen seiner Zeit dem Übel hilflos gegenüber. Therapien mit Chinin oder Baldrian waren ebenso zwecklos wie Lendengürtel nach dem Muster römischer Gladiatoren, Morphium, Seewasser, Pfefferkörner, Kaffee oder Alkohol jedweder Konzentration. Die Irritation des Gleichgewichtsorgans im Innenohr als Auslöser für Schwindel, Übelkeit und Erbrechen war noch nicht bekannt.
Schwarz selbst war von der Seekrankheit nie betroffen, wie er nicht ohne Stolz vermerkt: *Obschon ich von der Höhe des Opschtina* (in Triest) *aus, zum ersten Mal das Meer erblickte, und meine erste Seefahrt in dem Boote unternahm, das mich auf die Novara brachte, vollendete ich doch die Erdumsegelung, ohne einen Augenblick lang auch nur eine Anwandlung von Seekrankheit verspürt zu haben.*
Ein anderer Marineangehöriger, Franz Karl Ginzkey (1871–1963), der später vor allem durch sein Kinderbuch „Hatschi Bratschis Luftballon“ bekannt gewordene Schriftsteller, erzählt in seinen Memoiren von der Zeit als Kadett in der k. u. k. Marine von seinen Erfahrungen mit der Seekrankheit auf einer Schulungsreise mit der Korvette *Friedrich*:
Der erste Sturm! Wir Jungen waren zunächst begeistert. Für mich hatte der schöne Sturm das Schlimme, dass ich ganz jämmerlich seekrank wurde. Neptun verlangte Opfer von mir, die sich jeder Schilderung entziehen. Die See blieb auch später noch lange Zeit bewegt, mein Zustand wurde immer bedauernswerter, keines der mir angeratenen Mittel verfing.
Ich legte mich flach auf den Boden und ließ mich durchnässen und vom Seewind durchgerben.
Ich bat zwei Kameraden mich mit einem Tauende ein wenig zu prügeln, was, wie die Kameraden hohnlächelnd versicherten,, das probateste aller Mittel sei. Es erwies sich alles als vergeblich. Schließlich befand ich mich in einem derartig verantwortungslosen Zustand völliger Demoralisierung und grenzenlosen Lebensekels, dass ich mich ohne irgend jemandem eine Meldung davon zu erstatten in das Schiffsspital verkroch. Ich galt als verschollen, als über Bord gegangen, vermutlich von einem Haifisch gefressen, wie die gemütsvollen Kameraden meinten ...
Ginzkey, der später übrigens seinen Beruf als Offizier im Militärgeographischen Institut in Wien ausübte, hatte damals nur den einen Wunsch: *Erde, starke getreue Erde unter den Füßen zu spüren.*
Dr. Schwarz schlägt am Ende seiner Betrachtung über die Seekrankheit vor, den betroffenen oder gefährdeten Patienten rechzeitig eine Hängematte, die auf mehreren Achsen drehbar war, anzuweisen, um sie vor den heftigen Schiffsbewegungen zu schützen.

Nachdem die Fregatte die Zone der Stürme überstanden hatte, geriet sie in ein riesiges Gebiet trostloser Windstille, in dem sie zwei Wochen lang mit schlaffen Segeln lag. In Phasen der Flaute und bei längeren Strecken auf See stieg übrigens die Zahl der Kranken an Bord an, vermutlich auch weil zu wenig frisches Obst und Gemüse vorhanden war. Zudem waren – wie erwähnt – schon in Hongkong einige Männer an Dysenterie erkrankt, und auf der Reede von Shanghai hatte sich etwa ein Drittel der Besatzung mit Influenza infiziert. Die davon geschwächten Männer waren nun offensichtlich anfälliger für Krankheiten aller Art. Aus langer Erfahrung war bekannt, dass die von Dr. Schwarz so bezeichnete *Qualitative Mangelernährung* (eigentlich erste Anzeichen von Skorbut) durch Verabreichung von Sauerkraut gelindert werden konnte. Als das Sauerkraut nun auszugehen drohte, wurden die Vorräte für die Kranken reserviert.

Am 30. August war bei 149° 53’ östlicher Länge das Grenzgebiet des für die Seefahrt so wichtigen Südwestmonsuns erreicht. Man konnte hoffen, in vier Tagen vor dem nächsten Ziel, der Insel Puynipet, zu ankern, wenn eine günstige Brise die Segel geschwellt und der Fregatte weitergeholfen hätte. Doch wegen unerwarteter Flauten sollte es noch weitere 15 Tage dauern, bis sich endlich die Silhouette der Insel am Horizont zeigte.

Die Novara im Taifun.

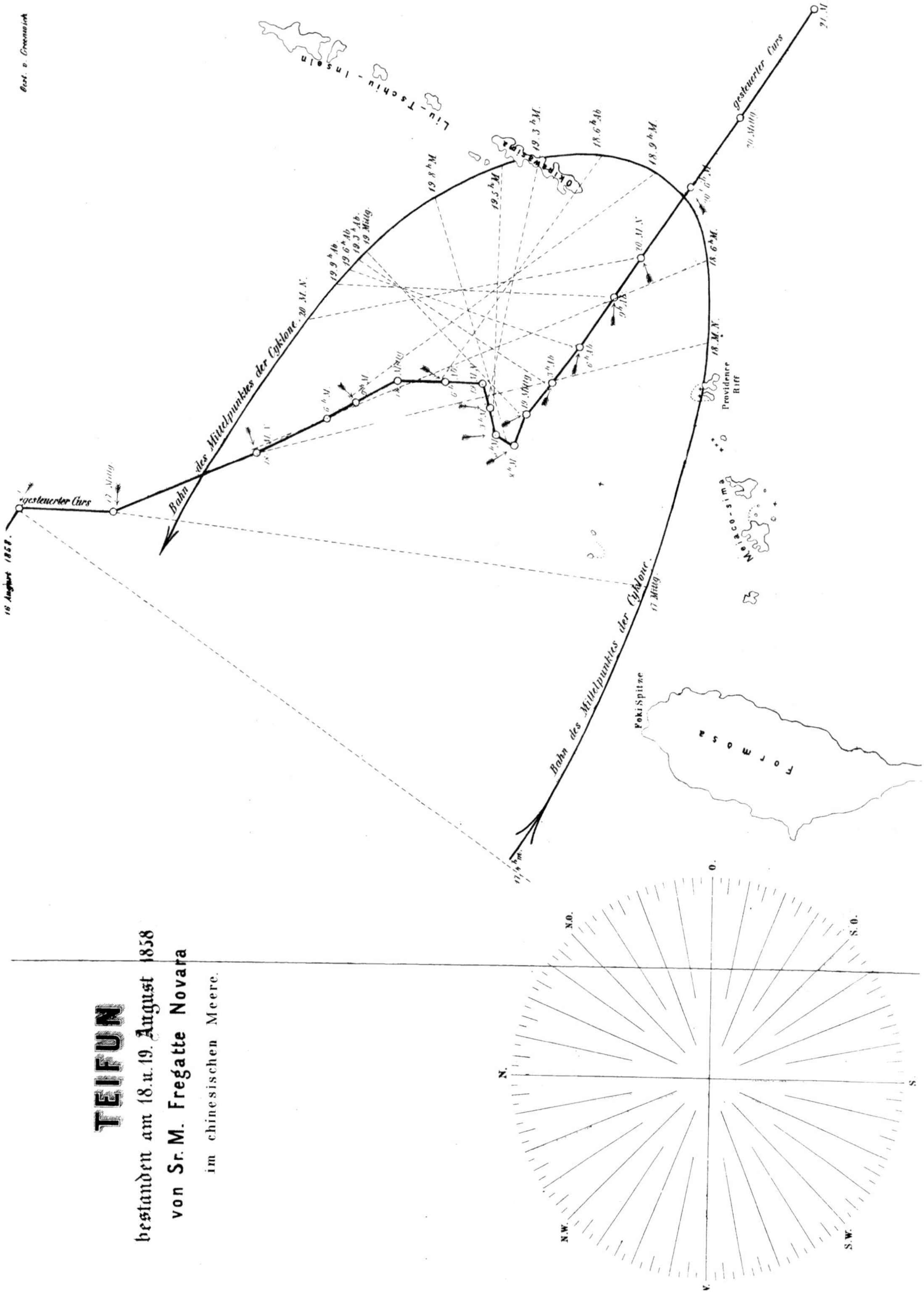

Kurskarte der Novara während des Taifuns im Chinesischen Meer.

12

Von den Koralleninseln Mikronesiens zum fünften Kontinent – Überraschende Ergebnisse in Australien

DIE INSEL PUYNIPET (POHNPEI)

Vermutlich war es der Portugiese Pedro Fernández de Quirós (1563–1615), der zu Beginn des 17. Jahrhunderts auf der Suche nach der Terra Australis verschiedene kleine und kleinste Inseln im westlichen Pazifischen Ozean für Europa entdeckte. 30 Jahre vor Ankunft der *Novara*, genauer gesagt im April 1828, stieß ein russischer Marineoffizier, Weltumsegler, Entdecker und Schriftsteller mit dem Namen Fjodor Petrowitsch Graf Lütke (1797–1882) nochmals offiziell auf diese Inselgruppe, die er nach einem russischen Admiral „Senjawininseln" benannte. Graf Lütke hatte die Inseln nie betreten, schätzte jedoch die Eingeborenen, dank der gesichteten Kanus, auf etwa 2000 Seelen. Die Männer der *Novara* erwiesen sich im September 1858 als weit gründlicher bei ihren Recherchen, blieben sie doch einen ganzen Tag auf einer der Inseln, wobei sie in dieser kurzen Zeit erstaunlich umfangreiche Forschungsergebnisse einheimsen konnten. Es war die Insel Pohnpei (bis 1990 Ponape), die heute zusammen mit weiteren 162 kleineren Inseln und Atollen einen Bundesstaat der Föderierten Staaten von Mikronesien bildet. Die Wirtschaft der größten mikronesischen Insel, die zum Karolinen-Archipel gehört, ist vom Tourismus geprägt und gilt wegen ihrer herrlichen Strände und des kristallklaren Wassers als Urlaubsparadies ersten Ranges.

Zum ersten Mal bot sich für die Wissenschaftler die Gelegenheit, die Naturwunder ozeanischer Korallenbauten zu studieren. Puynipet galt und gilt als eines der schönsten Beispiele unter den von Wallriffen regelmäßig umschlossenen gebirgigen Inseln des Pazifiks, während die Mehrzahl der übrigen Eilande nur so genannte Atolle bildet. Es waren keine Geringeren als Alexander von Humboldt und Charles Darwin, die sich intensiv mit dem Phänomen der Koralleninseln beschäftigt hatten.

Atolle

Unter Atoll versteht man eine annähernd kreisrunde, aus Korallen gebildete Insel, die in Form eines Ringes eine Lagune (einen eingegrenzten seichten Meeresteil) umschließt. Der Korallenring, der durch die Brandung an manchen Stellen durchbrochen sein kann, ist meist von einer dünnen Erdschicht bedeckt, auf der Kokospalmen wachsen. Nach einer Theorie von Darwin entstehen Atolle an den Hängen eines im Meer versunkenen Vulkans, wobei das Korallenriff durch die ständige Ablagerung verkalkter Korallenskelette immer weiter nach oben bis an die Meeresfläche wächst. Der österreichische Meeresbiologe Hans Hass (* 1919) meinte hingegen, dass sich Atolle auch um kegelförmige Riffe bilden können. Atolle gibt es nur in tropischen Gewässern. Übrigens, ein Staat, der nur aus Atollen besteht, sind die als Taucherparadies geschätzten Malediven. Die Koralleninseln sind heute aufgrund der globalen Erwärmung und des Anstiegs der Meeresspiegel akut gefährdet. Die wegen der geringer werdenden Ozonschicht zunehmende UV-Strahlung und

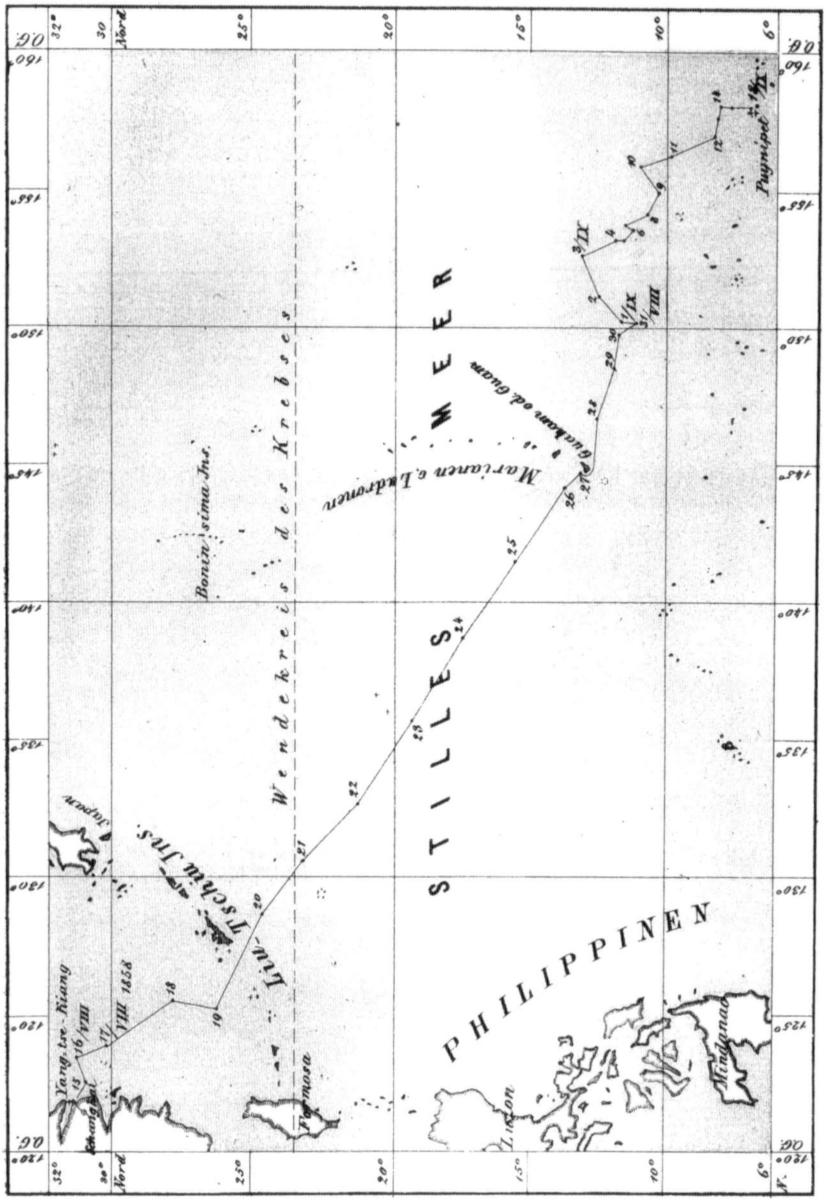

Kurskarte der Novara von Shanghai zur Insel Puynipet.

die ansteigende CO_2-Konzentration in der Atmosphäre stehen im Verdacht, die Korallen zu zerstören. Gerade das Jahr 2008 wurde wegen dieser bedrohlichen Gefährdung der Korallengebilde zum „Jahr des Korallenschutzes" erklärt.

Da die *Novara* den scharfen Korallenriffen nicht zu nahe kommen durfte, musste vom Commodore ein Boot ausgesetzt werden, das ihn und die Wissenschaftler durch ein wahres Labyrinth von Korallenbauten unter der Wasseroberfläche in der seichten Lagune endlich an Land brachte. Scherzer berichtet von der ersten Begegnung mit den *braunen Eingeborenen*:

> *Bald darauf umschwärmte uns eine große Anzahl von Eingeborenen in zierlichen roth angestrichenen Canoes aus ausgehöhlten Baumstämmen mit Auslegern, welche ganz eigenthümliche, gerüstartige Stützen haben, so daß in der Mitte des Canoes eine Art Plattform entsteht, auf der gewöhnlich der Häuptling sitzt und welche bei festlichen Anlässen sogar als ein kleiner Tanzboden benützt werden soll.*
>
> *Viele Achtung und Aufmerksamkeit wird auf der Insel dem weiblichen Geschlechte erwiesen, das zu keinerlei Beschäftigung verhalten ist, welche ihm nicht ordnungsgemäß zukommt. Alle Arbeit außerhalb des Wohnsitzes wird von den Männern besorgt, welche Hütten und Canoes bauen, Yams- und Kawawurzeln pflanzen, fischen, die Naturproducte von den Pflanzungen nach Hause befördern und sogar kochen.*
>
> *Von jeher nicht gerade Musterbilder der Tugend und Keuschheit, hat die Einführung europäischer Putzsachen und Luxusartikel aller Art noch mehr beigetragen die Unsittlichkeit unter den weiblichen Eingeborenen der Insel zu vermehren, welchen für alle Gegenstände der europäischen Cultur die größte Versuchung und die unwiderstehlichste Sucht, sie zu besitzen, innewohnte.*
>
> *Die Häuptlinge haben gewöhnlich mehrere Frauen, wie überhaupt Polygamie, ähnlich wie bei den Mormonen, nur durch die Mittel, die Frauen ernähren zu können, beschränkt ist. Die weiblichen Eingeborenen der Insel sind ungemein schwatz- und tratschhafter Natur, sie vermögen nicht einmal ihre eigenen Geheimnisse zu bewahren, und selbst ein Verbrechen soll oft fast im Momente, wo es begangen wurde, auch schon allgemein bekannt sein. Die Mehrzahl des weiblichen Geschlechtes ist hübsch; da die Mädchen aber sehr frühzeitig heiraten, so verlieren sie bald ihre jugendliche Schönheit. Ihre Farbe ist weit heller als die der Männer. Die Ursache dieser Erscheinung liegt wohl hauptsächlich in dem Umstande, daß sie eine Art von Ueberwurf aus Calico tragen: ein großes Tuch mit einer Oeffnung in der Mitte, um es über den Kopf ziehen zu können, was ihre Haut mehr vor dem directen Einflusse der Sonne schützt.*

Scherzer schildert die Begegnung mit den Häuptlingen, die den Fremden Kokosmilch kredenzten oder den „neckischen Anzug", vielmehr das Röckchen der männlichen Eingeborenen, das aus Blättern der Kokospalme verfertigt war und am Bund mithilfe einer Schnur zusammengehalten wurde. Männer und Frauen fanden es schön, ihren Körper mit kunstvollen Tätowierungen zu verzieren. Die Prozedur wurde bereits an Kindern mithilfe von Piniennadeln und Fischgräten durchgeführt, die in die Haut eingeritzten Ornamente wurden sodann sorgfältig mit Säften, die die üppige Natur zur Verfügung stellte, eingefärbt.

Geld besaß auf der Insel keinen Wert – Tauschhandel war das große Geschäft. So waren bei dem Tausch zwölf Hühner gegen 24 Stück Kautabak beide Handelspartner sehr zufrieden.

Die Österreicher kamen alsbald auch mit einigen Weißen in Kontakt, die ein seltsames Geschick oder der Zufall an diese Insel geschleudert hatte. Die Insel war damals Sammelplatz der Walfänger im Karolinen-Archipel, da man dort Brennmaterial, frische Nahrungsmittel und Trinkwasser laden konnte. Die Walfänger pflegten sich hier auch mit Schildpatt einzudecken, das mit enormem Gewinn in den Hafenstädten Chinas und Europas veräußert wurde.

Schildpatt

Als Schildpatt bezeichnet man die hornartig verdickte Platte des Rückenschildes mehrerer Arten von Schildkröten. Die so genannten Karettschildkröten (*Caretta* und *Eretmochelys imbricata*) wurden lediglich wegen ihres Panzers gejagt, der zu Kämmen, Dosen und Schmuck verarbeitet wurde. Der etwas dünnere Panzer der wegen ihres delikaten Fleisches

Karl Scherzer bezeichnet die Hautfarbe der Bewohner der Insel Puynipet als helles Kupfer.

Am 16. September 1858 erreichte die Novara die Gewässer von Puynipet. Eingeborene kamen der Fregatte mit einem Boot entgegen.

begehrten Suppenschildkröten *(Chelonia mydas)* fand hingegen nur als Verkleidung von Laternen Verwendung. Erst im Jahr 1973 wurden die genannten Arten im Washingtoner Artenschutzübereinkommen unter strengen Schutz gestellt, der Handel mit Schildpatt wurde – wie auch der mit Elfenbein – weltweit offiziell verboten.

Obwohl der Aufenthalt auf Pohnpei nur wenige Stunden gedauert hatte, konnten Scherzer und Schwarz auch hier ihre anthropologischen Messungen durchführen, was für sie von großer Wichtigkeit war, um die bisher untersuchten *Racen* damit vergleichen zu können.

Die *Novara* konnte sich nach diesem eintägigen Besuch nur mühsam von der Inselgruppe entfernen, da die Äquatorzone mit ihren berüchtigten Windstillen kaum eine Fahrt ermöglichte. Die Fregatte überquerte am 29. September zum sechsten Mal den Äquator und war in den folgenden Tagen einem seltsamen Spuk ausgesetzt: Immer wieder hörte man ein dumpfes Grollen, das manche im Bug, manche im Heck der *Novara* zu hören glaubten. Nachts war das unheimliche Geräusch besonders deutlich zu vernehmen. In der Naturkunde besonders bewanderte Matrosen meinten, dass es sich nur um eines der berüchtigten Seebeben handeln könne. Des Rätsels Lösung fand sich erst, als man nach längerem Suchen zum zweiten Mal die Kanonenkammer inspizierte, um endlich festzustellen, dass sich von den hier gelagerten schweren Kugeln 80 Stück gelöst und eine Holzwand eingedrückt hatten und nun in dem mit einer Blechfolie verkleideten Brotdepot hin und her rollten. So löste sich auch dieses düstere Geheimnis.

Während der langen Weiterfahrt erließ der Commodore wiederholt die Order, die Mannschaft an Deck bewegen zu lassen, dazu spielte die Bande auf – beides *um den Geist heiter zu erhalten*, bis endlich am Horizont die Salomon-Inseln und die Gruppe der Stewart-Inseln erschien.

DIE KORALLENINSEL SIKAYANA (SIKAIANA)

Als die *Novara* am 17. Oktober etwa fünf Seemeilen von einer kleinen Inselgruppe entfernt war, die von Briten Stewart-Inseln genannt wurden, näherten sich zwei große Kanus, in denen sich einige bis auf die Lendengürtel gänzlich nackte Männer befanden. Die Eingeborenen, durchwegs kräftige große Gestalten mit hellbrauner Hautfarbe, kletterten an Deck und begannen in gebrochenem Englisch eine erste Unterhaltung. Scherzer staunte über ihr freundliches, ungezwungenes und gewandtes Benehmen. Seine Überraschung erreichte den Höhepunkt, als einer dieser „Natursöhne" zufällig ein Damebrett erblickte und den umstehenden Österreichern eine Partie anbot, souverän spielte und gewann.

Am gleichen Abend gab es auf der *Novara* jedoch eine traurige Pflicht zu erfüllen. Ein Matrose war nach langem Leiden verstorben und sollte aus Rücksichten der Sanität alsbald eingesegnet und dem Ozean übergeben werden. Es war bereits dunkel, als sich Offiziere und Mannschaft auf dem Deck versammelten, um dem Kameraden mit den üblichen Zeremonien die letzte Ehre zu erweisen. Die Schiffsglocke ertönte, das schmale Brett, auf dem der in seine Hängematte eingenähte Tote ruhte, wurde ans Fallreep gebracht und mit einem Ruck geneigt. Der Körper fiel mit einem dumpfen Ton ins Meer.

Da es auch hier wegen der Korallenriffe nicht möglich war, die *Novara* in Ufernähe zu bringen, wurden drei Boote ausgesetzt, die Offiziere und Naturforscher auf die Insel brachten. Die Fregatte musste inzwischen in einiger Entfernung kreuzen.

Die Gruppe der Österreicher spaltete sich und ging getrennte Wege. Ein Teil suchte den Kontakt mit Eingeborenen, um Lebensmittel gegen mitgebrachte Waren wie Werkzeuge, Textilien und Zwieback einzutauschen, andere wanderten zum Küstensaum des Atolls, um sich über dessen Beschaffenheit zu informieren. Der Anblick des Riffs war überwältigend:

> *Korallen von allen Formen wuchsen wie Buschwerk auf einer Wiese. Dazwischen schwammen buntfärbige Fische, und prachtvoll indigoblaue Seesterne und Muscheln der seltsamsten Art bevölkerten den Grund. So weit ihr Boden aus Anhäufungen von Korallen- und Muschelfragmenten besteht, erscheinen fast ausschließlich nur Kokospalmen, während dort, wo die Bimssteine beginnen, auch ein überaus üppiger Hochwald von hochstämmigen Laubbäumen und einer im Vergleich zu ähnlichen Atoll-Inseln an Species überraschend reichen Flora seinen Anfang nimmt.*

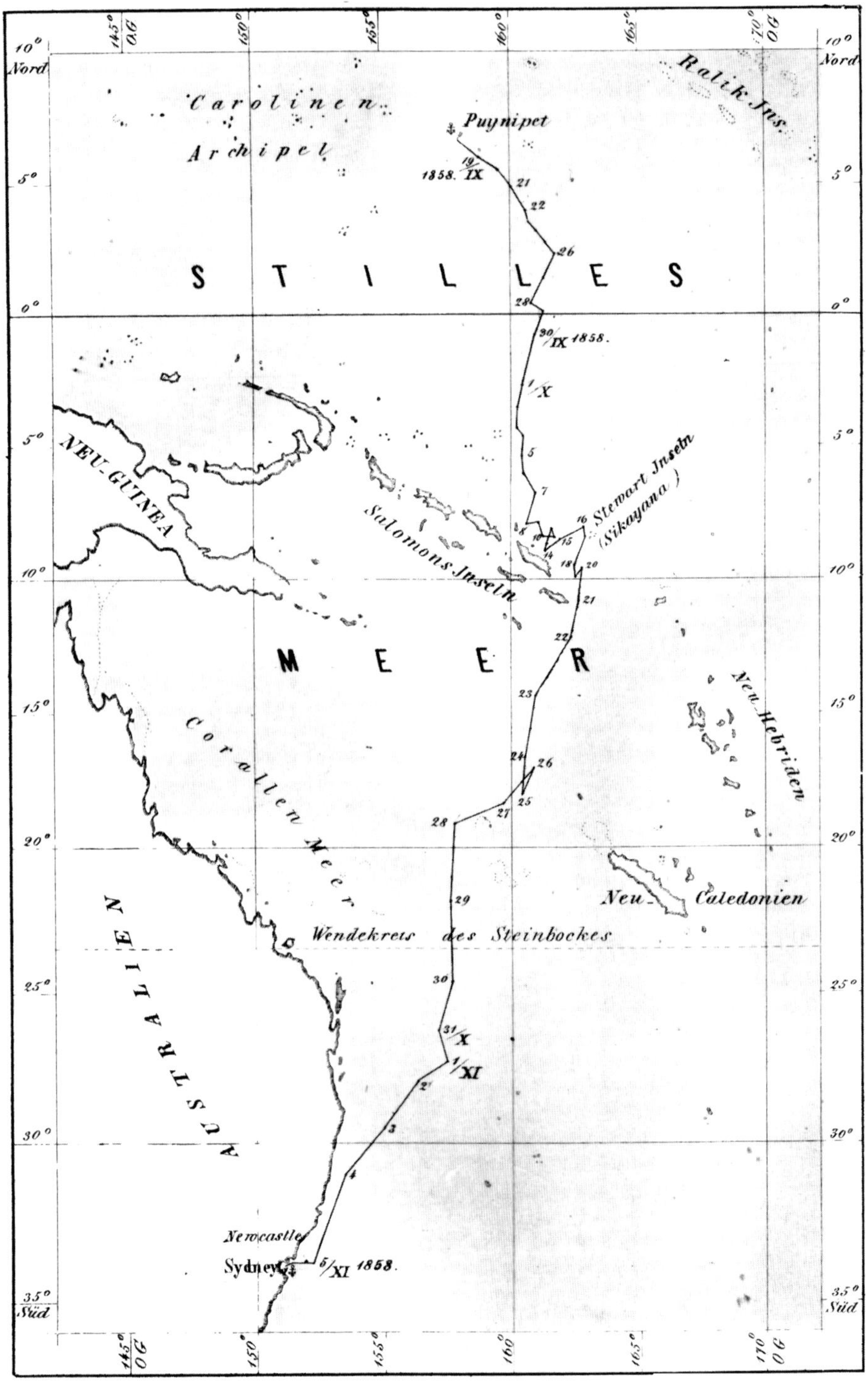

Kurskarte der Novara von Puynipet nach Sydney.

Ein Bewohner der Insel Sikayana mit seinem Auslegerboot.

Wohnhütten aus Palmblättern am Strand von Sikayana.

Das interessante Atoll heißt heute Sikaiana, auf dessen Saumriff drei kleine Dörfer liegen. Politisch gehört diese Gruppe, die von 300 Menschen bewohnt wird, zum Inselstaat der Salomonen.

Bald kam eine frische Brise auf und führte die Fregatte nach Süden, die windarme Zone der Kalmen war endlich durchquert, ein kräftiger Südostpassat zeigte nun seine Stärke. Die hölzernen Wände der *Novara* knisterten und ächzten, als wollte sie in viele Stücke bersten. Obwohl die Weltumsegelung nun schon eineinhalb Jahre dauerte und der Taifun sowie der Sturm an der Südspitze Afrikas gut überstanden waren, konnten die Wissenschaftler weder Tag noch Nacht zur Ruhe kommen. Die „Non Combattants", wie sie von den Marineoffizieren spöttisch genannt wurden, hatten Neptun wohl wiederum ein gehöriges Opfer zu bringen. Die ungemütliche Lage wurde noch bedrohlicher, weil die *Novara* wegen eines kleinen Lecks ungewöhnlich viel Wasser zog und dringend einer Überholung bedurfte.

An einem heiteren frühlingshaften Novembermorgen – die *Novara* befand sich ja wieder auf der südlichen Hemisphäre – kam endlich die Küste Australiens in Sicht. Nach 83 Tagen auf See konnte die Fregatte in Port Jackson, nordöstlich von Sydney, den Anker werfen – der fünfte Kontinent, den man während der Expedition betreten konnte, war glücklich erreicht. Der Aufenthalt, der länger dauerte als ursprünglich geplant, brachte der Wissenschaft ergiebige Erkenntnisse und sollte zu einem gesellschaftlich herausragenden Großereignis werden.

AUSTRALIEN

Um halb 6 Uhr abends, Freitag, den 5. November 1858 glitt das k. k. Österreichische Kriegsschiff Novara im 8 Klafter tiefen Wasser zu seinem Ankerplatz im sandigen Becken in Palmers Cove außerhalb von Garden Island.
Die Reise hatte am 30. April 1857 begonnen, und noch weitere 9 Monate mussten vergehen, bis die Offiziere, Wissenschaftler und die 334 Mann am 26. August als Helden in Triest begrüßt und nachfolgend in Wien vielfach gefeiert werden konnten. Bemannt mit einer Schar hervorragender Offiziere unter dem Befehl des Commodore Bernhard von Wüllerstorf-Urbair, ein schwieriger Name, daher auch von dem Sydney Morning Herald vom 6. November als „Wüllerstorf-Noleair" verunstaltet, hatte die Novara ursprünglich einen Aufenthalt von 11 Tagen in Sydney geplant.
Es wurde aber für das größte Kriegsschiff, das bis dahin Port Jackson besucht hatte, erforderlich, in das Trockendock von Cockatoo Island einzulaufen. Der Aufenthalt verlängerte sich dadurch bis zum 7. Dezember 1858.

So beschreibt der australische Germanist John E. Fletcher (1940–1992) von der Universität Sydney in einem Artikel mit dem Titel „On Unlocking a time-warp" in einem Sammelband zur Geschichte Australiens aus dem Jahr 1987 die Ankunft der *Novara*.

Wie bei allen Aufenthalten war Scherzer, der „Zivilist mit dem Privileg zum Tragen einer Diplomatenuniform", mit der Aufnahme von ethnographischen, sozialen, politischen und wirtschaftlichen Informationen beschäftigt. Vom Fleiß und Eifer des Malers Selleny und des Präparators Zelebor zeugten die große Anzahl an Skizzen, Bildern mit australischen Motiven und die vielen aus Australien stammenden präparierten Tiere.

Scherzer und die übrigen Österreicher zeigten sich vom fünften Kontinent in vielfacher Weise begeistert. Der wissenschaftliche Leiter spricht von *unermesslichem Naturreichtum*, von einem (im Raum Sydney) durch *Milde und Zuträglichkeit ausgezeichneten Klima*, bewundert Flora und Fauna, lobt alle staatlichen Institutionen und privaten Initiativen und schwärmt geradezu von der britischen Kolonialmacht, die es verstanden habe, sich ihrer Auswanderer fürsorgend und auch zum Vorteil des Mutterlandes unterstützend anzunehmen. England betrachte ja jede neue Kolonie als Erweiterung der Heimat und als neuen Standort für seinen Handel. Andere europäische Staaten, resümiert Scherzer mit Blick auf Österreich und die übrigen Länder des Deutschen Bundes, würden ihre Emigranten ziehen lassen, der Verlust tausender Arbeitskräfte pro Jahr hinterlasse große Lücken in der Volkswirtschaft. England hingegen habe es verstanden, die Fähigkeiten seiner Emigranten auch in fernen Weltteilen nutzbringend und dienstbar zu erhalten.

Englische Schiffe wurden die Vermittler des Welthandels und das englische Idiom die Nationalsprache aller Seefahrer.
Australien oder Neu-Holland, wie es von den ersten Befahrern seiner Küsten mit stolzer Hervorhe-

Die Tierwelt Australiens wurde von vielen Forschern des 19. Jahrhunderts als höchst eigenartig bezeichnet.

In den Hafenstädten logierten die Marineoffiziere und Wissenschaftler stets in Hotels.

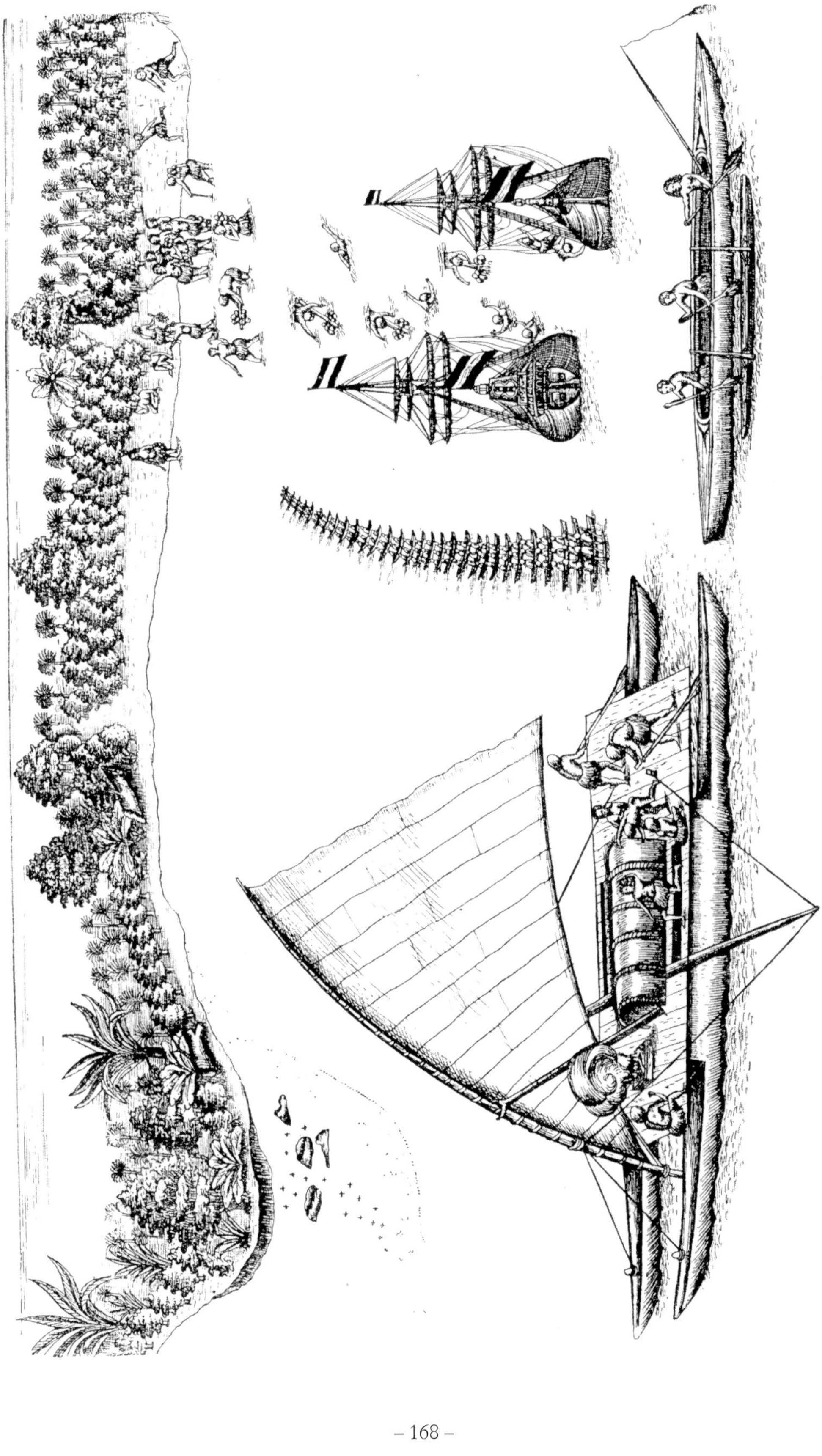

Holländische Schiffe und Fidschiinsulaner nach einer Zeichnung des Entdeckers Abel Tasman.

bung ihrer Nationalität benannt wurde, bietet in dieser Beziehung von allen britischen Colonien das belehrungsreichste Beispiel. England hat nicht nur diesen gewaltigen Continent der europäischen Cultur erschlossen, denselben mit hunderttausenden seiner Söhne bevölkert, und sich selbst, so wie allen seefahrenden Völkern einen neuen großartigen Markt eröffnet; es hat hier gewissermaßen auch eine psychologische Frage gelöst: daß es nämlich keineswegs ein dem Menschen innewohnender, natürlicher Hang zum Bösen, sondern daß es hauptsächlich die Macht der Verhältnisse ist, welche ihn zum Uebelthäter und Verbrecher stempelt, und daß sogleich die Göttlichkeit seines Ursprungs sich wieder kund giebt, sobald er nur, in eine andere, günstigere Lebenssphäre versetzt, Gelegenheit findet, durch freie, unbehinderte Entwicklung seiner physischen und geistigen Kräfte auf rechtschaffene Weise seinen Lebensunterhalt zu verdienen.

Die erste dauerhafte britische Ansiedelung in Australien geht auf eine Strafkolonie für Verbrecher zurück, die am 28. Jänner 1788 ausgerechnet dorthin verfrachtet wurden, wo sich 70 Jahre später – zur Zeit der *Novara*-Expedition – das reizend gelegene Port Jackson bei Sydney, eine Stadt *von solchem Glanze, von solcher Großartigkeit und Pracht* ausbreitete. Scherzer, der den Beinamen der Stadt, „Königin des Südens", erwähnt, berichtet von 93.000 Bewohnern und insgesamt 350.000 Seelen der Kolonie Neusüdwales, von der 1851 Viktoria, 1853 Tasmanien und 1859 Queensland abgetrennt worden waren. Im ersten Drittel des 19. Jahrhunderts waren außerdem die Provinzen West- und Südaustralien gegründet worden. Zu Neujahr 1901 schlossen sich die bislang voneinander unabhängigen Kolonien zum Commonwealth of Australia im Rahmen des britischen Weltreiches zusammen.

Weit langwieriger und komplexer war die Entdeckungsgeschichte Australiens durch die Europäer.

Entdeckung eines Kontinents

Bereits in der Antike gab es Gerüchte über ein Gebiet – Terra Australis incognita –, das es im Zeitalter der Entdeckungen zu Beginn der Neuzeit endlich zu finden und zu erkunden galt. Vermutlich erreichten zuerst spanische Seefahrer den Kontinent, gefolgt von einzelnen Holländern, bis 1642 die mächtige Niederländische Ostindien-Kompanie an Abel Tasman (1603–1659) den Auftrag erteilte, die Küste des „Landes im Südosten" zu erforschen. Der Seefahrer entdeckte auf dieser Fahrt ins Ungewisse jene Insel im Süden Australiens, die bis heute seinen Namen trägt. Er umsegelte in der Folge auch die nördliche Küste des Kontinents und nannte das riesige neu entdeckte Gebiet „Neu-Holland", ein Name der bis in das frühe 19. Jahrhundert erhalten blieb.

Mehr als 130 Jahre sollten verstreichen, bis endlich der legendäre englische Kapitän James Cook (1728–1779) im Jahr 1770 als erster Europäer an der Ostküste australischen Boden betrat und die Terra Australis sozusagen nochmals offiziell entdeckte. Das Gebiet wurde zur Kolonie erklärt und unter dem Namen Neusüdwales der britischen Krone unterstellt. England hatte wenige Jahre zuvor den Krieg gegen seine rebellischen Kolonisten in Nordamerika verloren, was zur Folge hatte, dass ein neuer Staat – die USA – entstanden war. Nachdem Amerika als Aufenthalt für Sträflinge nicht mehr in Frage kam, meinte die britische Regierung, im kaum bewohnten Australien einen Ersatz für seine unerwünschten Elemente gefunden zu haben. Im Jänner 1788 trafen die ersten Schiffe der „First Fleet" mit hunderten Sträflingen und etlichen freiwilligen Auswanderern in Port Jackson ein. Eine neue Siedlung erhielt zu Ehren des damaligen Innenministers Lord Sydney dessen Namen.

Scherzer widmet in seinem 94 Druckseiten umfassenden Bericht über Australien etwa 14 Seiten der Geschichte der Strafkolonie und den Problemen, die sich sowohl für die Gefangenen (Deportierten) als auch die Kolonialregierung, die Zivilbevölkerung und die wirtschaftliche Entwicklung von Neusüdwales ergaben. Auch das Trockendock auf der Kakadu-Insel, in dem die *Novara* überholt wurde, war kurz zuvor mit der Hilfe von Gefangenen vollendet worden, und an den Arbeiten an der Fregatte waren neben den eigenen Arbeitskräften der Mannschaft und australischen Kalfaterern (Schiffszimmerleute) auch Gefangene beteiligt. Scherzer merkt an, dass das *in neuerer Zeit arg verschrieene System der Deportation ganz wesentlich zur Entwicklung der Kolonie beigetragen haben,* und sinniert über die Möglichkeit, österreichische Verbrecher auf unbewohnten, aber kultivierbaren Inseln auszusetzen – natürlich mit Unterkunft und Versorgung –, mit der Aussicht, dass sie es nach einer Reihe von Arbeitsjahren wieder zu redlicher selbstständiger Tätigkeit bringen könnten, denn:

> *In Strafcolonien dagegen arbeitet der deportirte Verbrecher eben so zum Nutzen der Gesellschaft wie in seinem eigenen Interesse. Er öffnet der Cultur, dem Handel und der Industrie neue, unermessliche Länderstrecken.*
> *Auch der freie Ansiedler ist in primitiven Ländern gefährlichen Krankheiten ausgesetzt, aber sie vermindern sich im Verhältnisse, als er die Natur zu beherrschen, die Wälder zu lichten, den Boden für den Anbau zu gewinnen, die Sümpfe trocken zu legen beginnt.*
> *Die heutige Bevölkerung von Neu-Süd-Wales liefert trotz all' ihrer Laster und Verirrungen den belehrenden und erfreulichen Beweis, was aus einer noch so verderbten Menschenmenge unter gewissen Umständen, durch eine verständige Leitung und Benützung ihrer Kräfte zu werden im Stande ist.*
> *Zwischen hohen Gefängnismauern in düstere Zellen eingesperrt, die Hände und Füße mit schweren eisernen Ketten gefesselt, auf hartem Lager zu einem lebenslänglichen Nichtsthun verdammt, würden die seit fünfzig Jahren nach Botany-Bai gesandten Verbrecher dem Staate und der Gesellschaft ohne irgend einen Ersatz ungeheuere Summen gekostet und ihre traurige Existenz wahrscheinlich in einem dumpfen Dahinbrüten über ihr Schicksal und die Möglichkeit, sich an ihren Mitmenschen zu rächen, geendet haben.*

Nach anhaltenden Diskussionen und dem Druck der öffentlichen Meinung wurden die Deportationen von Sträflingen 1840 in Neusüdwales und erst 1869 in Westaustralien gänzlich eingestellt.

Noch bevor die Österreicher den Boden Australiens betreten konnten, überraschte man sie mit Beweisen großen Interesses und einer fast enthusiastischen Sympathie. Alle Mitglieder des Stabes und die Wissenschaftler erhielten ein Exemplar der deutschsprachigen „Australischen Zeitung" an Bord geschickt, die ein aus Graz eingewanderter Drucker und Verleger namens John Degotardi herausgab. Die Ausgabe vom 6. November 1858 stand ganz im Zeichen der *Novara*. In mehreren Artikeln wurden die Aufgaben und Leistungen der Expedition und ihre Teilnehmer gewürdigt und auf alle zu erwartenden Empfänge und Veranstaltungen Bezug genommen. Da die *Novara* für drei Wochen ins Trockendock musste, blieb den Österreichern genügend Zeit, Sydney und seine Umgebung zu erkunden. Stab und Wissenschaftler wohnten wie üblich in Hotels.

Sydney war schon vor 150 Jahren eine sehenswerte, interessante Stadt, mit schönen Straßen, eleganten Geschäften, Kirchen, Banken, öffentlichen Gebäuden, Parkanlagen, einem prächtigen Gouverneurspalast und einem botanischen Garten. Schulen, Bibliotheken, Krankenhäuser und die erst 1851 gegründete Universität hatten selbstverständlich europäisches Niveau. Fast obligat für eine Großstadt waren die Ausstattung des Hafens mit Dampfbooten und die Bereitstellung von „Omnibussen", die von Pferden gezogen wurden, um den innerstädtischen Verkehr zu erleichtern.

Scherzer und seine Forscher besuchten in den ersten Tagen zur einführenden Information das gerade im Aufbau begriffene Australische Museum. Die Erforschung des Kontinents war noch nicht weit fortgeschritten, doch die meisten Küstenregionen waren bekannt, und mehreren Briten war es gelungen, Teilgebiete des Landesinneren zu erwandern und wissenschaftlich zu beschreiben. Ein junger, erfahrener, deutscher Forscher, der später als „Humboldt von Australien" bezeichnete Ludwig Leichhardt (1813–vermutlich 1848), galt seit seiner Expedition nach Westaustralien als verschollen. Bei seinem zweiten, groß angelegten Versuch im Jahr 1848, Australien von West nach Ost zu durchqueren, war es aus bis heute unbekannten Gründen zur Katastrophe gekommen. Von der für zwei Jahre anberaumten Expedition, bei der Pferde, 20 Tragesel, rund 50 Ochsen und Tonnen von Material und Lebensmitteln mitgenommen wurden, fehlte auch noch zehn Jahre später, also 1858, jede Spur. Kurz bevor die *Novara*-Reisenden in Sydney angekommen waren, war abermals eine Suchexpedition unverrichteter Dinge zurückgekehrt, die Nachforschungen über das Schicksal Leichhardts und seiner weißen und farbigen Gefährten anstellen sollte. Die Öffentlichkeit stand noch ganz unter dem Eindruck dieser Ereignisse und reagierte mit Betroffenheit, Trauer und Rätselraten. Ludwig Leichhardt gilt als einer der großen Erforscher des Landes, zahlreiche geographische, zoologische und botanische Benennungen (Mount Leichhardt,

Leichhardt-River, ein Stadtteil von Sydney und Weiteres) erinnern an seine Leistungen.

Über die Ureinwohner Australiens, ihre Herkunft und ihre Kultur, war vor 150 Jahren noch wenig bekannt. Vermutlich kamen sie vor etwa 40.000 Jahren auf den Kontinent, als die Landbrücke nach Neuguinea noch existierte.

Scherzer berichtet, dass die Zahl der Ureinwohner, die übrigens schon zur Zeit Cooks als Aborigines bezeichnet wurden, stark im Abnehmen begriffen sei, und schildert ein Zusammentreffen mit einer Gruppe dieser Australier. Die Österreicher ersuchten einige der jungen Männer auf Englisch, den Bumerang zu schleudern, und waren nicht wenig erstaunt, zu hören, dass niemand dieses berühmt-berüchtigte Wurfholz mit sich führte.

Aborigines

Die Aborigines lebten als Jäger und Sammler in kleinen Gruppen, deren Lebensräume traditionell nicht überschritten wurden. Mit der Bezeichnung „unser Land" war das Gebiet gemeint, in dem schon die Vorfahren gelebt hatten, die besondere Verehrung genossen. Die Menschen waren und sind bis heute mit ihrem Land und der Natur verbunden, was sich auch an den zahlreichen mystischen Wegen, den „Traumpfaden", zeigt. Markante Felsen gelten als geheiligte Stätten, wie etwa der Ayers Rock oder Uluru, ein riesiger, auffallender, rötlicher Berg, der Teil einer weitläufigen unterirdischen Felsformation ist, der gemeinsam mit dem ihm umgebenden Nationalpark seit einigen Jahren zum Weltnatur- und Kulturerbe zählt.
Die Stämme hatten keine Schrift, kannten weder Metall noch Keramik. Ihre Geräte fertigten sie aus Holz, Knochen, Steinen oder Muschelschalen. Die Männer jagten mit Speeren oder Bumerangs, die jedoch nicht zurückkehrten, die Frauen besorgten das Sammeln von Früchten, Knollen und Insekten. Die Aborigines glaubten und glauben, soweit sie die alten Traditionen behalten haben, an Naturzauber und Totems, das sind „beseelt" gedachte Pflanzen, Tiere oder andere natürliche Erscheinungsformen, die dem Einzelnen, aber auch der ganzen Gruppe, magischen Schutz bieten, dafür aber auch einer besonderen Verehrung bedürfen.
Gegenwärtig haben sich freilich die meisten der rund 450.000 Aborigines auf einen Kompromiss zwischen ihrem traditionellen und dem westlichen Lebensstil geeinigt. Im Allgemeinen gehören sie noch immer zu den ärmsten Schichten der australischen Gesellschaft. Die rechtliche Gleichstellung erfolgte in den letzten 50 Jahren in mehreren Etappen. Dem Wahlrecht folgte die Aufhebung der Rassentrennung in den Schulen, dem Eigentumsrecht an Land im Staatsbesitz schließlich 2007 das Recht auf große Regenwaldgebiete an der Ostküste Australiens. Dieses Recht beinhaltet Jagd und Fischfang in diesen Regionen sowie die Verwaltung einiger Nationalparks. Einige Aborigines sind durch besondere Leistungen in Sport, Kultur und Politik zu bekannten Persönlichkeiten geworden, wie etwa die Olympia-Siegerin Cathy Freeman (400-m-Lauf Sydney, 2000), der australische Parlamentsabgeordnete Neville Bonner oder die Schriftstellerin Sally Morgan, die das Center for Indigenous History and Arts an der University of Western Australia leitet.

Scherzer, der auch über Gerüchte von Kannibalismus zu berichten weiß, erwähnt einige Details aus dem Alltag der Ureinwohner:

> *In keinem Theile Australiens bebauen die Urbewohner den Boden. Wie ihre Lebensweise eine nomadische, so besteht auch ihre Nahrung, je nachdem sie an den Küsten oder tief im Innern leben, größtentheils nur in dem, was ihnen die Jagd oder der Fischfang liefert. Ihre Waffen sind, außer dem Bumerang, ein schlanker 8 bis 9 Fuß langer Speer mit einer Spitze aus Känguruhknochen, ein Wurfstock (wamera), ein Schild, eine kurze, schwere Keule (nulla-nulla), eine Steinaxt und eine Art von Messer aus Quarz. Die Waldthiere, welche von den Eingeborenen am meisten gejagt werden, sind die zahlreichen, dem australischen Continente eigenthümlichen Känguruh-Arten, ferner der Emu (Casuar) und das Opossum (Didelphis sp.). Doch gehören auch Eidechsen, Schlangen und Insecten, so wie gewisse Baumwurzeln und Harze zu den Delicatessen ihrer primitiven Küche.*
> *Die Wohnungen der Eingeborenen bestehen entweder in natürlichen Felsenhöhlen, oder aus einigen Stücken zusammengebogener und an beiden Enden am Boden befestigter Baumrinde.*

Den Österreichern bot sich die Gelegenheit, an einer Jagd auf Kängurus teilzunehmen, wobei es sich nicht um die bekannten großen Beuteltiere *(Macropus major)* handelte, sondern um eine kleine, Wallaby genannte Art, die wegen ihrer Behändigkeit schwer zu treffen war. Leider musste der Plan, die „Blauen Berge" und die neuen Golddistrikte in der Umgebung der Stadt Bathurst zu besuchen, aus Zeitmangel aufgegeben werden. Erst 1851 hatten spektakuläre Goldfunde nordöstlich von Melbourne in Victoria weltweites Aufsehen erregt. Die Gier nach Gold wurde zu einem prägnanten Bestandteil der Geschichte Australiens. Fast täglich liefen Schiffe mit Schürfern (Diggern) aus Amerika, Europa und China ein. Die britischen Gefangenentransporte kamen dagegen allmählich zum Erliegen. War es noch eine Strafe, nach Australien verbannt zu werden? Der Goldrausch brachte ohnehin genug Arbeitskräfte ins Land, denn Hunderttausende von Glücksrittern blieben auf der Strecke und mussten sich schlussendlich mit weniger abenteuerlichen Berufen begnügen. Man hatte in Sydney das letzte Geld ausgegeben, um die nötigen Geräte zum Goldgraben anzuschaffen und um eine teure Fahrkarte zu einem neu entdeckten Eldorado zu ergattern. Viele, aber nicht alle der angepriesenen Goldfelder erwiesen sich als wenig ergiebig, bald verfielen die meisten provisorischen Goldstädte aus Zelten und Bretterbuden zu Trümmerhaufen. In Sydney wimmelte es 1858 von gescheiterten, arbeitslosen Gestalten, die die Regierung unentgeltlich von den Goldfeldern zurückgeführt hatte und sie hier einmal am Tag mit Suppe versorgte.

Scherzer, der in der Auslage eines Juweliers in der George Street in Sydney riesige Nuggets bewundern konnte, berichtet über die Goldsuche, die damit verbundenen Probleme und über neue Erkenntnisse der Erdgeschichte:

> *Bald nach der Entdeckung der Goldfelder setzte die Colonial-Regierung eine eigene Behörde, die sogenannte „Gold-Commission" zur Ueberwachung der improvisirten Ansiedlungen ein, veröffentlichte Vorschriften für die goldwaschende und goldgrabende Menge und verkaufte Erlaubnißscheine (licenses) für die Ausbeute gewisser abgegrenzter Localitäten.*
>
> *Seitdem ist namentlich in der Nachbarcolonie Victoria wiederholt in neuen Localitäten Gold entdeckt worden und die Menge des ausgebeuteten edlen Metalles sowohl, als auch die Zahl der Bevölkerung der Golddistricte ist fortwährend im Steigen begriffen. Viele Tausende verlassen noch gegenwärtig jährlich Neu-Süd-Wales, um auf einem anderen Felde als dem der Agricultur ihr Glück zu versuchen. Im Jahre 1857 wanderten über 26.000 Menschen von dieser Colonie nach den Golddistricten in Victoria. Die Arbeit ist dadurch in ganz Australien im Preise gestiegen, und mit der größeren Kostspieligkeit ward sie zugleich auch unsicherer und unverläßlicher. Eine große Anzahl Bauten, namentlich auf dem Lande, mußte eingestellt werden, und die Lichtung und Cultur vieler Landesstrecken unterbleiben.*
>
> *Die Entdeckung der Goldfelder hatte zugleich umfassende wissenschaftliche, namentlich geologische Untersuchungen zur Folge und diese lieferten Aufschlüsse, nach welchen die weitverbreitete populäre Ansicht, der australische Continent gehöre den jüngsten Erdbildungen an und habe sich erst in verhältnißmäßig neuer Zeit aus dem Meeresgrunde erhoben, als völlig irrig erscheint. Die reichen paläontologischen Sammlungen, welche der Novara in Sydney zuflossen, bestärkten auch den Geologen der Expedition in der Ueberzeugung, daß Australien nicht der jüngste, sondern vielmehr der älteste Continent der Erde sei.*
>
> *Ein österreichischer Forscher, der berühmte Botaniker Dr. F. Unger in Wien hat an den paläontologischen Resten australischer Pflanzen das hohe Alter Australiens nachzuweisen gesucht. Gleich dem Geologen Dr. Hochstetter unserer Expedition betrachtet daher auch Professor Unger Australien nicht als einen jungen, kaum geborenen Continent, sondern als ein alterndes Land, das seine Rolle in der physischen Weltgeschichte bereits ausgespielt hat und sich zu großen Umwälzungen vorbereitet. Nicht nur die zahlreichen, Australien und seine Inselwelt umgürtenden Korallenriffe deuten auf Veränderungen im Niveau hin, und lassen auf eine ähnliche Auflösung in Inselgruppen, wie sie die kleinen oceanischen Eilande bereits erfahren haben, schließen; die ganze Beschaffenheit des Bodens, der wüste Charakter des Innern, die zahllosen Salzseen, die sich in Sümpfe auflösenden Flüsse u. s. w., sprechen einer kommenden geologischen Veränderung das Wort, wenn schon sich dieselbe – zum Troste geängstigter Ansiedler sei dies beigefügt, – noch auf Jahrtausende hinaus verzögern dürfte.*

In Zusammenhang mit den zahlreichen Auswanderern vermerkt Scherzer kritisch, dass in keinem Teil der Erde der Konsum an Alkohol so hoch sei wie in Australien. Weiters rügt er die

Zur Zeit des Aufenthaltes der Novara in Sydney war gerade eine Suchexpedition nach dem deutschen Forscher Ludwig Leichhardt erfolglos zu Ende gegangen.

Aborigines – die Urbewohner des fünften Kontinents. Wie auf fast allen Stationen wurden auch hier von Scherzer und Schwarz wissenschaftliche Körpermessungen durchgeführt.

In Sydney erreichte die Österreicher die Nachricht von der Geburt des Kronprinzen Rudolf.

Praktiken deutscher Reedereien, was den Transport und die Unterbringung der Emigranten an Bord betreffe:

> *... daß am Bord deutscher Auswandererschiffe ein totaler Mangel an geziemender Trennung der Geschlechter bestehe; daß sich im Allgemeinen auf solchen Schiffen kein qualificirter Arzt befinde; daß in keinem der deutschen Seehäfen eine gerichtliche Beaugenscheinigung der am Bord befindlichen Provisionen für die Reise, sowohl im Bezug auf Quantität als auf Qualität vorgenommen werde; daß die Schiffe zuweilen nicht hinreichende Mannschaft besitzen, und in Folge dessen die Emigranten selbst bei Nacht gleich dem Schiffsvolk zur Arbeit genommen werden.*

Streng hingegen waren die Bestimmungen für britische Auswandererschiffe, bei denen ein Schiffsarzt an Bord war und die nach Plan vorgeschriebenen Proviantierung strikt eingehalten wurde. Trennung nach Geschlechtern, auch im Spital, war vorgeschrieben. Bei Vergehen gegen diese Regeln verloren die Reedereien den finanziellen Zuschuss, den die britische Regierung für den Transport von Auswanderern gewährte.

Ein Ausflug führte die Österreicher nach Botany Bay, wo es einen botanischen Garten zu besuchen galt, den Scherzer als die großartigste Anlage dieser Art während der ganzen Reise bezeichnete. Auf einem Turm, dem Botany-Tower, hatte ein Posten die Küste zu überwachen, unweit jener Stelle, an der eine am Boden angebrachte Messingplatte verkündete, dass gerade hier Captain Cook australischen Boden betreten hätte.

Zu einem Besuch der 33 englische Meilen entfernten Stadt Campbelltown benutzten die Forscher die Eisenbahn, die diese Strecke in zwei Stunden zurücklegte. Der Besuch galt einem reichen und angesehenen Mann, Sir William Macarthur (1800–1882), der über große Weingärten und einen prächtigen riesigen Park verfügte. Die Pflege der Weinstöcke wurde von einigen deutschen Familien aus dem Rheinland übernommen. Scherzer erkundigte sich genau über Löhne und Arbeitsbedingungen, wobei ihm ihr unsicheres Deutsch auffiel. Die Auswanderer, die schon seit zehn Jahren in der Kolonie lebten, antworteten auf die Frage, ob sie ihre Muttersprache schon vergessen hätten, treuherzig mit: „Oh no, wir keep it immer in exercise." Scherzer vermutete, dass die Anzahl der Deutschen und Österreicher an die 7000 betragen würde. Deutsche genossen in Australien nach kurzem Aufenthalt die gleichen politischen Rechte wie Briten, Grundbesitz und Wahlrecht wurden bald gewährt, nach einem fünfjährigen Aufenthalt bestand die Möglichkeit, ins Parlament gewählt zu werden.

Nach diesem Ausflug ins Landesinnere verabsäumt Scherzer es nicht, mit Gräuelgeschichten über die Tier- und Pflanzenwelt Australiens aufzuräumen:

> *Wir fuhren durch eine äußerst liebliche Gegend, und hatten dabei neuerdings Gelegenheit, uns von der Unrichtigkeit der durch frühere Reisende verbreiteten Angabe zu überzeugen, als wären in Australien die Blätter der Bäume von Holz und die Stämme von Eisen, als hätten die Bienen keine Stachel, die Vögel keine Flügel und Haare statt Federn, als würden die Blumen nicht riechen, die Bäume keinen Schatten geben, die Vögel nicht singen. Wenngleich die Natur sich in Australien und Neu-Seeland bei ihren Schöpfungen zuweilen in gewissen Extravaganzen gefallen, und höchst wunderliche Gebilde, wie z. B. den entenschnabeligen Maulwurf, den Ameisenigel, den Kiwi u. s. w., geschaffen hat, so sind dies doch nur wenige Ausnahmen, und im Allgemeinen bietet weder die Pflanzen- noch die Thierwelt des fünften Erdtheils Absonderlichkeiten, welche ihn vor allen anderen Schöpfungscentren auszeichnen oder unterscheiden würden.*

Der Zoologe Frauenfeld beschäftigte sich naturgemäß ebenfalls mit der Tierwelt: Er machte erstmals Bekanntschaft mit australischen Blutegeln und Spinnen und ignorierte im privaten Zoo von Botany Bay zur Verblüffung des Eigentümers den Tiger, die Löwin, den Grizzley und den Elefanten, um sich den ganzen Tag Dingos, Papageien, Kängurus und Wallabys zu widmen. Er erwarb auch einen Koala-Bären, der allerdings während seiner Abwesenheit in der Unterkunft Amok lief, einen Alkoholbehälter umstieß und in diesen Dämpfen sein Leben verlor. Ein zweiter Koala sprang bereits in der ersten Nacht nach dem Auslaufen der *Novara* aus welchen Gründen auch immer über Bord.

Im „Handbuch der Geographie" („Daniel", Leipzig, 6. Auflage 1899) dagegen wird Australiens Tierwelt als „sehr eigenartig" bezeichnet, da von 94 bekannten Arten nicht weniger als 71 zu den Beuteltieren zählen. An Raubtieren gebe es nur eine Gattung, den Dingo, der allerdings nur den Schafen der Kolonisten gefährlich werde. Kamele, Dromedare und Strauße wurden ebenso wie Kaninchen und Schafe eingeführt. Auch die Flora böte den Charakter einer umgekehrten Welt, da manche Bäume jährlich ihre Rinde verlieren würden, statt der Blätter, und manche Blätter senkrecht nach oben wachsen würden, wodurch den Wäldern der Schatten fehle.

Novara – ein Mosaikstein in der Geschichte Australiens

Die wissenschaftlichen Unternehmungen, das persönliche Auftreten und die Kontakte der *Novara*-Forscher und das Ereignis des österreichischen Besuches insgesamt sind heute, 2008, seit zwei Jahrzehnten Gegenstand von intensiven Untersuchungen australischer Wissenschaftler wie John E. Fletcher (1940–1992) und Michael Organ (* 1956). Beide betrachten die Umstände und Tatsachen des Besuches der *Novara* als „Mosaiksteine in der Geschichte Australiens, die erforscht, bekannt gemacht und eingefügt werden sollten". Ihrem Wunsch, dass es endlich an der Zeit wäre, die lange verschlossene „Zeitkapsel" über das Ereignis „*Novara* in Australien" zu öffnen, wurde bereits in einigen Publikationen entsprochen. So berichtet Michael Organ über Ferdinand Hochstetters geologische Untersuchungen, seinen Austausch mit anderen Forschern und seine Kontakte, die 1859, nach seinem Aufenthalt in Neuseeland, Aufträge für geologische Untersuchungen in Australien zur Folge hatten. Organ bezeichnet Scherzers Reisebeschreibung als Angelpunkt aller erhaltenen Berichte über den Aufenthalt der *Novara* in Australien und erwähnt, dass Scherzer nach seiner Rückkehr nach Europa Rundschreiben an seine australischen Bekannten und „Novara-Freunde" verschickt habe, um sich über aktuelle Entwicklungen, Ereignisse und die neueste Statistik zu informieren.
Weitere Details über die Arbeit der beiden Historiker sind im Kapitel 17 und in der Quellen- und Literaturangabe zu finden.

Neben all diesen vielfältigen Beobachtungen und Untersuchungen wissenschaftlicher Natur stand auch ein umfangreiches Repertoire an Festlichkeiten, Bällen und Einladungen auf dem Programm. Die *Novara* – repariert und noch attraktiver geworden – nahm nach der dreiwöchigen Pause im Trockendock ihren Ankerplatz bei Garden Island ein.

Die erste Ehrung für die Männer der *Novara* erfolgte durch den Deutschen Gesangverein, der den Dampfer *Washington* gemietet hatte. Auf dem prächtig geschmückten Schiff fanden sich die Musik, der Chor und etwa 300 Gäste, darunter viele Damen, ein, die alle – wie die Gazetten berichteten – voller Neugier auf den sprichwörtlichen Charme der Österreicher waren.

Mit den ersten Schlägen der Schaufelräder ertönte Musik und trug das Schiff, gleichsam auf den Flügeln des Gesanges, hinaus in den Hafen, der imposanten Novara entgegen. In die vollen Klänge der Musik mischte sich der Jubel der fröhlichen Menge, das Sausen und Pfeifen des Windes, das Zischen und Knallen von Raketen, während zeitweilig angezündete bengalische Feuer über das bunte Menschengewühl am Bord, über die Schiffe im Hafen und die bewegte Wasserfläche ein zauberhaftes Licht ausstrahlten. Endlich näherte sich der Dampfer der österreichischen Fregatte, umkreiste dieselbe in weitem Bogen unter dem Klange der Musik und ließ hierauf in geringer Entfernung von ihr den Anker fallen. In diesem Augenblicke wurden am Bord der Novara zahlreiche Blaufeuer abgebrannt, so daß das ganze stattliche Schiff und seine Umgebung wie in einer Lichtumhüllung schwebten.
Am Bord der Novara herrschte die fröhlichste Bewegung, fast das ganze Officierscorps so wie die dienstfreie Mannschaft befanden sich auf Deck; die Musikbande ließ ununterbrochen heitere deutsche Weisen ertönen. Nachdem die Deputation durch den preußischen Consul Herrn Kirchner dem Befehlshaber der Expedition vorgestellt worden war, verlas eines der Mitglieder derselben eine Adresse, welche in biederen Worten die Freude der deutschen Bewohner Sydney's über die Ankunft der Novara-Expedition in Australien und deren innige Theilnahme an den schönen Zwecken des echt kaiserlichen Unternehmens ausdrückte.
Der Festabend schloß, wie er begann, mit Klang und Sang! Diese echt deutsche Begrüßungsweise machte auf die Engländer, welche in Sydney Aehnliches nie früher erlebt hatten, einen großen Eindruck. Die hervorragendsten Journale Sydney's brachten umständliche Beschreibungen des Festes

und begleiteten dieselben mit langen Betrachtungen über gewisse Sitten und Gebräuche der civilisirten Nationen.

Am nächsten Tag gab es ein Festessen an Land, zu dem der Deutsche Klub geladen hatte. Der Festsaal war mit Flaggen aller deutschen Staaten geschmückt, dazwischen prangten Porträts von Kaiser Franz Joseph und Kaiserin Elisabeth. Am 27. November brachte der Postdampfer aus Europa die Nachricht von der glücklichen Geburt eines Sohnes für das Kaiserpaar – Rudolf sollte der Name des Kronprinzen lauten. 21 Kanonenschüsse – abgefeuert in der Früh, zu Mittag und am Abend – verkündeten an der Südostküste Australiens dieses freudige und für die Dynastie so wichtige Ereignis. Die *Novara* legte mit allen an Bord befindlichen Signalflaggen die Flaggengala an, Mannschaft und Stab in Paradeuniform feierten an Bord ein festliches Tedeum. Drei Tage später folgte der nächste Höhepunkt – ein Ball an Bord der österreichischen Fregatte. Alles, was in Sydney Rang und Namen hatte, legte höchsten Wert darauf, eingeladen zu werden.

Mit der Novara war in allen ihren Theilen eine derartige Metamorphose vorgegangen, daß es selbst den am Bord Heimischen schwer fiel, das gute Schiff wieder zu erkennen, auf dem man sich erst noch vor kurzem auf den Wogen des chinesischen Meeres so ernsten Gefahren preisgegeben sah! Die Masten hatten sich in Säulen verwandelt, das Gangspiel erschien durch die Geschicklichkeit der Decorateurs als ein riesiges Blumen-Bouquet; an der Stelle des Steuerruders erhob sich ein reich mit Muscheln und Wasserpflanzen verzierter Springbrunnen, dem das Wasser aus Kübeln, im Mastkorbe angebracht, zufloß. An den mit Musselin drapirten Wänden glänzten die verschiedenen Wappen der österreichischen Kronländer. Die Bajonette waren höchst sinnreich zu Candelabern gruppirt, eben so eine Anzahl gewöhnlicher Bordlampen, welche gerade durch ihre Einfachheit eine außerordentliche Wirkung hervorbrachten. Die Kanonen waren sämmtlich aufs Vorderdeck geschoben, und die beiden Wände mit Bänken umgeben worden. Die Bord-Musikbande sowohl als eine gemiethete, die sogenannte „German band" (welche aber zum größten Theil aus böhmischen Musikanten besteht), fanden in der Nähe des Großmastes ihren Platz, und spielten abwechselnd die heitersten Tänze auf. Die Kajüten des Commodores und Commandanten dienten als Conservationszimmer oder zur Erholung nach der Ermüdung vom Tanze. Im Zwischendeck waren Garderoben und Toilettzimmer, so wie Locale zum Rauchen und Kartenspiel hergerichtet.

Nach einer Reihe von weiteren pompösen Festen war es kein Wunder, dass die *Novara* das Tagesgespräch von Sydney war. Im Prince of Wales-Theater gab es Vorstellungen unter der Patronanz der Österreicher, jede Anspielung der Schauspieler auf die Expedition verursachte fröhlichen und stürmischen Beifall. Die Männer waren und blieben die „Salonlöwen" der feinen Gesellschaft, kaum war es möglich, allen öffentlichen und privaten Einladungen Folge zu leisten. Zwei interessante Tagebücher, veranschaulichen diese Festlichkeiten als private Dokumente aus der Perspektive junger Mädchen: Die 15-jährige Blanche Mitchell (1843–1869), Tochter des Gouverneurs von Neusüdwales, vertraut am 6. November 1858 ihrem Tagebuch (Original in der Mitchell Library, Sydney) ihre Eindrücke und Emotionen an:

Lese in der Zeitung über die Ankunft eines österreichischen Kriegsschiffes, 44 Kanonen …
Deutsch kommt nun in Mode, die Damen lernen es bereits …

Ende November entschuldigt sie sich bei ihrem Tagebuch, dass sie mit ihren Eintragungen ausgesetzt habe, denn:

Es war inzwischen eine sehr lustige Zeit, wir waren auf drei Partys und immer waren Österreicher dabei – und noch nie in meinem Leben bin ich so aufmerksam beachtet worden – da ich mit diesen armen Fremden deutsch reden konnte. Alice und ich waren voll begeistert.

Und so geht es weiter nach der schwärmerischen Art junger Mädchen: Seitenweise wird über feine Garderoben und über die Aufregung bei ihrem Auftritt als Debütantin auf dem Ball an Bord der *Novara* berichtet. Blanche fürchtete Regenwetter, das das interessante Treffen verhindern könnte. Doch endlich war es soweit:

Wir waren an Bord ihrer stattlichen Fregatte, der Novara, man hat uns in einer echten venezianischen Gondel (tatsächlich war ein Beiboot eine

Gondel) *umhergerudert und wir haben an Bord getanzt ... Diese Österreicher sind die freundlichsten Männer (nicest fellows I have seen) und sie wissen, wer wir sind – und sie sind so gebildet. Sie zählen nicht so wie die meisten in Sydney nur das Geld, sie respektieren die Namen der Familien – es gab keine glücklicheren Augenblicke in meinem Leben ...*

Blanche berichtet über ihre bevorzugten Tanzpartner auf der *Novara* und über die ihrer Freundin Minnie. Sie nennt Namen von Kadetten und Offizieren – darunter die Herren *Meder* (Fregattenfähnrich), *Calman* (Marinekadett Alexander Kalmar), *Moriz Monfroni de Monfort* (Fregattenleutnant). Große Aufregung verursachen gegenseitige Geschenke, Wiener Adressen und Blumen. Seufzer, Schwüre und Versprechungen und das damit verbundene Herzeleid ließen den baldigen Abschied erahnen.

Das zweite Mädchen, das seine Erlebnisse und Gedanken seinem Tagebuch und damit der Nachwelt anvertraute, war Minnie – Caroline Mann, geboren 1842, die Tochter des Superintendenten des Strafvollzugs in Neusüdwales, der damit auch der oberste Beamte für die am Dock arbeitenden Sträflinge war. Minnies über zehn Jahre lang geführtes Tagebuch gilt als wichtige historische Quelle, den australischen Alltag des 19. Jahrhunderts betreffend, und wird wie das Exemplar ihrer Freundin ebenfalls in der Mitchell Library in Sydney aufbewahrt.

Bei einem Besuch der *Novara*-Offiziere im Haus ihres Vaters schob man – nachdem Tee und Kaffee gereicht waren und einige andere Besucher die Runde vergrößert hatten – die Tische beiseite, und es wurde getanzt:

> *Ich hatte die Ehre, mit einem Prinzen* (Kadett Eugen Fürst Wrede) *zu tanzen, dem Polen, ich habe seinen Namen nicht verstanden. Muss Blanche fragen, sie war den ganzen Abend mit ihm im Gespräch ...*
> *Maria und ich gingen in die Stadt, um ein Kleid für mich auszusuchen, denn wir erwarteten täglich eine Einladung der Novara-Offiziere zu einem Ball, von dem sie gesprochen haben. Blanche hat auch schon ein Ballkleid bestellt.*

Am 22. November erfolgt die nächste Einladung, „Papa“ Mann schiebt schon wieder die Tische zur Seite:

> *... alle wollten mit Baron Walterskirchen* (Fregattenfähnrich) *tanzen, er tanzt so schön. Ich hab noch nie mit jemanden so gut getanzt. Er schaut auch sehr gut aus. Kapitän Pöck* (Fregattenkapitän Baron Friedrich Pöck) *tanzt ebenfalls sehr schön ... Sie gingen erst um 1/2 12, und wir alle meinten, noch nie einen so vergnüglichen Abend verbracht zu haben. Sie waren alle so eifersüchtig, weil ich sehr oft mit Baron Walterskirchen getanzt habe.*

So geht es nach Teenager-Art im Tagebuch über viele Seiten weiter. Das Mädchen schildert weitere Gesellschaften, Bootsfahrten mit der Gondel, Gegenbesuche auf der *Novara* und den großen Ball an Bord. Am Vortag der Abfahrt gab es große Aufregung und Enttäuschung, da eine Absage des erhofften Abschiedsbesuchs der Österreicher eintraf – sie müssten leider zu einem Empfang beim Botschafter. Doch dem Commodore gelang es, allerdings erst gegen Abend, diese schreckliche Enttäuschung mit einer vom Botschafter Kirchner erwirkten Einladung auch für die Mann-Familie wieder gutzumachen:

> *Papa meinte, wir können nicht mehr rechtzeitig erscheinen, doch wir sagten, um nichts in der Welt würden wir die Einladung versäumen, und in kürzester Zeit hatten wir die Kleider hergerichtet und angelegt. Und da war auch schon Herr Meder, um uns mit einem Boot der Novara abzuholen und in Begleitung von 2 Offizieren zum Haus des Ehepaars Kirchner zu bringen ... Ich tanzte mit jedem der österreichischen Offiziere, außer mit Herrn Kronowette* (Linienschiffsfähnrich Eugen Kronowetter). *Zum ersten Mal sah ich auch den Commodore, er ist sehr attraktiv. Kapitän Pöck ist auch sehr hübsch und tanzt am besten. Ich tanzte mit ihm und auch mit Baron Walterskirchen, er hat einen so vornehmen Blick und so schöne Augen und ein so liebes Gesicht, wenn er lächelt.*

Es folgte der wehmütige Abschied: Der traurige Baron Walterskirchen warf melancholische Blick auf Minnie, der forschere Moriz Monfroni von Monfort gibt sich locker mit seinem Versprechen, die *Novara* beim Auslaufen auf ein Riff auffahren zu lassen, um den Aufenthalt in Sydney dadurch noch zu verlängern.

Die Schilderungen Scherzers, die Berichte in den Zeitungen und die Auszüge aus diesen Tagebüchern dokumentieren nicht nur die gesellschaftliche Atmosphäre Sydneys um die Mitte des 19. Jahrhunderts, sie beweisen auch, dass die Offiziere der *Novara* es vortrefflich verstanden, auch auf dem Parkett Flagge zu zeigen. Als bleibende Erinnerung widmete die in Sydney lebende Österreicherin Amalie Rawack-Mauthner ihren soeben komponierten Walzer, „Heimatklänge, zur Feier der Anwesenheit der Novara-Expedition in Sydney", dem Expeditionsleiter und seinen Männern.

Unter den vielen Abschiedsgeschenken der australischen Gastgeber sollen die Känguru-Hunde erwähnt werden, Tiere, die extra gezüchtet wurden, um Kängurus zu jagen. Auch heute wird diese, den Windhunden ähnliche Rasse wieder gezüchtet. Schiffsfähnrich Robert Müller nahm seinen Känguru-Hund Dido mit nach Auckland, Fähnrich Ernst Jakoby war glücklicher Besitzer von zwei Tieren dieser Art. Konsul Johann Kirchner überreichte dem Commodore zwei Prachtexemplare für Kaiser Franz Joseph, und Monfroni de Montfort war stolz auf seinen Känguru-Hund namens Australia. Wie es diesen Tieren auf der weiteren Fahrt erging, ist nicht bekannt.

Am 6. Dezember war die *Novara* see- und segelklar, am nächsten Morgen entwickelte sich eine leichte Brise im Hafen bald zu einem Sturm auf hoher See. Fast schien es, als wollten Wind und Wellen die in Sydney ausgeführten Arbeiten der Kalfaterer, Zimmerleute und Segelmacher auf die Probe stellen.

Nach zwei Tagen hatte sich die See beruhigt, die *Novara* segelte der nächsten Etappe, der Antipoden-Insel Neuseeland entgegen.

Im australischen Urwald fallen die übergroßen Eukalyptusbäume auf.

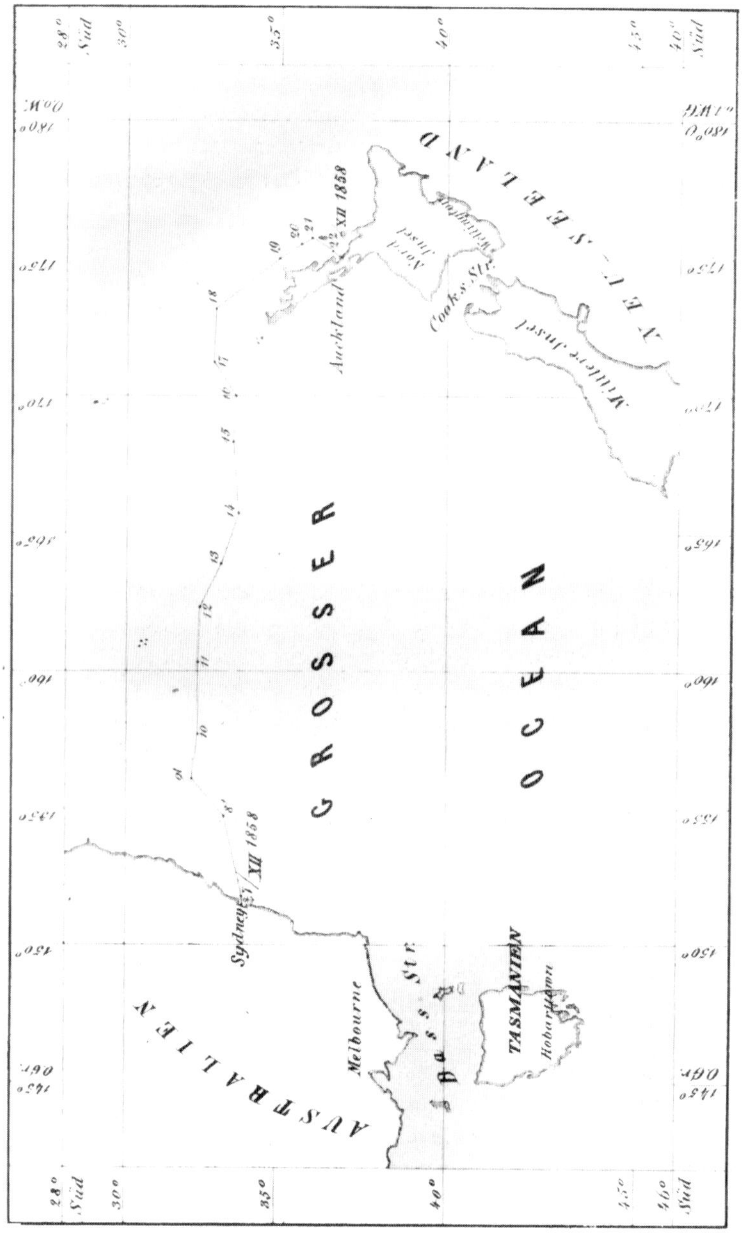

Kurskarte der Novara von Sydney nach Auckland.

13

Bei den Antipoden – Bleibende Forschungsergebnisse in Neuseeland

Am 19. Dezember 1858 morgens wurde die Küste der Nordinsel Neuseelands gesichtet. Je näher die Fregatte der Insel kam, desto belebter wurde die Luft, unzählige Albatrosse umschwärmten das Schiff. Sogar ein Wal kam dicht unter Bord und bequemte sich erst weiterzuziehen, nachdem man ihm eine Ladung Kugeln verpasst hatte.

Am Landeplatz, beim Einlaufen in den Hafen von Auckland, schien zur Begrüßung die ganze Bevölkerung versammelt, während von einem kleinen Fort die üblichen Salutschüsse ertönten. Ebenso wie in Australien war auch hier noch nie ein so großes Kriegsschiff wie die *Novara* eingelaufen. Der Besuch sollte für die Expedition ein großer wissenschaftlicher und vor allem prestigeträchtiger Erfolg werden.

Gleich nach der Ankunft erneuerte der Gouverneur der Kolonie, Oberst Thomas Gore Browne (1807–1887), das bereits in Sydney von der Regierung an Scherzer – als dem wissenschaftlichen Leiter der Expedition – gestellte Ansuchen, die Dienste des Geologen der Expedition in Sondermission in Anspruch zu nehmen. Dr. Hochstetter sollte einzelne Distrikte nach Kohlevorkommen durchforschen. Die Zusage für dieses Unternehmen war von Commodore Wüllerstorf bereits von Australien aus gegeben worden. Gleich nach den Weihnachtsfestlichkeiten auf dem Schiff wurde diese kleine, bereits zuvor gut vorbereitete Expedition unternommen, und die Arbeit mit dem wissenschaftlichen Bericht wurde innerhalb von 14 Tagen abgeschlossen. Die günstigen Ergebnisse bewirkten offenbar, dass Scherzer und Wüllerstorf dringlich ersucht wurden, ihren Geologen für einige Monate zu „verleihen". Die angesprochenen Herren stimmten ebenso wie Hochstetter selbst zu – dieser allerdings erst nach genauer Klärung der Bedingungen und Kosten (der finanziellen und personellen Ausstattung der Expedition, der Modalitäten der Rückreise, der wissenschaftlichen Publikations- und Urheberrechte). Somit konnte der Geologe, von der *Novara* beurlaubt, seine Arbeit mit Schwung und Feuereifer beginnen. Es war eine große Aufgabe, er hatte hier ein äußert interessantes und noch unerforschtes geologisches Arbeitsfeld vor sich, und er konnte diese Gelegenheit nutzen: Hochstetter war so erfolgreich, dass man ihn später als den „Vater Neuseelands" bezeichnete.

Der Vater Neuseelands

Ferdinand von Hochstetter blieb neun Monate in Neuseeland, sammelte Proben und Daten, verfertigte Skizzen und Zeichnungen und verfasste zahlreiche Berichte. Sein engster Mitarbeiter auf der Nordinsel Neuseelands war Julius von Haast (1822–1887) ein deutscher Naturforscher, seit 1858 auf Neuseeland, später Professor für Geologie an der Universität Christchurch, Mitglied der Royal Society und Ritter des Britischen Imperiums, mit dem Hochstetter auch später in freundschaftlicher Verbindung blieb. Von Haast war es übrigens, der einen der größten Gletscher der Neuseeländischen Alpen zu Ehren des österreichischen

Die Leistungen des Entdeckers James Cook sind in Australien, Neuseeland und auf vielen anderen Inseln im Pazifischen Ozean noch immer präsent.

Eine Eingeborenen-Familie in Neuseeland.

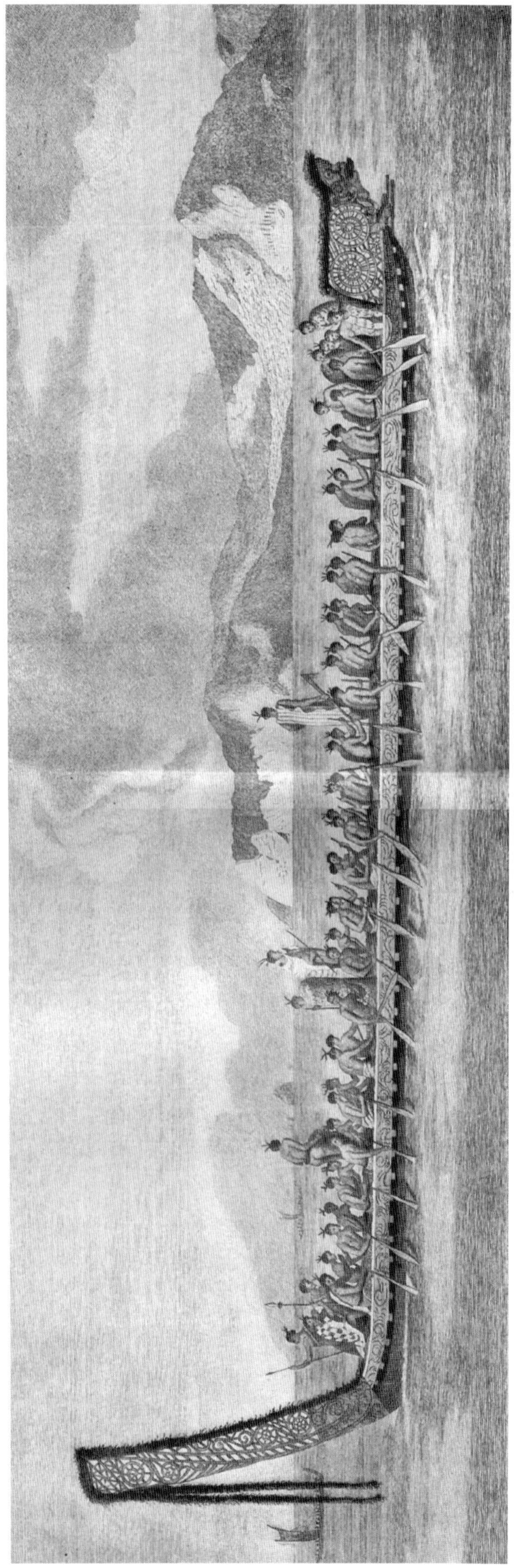

Ein Maori-Ruderboot, nach einem Kupferstich aus Cooks „Reise um die Welt", 1774.

Kaisers „Franz-Josef-Gletscher" benannte. Anfang Oktober 1859 segelte Hochstetter zurück nach Sydney, wo er den Abtransport seiner wissenschaftlichen Schätze nach Wien organisierte und außerdem während dieser Woche zahlreiche gesellschaftliche Kontakte wiederbelebte oder neu knüpfte. Mitte Oktober kam er mit dem Schiff in Melbourne an, hielt dort neben zahlreichen Begegnungen mit Geologen auch einen Vortrag über Neuseeland und inspizierte über 14 Tage lang die Goldfelder der Kolonie Victoria. Nach vier Wochen beendete er seinen Aufenthalt, nicht ohne noch ausgiebig auch von der ansässigen deutschen Kommunität gefeiert worden zu sein, um schließlich Mitte November die Rückreise über Mauritius und durch das Rote Meer, über den Orient und von dort nach Triest anzutreten, wo er erst vier Monate später als sein Heimatschiff, die *Novara*, ankam.

Ferdinand von Hochstetter veröffentlichte anschließend in Wien und auch in Australien zahlreiche Arbeiten über die Doppelinsel und begründete damit nicht zu Unrecht seinen wissenschaftlichen Ruhm. Seine Werke „Die ausgestorbenen Riesenvögel Neuseelands", „Geologische Beobachtungen auf der Novara-Reise 1857–59" oder „Neuseeland" (1863) und sein Beitrag zum großen 21-bändigen *Novara*-Werk waren in der wissenschaftlichen Welt rasch allgemein bekannt und anerkannt. Er wurde bald nach seiner Rückkehr für eine Professur der Geologie und Mineralogie an das Kaiserliche polytechnischen Institut in Wien berufen und wurde Präsident der Wiener Geographischen Gesellschaft. Besonders ehrenvoll war es für ihn, einen als liberal geltenden Protestanten, zum naturwissenschaftlichen Erzieher für den Kronprinzen Rudolf ausgewählt zu werden. Als Höhepunkt seiner beruflichen Karriere erfolgte 1876 die Ernennung zum ersten Intendanten des Naturhistorischen Museums und zum Direktor des Hofmineralienkabinetts in Wien, beide Aufgaben erfüllte er bis zu seinem frühen Tod 1884.

In Neuseeland erinnern bis heute ein Mount Hochstetter und ein Lake Hochstetter an seine verdienstvolle Tätigkeit. Die Maoris ernannten ihn zu ihrem Ehrenhäuptling, einige später in Neuseeland entdeckte Tier- und Pflanzenarten erhielten seinen Namen, wie etwa die Froschart *Leiopelma Hochstetteri.*

Neuseeland besteht aus zwei großen, durch die Cook-Straße getrennten Inseln sowie aus mehreren kleinen Eilanden, die sich vom 34. bis zum 48. Grad südlicher Breite und vom 166. bis zum 179. Grad östlicher Länge erstrecken, und umfasst etwa 270.000 Quadratkilometer. Keine bewohnbare Insel der Welt wurde so spät besiedelt wie Neuseeland, da die aus Polynesien eingewanderten Maori – den Funden nach zu schließen – die Inseln erst zwischen dem 10. und 14. Jahrhundert betraten. Erwähnenswert ist zudem, dass erst um 1814 die ersten großen Säugetiere wie Kühe, Schafe oder Pferde von Missionaren auf die Insel gebracht wurden.

Während der Dauer ihres Aufenthalts ankerte die *Novara* im Hafen der Hauptstadt Auckland an der Ostküste der Nordinsel. Die Stadt wurde damals einmal pro Monat mit dem Postdampfer angelaufen – es war dies die einzige Möglichkeit, Nachrichten aus Europa zu bekommen. Nach dem Zensus vom Jahr 1857 zählte unser Antipode Neuseeland 108.000 Seelen, davon waren rund 56.000 Ureinwohner, Maori, was in deren Sprache so viel wie „eingeboren" bedeutet.

Antipoden

Das aus dem altgriechischen kommende Wort Antipoden bedeutet wörtlich „Gegenfüßler" und bezieht sich auf eine Ortsbestimmung auf dem Globus. Die antiken Verfechter einer kugelförmigen Erde stellten sich die Frage, ob auf der gegenüberliegenden Erdhälfte Menschen leben könnten. Und so hielten etwa Pythagoras, Platon oder Cicero die Existenz von Antipoden für möglich. Andere Philosophen und Geographen, die die Erde als Scheibe betrachteten, fanden diese Theorie absurd.

Zieht man nun eine gedachte Linie von Neuseeland durch den Erdmittelpunkt und weiter, so erreicht man auf der anderen Seite des Globus, grob geschätzt, Spanien, oder – salopp gesagt – zuerst die Füße seiner Bewohner. Trotzdem werden aus gesamteuropäischer Perspektive Australien und Neuseeland als unsere Antipoden bezeichnet.

Im Unterschied zu Australien war Neuseeland nie eine Strafkolonie. Seit der Besitznahme durch James Cook für die englische Krone 1769 und seit dem Beginn der Besiedlung um 1790 war es immer nur ein Einwandererland, und im Gegensatz zu den Aborigines Australiens zeigten sich die eingeborenen Maori, an Körpergröße den frühen europäischen Entdeckern eher überlegen, selbstbewusst und vor allem kriegerisch, was schon als Erster der Holländer Abel Tasman 1642 erfahren musste. Auch Scherzer hebt hervor, dass sich die Maori von allen Urvölkern, mit denen die Engländer auf ihren im Interesse des Handels unternommenen Eroberungszügen in Berührung kamen, als am meisten empfänglich und bildungsfähig erwiesen hätten. Mitte des 19. Jahrhunderts war ein Großteil der indigenen Bevölkerung bereits getauft und beschäftigte sich entweder mit der Landwirtschaft oder der Schifffahrt, wobei einige Maori selbst Schiffe bauten und als Unternehmer den Küstenhandel betrieben. Ihre uralte Kultur und die zahlreichen kulturellen Bräuche, Feste, Tänze, ihre feierlichen Reden und die Kunst des Tätowierens waren noch lebendig.

So konnten die Mitglieder der Expedition dem Schauspiel eines Volksfestes beiwohnen, zu dem ein Häuptling am Weihnachtstag den Gouverneur, zahlreiche Honoratioren und die Männer der *Novara* eingeladen hatte. Auf dem Festplatz befanden sich mit englischen und anderen Flaggen geschmückte Zelte und ein langer niedriger Tisch mit Körben, die mit Kartoffeln, Schweinsbraten und gebratenen Fischen gefüllt waren. Etwa 400 Maori saßen auf dem mit frischen Farnkräutern bestreuten Boden und langten mit den Fingern eifrig zu. Das Hauptgetränk bestand aus Tee, daher waren überall riesige Teekessel auf improvisierten Feuerstellen zu sehen. Gleichwohl ließen Gang und Ausgelassenheit von einigen Männern auf heimliche Zusatzgetränke schließen. Wer sein Mahl beendet hatte, zündete sich ein Pfeifchen an, wobei das Rauchen bei beiden Geschlechtern zur Leidenschaft geworden war. Selbst kleine Kinder, die noch auf dem Arm getragen wurden, sollen laut Scherzer zuweilen die Pfeife aus dem Mund der Mutter genommen haben, um ein bisschen daran zu schmauchen. Als nächster Programmpunkt folgte ein bedrohlich wirkender Kriegstanz, der von ohrenbetäubendem Lärm aller Beteiligten begleitet wurde. Nach diesem Intermezzo erfolgte der offizielle Teil mit einer Ansprache aller Häuptlinge, die ein Regierungs-Dolmetscher von der Abteilung für Angelegenheiten der Eingeborenen übersetzte. Der Kommandant und Scherzer hörten voll Überraschung folgende, auch inhaltlich wohlgesetzte Worte:

Willkommen, du Häuptling aus einem fernen Lande, Bote eines Königs und einer Nation, von welcher wir erst in jüngster Zeit Kunde erhalten haben! Unsere englischen Freunde erzählten uns, daß deine Landsleute seit langer Zeit Freunde und Bundesgenossen des britischen Volkes sind, dessen Königinn unsere Beschützerinn ist und unter dessen Gesetzen wir in ungestörtem friedlichem Besitze unsere Ländereien bewohnen. Du bist hier ein Fremdling. Du siehst zum ersten Male ein Volksgeschlecht vor dir, dessen Väter in Unwissenheit, in Krieg und allen nur möglichen schlechten Gewohnheiten ihr Leben verbrachten. Früher war Krieg, Mord und Blutvergießen unsere Hauptbeschäftigung. Du hast bei deinem Erscheinen auf diesem Platze gesehen, in welcher Weise wir unsere Leidenschaften zu erregen und unsere Feinde einzuschüchtern versuchten. Ruhig sahst du diesem Schauspiele zu und Niemand wagte es oder dachte auch nur daran, seine Hand gegen dich zu erheben! Doch wärest du zu jener Zeit, von welcher ich sprach, zu uns gekommen, unser Arm würde zum tödlichen Schlage sich erhoben haben, oder deine Hand, die ich eben erst drückte, würde gegen mich geschwungen worden sein, um mich zu vernichten! Du hast viele andere Länder gesehen und vielleicht manche, welche schöner als dieses Eiland sind. Aber hier ist nichts Schlimmes, welches uns stört oder wünschen läßt, in einem anderen Lande zu leben. Die Gesetze Englands beschützen uns vor der Hand der Angreifer, wir leben glücklich und friedlich und freuen uns, diejenigen zu empfangen, welche, gleich dir, mit einer Friedensmission hierher kommen.

Scherzer bedankt sich mit einer Rede in englischer Sprache, in der er seiner Freude über das materielle und geistige Gedeihen Neuseelands Ausdruck gab. Seinen Worten schlossen sich wiederum Ansprachen von Häuptlingen verschiedener Stämme an. Ein bemerkenswerter Abschlusssatz beendete all die Reden:

Doch, welches Interesse haben diese Dinge hier für dich? Du kommst zu uns in Frieden und Freundschaft, nimm mit dir die Liebe der ganzen Versammlung, welche stolz darauf ist, daß sie von einem Officier deines großen Königs, welcher ein Freund der Königinn Victoria und ihrer Kinder ist, besucht wurde.

Als die Österreicher dieses für sie unvergessliche Fest verließen, hallte ihnen ein lautstarkes, perfekt intoniertes, dreifaches „Hurrah" nach. Wollten die Maori damit beweisen, dass ihnen manche seltsamen Sitten der Europäer durchaus geläufig waren?

Scherzer geht ausführlich auf den Alltag und die Lebensweise der Maori ein. Er beschreibt sie als *schönen Menschenschlag*, wohl gebaut und kräftig, mit eher gebräunter als mit brauner Hautfarbe:

> *Nicht kleiner als die Europäer, denen sie durch ihr schlichtes, weiches, teils schwarzes, teils kastanienbraunes Kopfhaar und ihre Gesichtszüge sehr nahe kommen.*

Charakteristisch für das Äußere der Eingeborenen waren ihre kunstvollen Gesichtstätowierungen, auch „Moko" genannt, die als Beweis ihrer Heiratsfähigkeit galten. Üblicherweise wurde die schmerzvolle Prozedur von einem so genannten Priester (Tohunga) vorgenommen, der zur Probe eine Schablone mit schwarzer Farbe auf die Haut auftrug und für diese Arbeit ein Urteil erwartete. Sobald die Zustimmung gegeben war, begann die langwierige, schmerzhafte Ausführung mithilfe mehrerer Instrumente:

> *In der Regel geschieht die erste Tättowirung mit dem 18. Jahre und wird in verschiedenen Zeitabschnitten fortgesetzt. Während der Operation liegt der zu Tattowirende auf der Erde mit seinem Kopfe im Schoße des Tohunga, welcher in der linken Hand den „Uhi", in der rechten den „Ta" hält, womit er in raschem Tempo auf den ersteren schlägt. Sobald eine Inciscion gemacht ist, wird das Blut mit etwas feinem Flachs von der Haut entfernt und der Färbestoff eingerieben. Dabei singen die anwesenden Freunde und der Tohunga fortwährend Lieder, um den Tättowirten aufzuheitern und ihm Muth einzuflößen.*
>
> *„Um dich schön zu machen,*
> *Komm und sei tättowirt!*
> *Damit nicht, wenn du in einen Kreis von Tänzern trittst,*
> *Sie fragen: Woher kommt dieses Weib mit den häßlichen Lippen?*
> *Um dich schön zu machen,*
> *Komm und lasse deine Lippen tättowiren!*
> *Damit nicht, selbst wenn du unter Sclaven gehst,*
> *Diese dich fragen: Woher das Weib mit dem rothen Kinn?"*
>
> *Der Tohunga wird gewöhnlich sehr gut bezahlt und pflegt in seinen Gesängen sogar oft Anspielungen auf die erwartete Belohnung zu machen, was indeß nicht gerade beitragen mag, den in der Operation Begriffenen aufzumuntern, namentlich, wenn ersterer unter anderm singt:*
>
> *„Der Mann, den man gut bezahlet,*
> *Tättowirt zierlich –*
> *Der Mann ohne Bezahlung*
> *Zeichnet nicht gut!"*

Die tätowierten Ornamente waren außerordentlich kunstvoll und zeigten so viele verschiedene Motive, dass es kaum zwei Neuseeländer mit dem gleichen Körperschmuck gab.

Als ein weiteres Phänomen der Maori-Kultur wurde das Recht der Priester, gewisse Dinge oder Personen als „Tabu" oder für unantastbar zu erklären, erwähnt. Diese Tabuisierung erwies sich bei Konflikten zwischen Stämmen als segensreich, da sie beispielsweise wehrlose Menschen, bebaute Felder oder wichtige Fruchtbäume schützte.

Zu Beginn des 19. Jahrhunderts hatten die Stämme noch mit kunstvollen Keilen und Speeren gekämpft, bis 1826 ein berüchtigter Maori-Häuptling auf einem britischen Schiff nach England reiste, um König Georg IV. vorgestellt zu werden. Er brachte aus Europa die ersten Feuerwaffen mit und verwendete den Erlös aus den reichen Geschenken, die er in England erhalten hatte, um die Bewaffnung seiner Leute zu modernisieren. Die alten Waffen wurden 1858 nur mehr bei Kriegstänzen zur Schau gestellt:

> *Die merkwürdigste Waffe der Neuseeländer aber, welche zugleich als Emblem des Ranges, als Scepter von einheimischen Häuptlingen hoch in Ehren gehalten wird und sich von Generation auf Generation vererbt, ist ein schön geschliffenes Stück Grünstein (Nephrite), von den Eingeborenen Meri-Meri genannt, welches, am unteren Ende durchbohrt, meistentheils an einer Schnur in der Hand getragen wird. In heidnischen Zeiten diente der Meri-Meri sowohl als Vertheidigungswaffe, als auch um die Schädel der Kriegsgefangenen zu scalpiren.*

Sprache, Poesie, Lieder und Traditionen der Maori waren zur Zeit der *Novara*-Expedition von britischen Wissenschaftlern bereits gut erforscht. Scherzer bedauert:

> *Die wahrhaft väterliche Theilnahme und Sorgfalt, welche die englische Regierung dem Schicksale der*

Die kunstvollen Tätowierungen des Häuptlings Wiremu, der auf der Novara als Matrose anheuern konnte und in Wien eine Lehre als Buchdrucker absolvierte.

Eine Dorfgemeinschaft in Neuseeland.

Urbevölkerung von Neu-Seeland, der sittlichen und materiellen Hebung ihres Zustandes schenkt, so wie die Betheuerungen der Anhänglichkeit, Treue und Dankbarkeit gegen die britische Nation, welche die Maori's beständig im Munde führen, ließen nicht vermuthen, daß Neu-Seeland so bald der Schauplatz von Kämpfen werden würde.

Tatsächlich war es schon seit den ersten Dezennien der Einwanderung wegen der damit verbundenen Landnahme zu anhaltenden blutigen Auseinandersetzungen gekommen, die man 1840 mühsam mit dem vermeintlich großzügigen Vertrag von Waitangi, durch den Neuseeland offiziell zur britischen Kolonie wurde, beendete. Darin wurden den Maori alle Rechte britischer Staatsbürger und das Recht auf Grund und Boden zuerkannt. Der Vertrag wurde jedoch von etlichen Stämmen ignoriert, von den Engländern nicht eingehalten und war angeblich missverständlich formuliert – die Spannungen hielten an, und es folgten weitere Kriege. Im Jahr des *Novara*-Besuchs kam es neuerlich zu Unruhen und zum Kampf zwischen Briten und Maori, die damit endeten – und das ist ein besonderes Kapitel in der englischen Kolonialgeschichte –, dass ein Häuptling namens Potatau zum ersten König der Eingeborenen, allerdings ohne echte Machtbefugnisse, ernannt wurde. Er sollte in den folgenden Verhandlungen mit der britischen Krone als Vertreter aller Stämme agieren. Bereits 1860 kam es zu neuen blutigen Konflikten, bis die Maori schließlich wenige Jahre darauf das Wahlrecht und Sitze im Parlament erhielten. 1893 entschloss sich die Regierung Neuseelands – als weltweit erster Staat –, das Frauenwahlrecht einzuführen, 14 Jahre danach wurde die Kolonie in ein Dominion umgewandelt. Am Ende des 20. Jahrhunderts verfolgte Neuseeland eine strikte Anti-Atom-Politik, die zu Spannungen mit Australien und den USA führte. Weltweite Empörung hatte 1985 die Versenkung des Greenpeace-Flaggschiffs *Rainbow Warrior* im Hafen von Auckland durch den Geheimdienst Frankreichs, einer europäischen Atommacht, verursacht. Neuseeland zählt heute etwa vier Millionen Bewohner, von denen nur noch rund 14 Prozent Maori sind. Als offizielle Staatssprachen gelten Englisch und Maori. Die Institution des Maori-Königtums existiert übrigens weiter, die Nachfolger werden von den Stammeshäuptlingen gewählt, bisher waren jedoch alle Inhaber dieses würdigen Amtes Nachkommen des ersten Königs, Potatau.

Die Einführung des Christentums hatte viele der alten, grausamen Sitten wie Sklaverei, Tötung von Menschen beim Hinscheiden eines Häuptlings und vor allem Sonderformen von Kannibalismus zum Erliegen gebracht. Scherzer erwähnt in diesem Zusammenhang, dass die *Anthropophagie* gegenwärtig als vollständig erloschen betrachtet werden könne, ja sogar jegliche Anspielung auf die ehemaligen Bräuche den Maori peinlich sei. Allerdings berichtet er auch von einem alten eingeborenen Missionar, der erzählte, in seiner Kindheit noch Menschenfleisch (Innereien von Getöteten feindlicher Stämme) gegessen zu haben.

Allzu weit schien diese Vergangenheit im Gedächtnis der Maori noch nicht zurückzuliegen. Dies wurde den Expeditionsteilnehmern bewusst, als sie einige besonders schön tätowierte Maori als Matrosen anzuwerben versuchten. Ursprünglich waren vier Maori und ein Mestize gewillt, die Fahrt auf der *Novara* nach Europa anzutreten, als es aber zur Einschiffung kam, blieben nur zwei bei ihrem Entschluss, die anderen blieben aus – wahrscheinlich aus einer tief verwurzelten Furcht vor dem Unbekannten heraus.

Zwei Maori als Buchdrucker in Wien

Die beiden reisewilligen Maori waren Wiremu Toetoe Tumohe, ein Häuptling aus dem Stamm der Waikato, und Hemara Rerehau Paraone, ein Verwandter. Beide galten als gebildet, besaßen Kenntnisse in Mathematik, Geschichte, Geographie und Englisch, beide waren getauft. Ersterer hatte es beruflich zum Postexpeditor der Kolonialregierung gebracht und sich außerdem bereit erklärt, beim Bau von Straßen behilflich zu sein. Das Motiv der jungen Männer, die lange Reise anzutreten, war wohl in erster Linie ihr Drang, fremde Länder und Völker kennen zu lernen. Die beiden Maori, die anfangs ängstlich und etwas depressiv wirkten, fanden sich auf der *Novara* bald in ihre neue Situation hinein und waren durch ihr würdevolles und freundliches Benehmen allgemein beliebt. In Österreich angekommen, ermöglichte man es ihnen, in der k. k. Hof- und Staatsdruckerei eine solide Ausbildung im Buchdruck, der Lithographie und im Kupferdruck zu erhalten. Die beiden Neuseeländer verbesserten ihre Sprachkenntnisse in Deutsch und Englisch und er-

hielten Einladungen zu den verschiedensten Gesellschaften. Den Glanzpunkt ihres Wiener Aufenthaltes bildete eine Audienz bei Kaiser Franz Joseph und Kaiserin Elisabeth, von denen sie auch zahlreiche Geschenke bekamen. Franz Joseph bezahlte 1860 ihre Rückreise und veranlasste die Übergabe einer Druckerpresse, damit die beiden Drucker ihre neue Profession auch in der Heimat ausüben konnten.
Ihre Rückkehr erfolgte über London, wo die beiden Königin Viktoria vorgestellt wurden. Einer der Schiffskadetten auf der *Novara*, der in Triest geborene Heinrich Fayenz (1836–1905), hatte auch später noch mit Wiremu Toetoe Kontakt. Fayenz, inzwischen bis zum Linienschiffskapitän avanciert, versuchte 1885, auf seiner zweiten Weltumsegelung, vergeblich, den alten Bekannten zu treffen. Fayenz war damals Kommandant der Schraubenkorvette *Saida*, die im Oktober 1884, von Pola auslaufend, Gibraltar, Brasilien, Kapstadt, Neuseeland sowie zahlreiche Inseln des Pazifischen Ozeans besuchte. Wiremu Toetoe war bereits 1881 verstorben.

Natürlich wurden von den Wissenschaftlern der *Novara* im Rahmen ihrer Forschungsaufträge auch mehrere Ausflüge in das Landesinnere unternommen, wobei eine Reihe botanischer Besonderheiten Beachtung fand, wie etwa der „neuseeländische Weihnachtsbaum" *(Metrosideros tomentosa)*, der gerade in voller Blüte stand, oder die Kauri-Fichte *(Dammara australis)*, deren Holz als allererste Qualität für den Schiffbau galt. Scherzer zeigte sich begeistert über die Schönheit und Vielfalt der Urwälder und bezeichnet sie als herrlicher und majestätischer als jene auf den Nikobaren oder auf Java. Vier Tage nach Weihnachten bot sich den Männern auf einer interessanten Exkursion die Gelegenheit, die Schönheit der neuseeländischen Landschaft zu entdecken, die wegen ihrer Ähnlichkeit mit Österreich besonders begeisterte.

Am 28. December reisten wir in fünf Wagen von Auckland ab, und fuhren zwischen ausgebrannten Kratern und Vulcankegeln, auf welchen in früheren Zeiten die Eingeborenen ihre Verschanzungen oder befestigten Dörfer (Pah's) errichtet hatten, wie dies noch jetzt die regelmäßig übereinander liegenden, in dem Berge eingeschnittenen, 4 bis 8 Fuß hohen Terrassen zeigen. Die zu beiden Seiten auf dem Wege oder am Fuße der Hügel sich erhebenden, von üppigen Blumengärten eingeschlossenen Villen und Gehöfte bildeten einen gar wohlthuenden Contrast zu den, sich nach den verschiedenen Richtungen hinziehenden, mit Farnen und sonstigen Gesträuchen überwachsenen alten Lavaströmen. Hier und da tummelten sich Pferde auf saftiggrünen Wiesen oder es weideten auf denselben kräftige Rindvieh- und Schafherden und gaben ein erfreuliches Zeugniß von dem rasch sich entwickelnden Wohlstande dieser jüngsten aller englischen Colonien.

Ein Teil der Fahrt erfolgte auf dem Wasserweg:

Der Eindruck, welchen jetzt die Schönheit der Scenerie auf jeden Einzelnen machte, war ein so überwältigender, daß Alle wie aus Einer Brust in laute Bewunderung ausbrachen. Zwischen schön geformten, dichtbewaldeten Bergen dahinfließend, gestattet der majestätische Strom manchen Vergleich mit dem Rhein und der Donau, welchen deutschen Flüssen er an Breite wenig nachgiebt. Eine heilige Stille ergoß sich über die braunen Fluthen, nur zeitweilig vom Auffliegen eines Vogels unterbrochen, welcher hier in selten gestörter Einsamkeit und sicher vor der mörderischen Waffe des Menschen, froh und unbesorgt sein Leben verbringen mag. Damit wir die Pracht des Waldes und die Fülle der Vegetation in vollen Zügen genießen konnten, fuhren wir dicht am Ufer bald auf der einen, bald auf der andern Seite und vermochten uns gleichwohl nicht satt zu schauen an den Reizen und Herrlichkeiten einer zauberhaften Landschaft. Es war der 31. December 1858, Sylvesterabend, den Oesterreicher wohl schwerlich so bald wieder bei den Antipoden zubringen dürften. Im Rundgesange ertönten deutsche Volkslieder, englische und irische Weisen, ja sogar, von den anwesenden Maori's gesungen, melancholische neuseeländische Liebeslieder.

Während des Aufenthaltes der Österreicher in Auckland war der tragische Todesfall des Hochbootsmannes Matthäus Ceregogna zu beklagen, eines tüchtigen und ungewöhnlich kräftigen Mannes, der zunächst einige Wochen an einer zunehmenden Schwäche mit fahlem Aussehen gelitten hatte, dann ein starkes Anschwellen der Beine aufwies, an Atemnot litt, immer schwächer wurde und in der Nacht zum 31. Jänner verstarb – an einem *serösen Herzschlag*, wie Dr. Schwarz nach der Obduktion betroffen vermerkte. Heute würde eine „Herzinsuffizienz" diagnostiziert werden, vermerkt J. H. Voß in seiner Arbeit über „Medizinische Erkenntnisse auf der Weltreise der Novara". Der Verstorbene wurde auf dem katholischen Friedhof feierlich bestattet, eine Sammlung an Bord ermöglichte die Errichtung eines schönen Gedenksteines.

Der auf der *Novara* mitfahrende Bootsmann 3. Klasse, Dominik Codanich, schrieb ein Tagebuch in italienischer Sprache, das 1982 von G. Pilleri und P. Tadeo in Bern publiziert wurde. Der Schreibstil des von der Insel Veglia (heute Krk) im Österreichischen Küstenland stammenden Matrosen ist schlicht und enthält viele mundartliche Ausdrücke mit kroatischem und deutschem Einschlag, die heute schwer zu übersetzen und zu deuten sind. Dem Wetter schenkt der einfache Mann große Beachtung, dagegen werden zahlreiche Ereignisse, die Karl Scherzer in seinem Reisebericht ausführlich behandelt, gar nicht oder nur flüchtig erwähnt. Häufig beginnen die Eintragungen mit den Worten *durante la notte niuna novitta* (während der Nacht keine Neuigkeiten). Im folgenden Ausschnitt des Tagebuches berichtet er ebenfalls von dem oben erwähnten tragischen Vorfall in Neuseeland:

> *Sabato 1. (Mese di Gennaro 1859 all Ancona nel porto Auckland nella nuova Zelanda).*
> *Durante la notte niuna novitta il giorno bello e chiaro alle ore sette di matina la musica cominzio a suonar per il buon Capo del anno alle ore dieci a.m. fu celebratta la Santa Mesa durante la giornatta molti foresti veniva a bordo la Fregatta con done a vederlla, alle ore quattro e meza p.m. dopo quarantaotto ore de pena passo da questa vitta all'altra il Primo Nostromo Mateo Ceregogna nativo di Bucari di anni trentacinque amoglià a Pola con una Polesana lasiando un Figlio questo povero Uomo peno molto ma da lungo tempo non tropo sano sempre lera malatizio. Alle ore cinque p.m. gli fu fatto le sue salve come si compette e puoi fu porta a tera per fargli attomia al'domani lo porto sei marinari di prima Classe*
> *Samstag 1. (Jänner 1859 vor Anker im Hafen von Auckland in Neuseeland)*
> *Während der Nacht keine Neuigkeiten, war der Tag schön und klar, zur siebten Stunde des Morgens begann die Musik zu spielen für einen guten Anfang des neuen Jahres. Um zehn Uhr morgens wurde die Heilige Messe gefeiert, und während des Tages kamen viele Fremde an Bord der Fregatte, um diese zu besichtigen, danach um halb fünf Uhr nachmittags, nach kaum 48 Stunden, schied der Erste Bootsmann Mateo Ceregogna, gebürtig aus Buccari, im Alter von 35 Jahren hin aus dieser Welt. Dieser arme Mann war kaum jemals gesund, sondern immer kränkelnd, er war verheiratet in Pola mit einer Frau aus Pola, er hinterlässt auch einen Sohn. Um fünf Uhr nachmittags wurde er verabschiedet, so wie es sich gehört, und sein Körper wurde am nächsten Tag an Land gebracht, getragen von sechs Seemännern erster Klasse.*

WEITERFAHRT NACH TAHITI

Am 8. Jänner verließ die *Novara* den Hafen von Auckland. Als sie bereits unter Segel stand, erschienen noch einige Boote mit Einheimischen, die nun doch mitfahren wollten, andererseits aber ein letztes Lebewohl in Form von Blumen und kleinen Geschenken überreichten. Man konnte die Antipoden-Insel hochzufrieden verlassen. Ihre erfolgreichen Unternehmungen sichern den Österreichern bis heute einen Ehrenplatz in der Geschichte und der Erforschung Neuseelands.

Ein besonderes Ereignis auf der wetterbedingt unangenehmen Weiterfahrt stellte das Durchschneiden oder Überschreiten des 180. Längengrades am 10. Jänner 1859 gegen 11 Uhr nachts dar, was zur Folge hatte, dass sich die *Novara* plötzlich wieder in westlicher Länge (von Greenwich, dem Nullmeridian, aus gezählt) befand. Es rief unter den Matrosen kein geringes Erstaunen hervor, als plötzlich ein Tagesbefehl erschien, in dem angeordnet wurde, dass Montag, der 10. Jänner, in allen Journalen und Verrechnungen zweimal, das heißt an zwei aufeinander folgenden Tagen, zu zählen sei, um zu verhindern, dass die *Novara* bei ihrer Rückkehr nach Europa ein Datum führe, das nicht mit dem dortigen übereinstimme, sondern um einen Tag voraus wäre. Die Lösung dieses Rätsels ist leicht erklärt, war aber für einfache Matrosen schwer zu begreifen. Fährt nämlich ein Schiff von West nach Ost um die Erde, so geht man der von Ost nach West sich bewegenden Sonne entgegen. Dadurch wird Zeit gewonnen, die bei einem Meridianunterschied von 180 Grad, was die halbe Erdkugel beinhaltet, gerade 24 Stunden beträgt. Scherzer erläutert, dass beispielsweise telegraphische Depeschen viele Stunden früher ankommen könnten, als sie abgeschickt worden seien. Dieses Problem der Datumsgrenze hatte auch Magellan auf seiner ersten Weltumseglung betroffen, die von 1519 bis 1522 dauerte. Bei der Rückkehr entdeckte man voll Bestürzung, dass in den Schiffstagebüchern ein ganzer Tag zu fehlen schien. Sollte man die Feiertage falsch gefeiert und die Fasttage unkorrekt gehalten haben? Im 16. Jahrhundert belustigte dieses Problem so manchen Seefahrer und Astronomen, andere regte es zum Nachsinnen über neue Methoden zur Orientierung auf dem Globus an. Unbestritten war jedoch seit damals, dass man die Welt umsegeln könne und dass die Erde eine Kugel sei. Jules Verne stellte das Problem der Datumsgrenze in den Mittelpunkt seines Romans „In 80 Tagen um die Welt", in dem er seinen Helden Phileas Fogg im letzten Moment erkennen lässt, dass er den Zeitplan seiner Weltreise durch den Gewinn von 24 Stunden beim Überschreiten der Datumsgrenze eingehalten und somit die Wette gewonnen habe.

Am 11. Februar kam die Insel Tahiti in Sicht, die die Österreicher mit ihren zackenartigen Formen, Spitzen und Türmen an kolossale Burgen und Ruinen erinnerte. Die Fregatte ankerte vor der Hauptstadt Papeete und wartete auf das Boot mit dem Piloten, der bei der Einfahrt in den von einem Korallenriff umgebenen Hafen behilflich war. Die *Novara* hisste sodann am Großmast die Flagge des französischen Protektorats und grüßte mit den obligaten 21 Kanonenschüssen. Noch wusste niemand von den diplomatischen Spannungen, die kurz darauf zum Krieg zwischen Österreich und dem mit Sardinien-Piemont verbündeten Frankreich führten sollten.

Die erste Beschäftigung der Expeditionsteilnehmer war es, auf der kleinen, im Hafen gelegenen Insel Motu-Uta mit astronomischen und meteorologischen Messungen zu beginnen. Als Observatorium diente eine Holzhütte, die von schlanken Kokospalmen umgeben war. Auf dieser Insel hatte König Pomaré II. etwa 50 Jahre vor Ankunft der *Novara* die Bibel in die Sprache seines Volkes, in das „Tahitische", übersetzt.

Die Männer der *Novara* waren gespannt, was auf sie warten würde, galt doch Tahiti als Insel der Glückseligkeit, deren Bewohner und insbesondere deren Bewohnerinnen es an Schönheit, Freundlichkeit, Entgegenkommen und Leidenschaftlichkeit nicht fehlen ließen.

Urwald-Szenerie von einem Ausflug in das Landesinnere.

14

Ausgelassene Feste auf Tahiti – Auf den Spuren der legendären Bounty – Alltag der Mannschaft auf See

König Georg von England reitet auf einem Pferde, König Pomaré II., ein noch mächtigerer Herr, setzt sich bei öffentlichen Festen auf den Nacken eines seiner Untertanen, soll der genannte König von Tahiti gesagt haben, als er im Jahr 1817 von Englands König ein Pferd zum Geschenk erhielt. Ein so großes und stattliches Tier hatte noch keiner der Eingeborenen je gesehen.

Scherzer schreibt in seinem Bericht über Tahiti ausführlich von den Anfängen der Christianisierung durch die Missionary Society aus London, die schon 1797 mit ihrer Missionstätigkeit auf Tahiti begann. Ein halbes Jahrhundert später zeigten sich bereits beachtliche Erfolge:

> *Die Bestrebungen der Missionäre waren von den erfreulichsten Folgen begleitet. Ihnen gebührt das Verdienst, die grausame Sitte der Menschenopfer unterdrückt, Ordnung und Gesetz in die einheimische Regierung gebracht und zahlreiche Laster des gesellschaftlichen Lebens abgeschafft zu haben. Durch ihre Vorstellungen ließ sich Pomare II. bewegen, alle Destilliranstalten, in welchen geistige Getränke fabricirt wurden, so wie den Anbau und die Bereitung der Kawapflanze (Piper methysticum) zu verbieten. Bethäuser und Schulen entstanden, Bibeln und Lehrbücher wurden gedruckt und verbreitet, und binnen eines Jahrzehnts bekannten sich nicht nur alle Bewohner der Insel zur christlichen Lehre, sondern der größte Theil der jüngeren Bevölkerung hatte zugleich auch im Lesen und Schreiben Unterricht erhalten. Dieser erfreuliche, sittigende Einfluß der protestantischen Missionäre auf die Urbewohner des Gesellschafts-Archipels war aber leider nicht auch von einer Besserung und Hebung ihres physischen Zustandes begleitet. In Folge früherer Ausschweifungen und des Auftretens gewisser Seuchen und Krankheiten, welche die unzertrennlichen Begleiter der Weißen bei ihrem ersten Contact mit primitiven Völkern zu sein scheinen, trat eine merkliche Abnahme der Bevölkerung ein.*

Um 1830 begannen auch katholische Missionare mit ihrer Tätigkeit auf dem Archipel. Die damit entstandene Rivalität zwischen den Konfessionen führte zu Auseinandersetzungen und gipfelte in der Ausweisung der katholischen französischen Missionare, und dies wiederum hatte energische Gegenmaßnahmen der Franzosen zur Folge. Die Gegensätze eskalierten, 1842 erfolgte schließlich ein offizielles Eingreifen Frankreichs, indem es die Insel zum französischen Protektorat erklärte, was zwar nicht „de jure", aber doch „de facto" dem Status einer Kolonie entsprach. Verwaltung, Steuern, Zölle lagen nun in Händen französischer Beamter. Königin Pomaré aus der gleichnamigen Dynastie musste sich damit abfinden und besaß von da an so gut wie keine Rechte. An der Lage der Königin, die in einem bescheidenen Haus in Papeete residierte, hatte sich bis 1859 nichts geändert. Die Österreicher suchten den Kontakt mit Vertretern beider christlicher Konfessionen und erhielten wertvolle Hinweise über Land und Leute von einem in Tahiti lebenden Botaniker und Arzt namens Philippe Nadaud. Ein anderer Europäer, der gebürtiger Pole Adam Kulzycki, war als Direktor für Angelegenheiten

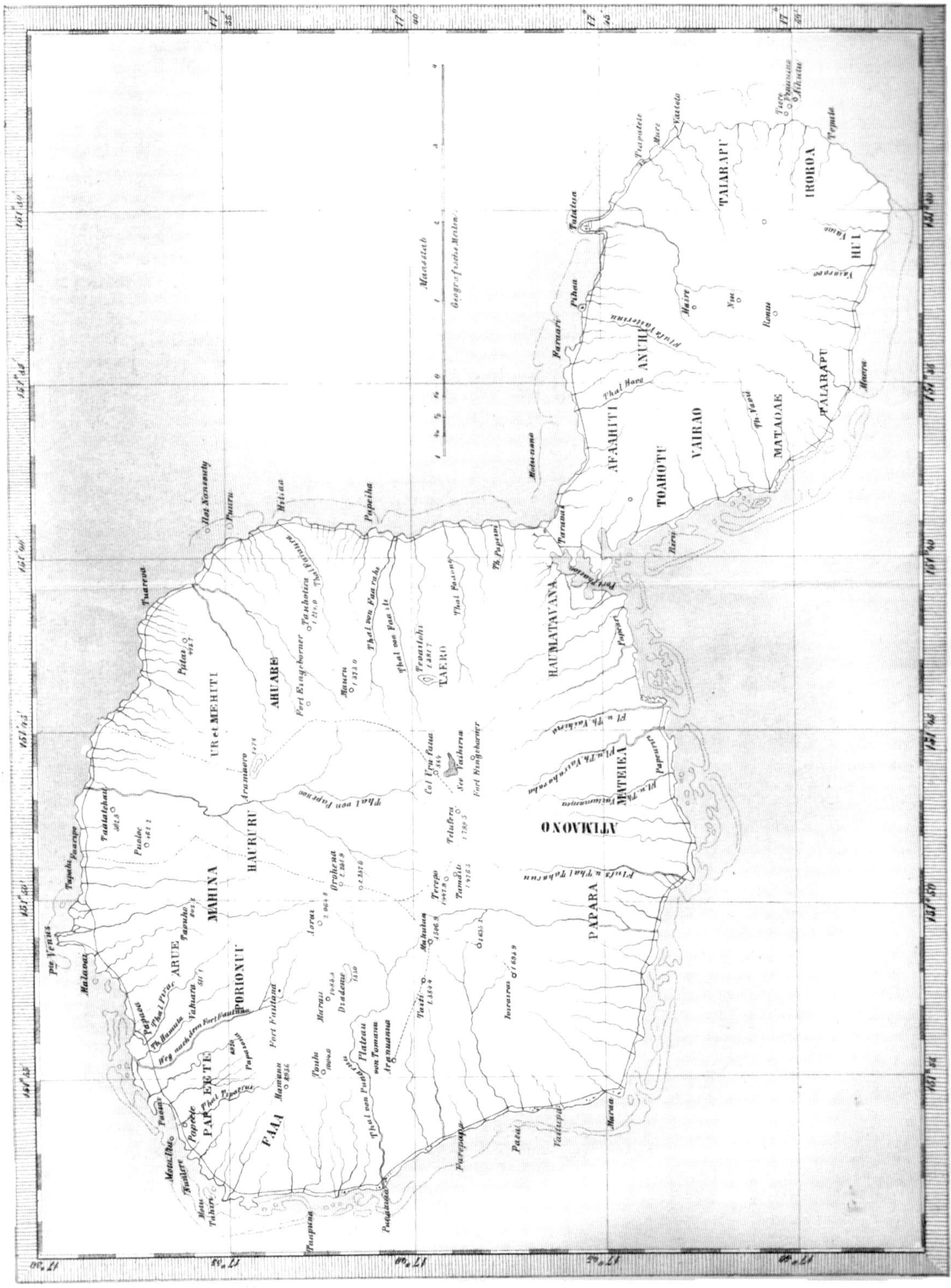

Geographische Darstellung der Doppelinsel Tahiti, die nach der Rückkehr der Novara-Expedition in der k. k. Hof- und Staatsdruckerei in Wien gedruckt wurde.

der Eingeborenen bei der Regierung angestellt und konnte vieles über die Landessitten berichten. Im Übrigen galt die Inselgruppe, was neue wissenschaftliche Erkenntnisse betraf, als eher wenig ergiebig, da sie bereits in der Vergangenheit von zahlreichen Schiffen angelaufen worden war.

Scherzer gibt sich mehr entrüstet als angetan, als er die Vorgänge bei einem sonntäglichen Tanzvergnügen schildert:

Während im Innern der Insel der Sonntag mit großer Strenge gefeiert wird, herrscht in der Hafenstadt an diesem Tage eine große Ausgelassenheit; ja, die französische Behörde ist es, welche sich dabei zum Gelegenheitsmacher hergiebt. Denn nirgends begegnet man mehr Zügellosigkeit als auf dem sogenannten Pré Catalan, einer Wiesenfläche, welche sich dicht vor dem Palais des Gouverneurs ausbreitet. Hier in Gegenwart französischer Gendarmen und Soldaten, und vor den Augen der Protectorats-Behörden werden, den bestehenden Landesgesetzen entgegen, von eingeborenen, halbtrunkenen Mädchen Tänze der unsittlichsten Art aufgeführt. Man muß den Upa-Upa von frivolen Tahitierinnen mit der ganzen Leidenschaftlichkeit einer sinnlichen Natur haben tanzen sehen, um die Indignation und Beschämung eines nicht französischen Zuschauers zu begreifen. Sonderbarer Weise hat der Upa-Upa eine frappante Aehnlichkeit mit dem Pariser Cancan, wie dieser im Quartier Latin von übermüthigen Studenten und deren lebensfrohen Grisetten gehüpft wurde.

Besiedlung und Entdeckung Tahitis

Tahiti wurde um das Jahr 200 vor unserer Zeitrechnung vermutlich von Samoa aus besiedelt. Bald dürften sich Stammesfürstentümer mit streng hierarchischen Ordnungen entwickelt haben. Die oberste Kaste (auf Polynesisch ariki genannt) stellten die Großgrundbesitzer und die Priester. Die nächste Gruppe (raatira) waren Bauern, Handwerker, Tätowierer und Künstler, die unterste Schicht bildeten die Hörigen (manahune) mit einer rechtlichen Stellung, die der der Leibeigenen unserer früheren Feudalsysteme ähnelte.

Die Entdeckung und Erforschung Tahitis durch Europäer wird mehreren Seefahrern zugeschrieben. Erstmalig sah vermutlich der Portugiese Pedro Fernández de Quirós im Jahr 1606 die Insel, die er Sagittaria nannte. Der Engländer Samuel Willis, der 1767 die Insel als erster Europäer betrat, gab ihr nach seinem König den Namen King Georg Island. Bereits ein Jahr darauf ging der von der Südsee begeisterte Franzose Louis Antoine de Bouganville (1729–1811) an Land, beschrieb die Insel als *La Nouvelle Cythere* und nahm damit Bezug auf die antike Liebesinsel der Göttin Aphrodite.

Fest verankert im Bewusstsein der Bevölkerung ist der Besuch der *Endeavour*, die 1769 James Cook und seine Männer auf die Insel brachte. Cook, der sich unter anderem intensiv mit Astronomie beschäftigte, sollte im Auftrag der Königlichen Geographischen Gesellschaft ein selten auftretendes Ereignis, das Vorüberziehen der Venus vor der Sonnenscheibe beobachten. Er errichtete zu diesem Zweck ein Observatorium, an dessen Stelle sich heute ein Leuchtturm mit dem Namen Pointe Venus befindet. Vier Jahre später betrat Cook erneut die Insel, diesmal in Begleitung der beiden Deutschen Johann und Georg Forster, Vater und Sohn. Die romantische und überschwängliche Reisebeschreibung von Georg Forster, die auch in Deutschland erschien, bestimmte – neben jener von Bouganville – lange Zeit das Bild, das sich die Europäer von der Südsee machten, meinte man doch, hier die Bestätigung für das Menschenbild des „Edlen Wilden" nach Jean Jaques Rousseau gefunden zu haben.

Heute gehört Tahiti zu Französisch-Polynesien und ist als Übersee-Territorium der EU angegliedert, die etwa 180.000 Bewohner werden von Papeete aus verwaltet. Tahiti, das aus zwei miteinander verbundenen Vulkaninseln besteht, ist Teil der Gesellschaftsinseln – von Cook nach der Königlichen Geographischen Gesellschaft als Anerkennung für deren wissenschaftliche Verdienste so bezeichnet. Das Paradies für Touristen, die vorwiegend zum Baden, Tauchen, Surfen und zum Erkunden von Land und Leuten kommen, genießt heute den höchsten Lebensstandard aller Inseln im Stillen oder Pazifischen Ozean. Neben dem florierenden Tourismus hat sich die Wirtschaft dem Handel mit schwarzen Perlen zugewandt, alternative Heilmethoden und Anwendung von Naturkosmetik bringen ebenfalls viele

Die Bewohner von „Otahiti" (Tahiti) in ihren Booten, nach einem Kupferstich aus Cooks „Reise um die Welt", 1774.

Angriff der Bewohner von Tahiti auf das Schiff des Kapitän Wallis, nach einem Kupferstich aus Cooks „Reise um die Welt", 1774.

Fremde ins Land, das im Inneren noch immer von kaum bewohnten Regionen mit dichten Regenwäldern überzogen ist.

Zwei weitere Namen sind untrennbar mit Tahiti verbunden: Der amerikanische Schriftsteller Hermann Melville (1818–1891) – weltbekannt durch seinen Roman von Kapitän Ahab und dessen rastloser Jagd auf den weißen Wal Moby Dick – war einige Zeit in Papeete inhaftiert, da man ihn der Meuterei auf einem Walfänger verdächtigte. Der andere, der Maler Paul Gauguin (1848–1903), lebte einige Jahre auf der Insel und ist auch hier begraben. Seine Lebensgeschichte und die leuchtenden, intensiven Farben seiner Bilder verstärkten und verstärken bis heute das Bild vom Paradies der Südsee.

Bei einem Ausflug der Österreicher nach Pointe Venus, wo Captain Cook seinerzeit mithilfe seiner astronomischen Berechnungen die geographische Lage Tahitis bestimmen konnte, entfaltete sich die ganze tropische Pracht der malerischen Insel, die schon vor mehr als 200 Jahren als Inbegriff der Südsee-Romantik galt. Die hübschen, freundlichen Insulaner schienen ein Leben ohne erkennbare Arbeit wie im Schlaraffenland zu führen. Das optimale Klima erlaubte es ihnen, fast das ganze Jahr über zu pflanzen und zu ernten. Blätter und Stämme des Padanusbaumes waren das Material für ihre einfachen Hütten. Das Meer versorgte sie mit Meeresfrüchten und Fischen verschiedenster Art, Kokosnüsse, Bananen, tropische Früchte ergaben reiche Ernten. Zahlreiche Wasserfälle luden zum Baden ein, die fröhlichen Menschen hatten oft nur einen „Pareu" (ein buntes Hüfttuch) um den sonst nackten Körper gebunden, Blüten von Hibiskus oder Bougainvilleen schmückten die dunklen Haare.

Die Mannschaften der ersten europäischen Entdeckerschiffe hatten mit den tahitischen Schönheiten zahlreiche Kinder gezeugt, deren Haut- und Haarfarbe etwas heller schien, als es bis dato in Tahiti üblich gewesen war. Die Europäer hatten aber neben den Anfängen einer europäischen Zivilisation eine Reihe neuer Krankheiten gebracht, wie die Syphilis sowie sich seuchenartig ausbreitende Infektionen, gegen die man damals noch keine Abwehr kannte.

Krankheiten und hoher Alkoholkonsum – von Scherzer als *Ausschweifung und Trunksucht* bezeichnet – reduzierten die Bevölkerung von ursprünglich 100.000 auf angeblich nur mehr 5000 Bewohner.

Scherzer berichtet über *reizende Wäldchen von Kokospalmen*, über Brotfrucht- und Zitrusbäume, baumartige Oleander, Orchideen und dazwischen Plantagen von Zuckerrohr, das zu einem berauschenden Getränk verarbeitet wurde.

Eine andere Exkursion der Österreicher führte tief in das unwegsame, mit immergrünen Wäldern bedeckte Innere der Insel zum Kratersee Waiiria *(Vaihrira)*, der von steilen Berghängen eingefasst war und noch immer ist. Der höchste Berg Tahitis, der mit 2241 Metern beachtlich hohe Mont Orohena, ist meist von einem Wolkenring umgeben, was früher für alle möglichen Mythen Anlass gab.

Die Männer der *Novara* nahmen an einem weiteren Volksfest teil. Abermals kritisiert Scherzer die *primitive Musik*, die *unanständig sinnlichen Gesten, Sprünge und Gliederverrenkungen*, die die Tanzenden in eine solche Aufregung versetzten, dass jedes Paar halb betäubt und erschöpft unter Trommellärm und wildem Geschrei vom Tummelplatz wegstürzte. Gegen Ende des Festes wurde zu einer Tafel geladen, auf der alle kulinarischen Köstlichkeiten der Insel prangten. Auf Anordnung des Gouverneurs kredenzte man den Gästen französischen Wein, „die Kokosmilch der Europäer", und vergaß dabei nicht, einen Toast auf das Wohl Kaiser Franz Josephs auszusprechen.

Dem Fest folgte bald darauf ein Ball beim Gouverneur, bei dem der Königin Pomaré ein kurzer Kontakt mit den Österreichern gestattet wurde:

> *Im Innern des Palais bewegte sich die Crême der Gesellschaft von Tahiti. Alle Autoritäten und Notabilitäten des Landes waren anwesend. Mehr als 200 Personen durchwogten den Saal, wo, aus Courtoisie für den Festgeber, die Musikbande unserer Fregatte Quadrilles, Polkas und Walzer ertönen ließ.*
> *Auch die Königinn Pomare erschien mit einigen Prinzen und Prinzessinnen ihres Hauses und ihrem Gemahl. Der Gouverneur empfing sie an der Schwelle des Saales, bot ihr seinen Arm und geleitete sie nach den, für die königliche Familie bereit gehaltenen Sitzen. Pomare ist eine Frau von nahe an 50 Jahren, beleibt, untersetzt, mit einem vollen, ausdruckslosen Gesicht und einem plumpen Gang. Ihre Toilette war einfach, aber ganz europäisch. Sie trug ein weißes Ballkleid nach französischem Schnitt und Blumen in den Haaren. Auch in den Händen hielt sie ein riesiges Bouquet.*
> *Es geschah jetzt zum ersten Male, daß die Mitglieder der Expedition der Königinn vorgestellt wurden*

Uniformen der französischen Marine. Federzeichnung eines unbekannten Künstlers, um 1855.

und mit ihr zu verkehren Gelegenheit fanden. Man hatte bisher von Seite der französischen Behörden absichtlich ein Zusammentreffen vermieden, welches von der tahitischen Fürstinn wie eine Ovation angesehen werden mochte. Pomare darf nämlich ohne vorhergegangener Genehmigung des Gouverneurs außer den Mitgliedern ihrer Familie Niemanden in ihrem Hause empfangen.

Scherzer erläutert die *Agricultur* der Gesellschaftsinseln, berichtet von der *Kawawurzel*, aus der berauschende Getränke fabriziert wurden, und kritisiert scharf die schlampige Verwaltung durch die Franzosen. Nach seiner Meinung hätte sich Tahiti unter dem Einfluss liberaler, aber sittlich strenger Gesetze zu einem *Emporium* der Südsee, zum *Singapore Oceaniens* aufschwingen können. Am 28. Februar 1859 verließ die *Novara* die Inseln, die teils an die Pracht der Tropen, teils durch die bizarren Berge an die Landschaft der Alpen erinnert hatten.

AUF DEN SPUREN DER BOUNTY

Noch bekannter als durch die Bilder Gauguins wurde das Inselparadies aber durch die zahlreichen Romane, Filme, die wahren Geschichten und die Legenden über die Meuterei auf der *Bounty*, die zwar damals, vor 150 Jahren, schon mehr als ein halbes Jahrhundert zurücklagen, deren Spuren und Schauplätzen unsere Österreicher trotzdem nachzuforschen versuchten.

Am 25. März befand sich die *Novara* nach der Abreise von Tahiti mit Kurs auf Osten nur wenige Meilen entfernt von der Insel Pitcairn, mit der die abenteuerliche Geschichte der *Bounty* unmittelbar zusammenhängt.

Die Meuterei auf der *Bounty*

Im Jahr 1787 sandte die englische Regierung das Kriegsschiff *Bounty* unter dem Kommando des wegen seiner Strenge berüchtigten Kapitäns William Bligh (1754–1817), der übrigens während der dritten Südseereise Cooks dessen Erster Offizier gewesen war, nach Tahiti, um Setzlinge von Brotfruchtbäumen zu holen. Diese sollten in der Karibik, wo die amerikanischen Getreidelieferungen infolge des Krieges und der Abspaltung ausblieben, eine neue Grundnahrung liefern. Nach einem Aufenthalt, der fünf Monate in Anspruch genommen und zu zahlreichen Kontakten mit tahitischen Frauen geführt hatte, legte die *Bounty* wieder ab. Kurz nach der Abfahrt des Schiffes kam es an Bord zu einer Meuterei, deren Anstifter der Erste Leutnant, Fletcher Christian (1764–1793), war. Die Ursache für den Aufstand sollen der Geiz und das tyrannische Verhalten des Kapitäns gewesen sein, der jede Beschwerde und Kritik mit strengen Strafen beantwortete.

Christian und seine Kumpane bemächtigten sich des Schiffes, nahmen den Kapitän und seine Anhänger gefangen, ließen ein Boot zu Wasser und zwangen ihre Gegner, sich einzuschiffen. Ausgerüstet mit wenig Proviant, einem Sextanten und einer Taschenuhr gelang es Bligh mit 19 Mann in 41 Tagen fast 6000 Kilometer auf See zu überwinden und auf der Insel Timor zu landen.

Unterdessen erreichte Fletcher, der das Kommando der *Bounty* übernommen hatte, die Insel Tubuai, wo man sich niederlassen wollte. Feindseligkeiten der Eingeborenen bewogen die Seeleute jedoch, nach Tahiti zurückzusegeln. Hier wurden Pflanzen und Lebendvieh an Bord gebracht und einige Frauen und Männer überredet, auf der *Bounty* mitzufahren, um auf einer anderen Insel zu leben.

Doch unter den Meuterern brach Streit aus, einige blieben auf Tahiti, acht Matrosen und dazu elf Frauen und sechs Eingeborene versprachen, Fletcher Christian die Treue zu halten, und fuhren mit ihm ab. Durch Zufall liefen sie nach einigen Tagen die unbewohnte Insel Pitcairn an. Das mitgebrachte Vieh vermehrte sich, die Pflanzen gediehen, Männer und Frauen bildeten ihre Familien. Da man befürchten musste, von der Royal Navy verfolgt und aufgespürt zu werden, wurde die *Bounty* in einer Bucht, die heute ihren Namen trägt, verbrannt.

Inzwischen war Captain Bligh von Timor nach England gelangt, hatte die Meuterei gemeldet und strenge Bestrafung gefordert. Die Admiralität entsandte die Fregatte *Pandora* nach Tahiti, deren Kapitän 14 der Meuterer in Ketten legen konnte, zwei waren inzwischen ermordet worden. Auf der Rückfahrt strandete das Schiff an den Riffen vor Australien und sank, neben 31 Mann der Besatzung kamen auch vier angekettete Meuterer ums Leben. Der Rest gelangte nach Timor und von dort nach England, wo das Kriegsgericht sechs Meuterer zum Tode verurteilte, wovon drei begnadigt und drei gehenkt

Porträt des Meuterers Adams, der auf der Insel Pitcairn ein kleines Privat-Imperium gegründet hatte.

Königin Pomaré von Tahiti stand ganz unter dem Einfluss der französischen Kolonialmacht.

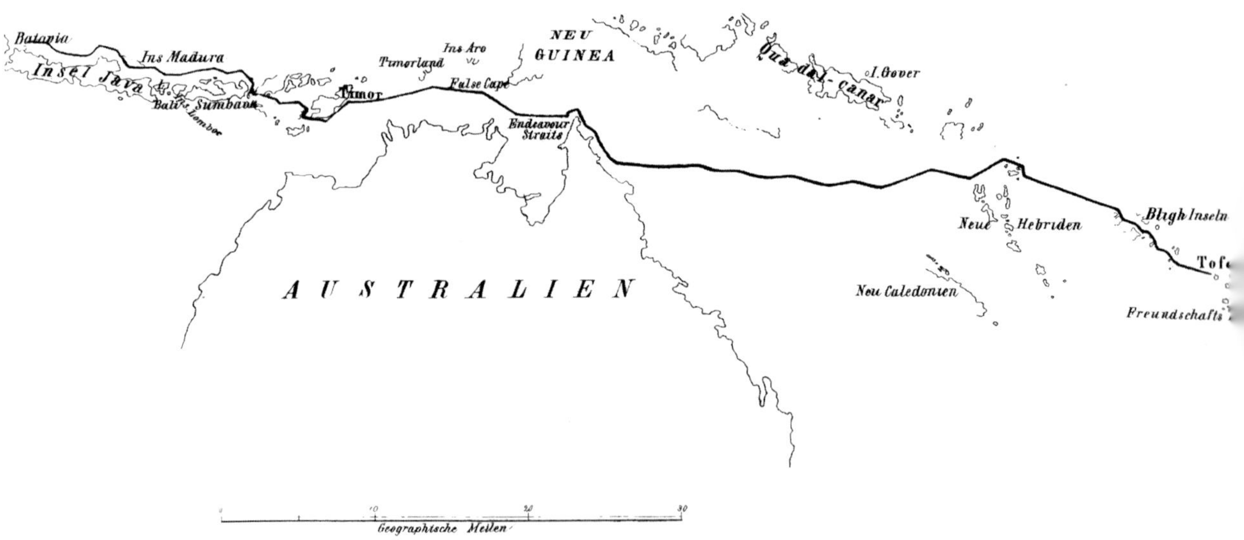

Kurskarte des Bootes von Kapitän Bligh, den die Meuterer der Bounty mit wenig Proviant ausgesetzt hatten.

wurden. Die vier restlichen waren freigesprochen worden. Der Verlust der *Bounty* wurde ebenfalls vor dem Seegericht verhandelt, Bligh wurde Schuldlosigkeit attestiert. Er absolvierte später noch eine weitere Südseereise, kämpfte mit Nelson 1801 vor Amsterdam, erhielt den Rang eines Vizeadmirals und wurde übrigens 1805 zum Gouverneur von Neusüdwales ernannt.

In Pitcairn war das friedliche Leben von kurzer Dauer. Alkohol erhitzte die Gemüter, Streit entbrannte, und schließlich wurde Fletcher Christian getötet. Nach einigen Jahren war von den Meuterern nur noch einer der Meuterer, seinerzeit neben Fletcher Christian der Haupträdelsführer, Adams, am Leben. Mit ihm allein lebten seit 1800 auf der Insel zehn Frauen und 23 Kinder. Erstaunlicherweise wandelte sich der Matrose zu einem vorbildlichen christlichen Erzieher und Lehrer der nächsten Generation, der er neben Lesen und Schreiben auch moralisches Verhalten, Hilfsbereitschaft und Freundlichkeit beizubringen versuchte. In Europa war das Schicksal des einstigen Meuterers unbekannt.

Groß war daher das Erstaunen, als 1814 zufällig ein britisches Schiff in Pitcairn vor Anker ging und von den Bewohnern auf Englisch angesprochen wurde. Einer der Mischlinge war der Sohn Fletcher Christians, der den sonderbaren Namen Dienstag Oktober Christian führte. Die kleine Gruppe bestand damals aus 46 Menschen, davon waren 38 auf Pitcairn geboren. Die unglaubliche Entdeckung wurde bekannt, von nun an liefen öfters Schiffe die entlegene Insel an, um das wegen seiner Biederkeit bekannte Völkchen aufzusuchen. Adams, der wegen seiner erzieherischen Leistung begnadigt worden war, erkannte, dass die Insel die wachsende Menschenzahl nicht mehr ernähren konnte und bat die englische Regierung um die Genehmigung, auf eine größere Insel übersiedeln zu dürfen. Als der Tag kam, an dem ein englisches Schiff die Bewohner von Pitcairn aus ihrer Heimat fortführen sollte, herrschte dort vollste Verzweiflung. Die Pitcairner gingen erst an Bord, als man ihnen versicherte, sie zurückzubringen, wenn sie sich am neuen Bestimmungsort nicht wohlfühlen sollten. Tatsächlich traten sie nach sechs Monaten die Rückreise nach Pitcairn an. Die Geschichte begann sich zu wiederholen. Im Mai 1856 sandte die englische Regierung wieder einmal ein Schiff zur Insel, um den dringenden Bitten der inzwischen auf 193 Seelen angewachsenen Gemeinde nach einem größeren Lebensraum zu entsprechen.

Zu jener Zeit, als die *Novara* in Tahiti vor Anker lag, hatte soeben ein englisches Schiff die sanften, aber für ihre Unentschlossenheit bekannten Bewohner von den Norfolk-Inseln zurück auf ihre Heimatinsel Pitcairn gebracht. Scherzer, der mit dem Kapitän Kontakt aufgenommen und die seltsame Geschichte erfahren hatte, kommentiert das Geschehen:

> *Hier endet, was uns über die Pitcairner und ihr wunderliches Schicksal bekannt geworden. Bei aller Theilnahme für ihr Geschick und die Vorzüge ihres Herzens macht doch ihr beständiges Zagen und ihre krankhafte Unschlüssigkeit auf den ernsteren Beurtheiler einen peinlichen Eindruck; dieser hervorragende Zug ihres Charakters scheint indeß einen tieferen psychologischen Grund zu haben. Der Meuterei auf dem Schiffe „Bounty" folgte eine natürliche Reaction. Das Gefühl der Furcht, entdeckt zu werden, welches Christian und seine verbrecherischen Gefährten unaufhörlich quälte und ihnen bis zu ihrem Tode den Frieden des Herzens raubte, vererbte sich, wenn schon in gemilderter Form, auf ihre Nachkommen, auf die dritte und vierte Generation, und ließ in ihrer Brust jenen verderblichen Sinn von Abhängigkeit und Verzagtheit Wurzel fassen, welcher selbst noch den Enkeln nicht gestattete zur Ruhe zu gelangen und nicht blos sittliche, sondern auch nützliche, brauchbare, ihren eigenen Kräften vertrauende Glieder der Gesellschaft zu werden. Thatkraft, Muth, Entschlossenheit scheinen für immer aus der Brust der Pitcairner entflohen zu sein, welche andrerseits durch zahlreiche christliche Tugenden unsere Sympathien erwecken, und von denen namentlich der Gründer dieser einfaltsvollen Gemeinde, der englische, kernige Adams, durch seine sittlichen Eigenschaften in so überzeugender Weise den Spruch bethätigte: „Wer die Kraft hat, zu wollen, thut Wunder!"*

Die Insel Pitcairn mit ihren 45 Quadratkilometern gehört heute zum Übersee-Territorium von Großbritannien. Die 44 Bewohner der Insel leben in der Siedlung Adamstown, wo auch ihr „Urvater" Adams begraben liegt.

ALLTAG DER MATROSEN AUF SEE

Die *Novara* befand sich nun wochenlang auf hoher See. Die Strecke von etwa 5000 Seemeilen nach Südamerika konnte in 48 Tagen zurückgelegt werden. Wie ist es den Männern dabei ergangen? Womit hat sich die Mannschaft beschäftigt? Scherzer berichtet nur höchst selten über die Tätigkeiten der einfachen Matrosen. Schiffsarzt Dr. Eduard Schwarz beschäftigt sich jedoch in seinem umfangreichen medizinischen Bericht der Expedition, der 1861 erschien, nicht nur mit den aufgetretenen Krankheiten während der Reise, sondern auch mit dem *Klima zur See und an Bord* sowie mit dem *Leben auf dem Meer*:

> *Die Zeit der Arbeit beginnt für ihn* (den Matrosen) *um 6 Uhr Morgens. Zehn Minuten nachdem das Pfeifchen des Quartiermeisters den Schläfer geweckt hat, muss er angekleidet mit zusammengerollter Hängematte am Deck erscheinen, dieselbe in den „Finknetzen" versorgt haben und zum Dienste „klar" sein. Nun wird von allen Matrosen das Deck und die Batterie gewaschen, aufgetrocknet und alles in symmetrische Ordnung zurechtgelegt. Um 7 Uhr werden sie zum Frühstück gerufen. Von je 10 Matrosen hat einer für eine Woche die Obliegenheit, seinen Kameraden den Tisch zu bestellen, aus der Küche das Mahl zu holen, und selbes zu vertheilen. Um 7½ Uhr hat die Mannschaft gefrühstückt, alle Geschirre sind gereinigt, und an ihrem bestimmten Ort untergebracht. Bei günstigem Wetter frühstückt die Mannschaft am Vorderdeck, sonst aber in der Batterie. Um 8 Uhr Morgens, zu welcher Stunde sich die Matrosen für den Tag umgekleidet haben, tritt der Wachwechsel ein, der sich alle vier Stunden wiederholt, (die Zeit von 4–8 Uhr Abends ist jedoch in zwei Wachen, von 4–6, von 6–8, eingetheilt, um die Mannschaft abwechselnd zu anderen Stunden auf Deck zu bringen). Die jeweilige Wache muss alle Manöver ausführen, welche die Führung des Schiffes beanspruchen, nur im Falle der Dringlichkeit wird auch die wachfreie Mannschaft auf Deck gerufen. Man thut dies jedoch äusserst selten und stets sehr ungern; die Ruhe- und Essstunden der Matrosen werden besonders berücksichtigt und nicht ohne Noth unterbrochen.*
>
> *Aus dem bis jetzt Gesagten ergeben sich für den Matrosen täglich 12 Stunden Segeldienst, allein trotzdem man dienstfreie Mannschaft hat und während deren Erholung ein anderer Theil derselben die Manöver des Schiffes bedient, kommen überdies noch Dienstesverrichtungen vor, welche die gesammte Bemannung treffen, und zwar:*
>
> *Nach dem Wachewechsel um 8 Uhr Morgens und nach dem Reinigen und Fegen in den unteren Räumen tritt der Mann an seinen bestimmten Gefechtsposten, an welchen er um 9 Uhr zum „Klarschiff für Metall- und Waffenreinigung" gerufen wird; er beginnt schon vor dieser Stunde die Arbeit des Polirens und Reinigens aller Metallstücke, um im Augenblicke der Inspectionder Waffen u. s. w. klar zu sein. Bei dieser Gelegenheit unterziehen die Officiere und Cadetten ihre Mannschaft einer genauen Prüfung in Bezug auf die körperliche Reinlichkeit und die Sauberkeit der Leibwäsche und Kleidung. Das Klarschiff dauert bis 10 Uhr.*
>
> *Von 10–11½ sind gewöhnlich Exercitien (im Segelmanöver, bei den Kanonen u. s. w.) und nach Beendigung derselben macht man die Vorbereitungen zum Mittagsmahl. Die Tischbesorger holen Tische und Bänke aus deren Verwahrungsorte, um dieselben in der Batterie und theilweise im Corridor mittelst Leinen aufzuhängen. Der Tisch wird gedeckt, die blanken Geschirre hervorgeholt und an die rechte Stelle hingesetzt; inzwischen werden Brot und Getränke für je eine Tischgesellschaft (Bake) in der Speisekammer gewogen, ausgemessen und in den numerirten Gefässen der Reihe nach aufgestellt; einige Minuten vor der Mittagszeit steht der Tischbesorger bei seinem Vorrath bereit, und so wie das Pfeifchen des Quartiermeisters den Mittag verkündet, trägt er denselben an seinen Tisch, begiebt sich sofort in die Küche und bringt Suppe und Fleisch, besorgt die Austheilung, und bald erfährt man durch das heitere Gemurmel und durch das Geklapper der eifrig gehandhabten Bestecke, dass gesunde kräftige Leute, die durch Arbeit sich den besten Appetit verschafft haben, ihr Mittagbrot einnehmen.*

Zweimal pro Woche musste die Mannschaft die eigene Leibwäsche reinigen, wöchentlich waren Hängematten und anderes Leinenzeug zu waschen, wobei man eine leicht lösliche „Matrosenseife" und Meerwasser verwendete.

Außer weiteren wiederkehrenden Beschäftigungen ergaben sich manchmal außergewöhnliche Situationen, wie etwa das Kommando „Klarschiff zum Gefecht", ein Manöver, bei dem jeder Matrose bewaffnet zu erscheinen hatte. Die Pulverkammer war zu öffnen, ebenso die Kanonenkugel- und Granatendepots. Im Spital war alles herzurichten, um potenzielle Verwundete schnellstens versorgen zu können. Der Zeitraum vom ersten Hornsignal bis zur Meldung von „Klarschiff zum Gefecht" durfte nicht mehr als fünf Minuten betragen.

Das Segelschiff bedeutete für den Matrosen ein Stück Heimat, sein Vaterland und seine Welt: Die einzelnen Teile vom Kiel bis zum Topp, die Planken und Taue, Masten und Segel sind ihm ans Herz gewachsen, die Tugenden und Vorzüge des Schiffes sind sein ganzer Stolz, allfällige Mängel werden bemäntelt, und gänzlich ungehörig war es, die *Novara* mit anderen Schiffen zu vergleichen.

Matrosen mussten stets beschäftigt werden. In der Freizeit war es ihnen gestattet, ihre derben Spiele aufzuführen, die häufig in freundschaftlichem Balgen endeten. Sie durften turnen, tanzen, singen und liebten es, Geschichten zu hören und zu erzählen, in denen Helden (meist Matrosen) im Kampf gegen Riesen, Zwerge, Seeungeheuer und Dämonen – je nach Bedarf – dem Unterliegen oder Siegen nahe waren.

Die Tagesordnung und der Feierabend auf See verliefen bei anderen Missionsfahrten oder Expeditionen der österreichischen Marine auf ähnliche Weise. 15 Jahre nach der Expedition der *Novara* segelte die Korvette *Helgoland* um Afrika. Linienschiffsleutnant Leopold von Jedina erzählt in seinem 1877 in Wien erschienenen Buch „Um Afrika, Skizzen von der Reise Sr. Majestät Corvette „Helgoland“ in den Jahren 1873–75“ von der Abendgestaltung der Mannschaft, die auf der *Novara* vermutlich ganz ähnlich ablief:

> *Den ersten Eindruck, den wir empfinden, ist jener der ungezwungenen Lautheit, die natürliche Reaktion auf das lange Schweigen während des Tages. Selbstverständlich verleugnet sich hierbei der polyglotte Charakter der Bemannung österreichischer Kriegsschiffe nicht. Dalmatiner besingen die Thaten des Kraljevic Marko in elegischen Weisen; das „Fuchslied“ und ähnliches, weit besser als in manchen deutschen Studentencommers vorgetragen, ertönt, ja sogar das ungarische „Szozat“ und böhmische Lieder hört man nicht selten. Sicher ist man jedoch, Cavatinen aus italienischen Opern zu begegnen, denn der Bordkalfaterer, mit dessen Stellung eine stark tremolierende Tenorstimme unzertrennlich zu sein scheint, weiss stets unter den „Städtern“ genügend viele Kunstenthusiasten herauszufinden, um mindestens den beliebten Rachechor aus „Hernani“ aufzuführen. Daß dieses Durcheinandersingen im Ganzen genommen ein ohrenzerreißendes Charivari gibt, ist begreiflich, umso angenehmer berührt es daher, wenn sich die Dissonanzen zu einem gemeinschaftlich gesungenen, lustigen Matrosenliede lösen, oder wie es zum Schlusse geschieht, die vielsprachigen Sänger, geleitet von dem sie alle gleich beherrschenden Gefühle der Loyalität, sich zum Anstimmen der erhebenden Volkshymne (Kaiserhymne) vereinen.*

Am 16. April wurden von den Männern der *Novara* die Konturen des Aconcagua, des höchsten Berges der chilenischen Anden, wahrgenommen. Kurz darauf sah man den Leuchtturm von Valparaiso. Man war in Südamerika und spürte nach 48 Tagen unter Segeln endlich Land unter den Füßen. Bald trafen die ersten Nachrichten aus Europa ein. Frankreich und Österreich schienen unmittelbar vor Ausbruch eines Krieges zu stehen.

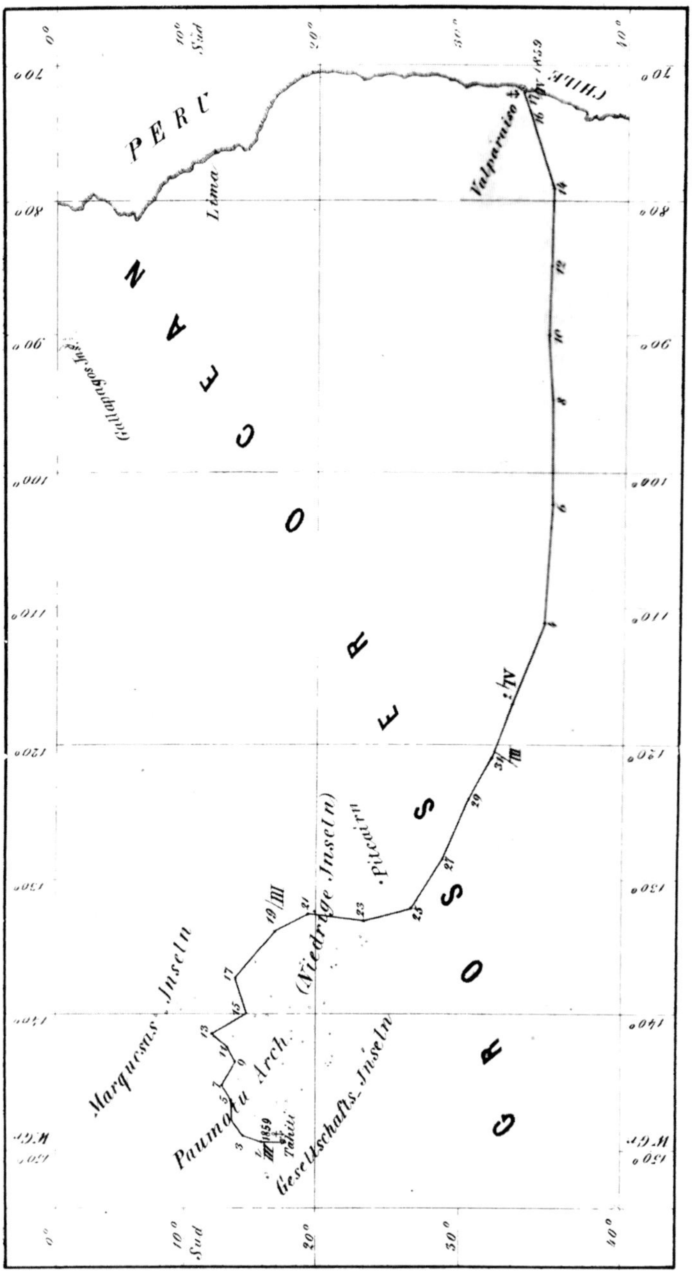

Kurskarte der Novara von Tahiti nach Valparaiso.

15

Station in der Hafenstadt Valparaiso – Die Reise Scherzers nach Peru und Panama – Mit dem Postdampfer nach Europa

Wer vor etwa 150 Jahren Valparaiso besuchte, hatte nicht den Eindruck, sich in einer der typischen Hafenstädte Südamerikas zu befinden. Nach Scherzers Schilderungen hatte hier alles europäischen Charakter, das galt für Straßen, Häuser, Kaufläden und öffentliche Gebäude. Chile, das sich bereits 1818 vom Joch der spanischen Kolonialmacht lösen konnte, besaß eine liberale Verfassung und eine gut funktionierende Wirtschaft, die eine solide Zukunft versprachen. Der Aufschwung der Landwirtschaft und der steigende Export von Getreide und anderen Lebensmitteln hingen mit der Entdeckung der Goldfelder in Kalifornien zusammen. Hunderttausende Goldsucher aus aller Welt strömten in die Gebiete und hatten dabei weder Zeit noch Lust, sich um den Anbau von Cerealien zu kümmern. Chile wurde zur Kornkammer für das Goldland und verstand es, durch überhöhte Preise große Gewinne zu erzielen. Als in den 1850er-Jahren das Goldfieber in Kalifornien langsam verebbte und die Ansiedler begannen, den äußerst fruchtbaren Boden selbst zu bebauen, geriet der Export Chiles vorübergehend ins Stocken. Der beginnende Goldrausch in Australien brachte dann aber trotz der immensen Entfernung einen neuerlichen Aufschwung in der Ausfuhr von Getreide.

Scherzer berichtet von 180 Schiffen aller Größen und Flaggen und erwähnt, dass der Hafen von Valparaiso wegen seiner Reede und der gefährlichen Winde große Ähnlichkeit mit Triest habe. Die Österreicher unternahmen wie üblich ihre Exkursionen, Spaziergänge und Ausflüge.

Tagebuch eines Schiffsfähnrichs der *Novara*

Seit 2006 befindet sich im Besitz des Österreichischen Staatsarchivs (Kriegsarchiv, Marineabteilung) der Nachlass Robert Müllers, der eine wahre Fülle von sachlichen Informationen über die Reise der *Novara*, aber auch sehr viel Privates beinhaltet. Das Konvolut wird in einem Karton aufbewahrt und enthält eine Reihe von ausführlichen Briefen des jungen Schiffsfähnrichs an seine Mutter in Wien, dazu mehrere nautische Skizzen und Notizen, verfertigt während der Weltumsegelung, und schließlich zwei Tagebücher.

Meine liebste, allerbeste Mutter, beginnt Müller einen Brief aus Valparaiso, in dem er von den Ereignissen der letzten Wochen und den Aufenthalten in Neuseeland und auf Tahiti erzählt. Der junge Mann berichtet in diesem wie auch in allen anderen Schreiben ausführlich über seine und die Tätigkeit der anderen Mitglieder des Stabes auf der *Novara*. Aus seinem Tagebuch sind über diese Wochen neben Mitteilungen fachlicher Natur auch sehr private Vorkommnisse zu erfahren. So entrüstet sich Müller vorerst über das sittenlose Benehmen einer jungen Frau aus Tahiti, berichtet aber dann über die beginnende Beziehung mit ihr: *Sie hat mir die Bräuche ihres Volkes beigebracht.*

Müller, der am 1. November 1858 vom Schiffsfähnrich zum Fregattenleutnant befördert wurde, hatte außerdem noch andere Sorgen. Wie

Der Hafen von Valparaiso ähnelt nach der Meinung Karl Scherzers der Anlage von Triest.

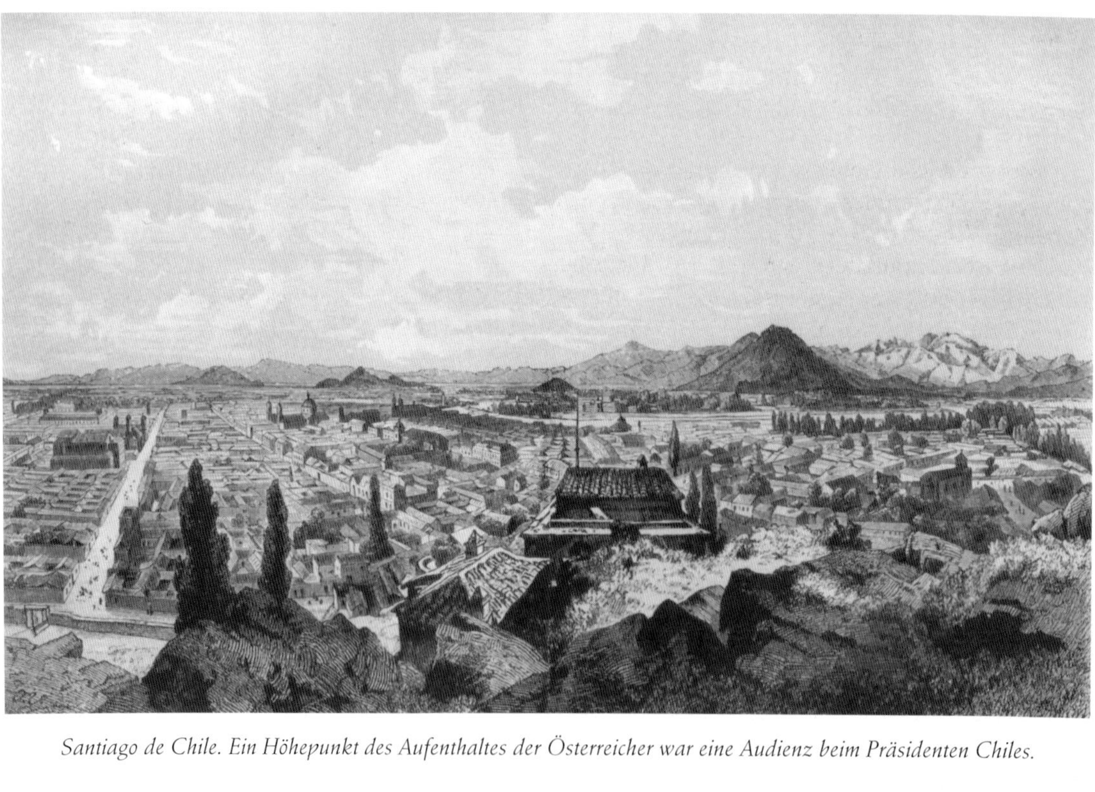

Santiago de Chile. Ein Höhepunkt des Aufenthaltes der Österreicher war eine Audienz beim Präsidenten Chiles.

seinem Tagebuch zu entnehmen ist, plagten ihn selbstkritische Überlegungen wegen seiner nicht unbedeutenden Schulden, wobei er beispielsweise bei seinem Freund Anton Basso, der auf der *Novara* als *Verwaltungsoffizial* für die finanzielle Gebarung zuständig war, privat mit 200 Gulden in der Kreide stand. Dazu soll angemerkt werden, dass zum Beispiel der Wochenlohn eines gelernten Arbeiters in Wien zu jener Zeit annähernd 15 fl (Florin, die alte Bezeichnung für Gulden) betrug, die Besoldung von Commodore Wüllerstorf für jeweils ein Trimester während der Expedition dagegen etwa 2200 fl.

Müllers Tagebuch enthält zudem viele eingeklebte Zeitungsartikel, die die Reise der *Novara* und ihre Männer betreffen, dazu Reklamezettel von Hotels, in denen die Offiziere und Wissenschaftler nächtigten, und – dies muss als kleine Sensation gewertet werden – einige farbige signierte Originalskizzen mit Darstellungen von Eingeborenen aus der Hand Sellenys.

Unter den Zeitungsartikeln fällt ein Bericht über Scherzer auf, in dem dessen Fähigkeiten als objektiver Berichterstatter von einem Journalisten oder einem Kollegen stark angezweifelt werden. Ein anderer Zeitungsausschnitt enthält einen ausführlichen Nachruf mit persönlicher und fachlicher Würdigung für den jung verstorbenen Dr. Schwarz.

Als besonders ergiebig, was allgemeine Informationen betraf, erwiesen sich die verschiedenen Klubs von Valparaiso, die von den hierher ausgewanderten Nationalitäten gegründet worden waren. Zu den schönsten Erlebnissen, die den Männern in Chile widerfuhren, gehörte ein nationales Fest, das zu Ostern für sie veranstaltet wurde. Ein Extrazug, dessen Lokomotive mit Blumen und Fahnen reich geschmückt war, brachte die Gäste zum Ort des Geschehens. In einem Tal waren unter Zeltplanen lange Tafeln mit allerlei Köstlichkeiten gedeckt. Die Musik spielte heimatliche Weisen, und als gelungene Überraschung hatte ein deutscher Arzt und Pharmazeut ein Lied mit dem Titel „Willkommen der Novara" komponiert. Dr. Ried und der Chor der deutschen Liedertafel trugen das Stück vor, das wegen seiner patriotischen Aussage ungeheuren Jubel hervorrief. Alle Tischreden waren politisch gefärbt, man hoffte auf ein geeintes Deutschland und war sich einig in der Ablehnung Kaiser Napoleons III.

Mit den wissenschaftlichen Intentionen waren diesmal auch handelspolitische Interessen verbunden, da der Expeditionsleiter von der österreichischen Regierung den Auftrag erhalten hatte, einen Handelsvertrag abzuschließen. Commodore Wüllerstorf begab sich daher in Begleitung des österreichischen Generalkonsuls und Dr. Scherzers nach Santiago, während die beiden Zoologen und der Maler Selleny die Reise dorthin schon einige Tage früher angetreten hatten. Die Fahrt nach der Hauptstadt Chiles erwies sich als wenig angenehm. Man hatte hohe Bergrücken zu überqueren, die Straße führte ohne ausreichende Sicherung am Rande tiefer Schluchten dahin.

Santiago wird von Scherzer als wenig stattlich beschrieben, was wohl darauf zurückzuführen war, dass die meisten Häuser wegen der häufigen Erdbeben nur aus einem Stockwerk bestanden. Mehr Lob erhalten die Männer aus Wissenschaft, Handel und Politik, mit denen man eifrige Kontakte pflegte und die um eine angenehme Atmosphäre bemüht waren.

> *Es herrscht in Santiago überraschend viel geistiges Leben und noch mehr guter Wille dasselbe zu fördern. Die wissenschaftlichen Arbeiten, welche in den letzten zehn Jahren, meistentheils von fremden Forschern, ausgeführt worden sind, verdienen die größte Anerkennung. Der fremde Gelehrte wird hier nicht mit scheelem Auge angesehen, nicht, eben nur weil er kein Eingeborner ist, zurückgesetzt und von einflussreichen Posten ferngehalten; er wird vielmehr in seinen Bestrebungen auf das Kräftigste unterstützt.*

Die Österreicher besuchten die bereits 1738 gegründete und damals wieder eröffnete Universität, die große öffentliche Bibliothek, das Naturhistorische Museum, die Sternwarte und eine Gewerbeschule sowie die Quinta-Normal, eine Art höhere landwirtschaftliche Musterschule, die neben Ackerbau und Tierheilkunde alle Grundlagen sämtlicher Naturwissenschaften in ihrem Lehrplan hatte.

Ein Höhepunkt des Aufenthalts war eine Audienz beim Präsidenten Chiles, Sr. Excellenz Don Manuel Montt Torres (1809–1880):

> *Don Manuel gab in jeder Beziehung den aufrichtigen Wunsch zu erkennen, mit dem österreichischen Kaiserstaate in die intimsten Beziehungen zu treten und alle jene diplomatischen Vereinbarungen zu*

Das österreichische Konsulat in Valparaiso.

treffen, welche die Interessen beider Völker zu wahren und zu fördern geeignet erscheinen. Auch mit den wissenschaftlichen Instituten unseres Vaterlandes wünschte Don Manuel den regsten Verkehr hergestellt, und als Beweis seiner lebhaften Theilnahme für die Zwecke der kaiserlichen Expedition ließ er derselben ein historisches Prachtwerk, so wie eine großartige Sammlung aller in Chile in den letzten zehn Jahren veröffentlichten statistischen und parlamentarischen Documente und akademischen Abhandlungen als Geschenk überreichen.
Die Hoffnung des Commodore, den Abschluß des Handelsvertrages noch während der Anwesenheit der Expedition in Valparaiso zu bewerkstelligen und das bezügliche Document zu unterfertigen, wurde hauptsächlich durch die politischen Ereignisse vereitelt, welche zu jener Zeit die Aufmerksamkeit der Regierungsmänner ausschließlich beschäftigten. Es galt, durch weise Maßregeln und energisches Auftreten die, zwei Monate vor unserer Ankunft ausgebrochene Revolution zu unterdrücken, bevor dieselbe ernstere Dimensionen angenommen hatte.

Die Österreicher verbrachten fast täglich gemütliche Abende im Kreise angesehener Familien, wie etwa bei einem Österreicher namens Dr. Herzl:

Hier hatten nicht, wie bei den Eingeborenen, die politischen Ereignisse oder vielmehr die Parteileidenschaft Musik und Gesang in Bann gelegt, man bediente sich der letzteren vielmehr als Mittel, sich zu erheben und die politischen Grillen, wenigstens momentan, zu verscheuchen.
In chilenischen Salons hörte man nur von Politik sprechen; hier aber war das Ziel der Conversation Literatur und Kunst, und der Glanzpunkt der Unterhaltung deutsche Musik und deutscher Gesang.

Auf einer Hazienda hat Scherzer Gelegenheit, sich über die chilenischen Damen ein Urteil zu bilden:

Auch hier nahm das Gespräch sogleich eine politische Färbung an und es schien sogar, daß der Aufenthalt der weiblichen Gesellschaft in der gegenwärtigen ungünstigen Jahreszeit in Las Esmeraldas weniger der Liebe zur Natur als einem politischen Schmollen zugeschrieben werden mochte. Denn die chilenischen Frauen gefallen sich, wie ihre romanischen Stammgenossinnen in politischen Demonstrationen. Doch treten sie meistens für den Sieg des ultramontanen Elementes in die Schranken, was wohl am deutlichsten den Einfluß kennzeichnet, dem sie in ihrer nur eingebildet selbstständigen politischen Anschauung unterworfen sind.

Scherzer lobte zwar die Lage und die Schönheit von Valparaiso, was so viel wie „Tal des Paradieses“ bedeutet, fand aber in der damals wichtigsten Hafenstadt des pazifischen Raumes keine herausragenden, bemerkenswerten Bauten. Fast 150 Jahre später erklärte die UNESCO die Altstadt Valparaisos allerdings wegen ihres Ambientes aus kolonialen Zeiten zum Weltkulturerbe. Hafenstadt und Hauptstadt waren zu Zeiten Scherzers kleinere Städte, heute kann Valparaiso fast 300.000 Einwohner verbuchen, Santiago mit Umland hat inzwischen die Zahl von sechs Millionen überschritten. Der Staat Chile erstreckt sich in nordsüdlicher Richtung zwischen dem 17. und dem 56. Breitengrad auf der Westseite von Südamerika in einer Länge von 4300 Kilometern von der Grenze Perus bis nach Kap Hoorn. Zum Staatsgebiet gehören etliche Inselgruppen im Pazifik, wie etwa die Osterinseln oder die Juan-Fernández-Inseln, zu denen auch die durch den Roman von Daniel Defoe weltberühmt gewordene Robinson-Crusoe-Insel zählt. In den Jahren kurz nach der *Novara*-Expedition wurden in Chile neue Kupfer- und Silberminen erschlossen, und im so genannten Salpeterkrieg 1879 bis 1884 konnte Chile auf Kosten Perus sein Territorium beträchtlich erweitern.

Die Bevölkerung Chiles, rund 16 Millionen Menschen, ist im Vergleich zu den anderen Staaten Iberoamerikas homogen, da 95 Prozent der Bewohner entweder europäische Vorfahren haben oder Mestizen sind. Jene fünf Prozent der Chilenen, die sich auf ihre indianische Herkunft berufen, hatten in den Jahren des Militärregimes (1973–1989) unter Augusto Pinoquet (1915–2006) große Schwierigkeiten, sich zu ihrer kulturellen Identität zu bekennen. Unter der Regierung von Salvador Allende (1970–1973) war die indigene Kultur vorübergehend gesetzlich anerkannt gewesen, und auch heute wird sie durch verschiedene Gesetze respektiert. Die moderne chilenische Kultur wurde von mehreren herausragenden Literaten geprägt, wie etwa durch die beiden Literaturnobelpreisträger Pablo Neruda und Gabriela Mistral sowie durch die stark autobiographisch geprägten Werke von Isabel Allende.

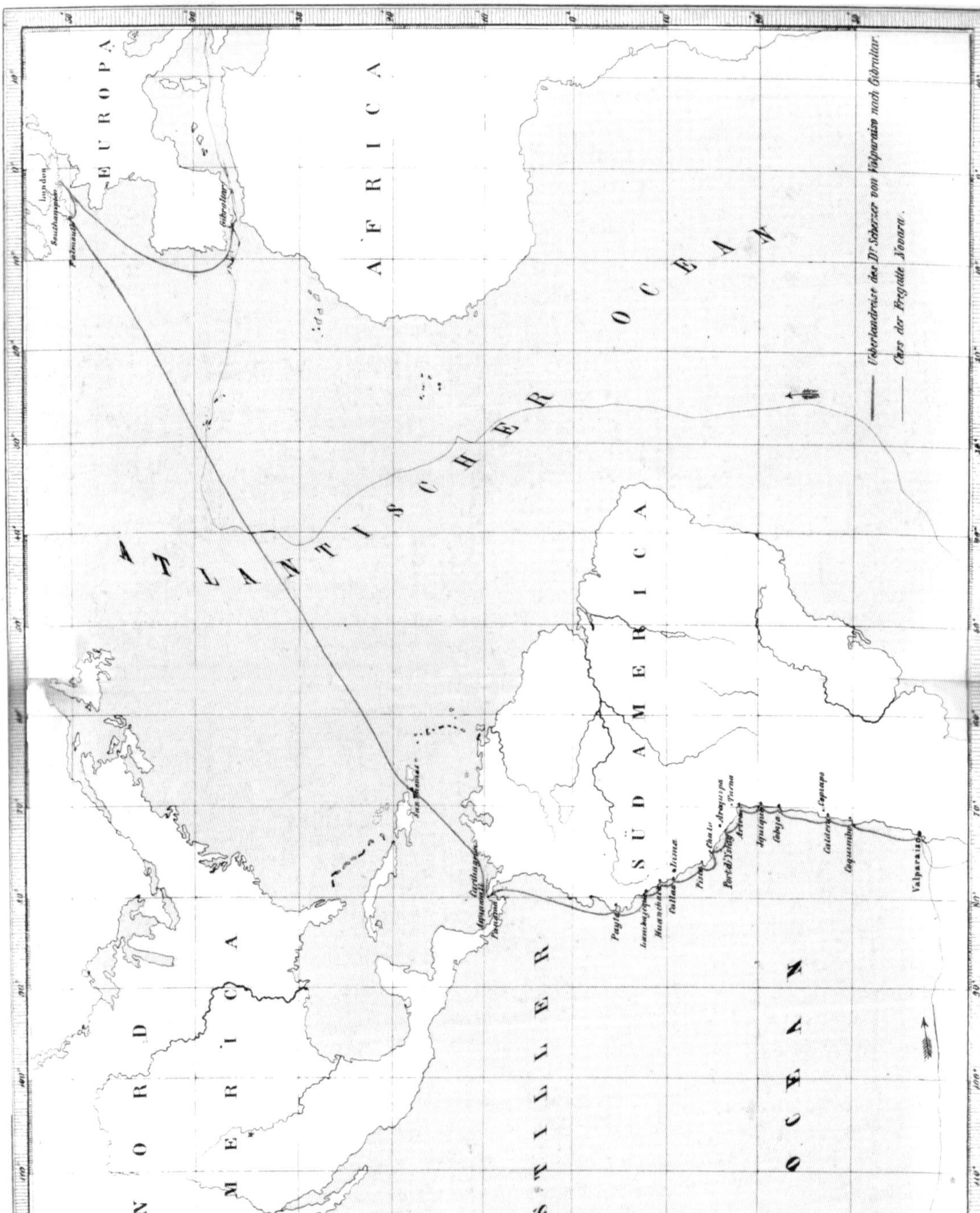

Die „Überlandreise" Karl Scherzers führte von Valparaiso nach Panama. Von dort aus querte er den Atlantik auf einem Dampfer.

Alpakas für die Alpenländer

Die Österreicher informierten sich unter anderem ausgiebig über Zucht, Lebensbedingungen und Nutzbarkeit des Alpakas. Dieses aus den Anden stammende, zur Familie der Kamele gehörende Herdentier ist etwas kleiner als ein Lama und liefert gutes Fleisch, aber vor allem ausgezeichnete, feine Wolle. Alpakas lebten vorwiegend auf den Hochflächen der Kordilleren, wo sie für die indianische Urbevölkerung unentbehrlich waren, die sie in erster Linie als Lasttiere nutzte, ohne die die höheren Regionen der Anden unbewohnbar geblieben wären. Die Zoologen der *Novara* hegten den Plan, Alpakas in den gebirgigen Regionen Österreichs wie etwa in den Kronländern Krain, Dalmatien, Kroatien und Siebenbürgen anzusiedeln. Gemeinsam mit chilenischen Züchtern wurde eine Kosten-Nutzen-Rechnung erstellt, und alle Modalitäten für den Export von Lebendvieh, wie Dauer der Reise, Futter, Unterbringung, indianischer Wärter und die Fahrtroute, wurden diskutiert. Leider verhinderten die Kriegsereignisse der kommenden Monate die Ausführung dieses interessanten Projektes.

Nach dem Eintreffen der Post aus Europa sah sich der Commodore gezwungen, die Dauer der Expedition zu verkürzen. Der Kriegszustand zwischen den Kontrahenten Österreich und Frankreich bestand tatsächlich schon seit 23. April. Der Plan, die Galapagos-Inseln, Lima, Montevideo und Buenos Aires aufzusuchen, wurde völlig aufgegeben. Wüllerstorf erschien es wichtiger, eingedenk der Pflichten eines Marineoffiziers, *ohne Verzögerung nach Österreich zurückzukehren und sich selbst so wie die seiner Führung Anvertrauten dem bedrohten Vaterland zur Verfügung zu stellen.*

DIE ÜBERLANDREISE DR. SCHERZERS

Da während der langen Rückfahrt der *Novara* von Chile nach Gibraltar kaum eine Möglichkeit bestand, Studien ethnographischer und statistischer Art zu unternehmen, erbat sich Dr. Scherzer von Commodore Wüllerstorf die Erlaubnis, eine Überlandreise nach Lima und weiter nach Panama zu unternehmen. Scherzer verpflichtete sich, nach der Überquerung der Landenge von Panama mit dem nächsten Postdampfer über den Atlantik nach Europa zu fahren, um rechtzeitig Anfang August mit der *Novara* in Gibraltar zusammenzutreffen.

Die Hauptbeweggründe dieses Ansuchens lagen in dem redlichen Wunsche, durch ein, wenn auch nur kurzes Verweilen in Lima, Panama und den Zwischenhäfen noch manchen interessanten Beitrag zu erwerben und den Zwecken der kaiserlichen Expedition noch zu einer Zeit nachzustreben, wo diese sich bereits auf der Heimfahrt unterwegs befand.

Wenige Tage nach der Abfahrt der *Novara* verließ Scherzer an Bord eines Postdampfers die Reede des Hafens von Valparaiso, um bald darauf mehreren Hafenstädten an der Westküste Südamerikas einen kurzen Besuch abzustatten. Von Arica aus, einem kleinen zu Peru gehörenden Städtchen am Rande der Wüste Atacama, unternahm Scherzer einen Ausflug, um nach Inka-Gräbern zu suchen. Die große Trockenheit der Atmosphäre und der Reichtum an Salzen im sandigen Boden begünstigten die Konservierung und Mumifizierung indianischer Leichen. Der Wissenschaftler fand den künstlich deformierten Schädel eines Indianers, den er an Ort und Stelle skizzierte, um ihn sodann seiner wissenschaftlichen Sammlung einzuverleiben. Ein Abstecher führte Scherzer zu den Guano-Inseln, wo der für die Düngung so wertvolle Mist von Seevögeln abgebaut und verladen wurde. Im Mai 1859 waren 50 Europäer, 50 Chinesen und etwa 250 Indios und Schwarze mit dieser Arbeit beschäftigt, die schlecht bezahlt war, den Unternehmern jedoch sehr hohe Gewinn einbrachte.

Von Callao, der nächsten Hafenstadt, besuchte Scherzer auf dem Schienenweg die Hauptstadt Perus, Lima, in der die Gebäude in jedem Stadtteil der besseren Orientierung wegen in einer anderen Färbelung erstrahlten. Der Wissenschaftler bewunderte die moderne Gasbeleuchtung und lobte die bauliche Großartigkeit der vielen katholischen Kirchen und Klöster, die allerdings – wie er meinte – einer Renovierung bedurften. Kein Fremder versäumte es, die Kathedrale zu besuchen, in der sich das Grab des spanischen Eroberers von Peru – Francisco Pizarro – befindet.

Scherzer suchte den Kontakt mit deutschsprachigen Einwanderern, visitierte die Universität, Spitäler und Fachschulen und konnte von einer

Hazienda aus noch eine Exkursion organisieren, um ethnographische und archäologische Objekte zu studieren:

Am folgenden Morgen zeitig früh besichtigten wir wiederholt die Ruinen von Pachacamác und nahmen eine Anzahl Neger mit Werkzeugen aus der Hacienda mit, um einige Grabungsversuche anzustellen. An verschiedenen Orten, besonders in der Nähe des Hügels, auf welchem einmal der Tempel stand, fanden wir mehrere hundert Todtenschädel umherliegen. Die meisten der von uns untersuchten Cranien waren künstlich zusammengepreßt, und zwar erschienen sie nicht immer an der gleichen Stelle abgeplattet, was den deutlichsten Beweis liefert, daß hier eine künstliche Compression stattgefunden hat. Viele Schädel waren, obwohl sie schon mehrere hundert Jahre in der Erde geruht, noch völlig mit Haaren bedeckt. Es unterliegt keinem Zweifel, daß alle hier begrabenen Todten dem Stamme angehörten, welcher diese Ansiedlung zur Zeit der Eroberung des Landes durch die Spanier bewohnte. Denn nach der Besitznahme und der großartigen Taufhandlung, welche bekehrungssüchtige Mönche an den braunen Eingeborenen in Masse vollzogen, wurde keiner der christlichen Indianer mehr in heidnischer, ungeweihter Erde bestattet. Ich nahm von Pachacamác ungefähr ein halbes Dutzend höchst merkwürdig geformter Indianerschädel, so wie einige mumificirte Körpertheile mit, welche die Neger in meiner Gegenwart ausgegraben hatten.

Zu den beliebtesten Unterhaltungen in Lima zählten die „Toros“ oder Stiergefechte, die Scherzer allerdings verächtlich als *brutale Thierhetze* bezeichnete und daher gar nicht näher beschreiben wollte.

Die *Novara*-Expedition hatte schon in Wien den Auftrag erhalten, sich um einige Exemplare der Nutzpflanze Coca oder des Cocastrauches zu bemühen, deren Blätter den Indios – gekaut und vermischt mit Pflanzenasche – beim Ertragen von Strapazen halfen. Scherzer gelang es nun, 60 Pfund Cocablätter zu erwerben, sodass einige Monate darauf von einem jungen Doktoranden namens Albert Niemann (1834–1861) in einem chemischen Laboratorium in Göttingen Kokain isoliert werden konnte. Scherzer meint dazu:

Minder befriedigende Resultate haben die bisherigen Versuche über die physiologische Wirksamkeit des Cocaïns geliefert, indem dasselbe nur in sehr kleiner Menge in der Coca vorhanden, und die erforderliche größere Menge nur äußerst mühsam und schwierig zu gewinnen ist.

Der Cocastrauch hatte sein ursprüngliches Vegetationsgebiet vorwiegend am Ostabhang der Anden in einer Seehöhe von 300 bis zu 2000 Metern. Das Kauen der Blätter war bei der indianischen Bevölkerung seit Jahrhunderten weit verbreitet, es galt als Genuss- und Kraftmittel und half Hunger, Müdigkeit, Kälte und Arbeit leichter zu ertragen. Um 1850 wurde es bereits in Ceylon, Indien und Java angepflanzt.

Scherzer beschäftigt sich auch noch mit einem weiteren pharmazeutischen Thema:

Statt der ganzen Expedition, wie es anfänglich im Plane lag, blieb es mir allein vergönnt, den classischen Boden zu betreten, wo Humboldt einst die ersten wissenschaftlichen Schätze sammelte, und selbst dies nur für eine so kurze Spanne Zeit, daß sich mein Besuch auf die Hauptstadt Peru's und deren nächste Umgebungen beschränken mußte. Von einer wissenschaftlichen Excursion nach den tief im Innern gelegenen Chinawäldern konnte unter den obwaltenden Umständen nicht die Rede sein.

Er bezog sich bei diesen Äußerungen auf seine Diskussionen mit dem deutschen Gelehrten Dr. Franz W. Junghuhn, mit dem er, wie erwähnt, während der Expedition beim Aufenthalt auf der Insel Java intensive wissenschaftliche Kontakte pflegen konnte. Chinin, gewonnen aus der Rinde des Chinarindenbaumes wurde auch als „Jesuitenpulver“ bezeichnet, da der Orden schon zu Beginn des 18. Jahrhunderts in Südamerika damit Handel trieb und es auch nach Europa exportierte. Seine fiebersenkende Wirkung und die Linderung der Symptome von Malaria waren damals schon bekannt.

Einer der Beweggründe für die Landreise Scherzers war auch, dass er es als *seine patriotische Pflicht* erachtete, seinen Aufenthalt auch dazu zu nutzen, um sich über das Schicksal einer Gruppe von Tirolern und Rheinländern zu informieren, die 1851 ausgewandert waren:

Zugleich war Aussicht vorhanden, während des Aufenthaltes in der peruanischen Hauptstadt genaue Mittheilungen über das dermalige Loos jener Tiroler Familien einzuziehen, welche sich, durch

Vorspiegelungen aller Art verlockt, im Jahre 1851 zu einer Auswanderung nach Peru entschlossen und seither, wie aus indirecten Berichten hervorging, in eine so trostlose Lage gerathen waren.

Viele der Emigranten waren „Schleppern" aufgesessen, die sie schon vor der Ankunft in Peru um ihre Ersparnisse gebracht hatten. Ein Teil der Auswanderer gründete kleine dörfliche Kolonien und betrieb Landwirtschaft, andere versuchten zu flüchten und sich als Bergarbeiter zu verdingen. Die peruanische Regierung dachte nicht daran, sich an die vereinbarten Zusagen zu halten:

> *Das Loos der Tiroler und Rheinpfälzerr, welche, aus Verzweiflung und Hungersnoth, von der Wildniß am Pozuzu nach Lima zu flüchten beabsichtigten, um bei der peruanischen Regierung Klage über die Nichterfüllung der ihnen gemachten Versprechungen zu führen, gestaltete sich noch trauriger als jenes ihrer Leidensgefährten, welche in der Colonie zurückgeblieben waren. Viele dieser Flüchtlinge wurden von der ihnen nachstellenden Soldateska und den halbwilden Indianern eingeholt, mit Steinen und Musketenschüssen angegriffen, mit Lazos eingefangen und gefesselt wieder zurückgeschleppt. Die wenigen, welche dieser grausamen Menschenhetze glücklich entgingen, kamen (einige sogar mit Weib und Kindern) in dem schauderhaftesten Zustande in Lima an, und fanden daselbst bei den Behörden des Landes nur wenig Gehör und Schutz. Man benützte ihre Noth, ihr Unglück, ihre natürliche Unwissenheit und ihre Unkenntniß der spanischen Sprache, um ihre Arbeitskraft, so lange sie noch welche besaßen, nach allen Richtungen hin auszubeuten.*
> *Man behandelte die armen Deutschen wie Sclaven, sie mußten sich mit dem erbärmlichsten Obdach, mit der bedürftigsten Nahrung begnügen; man bürdete ihnen Arbeiten und Dienstleistungen auf, welche die emancipirten Negersclaven zu verrichten sich weigerten. Bei der geringsten Klage, welche die grausam Betrogenen erhoben, bei den leisesten Ansprüchen, die sie für die genaue Erfüllung jener Punkte ihrer Contracte geltend machten, welche sich auf ihre Rechte und Begünstigungen bezogen, wurden sie mißhandelt, beschimpft, eingekerkert, ja sogar in Eisen gelegt.*

Scherzer führt die Behandlung der Tiroler, die er als *Parias unter den Emigranten* bezeichnet, auf den Mangel an österreichischen Konsulaten in überseeischen Ländern zurück. In ganz Südamerika gab es zu jener Zeit lediglich in Valparaiso ein österreichisches Konsulat, begreiflich, dass Scherzer den Zustand der deutschen Auswanderung mit der geringen Einhelligkeit bei wirtschaftlichen Fragen der einzelnen Staaten im Deutschen Bund vergleicht.

Der Postdampfer, den Scherzer – wie vereinbart – für seine Weiterreise bestieg, erreichte am 20. Juni die Gewässer von Panama. Noch spät abends brachte man englische und nordamerikanische Zeitungen an Bord, die ernste Nachrichten enthielten. Alexander von Humboldt, *der größte Naturforscher unserer Zeit*, war am 6. Mai 1859 im Alter von 90 Jahren in Berlin verstorben, und der Krieg in Oberitalien zwischen Frankreich und Österreich schien für Scherzers Heimat verloren.

Die Landenge von Panama

Die Landenge von Panama hatte für den Welthandel, aber auch für Goldgräber, die es nach Kalifornien zog, eine enorme Bedeutung. Der Bau der Panama-Eisenbahn wurde 1850 begonnen, fünf Jahre später dampfte die erste Lokomotive von Küste zu Küste. Die nordamerikanische Gesellschaft, die den Schienenweg zwischen Atlantik und Pazifik besorgte, war gut organisiert. Der Transport von 700 bis 800 Passagieren über den Isthmus mithilfe der Eisenbahn nahm etwa zehn Stunden in Anspruch. Die Stadt Panama, am Pazifischen Ozean gelegen, zählte damals etwa 9000 Bewohner, zumeist Schwarze, Indios und Mestizen. Auf der anderen Seite, am Atlantik, wuchs die Hafenstadt Aspinwall, die auch nach der spanischen Bezeichnung für Kolumbus als Colón bezeichnet wurde, rasch zu großer Bedeutung heran. Allein 64 große Postdampfer, die von der Ostküste der USA oder von Europa kamen, legten hier regelmäßig an. Panama, das sich 1821 vom spanischen Kolonialreich trennte, wurde unter dem südamerikanischen Freiheitskämpfer Simón Bolívar (1783–1830) ein Teil von Groß-Kolumbien. Im Jahr 1903 löste sich Panama wieder von Kolumbien ab und schloss mit den USA einen Vertrag, in dem alle Bestimmungen und Rechte enthalten waren, einen Kanal zu bauen, der den Seeweg von der Ostküste der USA zur Westküste mehr als halbieren sollte. Der Panamakanal, der von 1906 bis 1914 unter großen Mühen und mit zahlreichen Todesopfern unter den Arbeitern gebaut wurde, ist 81,6 Kilometer lang. Die Kanalzone, für die die USA die Hoheitsrechte besaßen, wurde am 31. Dezember 1999 der Republik Panama übergeben.

Scherzer hatte an den Leiter der Panama-Railroad-Company einen Empfehlungsbrief gesandt, wurde nun zu einer Freifahrt auf der rund 80 Kilometer langen Strecke eingeladen und trotz seiner 14 Gepäckstücke, die zumeist wissenschaftliches Material enthielten, besonders zuvorkommend behandelt. Er bezeichnete übrigens die Art und Weise, wie ein reisender Forscher behandelt wurde, immer wieder als den Gradmesser für die Kulturstufe eines Volkes. In dieser Hinsicht sprach er allen britischen Kolonien, aber auch den USA großes Lob aus und zollte diesen Ländern höchste Anerkennung. Die Aufmerksamkeit für Forscher diene ja nicht nur dem Individuum, sondern der ganzen Wissenschaft – so Scherzers Meinung.

Die Landenge von Panama war erst wenige Jahre zuvor von Dr. Moritz Wagner (1813–1887), einem Freund und früheren Reisekollegen Scherzers, erforscht und beschrieben worden. Scherzer selbst, der sich in Panama natürlich auch mit Wirtschafts-, Vegetations- und Gesundheitsproblemen beschäftigte, verfällt während der Bahnfahrt – wie fast überall während der Expedition in tropischen Zonen – dem Zauber der Landschaft:

> *Die Fahrt über den Isthmus, mitten durch primitive Wälder, die noch in ihrem herrlichsten Urschmucke prangen, ist wohl eines der sinneberauschendsten Schauspiele, welche das Auge des Naturfreundes zu genießen vermag. Ich habe in keinem Theile der Erde eine üppigere, imposantere Vegetation gesehen, als sie die Tropenwälder Central-Amerika's, namentlich am Isthmus, bieten. Um den Zauber noch zu erhöhen, durchfliegt man den prachtvollen Urwald in seiner ganzen Fülle und Majestät mit einer Locomotive, auf einem eisernen Schienenweg. Welch wunderbarer Contrast! Das wilde Gewirr der Schlingpflanzen und die grünen Wedel der Palmen reichen fast in die Waggons hinein und erzählen dem Reisenden von den Herrlichkeiten der ihn umgebenden Tropennatur.*

MIT DEM POSTDAMPFER ÜBER DEN ATLANTIK

Scherzer bestieg an der Atlantikküste den Dampfer *Medway*, der ihm schon von früheren Reisen nach „Westindien“ und Mittelamerika bekannt war. Die *Medway* besorgte den Postdienst zwischen Kuba, Jamaika, Puerto Rico, St. Thomas und dem Festland. Am 30. Juni wurde die Insel St. Thomas erreicht, die Scherzer bereits 1855 besucht hatte. Die Insel, die zu den Kleinen Antillen zählt, gehörte von 1672 bis 1917 zur Kolonie Dänisch-Westindien, galt lange als klassisches Piratennest und war durch den Rum- und Sklavenhandel verschrien. Heute gehört die Karibikinsel zu den Außengebieten der USA, die sie während des Ersten Weltkrieges käuflich erwerben konnten.

Scherzer lobt die Zustände auf der Insel, berichtet vom lebhaften Handel und erwähnt, dass er in den weitläufigen Magazinen zahlreiche Waren mit den Fabrikszeichen österreichischer Erzeuger gesehen habe. Von einigen hier ansässigen Österreichern erhielt er wertvolle Doubletten aus deren naturhistorischen Sammlungen. Der Wissenschaftler zeigt sich erfreut über den Bildungsgrad der schwarzen Bevölkerung und ist als *deutscher Reisender* überrascht, *zuweilen von einem schwarzen Sohne Afrikas* in der deutschen Muttersprache angeredet zu werden:

> *Was mir auch bei meinem jetzigen Besuche von St. Thomas besonders angenehm auffiel, war die Rührigkeit, das anständige, von Intelligenz zeugende Benehmen seiner Negerbevölkerung. Die Dänen haben es von allen Nationen, auf deren Besitzungen der Fluch der Sclaverei ruht, am besten verstanden, diese heikle Frage der Emancipation praktisch zu lösen. Die Zahl der Sclaven auf den dänischen Besitzungen war allerdings nur gering und ihre Befreiung daher leichter ausführbar. Aber immerhin verdient die Art und Weise, wie sie sich der Aufgabe entledigten, Anerkennung und Beachtung. Mit dem Zwange hörte nicht auch die Pflicht zur Arbeit auf. Die von der dänischen Regierung emancipirten Sclaven können den Lohn für die geleistete Arbeit nach Gutdünken verwenden und eben so ihren Arbeitsherrn beliebig wechseln, aber sie dürfen den alten nur dann verlassen, wenn sie einen neuen Dienstgeber gefunden haben.*

Die weitere Fahrt über den Atlantik verlief ohne größere Probleme, die See war spiegelglatt, der Kohleverbrauch für die Dampfmaschine groß. Am 18. Juli 1859 kam Land in Sicht – es war die Küste von Wales. An Bord gebrachte Zeitungen verkündeten das Ende des Krieges, den Friedensschluss von Villafranca zwischen Kaiser Franz Joseph und Napoleon III. Da die Abfahrt des Postdampfers nach Gibraltar erst in acht Tagen geplant war, nutzte Scherzer die Zeit, um London einen Besuch abzustatten.

Im allerletzten Abschnitt der Reise des wissenschaftlichen Expeditionsleiters im Alleingang ergab sich *eine ans Wunderbare grenzende Fügung,* da die *Novara* im gleichen Moment in der Straße von Gibraltar eintraf wie der Dampfer mit Scherzer an Bord. Der englische Kapitän ordnete an, mit einer Flagge der österreichischen Fregatte zu salutieren und durch Signale mitzuteilen, dass der wissenschaftliche Leiter der Weltumsegelung sich unter den Passagieren an Bord befände.

Chilenische Bauern. Die Österreicher diskutierten mit den Züchtern über die Möglichkeiten, Alpakas in die Alpenländer zu transferieren.

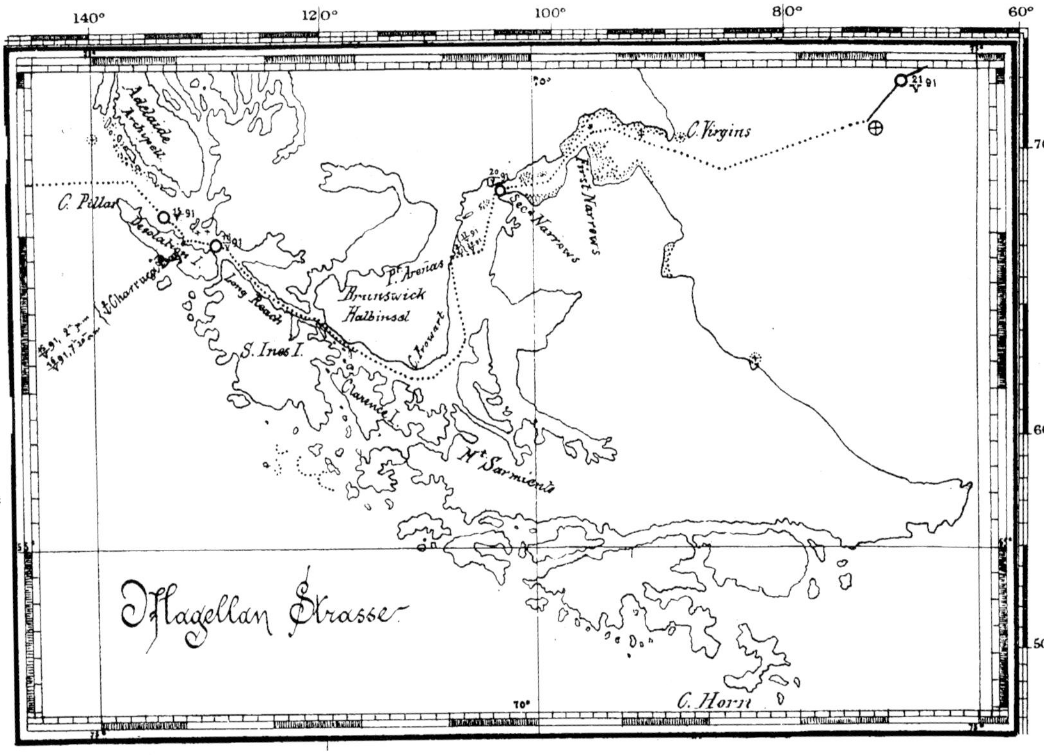

Karte der Südspitze Südamerikas.

Die Novara trifft nach ihrer Weltumsegelung in der Straße von Gibraltar ein.

16

Fahrt der *Novara* um Kap Hoorn nach Gibraltar – Triumphale Heimkehr in die Adria

Während Scherzer seine Überlandreise nach Panama absolvierte und darauf mit einem Dampfer den Atlantik überquerte, segelte die *Novara* von Valparaiso zur Südspitze Südamerikas, umrundete das berüchtigte Kap Hoorn, um sodann ihre lange Fahrt nach Gibraltar aufzunehmen – mehr als 10.000 Seemeilen lagen vor ihr.

Bei der Abfahrt aus dem Hafen von Valparaiso mussten 14 Schleppboote behilflich sein, die Fregatte auf offene See zu bringen, bis endlich eine frische Brise ein Fortkommen ohne fremde Hilfe ermöglichte. Das Wetter war und blieb winterlich schlecht, der Himmel zeigte sich bedeckt, es war kaum möglich, exakte Lagebestimmungen durchzuführen. Das Kreuz des Südens und der Kentaur standen nahe am Zenit. Die Sternbilder der südlichen Hemisphäre waren zwar prächtig anzuschauen, doch nur mit Mühe waren *die alten Bekannten aus dem Norden* am Horizont zu erkennen. Am 28. Mai ließ eine rapide Abnahme der Wassertemperatur befürchten, dass dem kalten Wasserstrom auch antarktische Winde folgen würden oder dass sich größere Eismassen in der Nähe befinden müssten. Über Nacht war Schnee gefallen, und den Männern bot sich der seltene Anblick von vereisten Masten, Rahen und Kanonen: Der Meridian von Kap Hoorn, der theoretisch den Pazifik vom Atlantik trennt, wurde auf einer südlichen Breite von fast 60 Grad durchschnitten. Es war das erste Mal, dass Österreichs Flagge sich in diesen südlichsten Gewässern entfalten konnte.

Feuerland und Kap Hoorn

Tierra del Fuego ist eine Inselgruppe an der Südspitze Südamerikas, die vom Festland durch die Magellanstraße getrennt wird. Eine Landspitze einer der Inseln dieses Archipels, nämlich der chilenischen Felseninsel Isla Hornos, wird als Kap Hoorn bezeichnet und gilt allgemein als der südlichste Punkt Südamerikas. Der gesamte Archipel, der mit etwa 74.000 Quadratkilometern etwas kleiner als Österreich ist, hat nur rund 250.000 Einwohner und gehört westlich des Meridians von 68 Grad westlicher Länge zu Chile und östlich dieser Linie zu Argentinien. Das Klima ist kalt und feucht, das Wetter unbeständig, häufig wachsen starke Winde zu heftigen Stürmen an und erschweren die Schifffahrt. Vermutlich waren um 9000 v. Chr. die ersten Menschen in dieses Gebiet vorgedrungen, das zu jener Zeit allerdings bessere Klimabedingungen bot, sind doch Fossile von Wildpferden und Riesenfaultieren nachweisbar.

Die ersten Berichte über Feuerland stammen von der Weltumseglung durch Magellan, der 1520 als erster Europäer die später nach ihm benannte Magellanstraße entdeckte und sie auf dem Weg vom Atlantik in den Pazifik durchfuhr. Bei dieser Passage, die rund 20 Tage in Anspruch nahm, soll der Schein der Lagerfeuer

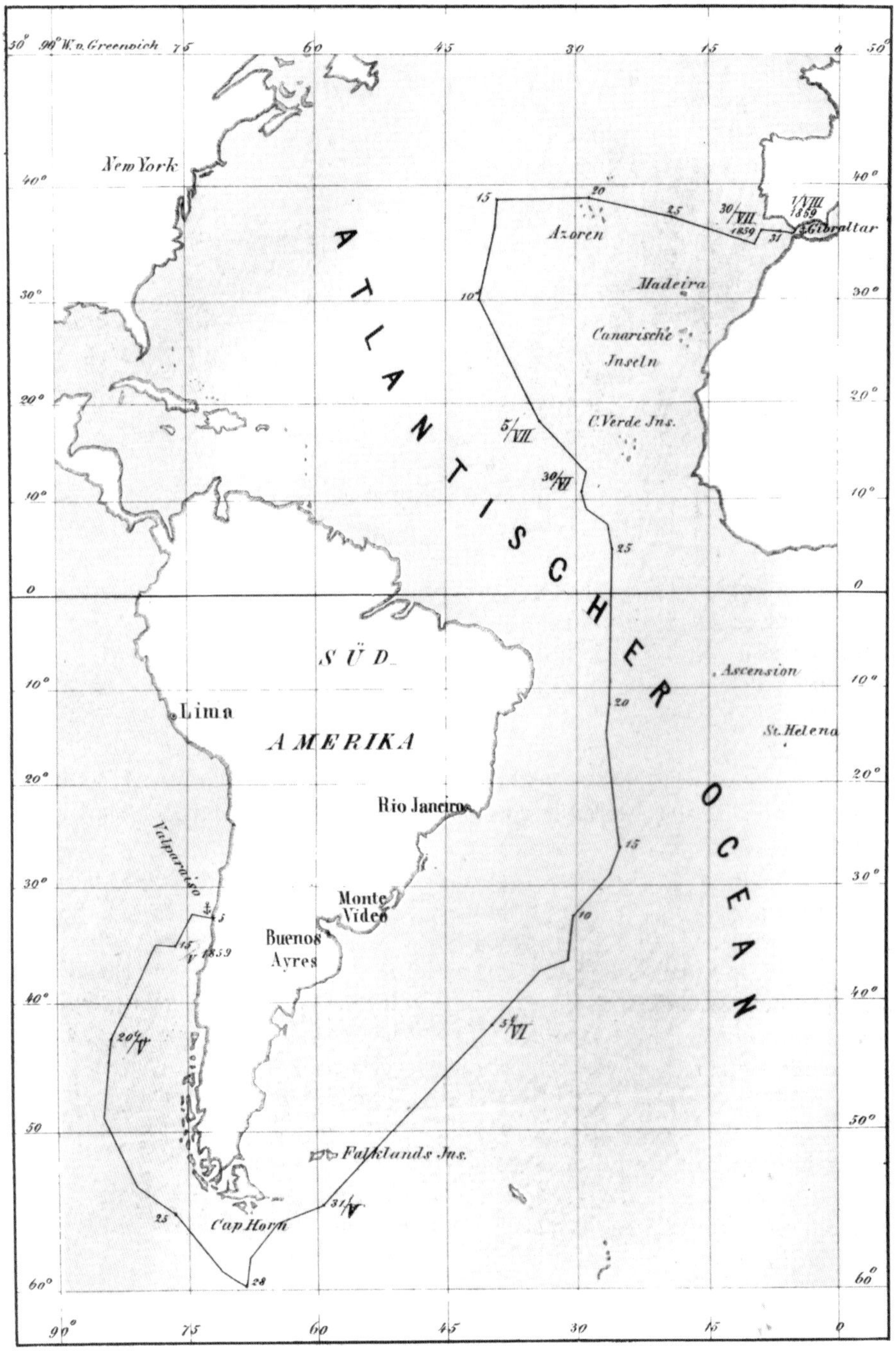

Kurskarte der Novara von Valparaiso um Kap Hoorn nach Gibraltar.

der Indianer an der nahen Küste namensgebend gewesen sein. 1595 verkündete Spanien seinen Herrschaftsanspruch auf dieses Gebiet und benannte es „Nueva Extremadura". Im Jahr 1615 gelang es dem holländischen Seefahrer Willem Schouten (1580–1625) das wegen seiner unberechenbaren Stürme berüchtigte Kap Hoorn zu umsegeln. Die wissenschaftliche Erforschung und Kartierung des Gebietes erfolgte im 18. Jahrhundert, dabei ist auch James Cook zu erwähnen, der 1769 das Kap umsegelte und als Erster den südlichen Polarkreis durchschnitt. 30 Jahre vor der *Novara* war Charles Darwin im Rahmen einer britischen Erkundigung auf Feuerland und soll sich entsetzt über den Zustand *der Wilden* geäußert haben. Als Erforscher und Retter der Feuerland-Indianer gilt Martin Gusinde (1886–1969), der als Missionar und Anthropologe tätig war. Der in Breslau geborene Priester unterrichtete lange Zeit als Universitätsprofessor in Wien, bevor er im Missionshaus St. Gabriel in Mödling seinen Lebensabend verbrachte. Zur Erinnerung an seine Verdienste um die Feuerland-Indianer wurde in der südlichsten Stadt Chiles, in Puerto Williams, ein eigenes Museum eingerichtet.

Die *Novara* erreichte wenige Tage später die geographische Breite der Falkland-Inseln, die seit 1842 zu England gehörten und die wegen zu geringer wirtschaftlicher Bedeutung als Kolonie für Sträflinge im Gespräch waren. Das britische Überseegebiet, das seit mehr als 150 Jahren auch von Argentinien beansprucht wird, war von dem schon an anderer Stelle erwähnten Louis Antoine de Bouganville entdeckt worden. Interessant für die Geschichte der Seefahrt ist eine Art Lehrpfad im Hafen von Stanley, der eine größere Anzahl von Wracks, zumeist Segelschiffe aus dem 19. Jahrhundert, zeigt, die hier gestrandet oder zerborsten sind.

Am 11. Juni durchkreuzte die *Novara* jenen Kurs, den sie 1857 von Rio de Janeiro aus, nach dem Kap der Guten Hoffnung genommen hatte. Die Erde war somit umsegelt, ohne dass sich wesentliche negative Zwischenfälle ereignet hatten. Ab dem 25. südlichen Breitengrad gelangte die Fregatte bei prächtigem Wetter in die Zone des Südostpassats. Die Stimmung an Bord war ausgezeichnet, wobei die zahlreichen gesichteten Wale, die sich halb aus der Flut erhoben und sich dann mit Heftigkeit zurückwarfen, das alles schäumte und wogte, ihr Übriges zur Unterhaltung beitrugen.

Am 23. Juni wurde zum letzten Mal der Äquator durchschnitten. Eine Woche später gelangte die Fregatte in die so genannte Sargasso-See, einen Bereich des Atlantiks, der von den Strömungen des Golfstroms und des Nordäquatorialstroms umschlossen wird:

> *Eine Strömung, die hier einem Zweige des Golfstromes begegnet, von der Seegrasbüschel angesammelt werden, welche sich in langen Reihen in der Richtung des Windes langsam fortbewegen. Es gelang von diesen Tang-Arten (Sargassum bacciferum u. s. w.) sowohl solche, welche parasitische Algen an sich trugen, als auch mit kleinen Seethieren besetzte, aufzufangen und zu untersuchen.*

Auch auf dieser langen Rückfahrt zeigten sich bei der Mannschaft wieder Mangelerscheinungen, denen Schiffsarzt Dr. Schwarz mit seinen nun schon bewährten Mitteln entgegensteuern konnte. Für die österreichischen Matrosen hatte der vor allem bei den britischen Seeleuten so beliebte Grog übrigens einen geringen Stellenwert. Die Männer, die ja vorwiegend aus dem österreichischen Küstenland und aus Dalmatien kamen, waren es gewohnt, Wein zu trinken. Mittags gehörte ein Viertelliter Rotwein zu jedem Essen, Wasser war in ausreichender Menge zu haben. Kleine Mengen von purem Rum erhielten die Matrosen der Morgenwache (von vier bis acht Uhr früh) oder zum Beispiel während der Umsegelung von Kap Hoorn. Die beiden Maori, die sich seit Neuseeland an Bord der *Novara* befanden, baten meist um Tee, dessen Genuss ihnen nach dem Vorbild der englischen Kolonisten zur Gewohnheit geworden war.

Am 9. Juli herrschte an Bord wieder Trauer. Ein Matrose, der schon seit Monaten wegen einer Lungenkrankheit im Spitalsbereich der *Novara* lag, verstarb und wurde als letztes Opfer der Reise in gewohnt feierlicher Weise in den Wellen begraben.

Je näher man Europa kam, umso häufiger wurden Schiffe gesichtet, und man hoffte, Nachrichten vom Kriegsschauplatz zu erhalten. Einmal gelang es, von der *Novara* ein Boot klar zu machen und einige Männer damit an Bord eines Handelsschiffes zu senden. Der Erfolg hielt sich in Grenzen. Ein Stück einer alten englischen Zeitung sowie halb zerrissene Zeitungsblätter, die

In Ragusa (heute Dubrovnik) betraten die Männer der Novara wieder heimatlichen Boden.

Triumphal gestaltete sich die Heimkehr der Novara am 26. August 1859 im Hafen von Triest.

Cognac-Flaschen zur Umhüllung gedient hatten, ließen gerade noch in Fragmenten erkennen, dass zwei Monate zuvor der Krieg in Oberitalien ausgebrochen war – Aufregung, Neugier und auch die Vorfreude auf die Heimat wuchsen.

Nach 71 Tagen auf See waren am 19. Juli endlich die Azoren in Sicht. Die günstigen Brisen blieben aus – es dauerte noch weitere elf Tage, bis die Männer den Felsen von Gibraltar erspähten. Nachdem die *Novara* seit ihrer Abfahrt von Chile 10.600 Seemeilen durchsegelt hatte, traf sie nun wieder mit Karl Scherzer zusammen. Von ihm erfuhren die Österreicher nun die Details – von der blutigen Schlacht von Solferino, von schweren Verlusten und vom Frieden. Auf telegraphischem Weg wurde die Ankunft in Europa nach Triest gemeldet, man wartete auf weitere Befehle. Bald traf eine Depesche von Erzherzog Ferdinand Max, dem Oberbefehlshaber der kaiserlichen Marine, ein, mit der Order, sofort bis nach Messina unter Segel zu gehen, wo ein Dampfer die *Novara* ins Schlepptau nehmen werde.

Dank der Vorsorge des Erzherzogs war die *Novara* – ein Kriegsschiff – während der Dauer der Expedition als neutral erklärt und auch als neutral anerkannt worden:

> *Allein obwohl man sich in den letzten Jahren daran gewöhnen mußte selbst verbriefte Rechte mit Füßen getreten zu sehen, so war doch im gegenwärtigen Falle ein Capern des Schiffes durch überlegene französische Kreuzer nicht leicht zu besorgen. Denn man beachtete in den Tuilerien gar wohl die Tragweite eines solchen Gewaltstreiches; man war sich's bewußt, daß in unserer Zeit auch der Mächtigste nicht mehr ungestraft wissenschaftliche Interessen verletzen kann, daß eine Beleidigung der Wissenschaft zugleich eine Beleidigung der Civilisation und der Menschheit ist. Ja, so groß war in Paris die Sorge, der Novara jeden möglichen Conflict zu ersparen, daß von der französischen Regierung, ungeachtet der bereits gegebenen Neutralitätserklärung, noch ein besonderer Befehl erlassen wurde und mitten in das Getümmel der Schlachten und in den Donner der Kanonen der Ruf hinein tönte: Die Novara möge frei und ungehindert ihre Wege ziehen, denn sie trägt wissenschaftliche Schätze, und die Wissenschaft ist ein Gemeingut aller Völker dieser Erde!*

Am 18. August – es war der 29. Geburtstag Kaiser Franz Josephs – fuhr die *Novara* in die Straße von Messina ein, einige blinde Kanonenschüsse kündigten ihr Kommen an. Der Dampfer *Lucia*, der schon zwei Jahre zuvor als Antriebskraft fungiert hatte, verband sein Schlepptau mit der *Novara*, passierte die Straße von Otranto, fuhr an der Bucht von Cattaro (heute Kotor) vorbei und ankerte in Gravosa, dem Hafen von Ragusa (heute Dubrovnik), im heimatlichen Dalmatien. Den folgenden Tag benutzten die Forscher und die dienstfreien Offiziere, um einen Ausflug nach Ragusa zu unternehmen. Nach 28 Monaten betraten sie zum ersten Mal wieder österreichischen Boden.

Am 22. August lief die kaiserliche Dampfjacht *Phantasie* mit Erzherzog Ferdinand Max und dessen Gattin Charlotte an Bord in Gravosa ein. Der Erzherzog schwenkte grüßend seine Mütze, der Stab war angetreten, die Matrosen enterten die Wanten und jubelten ihren Gruß. Später kam der Erzherzog an Bord und sprach für die vollbrachte Leistung Dank und Anerkennung aus.

Abends erfolgte ein Festbankett auf der Schraubenkorvette *Dandolo*, zu dem das hohe Paar den gesamten Stab und alle Wissenschaftler geladen hatte. Eine Festrede des Erzherzogs endete mit einem Hoch auf *die Männer der Novara, deren Namen der österreichischen Geschichte angehören.* Am nächsten Tag brachte Österreichs Flottenkommandant eine Liste von Auszeichnungen: Jedes einzelne Mitglied der Mannschaft wurde um einen Grad befördert, alle Kadetten wurden zu Offizieren ernannt.

Die *Novara*, begleitet von der *Lucia* und der *Dandolo*, nahm Kurs auf Pola (heute Pula), den Hauptkriegshafen Österreichs, der an der Südspitze Istriens gelegen ist. Zwölf österreichische Kriegsschiffe warteten im Hafen zur Begrüßung. Es waren dies die Schraubenfregatten *Donau*, *Adria* und *Radetzky*, die Schraubenkorvetten *Graf Dandolo* und *Erzherzog Friedrich*, die Segelfregatten *Schwarzenberg*, *Bellona* und *Venus*, die Goelette *Saida*, der Schraubenschoner *Seemöve* und die beiden Raddampfer *Elisabeth* und *Lucia*.

Die Offiziere besuchten einander an Bord, die Forscher nutzten die Zeit, um die klassischen Monumente der Stadt und die baulichen Veränderungen im Hafen zu besichtigen.

Tags darauf ging die *Novara* wieder unter Segel, diesmal in Begleitung der ganzen Flotte, die zwei Kolonnen bildete. Der Oberkommandant der Marine war auf der Fregatte *Donau* eingeschifft, er befehligte die erste Kolonne. Die zweite wurde selbstverständlich von der *Novara* und ihrem Commodore angeführt. Am 26. August näherte sich das imposante Geschwader mit den festlich geschmückten Schiffen dem Hafen von Triest.

Als die Fregatte mit der ganzen Eskadre an Schloss Miramar vorbeizog, gaben die dort auf einer Anhöhe postierten Geschütze Salutsalven ab, bald darauf donnerten die Kanonen der Zitadelle von Triest ihren Gruß. Ein Dampfer, mit den Honoratioren von Triest an Bord, kam mit klingendem Spiel entgegen.

Der schwimmende Festzug fuhr an Triest vorbei, wo die Bevölkerung jubelnd am Ufer zur Begrüßung stand, und bewegte sich in die Bucht von Muggia, wo die ganze lange Reihe von Schiffen vor Anker ging.

Volle 551 Tage war die *Novara* unter Segel gewesen, 298 Tage hatte sie an 25 verschiedenen Ankerplätzen verbracht und die unglaubliche Anzahl von 51.686 Seemeilen zurückgelegt. Die erste österreichische Weltumsegelung war erfolgreich beendet. Es war die letzte große Erdumrundung unter Segel.

Die Fregatte Novara in den Gewässern vor Kap Hoorn.

17

Resultate der Expedition – Reminiszenzen an die *Novara*

Die *Novara,* ihre Mannschaft und die Wissenschaftler waren also glücklich heimgekehrt, sie waren begeistert empfangen, in Zeitungen und in der Öffentlichkeit gefeiert und ausgezeichnet worden. Schon in Triest hatte Erzherzog Ferdinand Max, der der Fregatte entgegengefahren und zugestiegen war, dem Commodore Wüllersdorf den Orden der *Eisernen Krone II. Classe* verliehen und ihn zum Contre-Admiral befördert, später wurden die Männer mehrfach in Wien, auch von *Allerhöchster Stelle,* geehrt.

Zweieinhalb Jahre älter geworden, im Hochgefühl, als Mitwirkende eines großartigen, auch international anerkannten nautischen und wissenschaftlichen Unternehmens das Beste für ihr Land geleistet zu haben, muss den Männern der Expedition die Lage in der Heimat deutlich, und vor allem ungünstig verändert erschienen sein. Der verlorene Krieg gegen Frankreich und Sardinien, Solferino mit seinen hohen Verlusten an Menschenleben, die vielen Verwundeten, die in Zürich begonnenen Friedensverhandlungen zwischen den Kriegsparteien, die bis November dauern und den endgültigen Verlust der Lombardei besiegeln sollten, kennzeichneten die politische Situation Österreichs.

In Kontrast dazu standen aber auch neue Ansätze und Reformbemühungen der Regierung. Das Geldwesen war durch die neu eingeführte Österreichische Währung und die Silberwährung geregelt, in den nächsten Jahren sollte die Budgetsanierung angestrebt und vor allem das politische Gefüge des Kaiserstaates mit seinen Völkern stabilisiert und „funktionstüchtig" gemacht werden. Es war eine Aufgabe, die ambitioniert begonnen wurde, jedoch in den folgenden Jahren – trotz redlicher Mühen und zahlloser Lösungsversuche durch wechselnde, auch äußerst engagierte und fähige Mitarbeiter – letztlich gleich einer wahren Sisyphusarbeit nicht gelang.

Erfolg versprechend hingegen entwickelte sich die Wirtschaft Österreichs mit ihren zahlreichen Gewerbebetrieben, der zunehmenden Industrialisierung, dem weitgehend freien Warenstrom und Personenverkehr innerhalb des riesigen Landes mit über 40 Millionen Einwohnern. Parallel dazu florierten die Städte – der Wiener Ring war nach der Schleifung der Basteien gerade im Entstehen –, das Bürgertum wuchs und damit Kunst und Literatur, die Medizin, die Universitäten, die Forschung und in Ansätzen, wenn auch nur partiell, auch der allgemeine Lebensstandard.

Österreich zeigte damals nicht nur bezüglich seiner Flotte, sondern auf fast allen Gebieten einen Nachholbedarf, war allerdings bereits im Aufholen begriffen. Und genau hier kann die Expedition der *Novara* als Prestigeprojekt mit großem Erfolg eingefügt werden: Die erfolgreiche Rückkehr der *Novara,* die gelungene Verbindung von seemännischer Leistung mit Forschung und der Anknüpfung von Handelskontakten war eine von allen seefahrenden Nationen viel beachtete Meisterleistung. Sie verstärkte die Idee, die Kriegsmarine für ähnliche zivile Fahrten einzuset-

Nach der Rückkehr der Novara wurden in Triest etliche Exponate zur Schau gestellt.

zen, und führte unmittelbar zu weiteren Unternehmungen. So liefen 1868 *S. M. S. Donau* und *S. M. S. Erzherzog Friedrich* zu einer Reise in den Fernen Osten aus. Karl von Scherzer (er war ebenso wie Hochstetter und Frauenfeld in den erblichen Ritterstand erhoben worden) fungierte dabei als offizieller Handelsbeauftragter des Kaiserstaates (seit 1867 Österreich-Ungarn). Höhepunkte dieser Reise waren von ihm initiierte Vertragsabschlüsse in Bangkok, Saigon, Peking und ein Empfang am Kaiserhof in Japan. Auf der Rückreise gelang es Scherzer, in den ihm von der *Novara*-Fahrt bekannten südamerikanischen Staaten für Österreich weitere günstige Handelsverträge zu erzielen.

MUSEALE PRÄSENTATIONEN FÜR DAS INTERESSIERTE PUBLIKUM

Doch zurück in den August 1859: Nach dem triumphalen Empfang in Triest ging man daran, die mitgebrachten „Schätze" der *Novara* auszuladen. Nach Zeitungsberichten (z. B. der Wiener „Morgenpost" oder der „Grazer Zeitung") gab es viele Schaulustige, die die Ausschiffung der unzähligen Kisten, Schachteln und Geräte beobachteten, wobei besonders die lebenden Objekte wie Papageien, Affen und sogar drei junge Wölfe großes Interesse erweckten.

Im Schlusswort des dritten Bandes seiner Reisebeschreibung listet Scherzer auf:

> *Die zoologischen Sammlungen umfassen über 26.000 Individuen, welche von den beiden Zoologen theils selbst gesammelt, theils zum Geschenk erhalten oder angekauft wurden, und zwar: 320 Säugethiere, 1500 Vögel, 950 Amphibien, 2000 Fische, 6550 Konchylien, 13.000 Insecten, 950 Krustaceen, 500 Strahlthiere, 60 Skelete, 50 Schädel, 120 Nester und 250 Eier.*

Die botanische Ausbeute bestand aus Herbarien, mit Hinweisen, welche Pflanzen sich auch für klimatische Gegebenheiten der österreichischen Kronländer eignen würden, und aus einer Menge von in Essigsäure oder Weingeist konservierten Früchten und Blüten tropischer Pflanzen. Dazu kamen noch eine größere Anzahl von „Drogen" aus Indien, Chile und China und Proben von tropischen Zier- und Nutzhölzern.

Die mineralogischen, petrographischen und paläontologischen Sammlungen beliefen sich auf mehr als 1000 Objekte, die der Geologe der Expedition teils selbst gesammelt, teils gekauft oder von Wissenschaftlern geschenkt bekommen hatte. Scherzer weiter:

> *Die ethnographische Sammlung enthält 376 Objecte, und zwar: Waffen der verschiedensten Art, Haus- und Arbeitsgeräthe, Ornamente, Amuleten, Schnitzereien, Idole, Gesichtsmasken, Kleidungsstücke, Modelle, Gewebe, Stoffe aus Baumrinde, Musikinstrumente, singhalesische Manuscripte, so wie Schriftfragmente auf Palmenblätter, auf Bambusrohr und auf Baumrinde geschrieben.*

Scherzer weist darauf hin, dass einzelne Gegenstände für die Kulturwissenschaft die letzten Beweise primitiver Kunstfertigkeit liefern dürften, da durch den Kontakt dieser wilden Völker mit den Europäern ihr ursprüngliches Können immer mehr verloren gehe und in vielen Kolonien als erloschen zu betrachten sei.

Für die anthropologische Sammlung nennt er an die 100 Schädel der verschiedensten *Menschenracen*, weiters zwei Skelette, darunter das eines Buschmannes aus der Kapkolonie und eine Anzahl physiologischer und pathologisch-anatomischer Präparate.

Alle diese Gegenstände wollten natürlich gezeigt werden. Auf Wunsch und Vorschlag von Erzherzog Ferdinand Max sollte ein Teil der gesammelten Objekte, die vorwiegend der Ethnographie und der Anthropologie zuzuordnen waren, bereits in Triest der Öffentlichkeit präsentiert werden. So wurde wenige Monate nach der Ankunft der *Novara* eine Ausstellung im Gebäude der alten Börse eröffnet. Scherzer und Wüllerstorf, die ein vorläufiges *Novara-Büro* eingerichtet hatten, gelang es schon in den ersten Tagen, tausende Schaulustige für das *Novara*-Museum zu interessieren. Zeitungsberichte mit großformatigen Xylographien sorgten für anhaltendes Publikumsinteresse. Am 31. März 1860 wird in der „Neuen Illustrierten" ein Rundgang durch das *Novara*-Museum beschrieben und kommentiert. Anhand der Exponate wird *die Entwicklungsstufe der Racen* erläutert. Die Kunst der Nikobarer flößt dem nicht näher genannten Berichterstatter *tiefstes Mitleiden* ein, während er der Bevölkerung in Ceylon und Indien bereits *einen ziemlichen Grad von Kultur* attestiert und die Artefakte und Druckwerke aus China wegen ihrer *Feinheit und Zierlichkeit* bewundert. Der sichtlich beeindruckte Journalist beendet seinen Artikel:

In der alten Börse in Triest wurden vorwiegend ethnographische und anthropologische Objekte zur Schau gestellt.

Die Südseeinseln lieferten ein Tribut von Speeren und Waffen aller Art, darunter ein Schwert mit Haifischzähnen; Masten mit hohen Aufsätzen von Menschenhaaren, gräulich anzuschauen, womit sich die Eingeborenen den Feinden in der Schlacht schrecklich zu machen suchen; wunderliche Idole, Stoffe aus Baumrinden, Kränze, Kleider, Kopfschmuck u. dgl. 376 interessante Gegenstände machen die ethnographische Sammlung aus; aus etwa 150 besteht die anthropologische (kraniologische). Die letzteren sind in einer den Rangstufen der Schädelfront der verschiedenen Racen annähernd entsprechenden Ordnung aufgestellt, vom Buschmann von den nördlichen Grenzen der Kapkolonie angefangen bis zu einem auf Java geborenen Europäer. Darunter befindet sich auch ein in Batavia im Magen eines Haifisches gefundener Schädel. Aus den oben aufgezählten Seltenheiten ist schon zu ersehen, wie lohnend ein Besuch dieser Ausstellung, wie gewinnreich die Expedition der Novara auch in ethnographischer und anthropologischer Hinsicht ausgefallen ist.

Auf Wunsch von *Allerhöchster Stelle* und im Einvernehmen mit dem Marineoberkommando, der Akademie der Wissenschaften und der k. k. geologischen Reichsanstalt sollten die gesammelten Objekte der *Novara*-Expedition auch in Wien dem interessierten Publikum zugänglich gemacht werden. Die vorgesehenen Lokalitäten im k. k. Augarten wurden nun unter der Leitung des k. k. Kustosadjunkten Georg von Frauenfeld eingerichtet und die Exponate in einem Katalog beschrieben. Eine besondere Attraktion waren die Matrosen der Kriegsmarine in Uniform, die bei der Ausstellung Wachdienst und Hilfeleistungen übernahmen.

1865, nachdem Erzherzog Ferdinand Max, der große Förderer der *Novara*-Expedition und des anschließenden wissenschaftlichen *Novara*-Werkes, die Kaiserkrone von Mexiko angenommen hatte, wurde das Museum aufgelöst. Die Exponate wurden in den folgenden Jahren von der Akademie der Wissenschaften übernommen und später dem Naturhistorischen Hofmuseum übergeben, wobei auch manches in Verlust geriet.

Nach dem Tode Sellenys 1875 präsentierte man im Winter 1875/76 im Künstlerhaus in Wien mehr als 500 seiner Bilder und rief damit die *Novara*-Weltumsegelung nochmals ins Gedächtnis des Publikums.

SCHERZERS „*NOVARA*-REISE“ WIRD ZUM BESTSELLER

Scherzer, der offizielle Historiograph der Expedition, erwies sich in seinem 1258 Seiten (ohne den umfangreichen Anhang) umfassenden dreibändigen, schnell bekannt gewordenen Werk „Reise der Österreichischen Fregatte Novara um die Erde in den Jahren 1857, 1858, 1859 unter den Befehlen des Commodore B. von Wüllerstorf“ keinesfalls, wie Kritiker teilweise meinten, als gefälliger Schönschreiber. Trotz gelegentlicher Ungenauigkeiten ist er ein scharfer Beobachter, analysiert Erlebtes, verteilt freimütig Lob und Tadel, wenn die Zustände oder Ereignisse es erfordern, offenbart dabei seine aufgeklärt humane Einstellung, zeigt allerdings auch gewisse vorgefasste Meinungen. Er schildert lebhaft und bildhaft Situationen und Gespräche mit den diversen Wissenschaftlern und Beamten an den einzelnen Stationen der Reise, gerät immer wieder bei seinen farbigen Schilderungen exotischer Landschaften ins Schwärmen und macht andererseits sachlich-exakte Vorschläge für den Ausbau der Wirtschaft und die Erweiterung des österreichischen Außenhandels durch bilaterale Verträge. Liberale und wirtschaftsliberale Anschauungen in Bezug auf Toleranz, Konstitution, Auswanderungspolitik, freien Handel mit optimalem Gewinn, auf Europa und dessen damals völlig unbestrittene Kolonien bezogen, durchziehen sein Werk. Er wagt auch Überlegungen zum Erwerb österreichischer Kolonien, aus wirtschaftlichen Gründen, aber auch als eine Möglichkeit, Verbrecher abzuschieben und sie wirtschaftlich nützlich arbeiten zu lassen. So beinhaltet sein Werk bis heute eine Fülle lesenswerter Eindrücke und Informationen über die Welt vor 150 Jahren.

Kein Wunder also, dass seine populärwissenschaftliche Reisebeschreibung zu einem viel gelesenen Verkaufserfolg wurde, die in den Bibliotheken bürgerlicher und gebildeter Kreise ihren Platz bekam. Mit einer Auflagehöhe von 5000 Stück, die nach einem Jahr bereits vergriffen waren, und nach fünf Auflagen bis 1876 mit insgesamt 30.000 verkauften Exemplaren wurde die „Reise“ im deutschen Sprachraum und im gesamten 19. Jahrhundert nur von Humboldts „Kosmos“ übertroffen. Zu dem Bucherfolg trug neben dem glänzenden Stil Scherzers zweifellos auch die damals allgemeine Begeisterung für Reisen aller Art bei. Reiseliteratur war begehrt, wahrscheinlich aus einer gesteigerten Neugier und Wissbegier nach Neuem über unsere Welt, nach Unentdecktem und aus Lust an noch zu lösenden Rätseln, sie bot Exotisches und diente der Phantasie und dem eigenen latenten Abenteuerdrang. Ein ausgefallenes Beispiel dafür waren die literarischen Erfolge der Wienerin Ida Pfeiffer (1797–1858), die seinerzeit nach ihrer Ehe und der Erziehung ihrer Kinder, durch eine Erbschaft zu Geld gekommen, die Welt bereiste, ihre abenteuerlichen Erlebnisse niederschrieb und durch die Erträge der Veröffentlichungen ihrer Reiseberichte zu weiteren Einkünften für ihre nächsten Reisepläne kam. Ein anderes Beispiel für die Faszination und die Rolle der Reiseliteratur ist Jules Verne (1828–1905), der zwei seiner Bücher an Schauplätze der *Novara*-Umsegelung verlegte: „Die Kinder des Kapitän Grant" spielen in Neuseeland und Australien und „Die Geheimnisvolle Insel" auf der Insel Tabor, die heute unter diesem Namen nicht mehr auffindbar, aber auf alten Karten östlich von Neuseeland eingezeichnet ist. Mit großer Wahrscheinlichkeit ist anzunehmen, dass Verne Scherzers (und auch Hochstetters) Schilderungen kannte und in seine Romane einfließen ließ.

Übrigens wurde die so erfolgreiche dreibändige Ausgabe von Scherzers „Reise" auch ins Englische und Italienische übersetzt, und in Wien erschien eine Volksausgabe in nur zwei Bänden. Auf das literarische Konto Scherzers gehen außer dieser dreibändigen Reise auch zwei der insgesamt 18 Bände des wissenschaftlichen *Novara*-Werkes.

DAS WISSENSCHAFTLICHE *NOVARA*-WERK

Neben der musealen Präsentation stand der zweite Teil des *Novara*-Unternehmens, der schon von Anfang an ins Auge gefasst worden war, nun noch bevor, nämlich das im Vergleich zur Weltumsegelung selbst nicht weniger ehrgeizige Vorhaben, sämtliche Ergebnisse der Expedition aufzuarbeiten, zu dokumentieren und der wissenschaftlichen Welt zu präsentieren – eine ungeheure Aufgabe. Die Forscher gingen mit großem Eifer ans Werk.

An der schrittweisen Verwirklichung dieses Riesenprojekts war Karl Scherzer nicht nur als energischer Organisator, der viele Hemmnisse, nicht zuletzt auch die der Finanzierung zu überwinden hatte, sondern auch als routinierter Autor – er hatte ja einige Jahre zuvor in mehreren Bänden über seine Amerika-Jahre berichtet – herausragend beteiligt. Die *Novara*-Publikation umfasste nach der endgültigen Auf- und Einteilung der von der Expedition mitgebrachten Objekte, der Mess- und Beobachtungsdaten, der Proben und Karten letztendlich 18 Bände, erschienen in unregelmäßigen Abständen in den Jahren 1861 bis 1876.

1. *Anthropologischer Theil (3 Bände):*

1.1. *Cranien der Novara-Sammlung, erworben durch Dr. Carl v. Scherzer, beschrieben v. Dr. E. Zuckerkandl, Prosector. Mit 24 lithographirten Tafeln. Wien 1875.*

1.2. *Körpermessungen an Individuen verschiedener Menschenracen, vorgenommen durch Dr. Carl v. Scherzer und Dr. Eduard Schwarz, bearbeitet von Dr. A. Weisbach. Mit 8 Tabellen. Wien 1867.*

1.3. *Ethnographie. Auf Grund des von Dr. Carl Scherzer gesammelten Materials bearbeitet von Dr. Friedrich Müller. Mit 10 photographirten Tafeln und 1 colorirten ethnographischen Weltkarte als Beilage. Wien 1868.*

2. *Linguistischer Theil (1 Band):*
Mit 8 in den Text eingedruckten Tafeln von Dr. Friedrich Müller. Wien 1867. 1 Band.
Afrikanische, Indische, Australische und Malayo-polynesische Sprachen.

3. *Botanischer Theil (1 Sammelband):*
Sporenpflanzen redigiert von Dr. Eduard Fenzl. Wien 1860–1870.

3.1. *Algen. Bearbeitet von A. Gunrow. Mit 11 Tafeln. Wien 1868.*

3.2. *Flechten. Bearbeitet von A. v. Krempelhuber. Mit 8 Tafeln. Wien 1870.*

3.3. *Pilze, Leber- und Laubmoose. Bearbeitet von Dr. H. W. Reichardt. Mit 17 Tafeln. Wien 1870.*

3.4. *Gefäss-Kryptogamen. Bearbeitet von Dr. Georg Mettenius. Wien 1870.*

4. *Geologischer Theil (3 Bände):*

4.1.1. *Abt.: Geologie von Neu-Seeland. Von Dr. Ferdinand v. Hochstetter. Mit 6 geologischen Karten in Farbendruck, 6 Lithographien, 1 Kupferstich, 1 Photographie und 66 Holzschnitten. Wien 1864.*
2. *Abt.: Paläontologie von Neu-Seeland. Redigiert von Dr. Ferdinand v. Hochstetter, Dr. Moritz Hörnes und Franz Ritter v. Hauer. Mit 26 lithographischen Tafeln. Wien 1864.*

4.2.1. *Abt.: Geologische Beobachtungen während der Reise der österreichischen Fregatte Novara um die Erde in den Jahren 1857, 1858, 1859. Von Dr. Ferdinand Hochstetter. Mit 5 Tafeln und 83 Holzschnitten. Wien 1866.*

4.3. *Abt.: I. Über fossile Korallen von der Insel Java. Mit 3 lithographirten Tafeln. Von Prof. Dr. A. E. Reuss. II. Fossile Foraminiferen von Kap Nikobar. Mit 4 lithographischen Tafeln. Von Dr. Conrad Schwager. Wien 1866.*

5. *Medicinischer Theil (1 Band):*
Von Dr. Eduard Schwarz. Mit 10 Holzschnitten, 1 lithographirten und 1 Kupfertafel; dann einer horographischen Courskarte in Farbe und 2 Beilagen. Wien 1861.
Hygienische Verhältnisse des Seefahrers im Allgemeinen – Der Einfluss der Localität, der Beschäftigung des Klimas, der Schiffsbewegung; die wichtigsten chirurgischen und medicinischen Fälle an Bord – Krankheiten, wie Scorbut und Haemeralopie – Nikobarenfieber, Dyssenterie und endemische Kolik – Instructionen für den reisenden Arzt.

6. *Nautisch-physikalischer Theil (1 Sammelband):*
Hrsg. von der hydrographischen Anstalt der k. k. Marine.

6.1. *Geographische Ortsbestimmungen und Fluthbeobachtungen. Mit drei beigebundenen Courskarten und einer Beilage von 7 lithographischen Plänen. Wien 1862.*

6.2. *Magnetische Beobachtungen. Wien 1863.*

6.3. *Meteorologisches Tagebuch. Mit 22 beigebundenen lithographirten Courskarten und einer verbesserten Auflage des Planes Nr. II nebst dem Haupttitel, dann dem Inhalte und den Vorworten des Commodore Admirals Freiherrn von Wüllerstorf und des Directors der hydrographischen Anstalt Dr. F. Schaub zu sämmtlichen drei Abtheilungen. Wien 1865.*

7. *Statistisch-commercieller Theil (2 Bände):*
Von Dr. Carl v. Scherzer.

7.1. *Mit 13 in den Text gedruckten Karten und einer lithographirten colorirten Erdkarte als abgesonderter Beilage. Wien 1864.*
Gibraltar – Madeira – Rio de Janeiro – Capstadt – Die Inseln St. Paul und Amsterdam im südindischen Ocean – Die Insel Ceylon – Madras – Die Nikobarischen Inseln im Meerbusen von Bengalen – Singapore.

7.2. *Mit 22 in den Text gedruckten, dann 5 lithographirten Karten und 3 lithographirten Beilagen in Farbe. Wien 1865.*
Java – Manila – Hongkong – Schanghai – Sydney – Neu-Seeland – Tahiti – Valparaiso – Lima – Der Isthmus von Panama – Die mittelamerikanischen Freistaaten und das mexikanische Kaiserreich – Die westindischen Inseln – Die nordamerikanische Küste.

8. *Zoologischer Theil (6 Bände):*

8.1. *Wirbelthiere:*

8.1.1. *Säugethiere. Bearbeitet von Johann Zelebor. Mit 2 Tafeln in Farbendruck und 1 lithographirten Tafel. Wien 1868.*

8.1.2. *Vögel. Bearbeitet von August v. Pelzeln. Mit 6 colorirten Tafeln. Wien 1865.*

8.1.3. *Reptilien. Bearbeitet von Dr. Franz Steindacher. Mit 3 Tafeln. Wien 1867.*

8.1.4. *Amphibien. Bearbeitet von Dr. Franz Steindacher. Mit 5 Tafeln. Wien 1867.*

8.1.5. *Fische. Bearbeitet von Dr. Rudolf Kner. Mit 16 lithographirten Tafeln. Wien 1865–1867.*

8.2. *Wirbellose Thiere. A:*

8.2.1. *Coloptera. Von Dr. Ludwig Redtenbacher. Mit 5 lithographirten Tafeln. Wien 1867.*

8.2.2. *Hymenoptera. Bearbeitet von Dr. Henri de Saussure. Mit 4 Tafeln. Wien 1867.*

8.2.3. *Formicidae. Von Dr. Gustav L. Mayr. Mit 4 Tafeln. Wien 1865.*

8.2.4. *Neuroptera. Bearbeitet von Friedrich Brauer. Mit 2 Tafeln. Wien 1866.*

8.3. *Wirbellose Thiere. B:*

8.3.1. *Diptera. Bearbeitet von Dr. J. R. Schiner. Mit 4 Tafeln. Wien 1868.*

8.3.2. *Hemiptera. Von Dr. Gustav L. Mayr. Mit 5 Tafeln. Wien 1866.*

8.4. *Lepidoptera (Schmetterlinge):*

1., 2. *und 3. Heft bearbeitet von Dr. Cajetan Felder und Rudolph Felder, 4. und 5. Heft bearbeitet von Rudolph Felder und Alois F. Rogenhofer, Custos. Mit zahlr. colorirten und schwarzen Tafeln. Wien 1864–1875.*
4. Heft: Text zu den Heften 1 und 3.

8.5. *Lepidoptera:*
Tafeln und Inhaltsverz. Usw.

8.6. *Weichthiere:*

8.6.1. *Crustaceen. Beschrieben von Dr. Camil Heller. Mit 25 Tafeln. Wien 1865.*

8.6.2. *Anneliden. Bearbeitet von Dr. Eduard Grube. Mit 4 Tafeln. Wien 1867.*

8.6.3. *Mollusken. Bearbeitet von Georg Ritter v. Frauenfeld. Mit 2 Tafeln. Wien 1867.*

Da sich die Honorare und die Kosten für die gesamte Edition auf rund 125.000 Gulden beliefen, übernahm einen Teil der Finanzierung die Kriegsmarine, die den nautisch-physikalischen, den medizinischen und den dreibändigen beschreibenden Teil, die „Reise“ von Scherzer, herausbrachte, und einen Teil die Akademie der Wissenschaften als Herausgeberin der übrigen Titel.

Bis zum Erscheinen der einzelnen Bände hatten allerdings Scherzer, Wüllerstorf, Hochstetter, Frauenfeld und Schwarz in zahlreichen Artikeln, Beiträgen und Sitzungsberichten – erschienen vorwiegend in den Berichten der k. k. Gesellschaft der Ärzte, der k. k. Geographischen Gesellschaft und der k. k. Akademie der Wissenschaften – die Forschungen dem wissenschaftlichen Forum in vielen Einzelthemen präsentiert.

Statistisch-commercieller Theil:
Dies war das ureigene Gebiet Scherzers, der im Unternehmen *Novara* fast allgegenwärtig erscheint, in erster Linie für die Wirtschaft, den Handel und die Industrie angelegt. Er bringt einen konzentrierten Umriss von den physischen und politischen Verhältnissen der besuchten Länder, von den wichtigsten Landesprodukten und Handelsartikeln und den damals bestehenden Verkehrsverbindungen. Weitere Informationen betrafen den *Kulturzustand der Eingeborenen*, die Eigenheiten des jeweiligen Landes, die wirtschaftlichen Usancen und die Angaben über die landesüblichen Maße, Münzen und Gewichte. Besonders wichtig für Kaufleute und Handelshäuser und auch für den Staat waren Erörterungen über die Aussichten, mit österreichischen Produkten in gewinnbringende Exportgeschäfte einzusteigen.

Scherzer, dem mit diesen zwei Bänden ein immenses Datenmaterial zu verdanken ist, das er noch durch eine sofort nach der Rückkehr initiierte weltweite Umfrage an Handelsbeauftragte, Diplomaten, Wissenschaftler und persönliche Bekannte auf den seinerzeit neusten Stand gebracht hatte, bietet darin auch mit einem Verzeichnis aller damals gängigen Handelsartikel der Erde der österreichische Wirtschaft wertvollste Informationen. Zugleich enthält das Werk unter diesem Aspekt interessante Abhandlungen über exotische Tierarten oder die bedeutendsten *Kolonialpflanzen*, über deren gesamte Produktion und Konsumation und ihre mögliche Übertragung in andere Erdteile, wie z. B. den Chinarindenbaum nach Java oder Lamas in die Alpenregion. Er streift auch wiederholt die ethische und volkswirtschaftlichen Frage der Sklaverei und die widrigen Probleme nach ihrer Aufhebung und berichtet dazu z. B. über Brasilien:

> *Erst von der zweiten Hälfte des Jahres 1850 an, sehen wir die brasilianische Regierung Massregeln gegen den bisher stillschweigend geduldeten Sclavenhandel ergreifen. Zwar hat es selbst bis in die neueste Zeit an einzelnen Versuchen nicht gefehlt, afrikanische Neger an einsamen Küstenstrichen unerwartet zu landen und ins Innere zu schmuggeln, um sie sodann daselbst als Sclaven zu verkaufen ...*
> *... Seit der vollständigen Unterdrückung des Sclavenhandels hat man, da sich von der Civilisirung der eingebornen Indianerstämme durchaus keine besonderen Vortheile für die Hebung des Landbaues erwarten lassen, den Versuch gemacht, Chinesen zu importieren!*
> *Die Bemühungen der brasilianischen Regierung, die wilden Indianerstämme im Norden des Reiches zu civilisiren und für die Beschäftigungen des Culturlebens empfänglicher zu machen, haben bisher nicht den geringsten Erfolg gehabt. Die Summe von 40.000 Milreis, welche durch das Gesetz vom 15. September 1855 jährlich für diesen Zweck bestimmt wurde, hat schlechte Früchte getragen, denn sie hat eine Anzahl französischer Missionäre ins Land gebracht, welche Volk und Verhältnisse nicht kennen und durch blinden Fanatismus zu ersetzen glauben, was ihnen an Einsicht und Kenntniss abgeht. Ihre Bekehrungsresultate sind so viel als Null, während die Feindseligkeiten der wilden Stämme im Verhältniss zunehmen, als sich die Colonisten über die Urwälder ausbreiten.*

Nach diesen leicht pessimistischen Stellungnahmen Scherzers, nicht ohne Neigung zur Schwarz-Weiß-Zeichnung, setzt er in gleicher Weise fort und bedauert das *traurige Bild der Versunkenheit und Stagnation* der spanisch-portugiesischen Kolonien im Allgemeinen, vergleicht es pauschal mit der *glorreichen Entfaltung der nach konstitutionellen Rechten und Gesetzen regierten britischen Kolonien* und schließt sein staatspolitisches Credo optimistisch mit den pathetischen Worten:

> *... es müsse für den Erdumsegler die Wahrnehmung besondere Befriedigung erwecken, daß der verwandte anglosächsische Stamm es ist, welchem die welthistorische Mission zugedacht zu sein scheint, ein neues Leben über die Erde zu ergießen, die Leuchte christlichr Zivilisation, politischer Aufklärung und geistiger Kultur nach den fernsten Weltteilen, zu entstehenden Gesellschaften zu tragen und aus den Trümmern der Sklaverei und der Willkürherrschaft der ganzen Völkerfamilie einen dauernden Frühling der Freiheit, des Friedens und der Wohlfahrt zu verkünden.*

Anthropologischer und ethnographischer Theil:

Der erste Band widmet sich der großen Schädelsammlung, die an den verschiedenen Destinationen der *Novara* mit großem Eifer zusammengetragen wurde, und entspricht dem damaligen Interesse an der Pathologie und der gerade aufkommenden Anthropologie. Die 103 mitgebrachten Cranien galten dementsprechend als Sensation und als wertvoller wissenschaftlicher Schatz, sind aber für Fachgelehrte auch heute noch hoch interessant.

Die Herkunft der Schädel wird genau aufgelistet, bei einigen Objekten wird auch der Fundort beschrieben und kommentiert. So ist zu erfahren, dass die Schädel mit den Nummern 62, 63, 64 zu den Skeletten dreier Eingeborener von Neuseeland gehörten. Der Fundort war die so genannte Königshöhle in der Nähe von Auckland. Die Maori bestatteten – vor ihrer Bekehrung zum Christentum – ihre Verstorbenen in den zahlreich vorhandenen Höhlen der Insel. Manche Höhlen waren laut diesem Bericht völlig mit menschlichen Überresten angefüllt.

Ein anderer Schädel (Nr. 81) stammte von einem Leichenverbrennungsplatz in der Nähe der indischen Stadt Madras. Zu diesem Fund wird vermerkt, dass *die fanatischen Eingeborenen trotz des Verbotes der englischen Regierung ihre alte Sitte des Verbrennens der Leichname fortwährend aufrechterhalten.*

Schädel Nr. 84 wurde einem Auracaner-Häuptling aus dem südlichen Chile zugeordnet. Die Form des Schädels bestätigte die Annahme, dass vornehme Familien spanisch-indianischer Abkunft seien. Der Umstand, dass bei den Eingeborenen häufig blonde Haare zu finden sind, wird dadurch erklärt, dass sich die holländischen Einwanderer, die nach der Vertreibung der spanischen Eroberer gefangen gehalten wurden, *allmählig völlig mit den Indianern vermischten.*

Als Beispiel, mit welchem Einsatz die Forscher das Sammeln betrieben, bietet Scherzers Schilderung einer Exhumierung auf den Nikobaren. Da die Eingeborenen sich weigerten – entweder aus Feigheit oder aus Aberglauben – an einem bezeichneten Ort nach Leichenresten zu graben, musste schließlich er selbst, durch seine Forschungsgier angetrieben, an- und zugreifen, wobei ihm der Stiel eines Palmblattes als Spaten und eine halbierte Kokosnuss zum Ausheben der Erde dienten, bis er letztlich total erschöpft einen mit Wurzeln durchwachsenen menschlichen Schädel bergen konnte …

Verständlich, dass diese Vorgehensweise und der Eifer bei der Beschaffung der Schädel und Skelettteile heute kritisch betrachtet werden. Sie lassen sich jedoch aus der Mentalität der Zeit mit ihrem noch ungebrochenen Kolonialismusgedanken und der in der ganzen westlichen Welt üblichen Beurteilung der *wilden Völker* sowie einer noch kaum überwundenen Sklaverei erklären und verstehen. Es wäre – aus der Sicht des Historikers betrachtet – nicht richtig, sie den *Novara*-Forschern persönlich anzulasten, die zwar als Kinder ihres Jahrhunderts und der *weißen Race* agierten, jedoch in vielen Äußerungen durchwegs tolerant-humane Einstellungen zeigten.

Die Berichte über *Körpervermessungen* sind ebenfalls Scherzer und dem Schiffsarzt Schwarz zu verdanken, die dafür ein eigenes System als Behelf zur *Diagnostik der Menschenracen* mit 78 Einzelmessungen pro Person erstellten. Die Untersuchungen an den Eingeborenen, die sich entweder freiwillig messen und klassifizieren ließen oder durch lokale Krankenhausärzte, Verwalter oder verschiedene Behörden dazu gebracht wurden, reichten von der banalen Registrierung der Haar-, Haut- und Augenfarbe, von Größe und Gewicht, der Feststellung der Anzahl von Pulsschlägen pro Minute bis zu genau genormten Messungen, z. B. der Distanzen vom Nabel bis zum oberen Rand der Schambeinfuge oder der stärksten Stelle oder des größten Umfangs von Bizeps und Oberschenkel. Das Messschema von Scherzer und Schwarz fand wegen seiner Vorzüge gegenüber den bisherigen Methoden auch international rasch wissenschaftliche Anerkennung.

Durch seinen beharrlichen Fleiß und sein genaues Vorgehens produzierte Dr. Schwarz eine einmalige Datenfülle, die – gesammelt und ergänzt durch Scherzer – nun dem Bearbeiter des ethnographischen Werkes zur Verfügung stand. Man hegte die Vorstellung, dass mit diesen statistische Daten Durchschnittstypen der damals gängigen Rassen, wie sie untenstehend in der „Ethnographie“ dargestellt sind, gefunden werden könnten, vielleicht auch eine Bestätigung für die angenommene europäische Idealrasse sowie neue Erkenntnisse über die Entwicklungs- und Verbreitungsgeschichte der Menschheit. Historisch höchst interessant, sind diese Ergebnisse einer etwas naiven Wissenschaftsromantik heute jedoch obsolet.

Der Autor des dritten Bandes, der Ethnographie, Dr. Friedrich Müller, der auch den linguistischen Teil bearbeitete, stellt seiner *Vertheilung der Racen nach der Zahl ihrer Individuen* die Zahlen für die gesamte Menschheit, also der Weltbevölkerung um 1860, voran und kommt auf 1,342 Milliarden.

Neben seiner Arbeitshypothese, nämlich der Aufgliederung der Weltbevölkerung in Rassen, geht er zusätzlich von der Annahme aus, dass es für jede Rasse eine eigene Ursprache gäbe, deren Wurzeln sich in den heutigen Sprachen wissenschaftlich feststellen ließen und damit die Rasseneinteilung bestätigen würden, sich also dadurch auch Linguistik und Rassenforschung gegenseitig stützen und fördern könnten. Derartige Hypothesen und daraus gefolgerte Ergebnisse gelten heute als wissenschaftlich überholt, nicht aber die Diskussion über ethnische Klassifikationen.

Die Anzahl der *Rassetypen* stellte sich so dar:

I. Hochasiaten.................. mit 550 Millionen
II. Mittelländische Rasse[1]*..... " 547 "*
III. Afrikanische Neger..... ... " 130 "
IV. Süd-Asiaten.................. " 34 "
V. Malaien......................... " 28-29 "
VI. Kaffern.......................... " 18 "
VII. Amerikaner (Indianer)... " 12 "
VIII. Mittelafrikaner............ " 9-10 "
IX. Papûa's .... " 1½–2 "
X. Australier......................... " 80.000 "
XI. Hottentoten..................... " 50.000 "
XII. Nordasiaten .... " 40.000 "

[1] Zur mittelländischen Rasse zählte man Semiten, Hamiten und Indogermanen. Unter den Indogermanen führten die Inder mit 150 Millionen die Liste an, gefolgt von den *Romanen* mit 130 Millionen und den *Germanen* mit 120 Millionen.

Im ethnographischen Teil werden außerdem auch hunderte Sammelstücke aufgezählt, darunter auch Kurioses wie essbare Schwalbennester aus Java oder ein Giftöl aus Ceylon, hergestellt aus 57 Wurzeln und 57 Pflanzenarten, das angeblich zur Linderung beim Biss von giftigen Schlangen wirksam war.

Linguistischer Theil:

Im Vorwort beruft sich der Autor, Dr. Friedrich Müller, auf Humboldt und dessen Feststellung, dass alle Forschung auf zwei Ziele ausgerichtet sein solle, nämlich *auf die Verbreitung und die Steigerung der geistigen Entwicklung*, und er bedauert, dass die *Allerhöchst bewilligten Mittel* für den ursprünglich geplanten Umfang zur Aufarbeitung des von der Expedition mitgebrachten sprachlichen Materials nicht reichen würden, daher im Hinblick auf die *stark erschöpften Mittel* ein geplanter zweiter und dritter Band *vorläufig* nicht ausgeführt werden können.

Am Beispiel dieses Bandes sei auch die Sorgfalt erwähnt, mit der die Bearbeiter der einzelnen Wissensgebiete durch die Akademie der Wissenschaften ausgewählt wurden. Der von der Akademie betraute Autor, Friedrich Müller (1834–1898), wird im biographisch-lexikalischen Beitrag der „Allgemeinen Deutschen Biographie" als der *Begründer und Hauptvertreter der sogenannten linguistischen Ethnographie* bezeichnet. Mit seinem *phänomenalen Talent, als Gelehrter und Sprachforscher das Muster gediegener Gründlichkeit,* wurde Müller mit seiner immensen publizistischen Leistung und schließlich mit seinem Hauptwerk, dem „Grundriss der Sprachwissenschaften", zum führenden Gelehrten auf seinem Gebiet und erhielt zahlreiche, auch internationale Auszeichnungen. Müller steht damit als Wissenschaftler in einer ganzen Reihe ähnlicher Forscherpersönlichkeiten des 19. Jahrhunderts, deren völliges Aufgehen in ihrer Wissenschaft zu außerordentlichen Leistungen geführt hat und auch heute noch Bewunderung verdient.

Geologischer Theil:

Die geologischen Forschungsergebnisse waren dank des Einsatzes von Dr. Ferdinand von Hochstetter in Neuseeland und der dortigen wissenschaftlichen Auswertung eine Fundgrube neuer Erkenntnisse, die er nach und nach bearbeitete, in zahlreichen Veröffentlichungen der wissenschaftlichen Fachwelt vorstellte und zum ersten geologischen Band zusammenfasste.

Der zweite Band bringt ebenfalls Aufsätze, die ursprünglich schon während der Reise in Form von Berichten an die Akademie der Wissenschaften in Wien verfasst waren und nun erst umgearbeitet und erweitert zur Veröffentlichung gelangten. Der Inhalt umfasst Beobachtungen über geologische Strukturen, über den Aufbau von Atollen usw.

Medicinischer Theil:

Den Marineärzten der *Novara* waren neben der gesundheitlichen Obsorge für die Besatzung des Schiffes durch eine Flut von Anregungen,

Wünschen, durch mehr oder minder verbindliche Vorschläge auch noch eine Unmenge anderer Aufgaben erteilt worden, deren Ausführung entweder von vornherein utopisch war oder – soweit die Vorgaben realisierbar erschienen – stark vom persönlichen Einsatz und von der engagierten Nutzung geplanter und an Ort und Stelle sich bietender Möglichkeiten abhängig blieben. Wertvolle Eindrücke gewann man aus den Kontakten mit Wissenschaftlern und Behörden, durch die Besichtigungen von Krankenhäusern, Bordellen, Gefängnissen und aus Informationen von Kollegen.

Zusammenfassend erscheinen uns heute die hygienischen Vorkehrungen mit ihren Vorschriften für die täglich, zweiwöchentlich und vierwöchentlich vorgeschriebenen Duschen sowie die Reinigungstermine für Kleidung, Unterwäsche, Hängematten, die Termine für das erstaunlich häufige Reinigen des Schiffes, der Kabinen, der Decks, die Vorrichtungen zur Wassergewinnung oder das emaillierte Geschirr als bemerkenswert.

Die aufgrund der täglichen Beobachtungen angestellten theoretischen Überlegungen über die Entstehung der an Bord aufgetretenen Krankheiten bestätigten zwar bisher Bekanntes, führten aber nur in Ansätzen darüber hinaus, wie etwa die ernährungsbedingte Ursache für Skorbut oder die Ansteckungsgefahr bei Ruhr und Cholera, ohne jedoch die Hintergründe zu kennen. Über die Seekrankheit werden eine Reihe von Theorien aufgestellt, einige gute Beobachtungen registriert, des Rätsels Lösung jedoch sollte erst die Erforschung des Gleichgewichtsorgans in den 20er-Jahren des vorigen Jahrhunderts bringen. Ebenso tappte man bei Erklärungsversuchen für die Nachtblindheit, die Hemeralopie, einer Vitamin-A-Mangelkrankheit, im Dunkeln.

Die diagnostische und therapeutische Tätigkeit der Marineärzte lässt entsprechend dem damaligen Stand der Wiener Medizinischen Schule auf eine gründliche Ausbildung schließen. Die Nutzlosigkeit, ja Schädlichkeit von Aderlässen wird betont und diese auch weitgehend vermieden, die gute Heilung von Wunden durch Luftzutritt wird erkannt. Die Syphilisbehandlung mit den Quecksilberanwendungen entsprach dem Stand und sollte noch Jahrzehnte in Gebrauch bleiben, gegen die Tuberkulose war man trotz stärkender und auch klimatischer Heilungsansätze ohnmächtig. Dass man Ruhr, Cholera und andere fieberhafte Darmerkrankungen, deren Erreger noch unbekannt waren, wegen der oft ähnlichen Befunde häufig nicht auseinanderhalten konnte, war verständlich, auch der auf historische Themen spezialisierte Marinearzt Schadewaldt und dessen Schüler Voss weisen darauf hin. Diese Krankheiten wurden vorwiegend ruhigstellend und diätetisch, Hautkrankheiten und auch Gonorrhoe (Tripper) wurden mit Salben, Ätzstiften und desinfizierenden Lösungen therapiert. Das so genannte Nikobarenfieber wurde von Schwarz eingehend beschrieben und diskutiert und richtigerweise als eine Form der Malaria erkannt. Erfolgreich und bewährt war auch seine Malariatherapie mit Chinin. Die relativ geringen Sterbefälle an Bord werden von Experten der hervorragenden hygienischen und ärztlichen Obsorge zugeschrieben.

Die wesentliche medizinische Leistung war die fortlaufende Beobachtung der Gesundheit der Mitreisenden und die sorgfältige Dokumentation der Daten, denn dadurch wurde die *Novara* für zweieinhalb Jahre geradezu eine medizinisch-wissenschaftliche Versuchs- und Forschungsstation. Die diagnostischen und therapeutischen Beobachtungen, verknüpft mit der Hygiene- und Ernährungssituation, dem Seegang, den Klimazonen sowie der Landbeschaffenheit der einzelnen Expeditionsstationen ergaben ein immenses Datenmaterial, einen Schatz, bereit für die Auswertung – der leider durch den frühen Tod von Dr. Schwarz nur noch teilweise ausgewertet werden konnte. Trotzdem erbrachte der medizinische Band für die Marine wichtige Erkenntnisse und Hinweise zur Verbesserung der Gesundheitseinrichtungen an Bord, er fand internationale Beachtung und bietet auch heute noch Anregungen.

Nautisch-physikalischer Theil:

Alle astronomischen, magnetischen und meteorologischen Beobachtungen sowie die geographischen Ortsbestimmungen und Auswertungen unterstanden direkt der Leitung des Commodore Wüllerstorf.

Für die Messungen an Bord und für jene des Erdmagnetismus an Land standen wertvolle Instrumente zur Verfügung, wie etwa *ein Theodolit von Lamont, dem berühmten Astronomen aus München, zehn Chronometer, ein Inclinatorium und weitere Instrumente aus Barrow's berühmter Werkstätte*, wie Wüllerstorf nicht ohne Stolz berichtet, die teils in Wien und teils an der britischen Sternwarte Kew

Für Messungen auf nautisch-physikalischem Gebiet stand den Forschern ein moderner Theodolith zur Verfügung.

Idylle auf den Nikobaren.

geeicht worden waren Die Arbeit der von ihm betrauten Offiziere und Kadetten erfolgte nach festen Richtlinien, stündlich waren genaueste meteorologische Daten zu sammeln und einzutragen.

Dazu bemerkt Wüllerstorf:

> *Gleichwohl war eine geraume Zeit erforderlich, bis es endlich gelang, in den Ablesungen der meteorologischen Instrumente und in der Aufzeichnung der Erscheinungen jene gleichmässige Behandlung zu sichern, welche unter solchen Verhältnissen gefordert werden musste. Ich habe in dieser Beziehung durch mehrere Monate hindurch die Mühe nicht gescheut, täglich die Beobachtungen zu prüfen und die barometrischen Curven nach den gemachten Beobachtungen zu prüfen und die barometrischen Curven nach den gemachten Beobachtungen zu entwerfen, um daraus möglicher Weise die Unterschiede zu ermitteln, welche bei dem Wechsel der Wachofficiere und bei verschiedener Ablesungsweise sich ergeben konnten. Gleichzeitig beobachtete ich selbst an einem Aneroide, so oft als es meine sonstigen Beschäftigungen gestatteten, um einerseits die Beobachtungen der Herren Beobachtungsofficiere zu controliren, andererseits auch um die Verlässlichkeit des Aneroides gegenüber dem Barometer zu prüfen.*

Auf ähnliche Weise verfuhr der Commodore bei den übrigen laufenden Beobachtungen. Alle Werte und der Zustand des Wetters wie auch alle beobachteten besonderen Erscheinungen wurden sowohl im meteorologischen Journal als auch im Logbuch der *Novara* eingetragen. Der wichtigste Assistent Wüllerstorfs bei allen astronomischen Beobachtungen und Berechnungen war, wie schon hervorgehoben, der damalige Schiffsfähnrich Robert Müller, der wegen seiner Verdienste schon während der Expedition zum Schiffsleutnant befördert und später an die hydrographische Anstalt in Pola „S. M. Marine" verpflichtet wurde. Wüllerstorf lobt in seinem Vorwort ausdrücklich die Gewissenhaftigkeit und die ganz besonderen Fähigkeiten und Talente dieses Seeoffiziers und erwähnt dabei ebenso lobend die Tätigkeiten des damaligen Seekadetten Alexander Kalmar, der Müller zur Seite stand.

Die erwähnten, täglich auf See erstellten Kurs- und Windkarten sandte Wüllerstorf von den einzelnen Stationen an das Marineoberkommando und an die Akademie der Wissenschaften in Wien. Die sorgfältig gezeichneten Karten, auf denen die zurückgelegte, oft von den Winden erzwungene Fahrtstrecke des Segeltages eingetragen ist und die manchmal als Zick-Zack-Linie das Kreuzen und andere erzwungene Manöver gegen den Wind aufzeigen, wurden sowohl im wissenschaftlichen Werk der Expedition als auch im beschreibenden Teil Scherzers veröffentlicht. Die Zusammenschau dieser Karten mit dem meteorologischen Tagebuch (siehe Anhang), in dem auch der tägliche Zustand der Wolken und der See festgehalten wurde, ergab wichtige Erkenntnisse und Schlüsse für die Navigationskunde.

Hinzu kommen die neu erstellten Küstenkarten, die Aufzeichnungen der Flutbeobachtungen, die Landvermessung, besonders auf St. Paul und auf den Nikobaren, und die Messdaten über den Erdmagnetismus.

An bemerkenswerten Ereignissen finden sich – als Beispiele – im meteorologischen Tagebuch folgende Eintragungen:

> *25. April 1858: Nachts eine Seeschwalbe gefangen. – Zeitweise Wetterleuchten. – Die sogenannten Sägespäne (gelb, hellbraun) in grossen, von NO. nach SW. gerichteten Streifen, so weit das Auge reicht. – Vm. 10h30m den Aequator (in λ 105° 28′ O.) durchschnitten. – Eine schlafende Seeschlange passirt; viel Treibholz, Bambusrohr und Baumstämme; einzelne Gruppen der letzteren sahen aus der Ferne ungemein verzerrt und vergrössert aus. – Viele Fregattvögel.*
> *26. April 1858: Vm. 5h St. Elmsfeuer im Kreuztopp. – Vm. 7h Regenmenge 8.50l seit Vm. 2h. – Nm. viele Bienenfresser. – Abends Wetterleuchten. – Nm. 8h Wolkenzug aus O. – Nm. 11h Wolkenzug aus SO. – Mondhof Wetterleuchten in S. und NW.*

Bei dem erwähnten, sehr selten auftretenden Elmsfeuer handelt es sich um die als blaue Flämmchen sichtbare elektrische Entladung an den Spitzen hoher Gegenstände, wie beispielsweise an Kirchtürmen oder Masten bei gewitterträchtiger elektrisch geladener Atmosphäre. Abergläubische Matrosen sahen in dieser, nach dem Patron der Seefahrer, Sankt Erasmus (italienisch Elmo), benannten, unheimlichen Erscheinung eine drohende Gefahr für Schiff und Mannschaft, den Offizieren und erfahrenen Matrosen war das Geschehen allerdings als Naturphänomen bekannt.

Die meteorologischen Beobachtungen erfolgten während der gesamten Expedition vom 30. April 1857 bis zum 26. August 1859 tagtäglich, was mit Genugtuung hervorgehoben wurde. Auch in allen Hafenstädten wurden Aufzeichnungen gemacht, wobei es eine einzige Ausnahme gab, die nicht verschwiegen wird: Beim ersten Aufenthalt in Gibraltar vom 20. bis zum 22. Mai 1857 wurden die Eintragungen, aus welchem Grund auch immer, unterlassen.

Zu den Messungen des Erdmagnetismus soll hier noch Wüllerstorfs Schilderung angeführt werden, die neben der umfangreichen Berechnung der Werte und der Korrekturen die nicht geringen Widrigkeiten in der praktischen Durchführung erkennen lässt:

> *Gleich am Anfang der Reise stellte sich aber die Unmöglichkeit heraus, daß der Geologe* (Hochstetter)*, welchem außer seiner fachlichen noch andere Arbeiten oblagen, auch die magnetischen Beobachtungen auf dem Lande ausführe. Da der damalige Schiffsfähnrich (jetzt Hydrograph) R. Müller, welchem die nautisch-astronomischen Arbeiten zugewiesen waren, mit dem Gebrauche des magnetischen Theodiliten und des Inclinatoriums vertraut war, so hat er auf Wunsch des Chefs der Expedition es übernommen, wo nur immer tunlich, Beobachtungen mit den beiden Instrumenten auszuführen.*
> *Der hervorragend in verschiedenen Sparten ausgebildete Schiffsfähnrich schafft die Aufgabe trotz der oft kurz bemessenen Zeit des Aufenthaltes, theils auch in ungünstiger Witterung oder in der Schwierigkeit der Wahl eines geeigneten Beobachtungspostens. Er registriert Deklinations- und Inklinationswerte,* die *horizontale Intensität des Magnetismus, versichert sich gegen Fehler durch wiederholtes Messen und das Vergleichen mit den vorhandenen älteren Geräten und erbringt so die Daten für die rechnerische Auswertung und die zu errechnenden Korrekturen, die so genannte Reduktion.*

Als ein weiteres Beispiel soll die Insel St. Paul erwähnt werden, eines der bedeutendsten Forschungsziele der Expedition, wo – unter zum Teil wetterbedingt ungünstigen Umständen – eine gründliche Landvermessung durchgeführt wurde.

Nach dem Abschluss der Publikationen erfolgte im Auftrag der *Novara*-Kommission nochmals eine kurze Zusammenfassung aller offiziellen wissenschaftlichen Werke mit dem Titel: „Übersichtliche Darstellung der unter dem Titel Reise der österreichischen Fregatte Novara um die Erde in den Jahren 1857, 1858, 1859 unter den Befehlen des Commodore B. v. Wüllerstorf-Urbair erschienenen Publicationen. Im Auftrage der Novara-Comission der kaiserlichen Akademie der Wissenschaften zusammengestellt zur Orientirung für die Käufer und zur Erleichterung der Ordnung für die Besitzer des ganzen Werkes von Johann Spitzka."

Gedruckt wurde dieses für die Übersicht unentbehrliche Heft von der k. k. Hof- und Staatsdruckerei erst 20 Jahre nach dem Start der Expedition.

REMINISZENZEN

Ein Jahr wäre so gut wie das andere, runde Zahlen jedoch erinnern uns mit ihrer inneren Autorität viel eindringlicher an Vergangenes als beliebige. 2009 sind es rund 150 Jahre her, dass *Seiner Majestät Fregatte Novara* nach fast zweieinhalb Jahren unter Segel ihre Weltreise abschloss. Wenn ihnen, den Männern der *Novara,* bei ihrer Rückkehr die Wirklichkeit ihrer Heimat verändert vorkam, konnte dies erkannt und auch bald verarbeitet werden, wenn aber wir aus der zeitlichen Distanz von eineinhalb Jahrhunderten – im Unterschied zum überschaubar Zurückliegenden – hinter die Mauer des Vergangenen blicken wollen, so können wir uns diese Ereignisse nur mithilfe noch vorhandener Daten aus jenem Zeitabschnitt erschließen. Diese Daten und historische Quellen zu finden und geordnet anzubieten, war die Absicht dieses Geschichts- und Erzählbuches.

In den letzten zwei Jahrzehnten erinnerte eine Reihe von Ausstellungen an die österreichische Marine und an einzelne ihrer bemerkenswerten Episoden. Das wachsende Interesse für die Monarchie Österreich-Ungarn insgesamt, für das alte Österreich, für die Vergangenheit des eigenen Landes und der eigenen Vorfahren zeigen die hohen Besucherzahlen und auch die Präsenz des Themas in den Medien. Österreichs Marine war das Thema von Ausstellungen in Schloss Miramar (1987), im Garnisonsmuseum am Schlossberg in Graz (1987), in Schlosshof im Marchfeld (1994 und 1996) und in Schloss Artstetten (1993) sowie 2001 einer Ausstellung in der Universitätsbibliothek Graz, ein kleine, aber hervorragende Schau mit dem Titel „Unterwegs zu fernen Ufern“, die der Weltumsegelung der *Novara* und der transozeanischen Reise der *Saida* (1884–1886) gewidmet war. Im Jahr 1999 stellte die Österreichische Geographische Gesellschaft gemeinsam mit dem Österreichischen Staatsarchiv Kostbarkeiten aus ihrer Bibliothek aus und präsentierte dabei die Bände des *Novara*-Werkes.

Unter den großen Ausstellungen der letzten Jahre waren die viel beachtete Schau mit dem Titel „Die Entdeckung der Welt – Die Welt der Entdeckungen“ in Wien – eine Kooperation von Kunsthistorischem und Naturhistorischem Museum, Heeresgeschichtlichem Museum und dem Museum für Völkerkunde – sowie die der *Novara*-Expedition und Kaiser Maximilian gewidmete Ausstellung mit dem Titel „Der freie weite Horizont“ in Schloss Tirol bei Meran.

Neben den Medien und den Ausstellungen selbst sind es aber vor allem die zahlreichen Aufsätze und Arbeiten, vielfach in den umfangreichen und hervorragend gestalteten Ausstellungskatalogen, die begleitend und weiterführend über viele Detailaspekte der historischen *Novara*-Reise berichten. Einzelne neue Veröffentlichungen befassen sich auch – nach heute gängigen Maßstäben – gesellschaftskritisch mit der damaligen Darstellung des Umgangs und der Beurteilung fremder Völker und Kulturen. Buchveröffentlichungen über die *Novara*-Expedition wird man jedoch – von ein, zwei älteren Editionen abgesehen – nicht finden.

Als Rückerinnerung war auch die ehrgeizig und anspruchsvoll geplante *Novara*-Reise gedacht, die drei Jahre lang dauern sollte, mit geplanten Aktionen an den einzelnen historischen Schauplätzen und ausgeführt mit internationaler Beteiligung. Leider unterblieb das Projekt – vorwiegend aus finanziellen Gründen – bis auf eine Aktion in Triest: Steirische Funkamateure verschickten im Schlosspark von Miramar am 30. April 2007, dem 150. Jahrestag der Abreise der *Novara*, Grüße an alle historischen Destinationen. Das kleine, mithilfe einer Funkstation durchgeführte Projekt im Beisein vieler Touristen war ein Erfolg. Es kann und soll als Anerkennung für das geplante große Unternehmen gelten.

Erinnerung vermittelt die Fregatte auch als Namensgeber wie etwa für eine Wiener Straßenbezeichnung und die neue U2-Bahnstation „Taborstraße/Novaragasse“, in der bei der dekorativen Gestaltung von der Künstlerin Ingeborg Strobl pflanzliche Holzschnittmotive aus der *Novara*-Edition verwendet wurden. Sogar für eine Wiener Seepfadfindergruppe ist die *Novara* namensgebend ebenso wie für eine Marinekameradschaft im kärntnerischen Feldkirchen. Die *Novara* bietet Andockmöglichkeiten für Schulprojekte (im Schloss Belvedere) und für Vorträge und Vortragsreihen über historische, nautische, astronomische, geographische, botanische und weitere Themen.

Am 16. Juni 2004 erfolgte in der Münze Österreich der Stapellauf der Serie „Österreich auf hoher See“ mit dem Thema *Novara*. Es handelt sich dabei um ein gesetzliches Zahlungsmittel, eine auf 50.000 Stück limitierte 20-Euro-Silbermünze. Auf der einen Seite der Münze ist die *Novara* in chinesischen Gewässern dargestellt, auf der anderen Erzherzog Ferdinand Max an der Seite von Commodore Wüllerstorf, daneben ein Tisch mit Globus und nautischen Instrumenten. Weiteres ist unter www.naval.at – das österreichische Marine-Portal – zu finden.

Bewundert werden kann die *Novara* aber auch als historisches Modell im Naturhistorischen oder im Heeresgeschichtlichem Museum in Wien. Eine moderne *Novara* befindet sich im Kärntner „Minimundus“ in Klagenfurt.

Aus dem Holz der im Jahr 1899 abgewrackten *Novara* wurden mehrere Erinnerungsstücke angefertigt, wie etwa ein Briefbeschwerer mit einer darauf montierten Weltkugel, auf der die Route der Expedition aufgezeigt wird. Der Briefbeschwerer stand viele Jahrzehnte lang am Schreibtisch des jeweiligen Präsidenten der Akademie der Wissenschaften. Vermutlich existieren noch

Seepfadfindergruppe

S.M.S. NOVARA

ähnliche weitere Souveniers im Privatbesitz: Bekannt ist z. B. ein großes Kreuz, dessen Holz aus dem Mast der *Novara* stammt, das sich im Park von Schloss Miramar befindet. Ein anderes Kreuz ist im Maximilian-Museum auf der Burg Hardegg zu sehen, und ein weiteres, auf dem eine Metallplatte an die *Novara* und Kaiser Maximilian erinnert, wird im Heimatmuseum Wien-Hitzing aufbewahrt.

Eine andere Art der Erinnerung an die *Novara*, erstaunlich weil aus Australien, soll noch angeführt werden: Der Germanist John E. Fletcher (1940–1992), Professor an der Sydney University, war mit einer Arbeit über die deutsche Einwanderung im 19. Jahrhundert beschäftigt, als er auf die Biographie eines aus Laibach bzw. Graz stammenden Österreichers namens Degotardi, der die „Deutsche Zeitung" in Sydney herausgab, stieß. Der Besuch der *Novara* war für den Drucker ein bedeutendes Ereignis und verhalf ihm zu langjährigen brieflichen Kontakten mit Wien. Für Fletcher wurde die Biographie dieses Einwanderers, die er auch publizierte, wobei er auf dessen Nachlass zurückgreifen konnte, zu einem Schlüsselerlebnis – sie weckte sein lebhaftes Interesse am *Novara*-Besuch in Sydney. Der Wissenschaftler stellte überrascht fest, dass die Berichte – sowohl über die gesellschaftlichen Anlässe als auch über die geselligen Ereignisse während dieser kurzen Zeitspanne von sechs Wochen – äußerst interessante Einblicke und treffende Charakterisierungen der Denk- und Verhaltensweisen beider Seiten, also der österreichischen und der australischen, boten. Und auch dass diese Fülle von Einzelheiten das gesellschaftliche, konfessionelle und politische Porträt Sydneys und seiner Bewohner in der Mitte des 19. Jahrhunderts zeichnet. Diesen Mosaiksteinchen der Geschichte Australiens galt nun Fletchers Augenmerk. Er war der Meinung, dass die Geschichte der *Novara* in Australien bisher keineswegs ausreichend „erzählt" worden war und dass die Ereignisse um den damaligen Besuch der *Novara* – bisher wie in einer „Zeitkapsel" verwahrt – endlich einer genaueren Betrachtung wert wären, die Zeitkapsel also geöffnet werden sollte („on unlocking a time warp"). Unter diesem Titel veröffentlichte er aus verschiedenen, auch privaten Quellen eine Menge neuer Fakten zum Thema *Novara* in Australien, darunter neue Daten aus Zeitungen, aus der gesammelten Korrespondenz zwischen australischen und österreichischen Gelehrten, aus den Tagebüchern Müllers, Frauenfelds und – Scherzers. Denn Fletcher hatte Scherzers Tagebuchnotizen in drei Bänden, die Grundlage seiner in Wien verfassten dreibändigen „Reise", zur *Überraschung auch für das heutige Wien*, wie er vermerkt, in der Mitchell Library, State Library of New South Wales, in Sydney entdeckt, die die Tagebücher 1939 erworben hatte. Eine weitere und eher heitere Quelle sind die Tagebuchaufzeichnungen von zwei jungen australischen Damen, die die aufregenden Tage ihres Debütantinnen-Balls an Bord der Fregatte wie auch ihre Kontakte, Gespräche, Tanzerlebnisse, Garderobeprobleme usw. lebendig-alltäglich schildern.

Fletcher schreibt:

> *Die vollständige Geschichte des Besuchs der Novara in Sydney ist bis jetzt noch nicht ausreichend erzählt. Weder ein professioneller noch ein Lokal- noch ein Amateurhistoriker hat dies bisher in Angriff genommen.*
> *Vielleicht sollte diese Geschichte ja eher durch einen Romanautor erzählt werden. Wir haben eine Heldin, zugegeben etwas hölzern, die aber alle Wesen bezaubert, die in ihren Kreis geraten. Wir haben ihre Bewunderer, Seeleute natürlich, lebhafte Österreicher und aufgeweckte Italiener, vom einfachen Matrosen bis zum geschliffenen Wiener Aristokraten, die Jahre ihrer Jungmännerzeit in ihrem Dienst verbringen. Zu ihrem Gefolge gehören Wissenschaftler, Naturforscher und Gelehrte und an deren Seite scharen sich hunderte ihrer Landsleute in Sydney, Personen des öffentlichen Lebens und sehnsüchtige Bürger.*
> *Alle sind von ihr hingerissen und dies vor den atemberaubend strahlenden und glitzernden Wassern des noch unberührten Hafens von Sydney. Wohin ein Historiker oder Schriftsteller sich wenden sollte, wo die Handlung wirklich lief und sich Nebenhandlungen häuften, hier ist reichliche Ausbeute.*
> *Was ich getan habe für diese erste Ernte war, die verschiedenen Augenzeugenberichte über den Aufenthalt der Novara in Sydney zusammenzustellen, wissenschaftliche, gesellschaftliche, offizielle und private Berichte, in Zeitungen, in Tagebüchern, Druckwerken oder Manuskripten. Diese überschneiden, ergänzen, widersprechen sich aber teilweise. Sie zeigen dadurch aber, wo eine weitere Erforschung nötig ist, verraten einzelne glänzende Facetten und verraten persönliche und emotionale Tiefen oder auch stumpfe Oberflächlichkeit.*

Der Historiker und Archivar Michael Organ, derzeit an der Universität von Wollongong tätig, führt nun die Forschungen Fletchers weiter und hat sich auch um die englische Übersetzung des *Novara*-Abschnitts aus Scherzers Tagebuch bemüht. Die englische Übersetzung und seine eigenen sowie auch die Publikationen Fletchers über die *Novara* sind im Internet, dem Weltjournal von heute, für jedermann zugänglich:
www. michaelorgan.org.au/novara.htm

Das Thema *Novara* wird von Organ ausführlich behandelt: Von den ersten Planken der Schiffsbauer in der Werft des Arsenals in Venedig über wiederholte Umbauten bis schließlich zum Abwracken beschreibt er den Weg des Schiffes als getreulicher Chronist, natürlich erwähnt er auch Lissa – mit einer bemerkenswerten Schilderung der Seeschlacht.

Fletcher und Organ konnten sich bei ihren Forschungen nicht nur auf Scherzers Reisebericht (in englischer Sprache), auf die australischen Zeitungen und die Tagebücher der beiden erwähnten Teenager, sondern auch auf Scherzers Korrespondenz berufen. Denn Scherzers Briefe liegen in Australien, und zwar im Australian Museum in Sydney, unter dem Titel „Korrespondenz vor 1888".

Organ schreibt:

Im Bemühen um Genauigkeit und den neuesten Stand in seinem Reisebericht verschickte Scherzer im Dezember 1859 ein Rundschreiben an sein Netzwerk, man könnte den Kreis die Freunde der Novara nennen. Er berichtete darin über die sichere Heimkehr der Novara nach ihrer Fahrt von 849 Tagen und 60.940 englischen Seemeilen. Er erwähnt auch Maximilians Wunsch, dass alle Adressaten einen kostenlosen Bericht der Reise erhalten sollten und er erbat einen kurzen Bericht über jüngste und wichtige Ereignisse bei den Befragten, über neueste Statistiken betreffend die Bevölkerung, wirtschaftlichen Wandel, Produktion, Export und Import usw. usw. Die Antworten sollten an c/o Österreichische k. k. Admiralität, Triest gesendet werden. Die Mitchell-Bibliothek besitzt das Rundschreiben, das an Reverend John Dunmore Lang, einen der 20 Adressaten in Sydney, gerichtet war. Man fragt sich, wie großzügig Scherzers unverblümter Appell beantwortet wurde und man fragt sich auch, wie weit das Material solcher Korrespondenten in Wien erhalten bleibt.

Scherzer machte auch unbekümmerten Gebrauch von Berichten seiner Wissenschaftskollegen von der Novara, vor allem von denen des Geologen Ferdinand Hochstetter (1829–1884) und des Zoologen Georg Frauenfeld (1807–1873). Gleich Scherzer wurden auch diese beiden kurz nach ihrer Rückkehr in den Adelsstand erhoben.

Die größte Überraschung nach der Kontaktaufnahme mit Michael Organ war für die Autorin jedoch der Hinweis, dass Scherzer neben seinem offiziellen Reisebericht das schon erwähnte Tagebuch geführt hatte, von dem in Österreichs Archiven nichts bekannt war. Dazu Organ:

Wie zu erwarten, führte Scherzer ein Tagebuch. Als ein Gütesiegel dieser Weltreise Mitte des 19. Jahrhunderts gab es wahrscheinlich weitere 351 Tagebücher, sorgfältig verwahrt im Dunkel verschiedener Wiener Familienarchive und Schubladen. Was jedoch weniger zu erwarten war, und was in jüngster Zeit in Wien erstaunte erhobene Augenbrauen bewirkte, war, dass sich Scherzers Tagebuch in der Mitchell Library in Sydney befand, seit Angus und Robertson es im Juli 1939 verkauft hatten. Die frühere Geschichte des Tagebuches ist unbekannt. Im Vergleich zur formalen Strenge und den oft breiten Auslassungen ist das Tagebuch knapper, mehr auf die Personen und nicht die Öffentlichkeit bezogen und fallweise auch unverblümt und gereizt.
Aus dem Tagebuch:
Dienstagmorgens, den 16. September 1858 besuchten Scherzer und der Commodore ihr Schiff um den Fortgang der Reparaturen zu inspizieren. Beide äußerten sich überrascht und beeindruckt von der kolossalen Größe ihres Schiffes, „das Größte das je auf dem Dock lag". Sie trafen, wahrscheinlich nicht ohne eine gewisse gegenseitige Verlegenheit, im Gefängnis von Cockatoo Island einen Österreicher, Herr von Magiardi, verurteilt auf zehn Jahre wegen Pferdediebstahls und einen deutschen Arzt, Dr. Beer, im Gefängnis wegen der angeblichen Vergiftung einer Frau mit Belladonna. Betroffen über diese harte Meinung eines Schweizer Arztes notiert er: Mehrere Ärzte haben die Absicht, eine Petition dem Gouverneur zu überreichen, in der sie beweisen möchten, dass die Dosierung viel zu niedrig gewesen sei, um Schaden anzurichten. Rückkehrend weiterhin ungehalten schreibt er beim Anblick der zahlreichen alten Flaschen im Wasser um Port Jackson, sie seien sicher durch die Missionare ins Wasser geworfen worden, nachdem

diese sie vorher mit religiösen Traktaten voll gestopft hatten.
Den gleichen Dienstag brachen sie, begleitet von einem der Botaniker der Novara, J. Zelebor, und dem Maler J. Selleny sowie dem „cabin-boy" (Steward) Alois Kraus für das Gepäck, zu einer Fünf-Tage-Expedition nach Wollongong und dem Illawarra-Bezirk auf. Sie verlief nicht ohne Abenteuer. Die Missgeschicke dieser Reise spitzen sich in Wollongong zu. Eine sorgfältig geplante Kängurujagd, wo auch die aboriginen Tracker „noch ungeschickter als gedacht" waren, lief auf groteske Weise schief. Scherzer hatte die Instrumente zur Feststellung anthropologischer Daten vergessen, Zelebor erkrankte und musste ins Bett. Die Kosten des Brighton Hotels für 2½ Tage betrugen 14 Pfund für fünf Personen. Hinzu kam obendrein, dass der Sydney-Dampfer wegen widriger Winde nicht anlegen konnte, und somit blieb Scherzer, Selleny und dem Commodore auch wegen Verpflichtungen in Sydney, die schon einmal wegen des Reizes einer Kängurujagd verschoben worden waren, nur eine improvisierte Rückkehr über Land übrig. Der junge Kraus wurde zurückgelassen und musste nach erfolgreicher Anlandung des Dampfers das sich anstauende Gepäck, die elenden Kadaver und den maroden Zelebor zurückbefördern. Der Dampfer erreichte Sydney erst gegen drei Uhr morgens, Zelebor wurde zu Bett gebracht und Kraus am 1. Jänner 1859 zum Seemann 2. Klasse befördert.

Auch Scherzer erkrankte nach der Abreise der *Novara* ziemlich schwer. Doch krank oder nicht, sein ärgerlicher Tagebucheintrag vom Donnerstag, dem 25. November, scheint zu zeigen, dass es Gründe für seine Reizbarkeit gab:

Ich verwende meine ganze Zeit mit dem Korrektur-Lesen der englischen Manuskripte unserer „Messungen", die ich von Degotardi habe drucken lassen (zu vier Pfund pro Seite). Das ganze wurde so nachlässig gesetzt, daß eine große Anzahl von Fehlern den Sinn vollkommen verfälscht. Ich möchte am liebsten alles neu drucken lassen. Sir W. Denison hat mir bereits angeboten, dies in der Druckerei der Regierung kostenlos zu besorgen.

Scherzer erwähnt in seinem Tagebuch weiters, dass Frauenfeld und Hochstetter bei einer offiziellen Feier an Bord der *Novara* nicht anwesend waren, was den Commodore sehr verärgert habe. Hochstetter gelang es trotzdem, für seine Wiener Leser einen bewegenden und mit Zitaten ausgeschmückten Bericht der Feier abzuliefern, ohne Zweifel der „Australischen Deutschen Zeitung" entnommen.

Das „*Novara*-Fieber" in Sydney war mit dem Entschwinden des Schiffes wieder abgeflaut, im „Sydney Morning Herald" wurde jedoch die Frage gestellt:

Meine Herrn, lag die Novara mit der Wissenschaft im Kampf? Was war mit der „Philosophical Society"? Keine Soiree, keine Gespräche, keine formale Anerkennung unserer Gäste und ihrer Tätigkeit auf dem Pfad der Wissenschaft. Wie ernst ist es uns mit unserem lernenden Bemühen?

Am Ende dieses Buches über Österreichs erfolgreiche Weltumsegelung und ihre nachhaltigen Ergebnisse soll nochmals der Leiter der Expedition, Freiherr von Wüllerstorf-Urbair, k. k. Vize-Admiral, zu Wort kommen, der im Dezember 1876 Kaiser Franz Joseph einen Rechenschaftsbericht vorlegte, den er mit folgenden Worten schloss:

So ist es denn dieser glücklichen Durchführung der grossartigen und schwierigen Aufgabe zu danken, dass die Novara-Expedition sowohl in nautischer als auch in naturwissenschaftlicher Beziehung einen dauernden Ehrenplatz in der Geschichte der Erdumsegelungen einnehmen wird; sie hat aber auch einer grossen Anzahl österreichischer Gelehrten die willkommene Gelegenheit geboten, um der Wissenschaft im Vaterlande ein würdiges Denkmal zu errichten. Mit Recht darf man wohl das grossartige Gesamtwerk, welches seinem Inhalte nach den grössten Publicationen früherer Erdumsegelungs-Expeditionen würdig an die Seite gestellt werden kann und dieselben in Bezug auf Vollständigkeit und Umfang sogar übertrifft, als eine der gelungensten nationalen Thaten der letzten 25 Jahre bezeichen, auf welche EUER MAJESTÄT mit voller Befriedigung zurückblicken können, auf welche Österreich mit vollen Recht stolz sein darf.

Im Namen der Novara-Commission
der kaiserlichen Akademie der Wissenschaft
Der Präsident
Bernhard Freiherr von Wüllerstorf-Urbair

Anhang

INHALT

Sr. Hochwohlgeboren
dem Herrn Oberst von Wüllerstorf,
kais kön Linienschiffs-Capitän,
Befehlshaber S Maj Fregatte Novara,
Ritter hoher Orden ꝛc ꝛc. ꝛc.
in
Triest.

Hochwohlgeborener Herr,

Hochzuverehrender Herr Oberst, k. k. Linien-Schiffs-Capitän,

Ew. Hochwohlgeb. wollen, als Befehlshaber Sr. Maj. Fregatte Novara, die zu einem großen, edeln, das deutsche Vaterland und die Wissenschaft ehrenden Unternehmen durch kaiserliche Huld bestimmt ist, den Ausdruck meiner Verehrung nachsichtsvoll empfangen, indem ich von der Zeit naher Abfahrt in halber Genesung bedrängt es wage, Ihnen einige *physikalische* und *geognostische Erinnerungen* ganz gehorsamst vorzulegen, von denen Einiges vielleicht den ausgezeichneten Gelehrten, die die Expedition zu begleiten das Glück haben, von Nuzen sein kann. Ich würde dies Wenige nicht angeboten haben, wenn eine so gnädige und liebenswürdige Aufforderung Sr. kaiserl. Hoheit des Herrn Erzherzogs Ferdinand Maximilian mich nicht dazu bestimmt hätte. Was ich Nautisches über Richtung und Temperatur der Meeresstrohmungen, über die magnetischen Curven eingeflochten habe, muß ich besonders *Ihrer* Nachsicht empfehlen. Wenn man erinnert, scheint man belehren zu wollen, und von dieser Anmaßung bin ich weit entfernt. Da kein Entwurf, keine Abschrift meiner wenigstens fleißigen mit Zahlen überladenen Arbeit existirt, so wäre es vielleicht vorsichtig, sie von Jemand, der der behandelten Gegenstände kundig ist, abschreiben zu lassen. Meine gelehrten und mir lieben Freunde Dr. Ferdinand Hochstetter, Dr. Karl Scherzer und Dr. Robert Lallemant, der mich bei seiner letzten Durchreise durch Berlin, um mir sein wichtiges Werk über das Gelbe Fieber in der Tropenzone zu geben, verfehlt hat, wage ich dringend Ihrem besonderen Schuze und Wohlwollen zu empfehlen.

Mit der innigsten Verehrung und den heißesten Wünschen für den Erfolg eines so schön vorbereiteten Unternehmens

Ew. Hochwohlgeb.

gehorsamster

Berlin, d. 7. April 1857 Nachts.

Al. Humboldt.

Der Universalgelehrte Alexander von Humboldt unterstützte die Vorbereitung zur Weltumsegelung mit Vorschlägen und wertvollen Hinweisen zu den einzelnen Forschungsschwerpunkten.

Verzeichniß

der verschiedenen Lebensmittel und Vorräthe, womit die Fregatte Novara vor ihrer Abreise von Triest versehen worden war.

			Vorrath für Tage
Kohlen, 23 Tonnen zu 260 Pfund täglich			159
Wasser, 86 Tonnen als Vorrath. Der tägliche Bedarf wird durch den Destillir-Apparat erzeugt			—
Zwieback 50.965 Pfund			145
Wein 8777 Maß			50
Rum 7913 „			226
Pökelfleisch 17.800 Pfund	für 105 Tage	Fleisch zusammen für	264
Büchsenfleisch à peu près	„ 122 „		
Schweinefleisch 5760 Pfund	„ 37 „		
Reiß ... 6850 Pfund zu 8 Loth die Portion	„ 77 „	Suppe zusammen für	135
Mehlspeise 3184 „ „ 5 „ „ „	„ 58 „		
Mélanges d'équipage 40.000 Portionen	„ 114 „	Gemüse zusammen für	298
Sauerkraut ... 16.000 „	„ 46 „		
Süßes Kraut ... 16.000 „	„ 46 „		
Erdäpfel ... 32.000 „	„ 92 „		
Cacao 10.290 Pfund			610
Zucker 3434 „			156
Salz 1000 „			100
Essig 831 Maß			95

Zeit der Ausgaben	Besoldung des Commodore fl.	kr.	Besoldung des Stabes fl.	kr.	Besoldung der Naturforscher, nebst sonstigen durch dieselben verursachten Auslagen fl.	kr.	Schiffs-löhnungen, Zulagen u. s. w. fl.	kr.	Lebensmittel für die Mannschaft und Kranken fl.	kr.	Außerordentliche Arbeiten, Ausbesserungen und Schiffsmaterial fl.	kr.	Ankaufe von Büchern, Instrumenten und Medicinen fl.	kr.
	Conventions-Münze													
Im II. Trimester 1857	2.112	.	5.413	51	1.744	53	7.522	52	133	55	146	7	37	10
„ III. „ „	2.327	10	8.214	10	3.302	40	10.562	37	2.316	40	362	47	16	28
„ IV. „ „	3.261	20	9.604	50	4.816	57	10.560	50	27.344	29	2.839	3	644	49
„ I. „ 1858	3.118	.	9.377	.	4.073	.	10.557	49	2.099	39	646	10	36	34
„ II. „ „	3.212	.	10.542	30	4.358	5	10.755	39	21.406	37	2.170	53	349	54
„ III. „ „	5.102	30	9.638	30	5.421	17	10.245	24	17.443	32	5.925	48	338	14
„ IV. „ „	2.217	10	6.931	50	5.272	56	10.020	6	5.762	30	.	.	212	34
„ I. „ 1859	4.914	20	16.958	20	9.578	23	10.840	43	30.715	17	18.185	34	2.286	40
„ II. „ „	3.227	16	11.008	.	4.090	20	11.151	56	3.179	24	767	4	23	2
„ III. „ „	3.117	7	10.911	41	3.857	14	11.009	29	11.444	.	7.551	15	306	24
„ IV. „ „	984	18	2.564	5	1.990	5	3.314	16	2.163	40	.	.	33	30
Zusammen .	33.593	11	101.164	47	48.505	50	106.541	41	124.009	13	38.594	11	4.285	19

Das erste, zweite und dritte Novara-Jahr.

Stationen	Segeltage	Ankertage (Aufenthalt)	Seemeilen: nächste Entfernung zur See	Seemeilen: von Mittagspunkt zu Mittagspunkt	Durchschnittszahl der täglich gesegelten Seemeilen
Von Triest nach Gibraltar	20	10	1.720	1.750	87½
Von Gibraltar nach Madeira (Funchal)	7	11	650	700	100
Von Madeira nach Rio de Janeiro	49	26	3.770	4.330	88½
Von Rio de Janeiro nach Simonsbai (Cap der guten Hoffnung)	32	24	3.160	3.870	121
Von Simonsbai nach der Insel St. Paul	24	19	2.850	3.160	132
Von St. Paul nach Point de Galle auf Ceylon	31	8	2.760	3.110	100½
Von Point de Galle nach Madras	15	10	550	1.110	74
Von Madras nach Kar-Nikobar	13 } 27	18	760	850	65½ } 45
Aufenthalt, Kreuzung zwischen den Inseln, Fahrt nach Groß-Nikobar	14		200	360	25½
Von Groß-Nikobar nach Singapore	20	6	720	960	48
Von Singapore nach Batavia	13	24	520	570	44
Von Batavia nach Manila	17	10	1.500	1.690	99½
Von Manila nach Hongkong	10	13	630	680	68
Von Hongkong nach Schanghai	8	19	830	920	115
Von Schanghai nach Puynipet	35	4 Stunden (nicht geankert)	2.610	2.800	80
Von Puynipet nach den Stewarts-Inseln (Sikayana)	29		960	1.250	43
Von den Stewarts-Inseln nach Sydney	19	32	1.680	1.880	99
Von Sydney nach Auckland (Neu-Seeland)	15	17	1.300	1.450	97
Von Auckland nach Tahiti	34	17	2.200	2.720	80
Von Tahiti nach Valparaiso	48	24	4.220	5.220	109
Von Valparaiso nach Gibraltar	82	6	8.000	10.660	130
Von Gibraltar nach Ragusa	13	3	1.410	1.368	$105^{2}/_{10}$
Von Ragusa nach Pola	2	1	240	234	117
Von Pola nach Triest	1	—	60	44	44
Summe	551	298	43.300	51.686	93.8

Anmerkung. Im ersten Novara-Jahre wurden 20.560 Seemeilen oder 88.2 Seemeilen per Segeltag; im zweiten 18.820 Seemeilen oder 92.7 per Segeltag; im dritten (30. April bis 26. August 1859) 12.310 Seemeilen oder 104.3 Seemeilen per Tag zurückgelegt. Im Ganzen segelte die Fregatte in 551 Tagen 51.686 Seemeilen oder 93.8 Seemeilen täglich, und lag im Laufe der ganzen Reisedauer (vom 30. April 1857 bis 26. August 1859, d. i. 849 Tage) nur 298 Tage vor Anker.

Meteorologisches Tagebuch.

Von **Singapore** nach **Batavia.** — **1858.**

Stunden	Mittagsbesteck	Barom. Par. Lin. 0° R.	Thermometer T.	Thermometer N.	Dunstdruck P. L.	Feuchtigkeit	Seewasser Temp. R.	Seewasser Dichte	Wind	Wolken	Heiterer Himmel	Niederschlag	Ozon	Zustand der See
								Sonntag, 25. April.						
1		336‴376	22°0	21°1	10‴99	91	22°1	.	NzO_1	0	10	T	.	Ruhig
2		336·027	21·9	21·1	11·02	93	22·0	.	$NzO_{1\cdot5}$	0	10	T	.	„
3		336·038	21·9	21·1	11·02	93	21·8	.	$NNO_{1\cdot5}$	cirr-strat.	9·5	T	.	„
4		335·938	21·9	21·1	11·02	93	22·1	.	$NO_{1\cdot5}$	„	9·5	.	.	„
5		335·836	22·0	21·3	11·23	93	22·8	.	$NO_{1\cdot5}$	u. cirr-cum.	9	.		„
6		336·106	22·3	21·6	11·49	93	23·3	.	$NO_{1\cdot5}$	„	9	.	$\frac{5}{4}$	„
7		242	22·9	21·5	11·15	87	3	1·0195	$NO_{1\cdot5}$	cirr-strat.	9·5	.		„
8		489	23·0	21·7	11·35	87	2	.	$NO_{1\cdot5}$	„	7	.	.	„
9		601	23·5	21·8	11·32	84	4	.	NO_1	und cum.	5	.	.	„
10	φ 0° 5′ S.	805	23·6	22·0	11·52	85	4	.	NO_1	„	5	.	.	„
11	φ′ 0 4 „	579	23·8	22·0	11·45	83	5	.	NO_2	„	5	.	.	„
0	λ 105 31 O.	376	23·9	22·3	11·79	85	5	.	$NO\ ½\ N_2$	„	5	.	.	„
1	λ′ 105 32 „	336·038	24·2	22·8	12·30	87	6	.	$NOzN_2$	cum. und	6	.	.	„
2	St. SW. 1′	335·633	24·0	23·0	12·62	91	6	.	$NOzN_{1\cdot5}$	strat.	5	.	.	„
3		555	24·0	22·8	12·37	89	0	.	$NOzN_{1\cdot5}$	„	5	.	.	„
4		352	23·2	22·4	12·15	92	0	.	$NOzN_{1\cdot5}$	„	5	.	.	„
5		397	22·9	22·0	11·76	91	5	.	$NOzN_{1\cdot5}$	„	5	.	$\frac{4\cdot5}{4}$	„
6		397	22·8	22·0	11·79	92	5	.	$NOzN_{1\cdot5}$	„	5	.		„
7		701	22·9	22·5	12·37	96	4	.	$NOzN_{1\cdot5}$	cirr. und	7	.		„
8		335·938	23·0	22·6	12·46	96	5	.	$NOzN_{1\cdot5}$	cirr-cum.	6	.	.	„
9		336·185	22·8	22·4	12·28	96	4	.	NO_2	„	6	.	.	„
10		336·242	22·8	22·4	12·28	96	4	.	NO_2	„	6	.	.	„
11		336·050	22·5	22·2	12·13	97	3	.	$NOzO_2$	„	6	.	.	„
12		335·915	22·5	22·2	12·13	97	23·3	.	$NOzO_2$	„	6	.	.	„
April 25. Mittel....		336·034	22·9	22·0	11·75	91	23·1	1·0195	N. 39° $O_{1\cdot6}$					

Nachts eine Seeschwalbe (*Anous stolida*, L.) gefangen. — Zeitweise Wetterleuchten. — Die sogenannten Sägespäne (gelb, hellbraun) in grossen, von NO. nach SW. gerichteten Streifen, so weit das Auge reicht. — Vm. 10ʰ 30ᵐ den Aequator (in λ 105° 28′ O.) durchschnitten. — Eine schlafende Seeschlange passirt; viel Treibholz, Bambusrohr und Baumstämme; einzelne Gruppen der letzteren sahen aus der Ferne ungemein verzerrt und vergrössert aus. — Viele Fregattvögel (*Tachypetes*).

Stunden	Mittagsbesteck	Barom. Par. Lin. 0° R.	Thermometer T.	Thermometer N.	Dunstdruck P. L.	Feuchtigkeit	Seewasser Temp. R.	Seewasser Dichte	Wind	Wolken	Heiterer Himmel	Niederschlag	Ozon	Zustand der See
								Montag, 26. April.						
1		335·825	22·3	22·0	11·95	97	22·9	.	ONO_2	cum.	6	.	.	Ruhig
2		566	22·4	22·1	12·04	97	5	.	ONO_2	„	4·5	.	.	„
3		530	22·6	22·4	11·98	95	0	.	$O_{2\cdot5}$	und nimb.	2	R	.	„
4		566	22·3	22·2	12·08	98	0	.	$NOzO_3$	„	0	R	.	„
5		335·870	21·7	21·6	11·68	99	22·0	.	$NO_{3\cdot5}$	„	0	R_2	.	„
6		336·196	20·7	19·7	9·84	90	21·9	.	$N_{2\cdot5}$	„	0	R_3	.	„
7		276	20·0	19·8	10·19	98	21·9	.	$NNO_{1\cdot5}$	strat. und	2	R	.	„
8		478	22·7	21·7	11·46	90	22·7	.	$NO_{1\cdot5}$	cum-strat.	3	.	.	„
9		501	23·4	22·2	11·83	89	22·8	.	$NNO_{2\cdot5}$	„	2	45ᵐ R	.	„
10	φ 1°16′ S.	703	23·8	22·6	12·19	89	23·0	.	$NO_{2\cdot5}$	„	3·5	.	.	„
11	φ′ 1 11 „	568	23·8	21·8	11·22	82	1	.	$NNO_{2\cdot5}$	cirr-strat.	5·5	.	.	„
0	λ 106 15 O.	242	23·7	21·9	11·36	83	1	.	$NNO_{2\cdot5}$	u. cum-strat.	4	.	.	„
1	λ′ 106 22 „	365	23·6	21·5	10·93	81	1	.	$NzO_{2\cdot5}$	„	5	.	.	„
2	St. SW ¾ W. 9′	455	23·5	21·5	10·96	82	1	.	NzO_2	„	5	10ᵐ R	.	„
3		174	23·0	21·4	11·01	85	1	.	N_2	„	3	.	.	„
4		336·050	22·5	21·0	10·70	86	2	.	N_2	„	2	15ᵐ R_1	.	„
5		335·836	20·6	20·6	10·87	100	2	.	N_2	nimb.	0	30ᵐ R		„
6		335·870	20·6	20·4	10·65	98	2	.	$W_{1\cdot5}$	„	0	45ᵐ R	$\frac{4}{4}$	„
7		336·106	20·0	19·7	10·07	97	23·1	.	$—_0$	und strat.	0	.		„
8		140	20·7	20·0	10·18	93	22·9	.	$SO_{1\cdot5}$	„	0	.	.	„
9		399	21·6	20·4	10·31	88	23·0	.	$—_0$	cum-strat.	0	.	.	„
10		501	21·5	20·5	10·46	90	23·1	.	$—_0$	und cum.	2	T	.	„
11		467	21·5	20·6	10·58	91	23·0	.	$—_0$	„	6	T	.	„
12		336·399	21·4	20·6	10·61	92	23·0	.	$—_0$	„	6·5	T	.	„
April 26. Mittel....		336·170	22·1	21·2	11·05	91	22·8	.	N. 32° $O_{1\cdot4}$					

Vm. 5ʰ St. Elmsfeuer im Kreuztopp. — Vm. 7ʰ Regenmenge 8‴50 seit Vm. 2ʰ. — Vormittags-Peilungen ergaben φ um 2′ mehr nördlich, λ um 1′ mehr östlich, als die Beobachtungen. — Nm. viele Bienenfresser. — Abends Wetterleuchten. — Nm. 8ʰ Wolkenzug aus O. — Nm. 11ʰ Wolkenzug aus SO. — Mondhof. — Wetterleuchten in S. und NW.

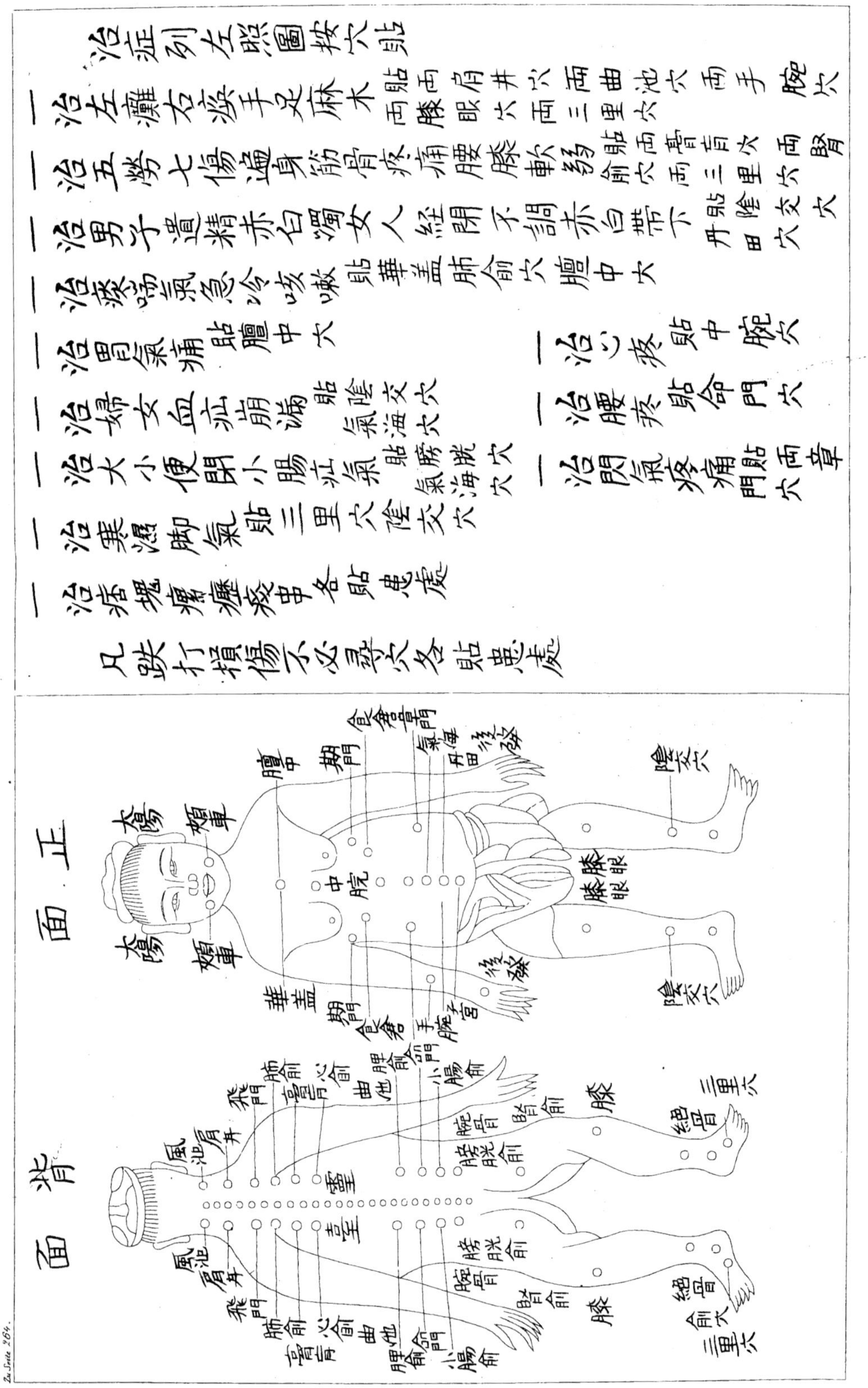

Zu Seite 264.

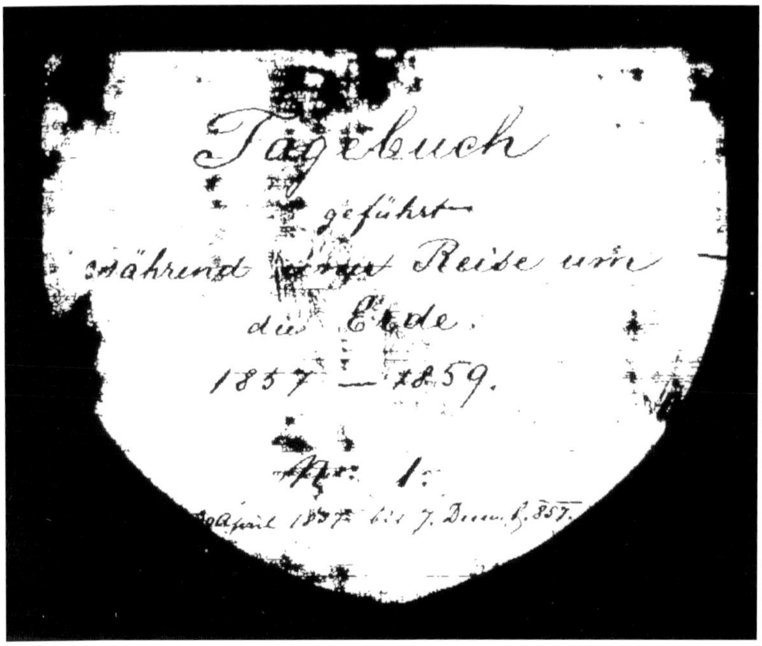
Tagebuch
geführt
während einer Reise um
die Erde.
1857 — 1859.
Nr. 1.
April 1857 bis 7. Decemb. 1857.

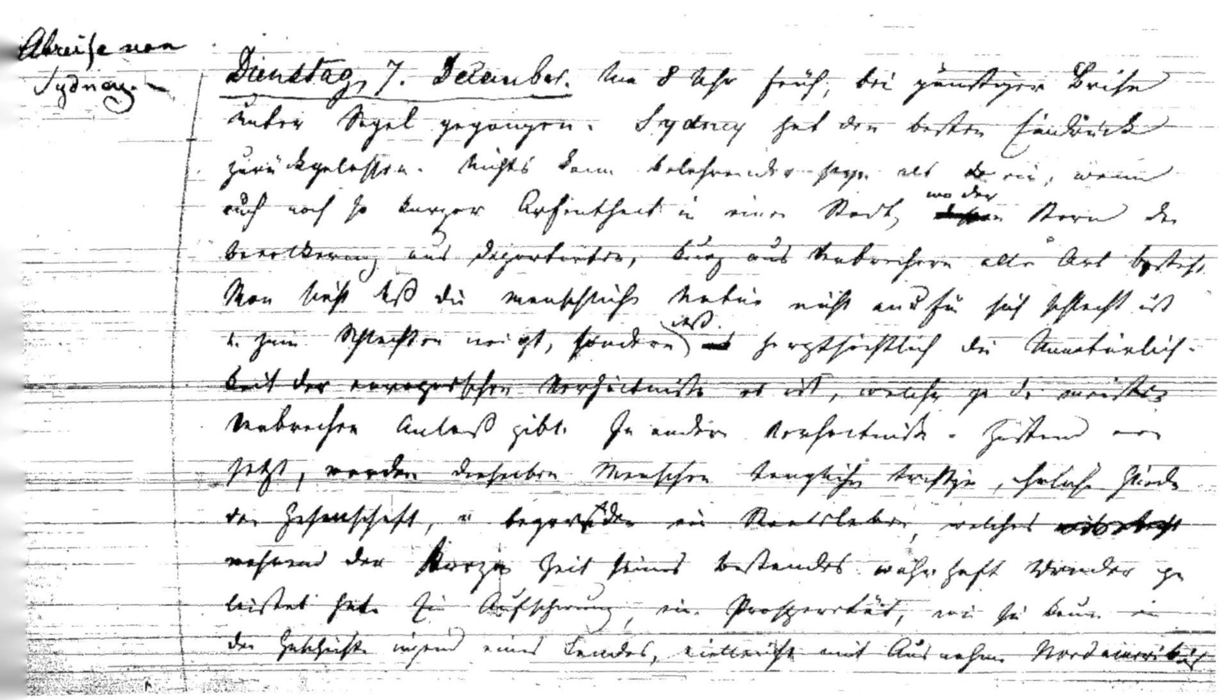
Abreise von Sydney

Dienstag, 7. December. Um 8 Uhr früh, bei günstigem Winde unter Segel gegangen. Sydney hat den besten Eindruck zurückgelassen.

Die Krankheiten

1857.

Vom 30. April bis 31. December. 246 Tage.

		Ankunft		Hafenzeit
Gibraltar	Ankunft	20. Mai	Hafenzeit	10 Tage
Funchal (Madeira)	„	8. Juni	„	11 „
Rio de Janeiro (Brasilien)	„	5. August	„	26 „
Simonstown (C. G. H.)	„	2. October	„	24 „
St. Paul und Amsterdam	„	19. Nov.	„	19 „

Mittagspunkt am 31. December. Indischer Ocean 0°21′ s. B. 82°25′ ö. L. von Greenvich.

1858.

		Ankunft		Hafenzeit
Point de Galle	Ankunft	8. Jänner	Hafenzeit	9
Madras	„	30. „	„	10
Nikobaren	„	23. Februar	„	17
Singapore	„	15. April	„	7
Batavia	„	5. Mai	„	24
Manila	„	15. Juni	„	10
Hongkong	„	5. Juli	„	13
Shanghae	„	29. „	„	13
Puynipet	„	18. September	„	1
Sikayana	„	17. October	„	1
Sidney	„	5. November	„	32
Auckland	„	22. December	„	16

	Name	1857: In Behandlung geblieben	Krankenzuwachs	Davon sind: Geheilt	Gestorben	Ausgeschifft	Durchschnittliche Krankheitsdauer (Tage)	Anmerkung	1858: In Behandlung geblieben	Krankenzuwachs	Davon sind: Geheilt	Gestorben	Ausgeschifft	Durchschnittliche Krankheitsdauer (Tage)	Anmerkung
Seemanns-Krankheiten	Vulnus contusum	.	7	6	.	.	13		1	11	11	.	.	35	
	Contusio capitis	.	3	3	.	.	9		.	3	3	.	.	16	
	„ lactalis	.	.	.	.	.	.		.	1	.	1	.	2 Stund.	† Singapore. Sturz von der Vo… raa. Am Lande begraben.
	Vulnus scissum	.	.	.	.	.	.		.	.	.	.	.	.	
	Commotio universalis	.	2	2	.	.	2		.	3	3	.	.	6	
	Fractura clavicula	.	.	.	.	.	.		.	.	.	.	.	.	
	Catarrhus intestinalis	.	2	2	.	.	8		.	.	.	.	.	.	
	Typhlitis	.	2	2	.	1*	27	Zur Erholung in Rio ausgeschifft	.	2	2	.	.	23	
	Obstipatio, Colica end.	.	.	.	.	.	.		.	1	.	.	.	4	Trat während der Reise von Seeland nach Tahiti auf.
	Scorbutus	.	8	8	.	.	9	Trat kurze Zeit vor unserer Ankunft in Rio auf.	.	105	105	.	.	12·3	Erschien während der Fahrt zw… den Nikobaren-Inseln und d… bis Singapore; ferner auf de… von Shanghae nach Sidney.
	Hemeralopia	.	.	.	.	.	.		.	7	7	.	.	6·9	Einzelne Fälle auf der Reise Sidney.
Civilisations-Krankheiten	Ulcus syphiliticus	1	3	4	.	.	41·5	Inficirt wurden: in Triest 2, auf Madeira 1, in Rio 1.	.	5	5		.	45·6	Infection: Point de Galle 3, Manila 1, Shanghae 1
	Ulcus et bubo	1	5	6	.	.	31·5	In Triest 5, in Rio 1.	.	.	.	.	.	.	
	Syphilis secundaria	3	1	2	.	II**	43	In Triest 3, auf Madeira 1. Ausgeschiffte: 1 der Lucia übergeben (Zerstörung des Gaumensegels). — Der Andere in Rio.	.	1	1	.	1	50	Infection: Shanghae. Zur Erholung i… ney ausgeschifft.
	Gonorrhoea	.	3	3	.	.	8	Zu Triest 2, auf Madeira 1.	.	9	9	.	.	35·3	Infection: Batavia 4, Manila 2, Hongkong 2, Shanghae 1
	Orchitis	.	1	1	.	.	21		.	2	2	.	.	12	
	Gastricismus	.	27	27	.	.	6·2		.	41	41	.	.	9	

1858.					1859.					Uebersicht
de Galle . .	Ankunft	8. Jänner	Hafenzeit	9 Tage	Vom 1. Jänner bis 26. August. 238 Tage.					
ıs	„	30. „	„	10 „	Papeete (Tahiti) . .	Ankunft	11. Februar	Hafenzeit	17 Tage	
aren	„	23. Februar	„	17 „	Valparaiso	„	17. April	„	23 „	
pore . . .	„	15. April	„	7 „	Gibraltar	„	1. August	„	7 „	
ia	„	5. Mai	„	24 „	Gravosa	„	20. „	„	3 „	
a	„	15. Juni	„	10 „	Pola	„	25. „	„	1 „	
kong	„	5. Juli	„	13 „	Triest	„	26. „	„	— „	
hae	„	29. „	„	13 „						
pet	„	18. September	„	1 „						
ana	„	17. October	„	1 „						
y	„	5. November	„	32 „						
and	„	22. December	„	16 „						

Krankenzuwachs	Davon sind: Geheilt	Gestorben	Ausgeschifft	Durchschnittliche Krankheitsdauer (Tage)	Anmerkung	In Behandlung geblieben	Krankenzuwachs	Davon sind: Geheilt	Gestorben	Ausgeschifft	Durchschnittliche Krankheitsdauer (Tage)	Anmerkung	In Behandlung geblieben	Krankenzuwachs	Davon sind: Geheilt	Gestorben	Ausgeschifft	Durchschnittliche Krankheitsdauer (Tage)
11	11	.	.	35		1	9	10	.	.	8·8		.	27	27	.	.	18·9
3	3	.	.	16		.	.	.	.	.	.		.	6	6	.	.	12·5
1	.	1	.	2 Stund.	✝ Singapore. Sturz von der Vormarsraa. Am Lande begraben.	.	.	.	.	.	.		.	1	.	1	.	.
.	.	.	.	.		.	1	1	.	.	23		.	1	1	.	.	23
3	3	.	.	6		.	.	.	.	.	.		.	5	5	.	.	4
.	.	.	.	.		.	1	1	.	.	61		.	1	1	.	.	61
.	.	.	.	.		.	.	.	.	.	.		.	2	2	.	.	8
2	2	.	.	23		.	.	.	.	.	.		.	4	4	.	1	25
1	.	.	.	4	Trat während der Reise von Neu-Seeland nach Tahiti auf.	1	35	35	.	1	.	Zur Erholung ins Marine-Hospital zu Papeete ausgeschifft.	1	36	35	.	1	25·4
105	105	.	.	12·3	Erschien während der Fahrt zwischen den Nikobaren-Inseln und dauerte bis Singapore; ferner auf der Reise von Shanghae nach Sidney.	.	2	2	.	.	10·5		.	115	115	.	.	10·6
7	7	.	.	6·9	Einzelne Fälle auf der Reise nach Sidney.	.	64	64	.	.	5	Erschien kurz nach dem Passiren des Aequators im atlantischen Ocean, während der Heimfahrt.	.	71	71	.	.	5·9
5	5		.	45·6	Infection: Point de Galle 3, Manila 1, Shanghae 1	.	1	1	.	.	32	Valparaiso	.	10	10	.	.	39·7
.	.	.	.	.		.	1	1	.	.	45	Valparaiso.	.	7	7	.	.	38·2
1	1	.	1	50	Infection: Shanghae. Zur Erholung in Sidney ausgeschifft.	.	.	.	.	.	.		.	5	3	.	II 1	46·5
9	9	.	.	35·3	Infection: Batavia 4, Manila 2, Hongkong 2, Shanghae 1	.	3	3	.	.	27	Valparaiso.	.	15	15	.	.	23·4
2	2	.	.	12		.	.	.	.	.	.		.	3	3	.	.	16·5
41	41	.	.	9		.	26	26	.	.	8·5		.	94	94	.	.	7·9
6	6	.	.	9		.	1	1	.	.	29		.	7	7	.	.	19

Bemannungsstand Sr. Maj. Fregatte Novara

am 30. April 1857, nebst den, im Laufe der Reise vorgekommenen Veränderungen.

Commodore . . .	Wüllerstorf-Urbair, Bernhard von, Befehlshaber der Expedition.
Corvettencapitän .	Pöck, Friedrich Baron. Zum Fregattencapitän befördert mit 2. Dec. 1857.
Linienschiffs-Lieut. .	Gaál de Gyula, Bela.
Fregatten-Lieut. . .	Monfroni de Monfort, Moriz.
„ . . .	Kielmansegge, Alexander Graf.
Schiffsfähnrich . .	Lund, William. Zum Fregattenlieutenant befördert mit 1. October 1857.
„ . . .	Müller, Robert. „ „ „ „ 1. November 1858.
„ . . .	Jacoby, Ernst.
Fregattenfähnrich .	Kronowetter, Eugen. Zum Linienschiffsfähnrich befördert mit 1. October 1857.
„ . . .	Battlogg, Gustav. „ „ „ „ 1. November 1858.
Verwaltungsofficial	Basso, Anton.
Fregattenarzt . . .	Seligmann, Dr. Franz.
Corvettenarzt . . .	Lallemant, Dr. Robert. In Rio de Janeiro ausgeschifft den 20. August 1857.
Schiffsarzt 1. Classe	Ruziczka, Karl.
Schiffsarzt	Schwarz, Dr. Eduard. Zum Corvettenarzt befördert mit 1. April 1858.
Marinecapellan . .	Marochini, Eduard von.
Marinecadet . . .	Sayenz, Heinrich. Zum Fregattenfähnrich befördert mit 12. December 1857.
„ . . .	Natli, Joseph. „ „ „ „ 1. November 1858.
„ . . .	Semsey, Gustav v. „ „ „ „ 1. October 1858.
„ . . .	Wallerskirchen, Richard Baron. Zum Fregattenfähnr. beförd. mit 12. Dec. 1857.
„ . . .	Meder, Ludwig. Zum Fregattenfähnrich befördert mit 24. Juni 1858.
„ . . .	Kalmar, Alexander.
„ . . .	Scribanek, August Baron.
„ . . .	Borelli, Andreas Graf.
„ . . .	Cordon, Franz Baron.
„ . . .	Haan, Friedrich Baron. In Rio de Janeiro ausgeschifft den 20. Aug. 1857.
„ . . .	Latzina, Eduard.
„ . . .	Mariassi, Michael von.
„ . . .	Wrede, Eugen Fürst.
„ . . .	Berthold, Joseph.
Untermeister 2. Cl.	Lehmann, Wenzel.

K. K. Matrosen.

Bootsmann 2. Cl. .	Cergogna, Matthäus. In Auckland auf Neu-Seeland gestorben den 1. Jänner 1859.
„ 3. „ .	Stangher, Franz. Zum Bootsmann 2. Classe befördert mit 1. Jänner 1859.
„ 3. „ .	Codanich, Dominik.
Schiemann	Gherdinich, Johann.
Obersteuermann . .	Cian, Joseph. In Shanghai desertirt den 8. August 1858.
Quartiermeister . .	Magazin, Lucas. Zum Schiemann befördert mit 1. Juni 1859.
„ . .	Baccolich, Franz.
„ . .	Vidacovich, Anton.
Steuermann 2. Cl.	Andreatini, Anton. Zum Steuermann 1. Classe befördert mit 1. Juni 1859.
„ 3. „	Urovich, Nikolaus. „ „ 2. „ „ „ 16. Jänner 1858.
Marsgast	Pius, Anton. Zum Quartiermeister befördert mit 1. October 1858.
„	Villor, Dominik. Ebenso.
„	Varisco, Jakob. „
„	Purrich, Peter. Zum Quartiermeister befördert mit 20. April 1858.
„	Rubinich, Anton.
„	Giurassin, Andreas.
„	Monestar, Stephan.
„	Dandolo, Franz.
„	Petrina, Anton.
„	Contento, Andreas.
„	Conti, Joseph.
„	Rossi, Anton. In Singapore durch einen Sturz verunglückt den 19. April 1858
„	Olin, Simon.
„	Vianello, Johann.
„	Dulcich, Joseph.
„	Covrich, Vincenz.
Matrose 1. Classe .	Schwab, Karl. Zum Steuermann 3. Classe befördert den 1. October 1858.
„ „	Glavanich, Nikolaus.
„ „	Herro, Georg.
„ „	Albanese, Johann. Zum Marsgast befördert mit 1. Jänner 1859.
„ „	Beinville, Nikolaus.
„ „	Criscovich, Johann. Zum Marsgast befördert mit 1. October 1859.
„ „	Vidas, Hieronymus.
„ „	Soldatich, Bernhard. Zum Marsgast befördert mit 1. October 1858.
„ „	Vidolich, Johann.
„ „	Briehl, Franz. In Singapore desertirt den 22. April 1858.
„ „	Vranich, Johann.
„ „	Puglian, Anton. In Rio de Janeiro ausgeschifft den 20. August 1857.
„ „	Franciscovich, Martin.
„ „	Zaziscovich, Johann.
„ „	Dragonovich, Thomas. Zum Marsgast befördert mit 1. October 1858.
„ „	Gerloff, Gustav. Zum Steuermann 3. Classe befördert mit 16. Jänner 1858.
„ „	Demarincovich, Michael. Zum Marsgast befördert mit 20. April 1858.
„ „	Mozzara, Matthäus.

Literaturverzeichnis

Aichelburg, Wladimir: K. u. k. Segelschiffe in alten Photographien, Wien 1981.

Basch-Ritter, Renate: Österreich-Ungarn in Wort und Bild, Graz 1989.

Basch-Ritter, Renate: Zwischen Donau und Adria. 200 Jahre Geschichte in Wort und Bild, Graz 1995.

Basch-Ritter, Renate: Österreich auf allen Meeren, Geschichte der k. u. k. Marine, 2., erw. Auflage, Graz 2000.

Bayer von Bayersburg, Heinrich: Die k. u. k. Kriegsmarine auf weiter Fahrt, Wien 1858.

Bayer von Bayersburg, Heinrich: Österreichs Admiräle und bedeutende Persönlichkeiten der k. u. k. Kriegsmarine, Wien 1962.

Bemerkungen und Anweisungen für die Naturforscher, welche die Expedition von Sr. k. k. apost. Maj. Fregatte „Novara" unter dem Commando des Herrn Obersten Bernhard v. Wüllerstorf-Urbair begleiten (Auf Anordnung der Kaiserl. Akademie der Wissenschaften als Manuscript gedruckt), Wien 1857.

Benko von Boinik, Jarolim: Die Reise S. M. Schiffes „Zrinyi" nach Ostasien, Yang Tse Kiang und Gelbes Meer 1890–1891, Wien 1894.

Benko von Boinik, Jarolim: Geschichte der k. k. Kriegs-Marine während der Jahre 1848 u. 1849, Wien 1884 (Geschichte der k. k. Kriegs-Marine, Teil III, Bd. 1).

Corti, Egon Caesar Conte: Maximilian von Mexiko, Wien 1978.

Ferdinand Maximilian, Erzherzog von Österreich: Aus meinem Leben. Reiseskizzen, Aphorismen, Gedichte, 7 Bde., Leipzig 1867.

Ferro, Euphemia: Erzherzog Ferdinand Maximilan von Österreich als Dichter und Schriftsteller, Zürich 1911.

Fontana, Nikolaus: Tagebuch der Reise des k. k. Schiffes Joseph und Theresia nach den neuen österreichischen Pflanzorten in Asien und Afrika, an Herrn Brambilla, aus der italienischen Handschrift übersetzt von Eyerl, Dessau–Leipzig 1782.

Frauenfeld, Georg: Tagebücher 1–9 (Novara-Tagebücher 1–5), Naturhistorisches Museum in Wien, Archiv und Wissenschaftsgeschichte, Sammlung Frauenfeld, Inv.-Nr.: 166.01-166.09.

Frauenfeld, Georg: Die naturhistorischen und ethnographischen Sammlungen erworben während der Weltfahrt SR. k. k. apost. Majestät Kriegsfregatte „Novara" unter Commando des Commodore Freiherrn Bernhard von Wüllerstorf-Urbair, Wien 1863.

Freyheit der Schiffahrt und Handlung neutraler Völker im Kriege nach dem allgemeinen und dem europäischen Völkerrechte, Leipzig 1780.

Goerke, Heinz: Geschichte der Schiffahrtsmedizin, Bonn 1983.

Gogg, Karl: Österreichische Kriegsmarine 1440–1848, Salzburg 1972.

Grillparzer, Franz: Brief an die Akademie der Wissenschaften anlässlich der Weltumsegelung der „Novara", Dezember 1856, in: Satiren in Prosa, Sämtliche Werke, Bd. 13, Stuttgart o. J.

Hamann, Günther: Die österreichische Kriegsmarine im Dienst der Wissenschaften, in: Schriften des Heeresgeschichtlichen Museums in Wien, Bd. 8, Wien 1980.

Hamann, Günther: Die Welt begreifen und erfahren. Aufsätze zur Wissenschafts- und Entdeckungsgeschichte, Wien 1993.

Hassinger, Hugo: Österreichs Anteil an der Erforschung der Erde, Wien 1949.

Hochstetter, Ferdinand: Madeira. Ein Vortrag, gehalten am k. k. polytechnischen Institute den 22. Dezember 1860, Wien 1861.

Hochstetter, Ferdinand: Gesammelte Reise-Berichte von der Erdumsegelung der Fregatte „Novara" 1857 bis 1859. Mit einer Einleitung und einem Schlusswort von V. v. Haardt, Wien 1885.

Hochstetter, Ferdinand: Neu-Seeland, Stuttgart 1863.

Jedina, Leopold: An Asiens Küsten und Fürstenhöfen, Tagebuchblätter von der Reise SR. MAJ. Schiffes „Fasana" und über den Aufenthalt an asiatischen Höfen in den Jahren 1887, 1888, 1889, Wien–Olmütz 1891.

Jedina, Leopold: Um Afrika, Skizzen von der Reise Sr. Majestät Corvette „Helgoland" in den Jahren 1873–75, Wien–Pest–Leipzig 1877.

Kolig, Erich: Ferdinand von Hochstetter; Wahlösterreicher, Neuseelandforscher und Maorifreund, in: Novara – Mitteilungen der Österreichisch-Südpazifischen Gesellschaft, Bd. 2, Wien 1999.

Körner, Karl Klaus: Schiffstypenblatt Nr. 44 S. M. Segelfregatte Novara, in: Marine – Gestern, Heute, Zeitschrift der Arbeitsgemeinschaft für österreichische Marinegeschichte, Jg. 13, Heft 2, Mistelbach 1986.

Koschatzky, Walter: Thomas Ender 1793–1875. Kammermaler Erzherzog Johanns, Graz 1982.

Khuepach, Artur von u. Heinrich Bayer von Bayersburg: Die österreichisch-venezianische Kriegsmarine (1814–1849), Graz–Köln 1966.

Mayer, Horst Friedrich u. Dieter Winkler: Als Österreich die Welt entdeckte, Expeditionen und Missionen der Kriegsmarine, Wien 1991.

Pilleri, G.: e. P. Tadeo: Un grande figlio di Trieste. Bernhard von Wüllerstorf-Urbair. La circumvigazione della Imperialregia Fregata „Novara" (1857–1859). Il diario di Dominik Codanich, battelliere di 3a Classe, Waldau–Bern 1982.

Popelka, Lieselotte: Ein österreichischer Maler segelt um die Welt. Josef Selleny und seine Aquarelle von der Weltreise der Novara 1857–59, Graz–Köln 1963.

Randa, Alexander: Österreich in Übersee, Wien–München 1966.

Reuper, Julius: Um die Erde. Die Geschichte der Novara-Expedition nach dem Reiseberichte Dr. Karl v. Scherzer's. Für die Jugend und das Volk erzählt, Wien 1877 (Österreichische Volks- und Jugendbibliothek, Bd. 2).

Riedl-Dorn, Christa: Blumen eines Kaisers. Maximilian von Mexiko und seine Brasilienreise 1859–1860, in: Amerika. Zur Entdeckung – Kulturpflanzen – Lebensraum Regenwald, Linz 1992.

Riedl-Dorn, Christa: Das Haus der Wunder. Zur Geschichte des Naturhistorischen Museums in Wien, Wien 1998.

Riedl-Dorn, Christa: Die Grüne Welt der Habsburger, Wien 1989.

Riedl-Dorn, Christa: Die Weltumsegelung der Fregatte Novara, in: Die Entdeckung der Welt – die Welt der Entdeckungen, Wien 2001.

Riedl-Dorn, Christa: Ferdinand von Hochstetter (1829–1884 – Dem Reich der Natur und seiner Erforschung), in: Angetter, D. und J. Seidl: Glücklich, wer den Grund der Dinge zu erkennen vermag. Österreichische Mediziner, Naturwissenschafter und Techniker im 19. und 20. Jahrhundert, Frankfurt a. M.–Berlin–Bern 2003.

Riedl-Dorn, Christa: Von der Kameliendame zum Frosch der Ida Pfeiffer: Österreichische Namen in Flora und Fauna, in: Als Österreich die Welt benannte ..., Schlosshof 1996.

Rohrer, Paul: Als Venedig noch österreichisch war, Stuttgart 1914.

Rottauscher, Max: Als Venedig österreichisch war, Wien–München 1966.

Sauer, Georg: Zwei Maoris in Wien in den Jahren 1859–1860 im Spiegel zeitgenössischer Pressestimmen, in: Novara – Mitteilungen der Österreichisch-Südpazifischen Gesellschaft, Wien 1998.

Schadewaldt, Hans: Die Bedeutung der Schiffshygiene für die gesamte Heilkunde, in: Medizinische Welt, 1961.

Schadewaldt, Hans: Zur Geschichte der Schiffshygiene in medizinischer Sicht, in Medizinische Welt, NF 17, 1966.

Schadewaldt, Hans: Geschichte der Seekrankheit, in: Medizinische Welt NF 18, 1967.

Schadewaldt, Hans: Die letzte Weltumsegelung alten Stils. Die medizinischen Erfahrungen auf der Weltreise der österreichischen Fregatte Novara von 1857–1859, in: Schiff und Zeit 6, 1977.

Scherzer, Karl: Reise der Österreichischen Fregatte Novara um die Erde, in den Jahren 1857, 1858, 1859, unter den Befehlen des Commodore B. von Wüllerstorf-Urbair. Beschreibender Theil, 3 Bde., Wien 1861–1862.

Scherzer, Karl: Die Weltumsegelung der Novara 1857–1859, hrsg., bearb. u. komment. v. Günter Treffer, Wien u. a. 1973.

Scherzer, Karl: Bernhard Freiherr von Wüllerstorf. Ein Blatt pietätvoller Erinnerung (Separat-Abdruck aus der Beilage der „Allgemeinen Zeitung", Nr. 340), München 1883.

Scherzer, Karl: Narrative of the Circumnavigation of the Globe by the Austrian Frigate Novara (Commodore B. v. Wullerstorf-Urbair), Undertaken by Order of the Imperial Government, in the years 1857, 1858, & 1859, under the immediate auspices of His I. and R. Highness the Archduke Ferdinand Maximilian, Commander in chief of the Austrian navy, 3 vols., London 1861–1863.

Scherzer, Karl: Viaggio intorno al globo della fregata austriaca Novara negli anni 1857, 1858, 1859 sotto al commando del Commodore B. Wüllerstorf-Urbair, 3 Bde., Vienna 1863–1865.

Seegeschichten und andere Gaben für die reifere Jugend, gesammelt u. redigiert v. Karl Anzengruber, Wien 1912.

Spitzka, Johann: Übersichtliche Darstellung der unter dem Titel: „Reise der österreichischen Fregatte Novara in den Jahren 1857, 1858, 1859 unter den Befehlen des Commodore B. von Wüllerstorf-Urbair" erschienenen Publicationen, Wien 1877.

Schwarz, Eduard: Reise der österreichischen Fregatte Novara um die Erde in den Jahren 1857, 1858, 1859 unter den Befehlen des Commodore B. von Wüllerstorf-Urbair, Medizinischer Theil, Bd. I., Wien 1861.

Treffer, Günter: Karl von Scherzer. Die Weltumsegelung der „Novara“ 1857–1859, Wien–München–Zürich 1973.

Voß, Jan-Henning: Medizinische Erkenntnisse auf der Weltreise der K. K. Österreichischen Fregatte „Novara“ in den Jahren 1857, 1858 und 1859, Düsseldorf 1979 (Düsseldorfer Arbeiten zur Geschichte 53).

Wallisch, Friedrich: Die Flagge Rot-Weiß-Rot, Graz 1956.

Wallisch, Friedrich: Sein Schiff hieß Novara, Wien 1966.

Wiener Chronik und Überblick der merkwürdigsten Ereignisse in dem österreichischen Kaiserstaate seit Juli 1856, in: Austria, Österreichischer Universal-Kalender für das gemeine Jahr 1858, Jg. 19, Wien 1858.

Wüllerstorf-Urbair, Bernhard: Abschlußbericht = Bericht über die Vollendung der wissenschaftlichen Publikationen der Novara-Expedition vom 18. Dezember 1876 im Namen der Novara-Commission der kaiserl. Akademie der Wissenschaften, zusammen mit einer Darstellung der Kosten durch die Akademie-Buchhaltung gedruckt, Wien o. J.

Wüllerstorf-Urbair, Bernhard: Zuschrift an die Akademie der Wissenschaften über die Expedition von Sr. Majestät Fregatte „Novara“, in: Sitzungsberichte der kaiserlichen Akademie der Wissenschaften, Mathematisch-naturwissenschaftliche Klasse 24/1857.

Wüllerstorf-Urbair, Bernhard v.: Vermischte Schriften des k. k. Vice-Admirals Bernhard Freiherr von Wüllerstorf-Urbair, hrsg. von seiner Witwe, Graz 1889.

Zöhrer, Ferdinand: Österreichisches Seebuch. Seegeschichten, Reiseschilderungen und Lebensgeschichten österreichischer Seehelden. Volksausgabe mit gekürztem Inhalt, Wien–Teschen o. J.

Zeitungen, Zeitschriften, Periodika

Tagespost, Graz

Wiener Zeitung, Wien

Wiener Courier, Wien

Schiff und Zeit, Tübingen

Marine – Gestern, Heute, Nachrichten aus dem Marinewesen, Wien–Mistelbach

Die Münze, Wien

Österreich Maritim, Wien

Grazer Zeitung, Graz

Marine Almanach 1932, Wien

Kataloge

Die Entdeckung der Welt – Die Welt der Entdeckungen. Österreichische Forscher, Sammler, Abenteurer, hrsg. v. Wilfried Seipel, Ausstellung Künstlerhaus Wien, 2001.

Als Österreich die Welt benannte ..., Ausstellung Schlosshof, 1996.

Unterwegs zu fernen Ufern, Ausstellung Universitätsbibliothek Graz, 2001.

Der freie weite Horizont. Die Weltumsegelung der Novara und Maximilians mexikanischer Traum, Ausstellung Schloss Tirol bei Meran, 2004.

Die k. u. k. Kriegsmarine – Graz stand am Anfang, Ausstellung Garnisonsmuseum (Stadtmuseum) Graz, 1987.

E la nave va ... die Schiffe von Triest, Ausstellung Stadtmuseum Graz, 1998.

Seemacht Österreich, Ausstellung Schlosshof, 1994.

Der Lloyd in Triest – gestern – heute – morgen, vom österreichischen Lloyd zum Lloyd Triestino, Ausstellung Triest, 1987.

Die Schrecken des Eises und der Finsternis, Sonderausstellung, Ausstellungsabschnitt: Sehnsucht nach fernen Ländern. Entdeckungsreisen der k. (u.) k. Marine, Heeresgeschichtliches Museum Wien, 1996

Maximilian von Mexiko 1832–1867, Ausstellung Burg Hardegg, 1974.

Internet

www.naval.at – Das österreichische Marineportal

www.michaelorgan.org.au/novara.htm – Novara Home Page mit einer ausführlichen Geschichte der Fregatte Novara, der Weltumsegelung, mit den Tagebüchern von Karl Scherzer, Blanche Mitchell, Mary Caroline Mann u. v. a. (in Engl.)

Bildnachweis

Schwarzweißbilder

Wenn nicht anders angegeben, stammen das Titelbild und die Abbildungen aus dem drei Bände umfassenden Werk „Reise der Österreichischen Fregatte Novara um die Erde" von Karl Scherzer, Wien 1861–1862, im Privatbesitz der Autorin.

Archiv der Autorin:
S. 8, 10, 11, 12, 13, 15, 16, 18, 21, 22, 25, 27, 29, 30, 34, 35, 36,40 unten, 53, 58, 70, 76 oben, 78, 84, 86, 88, 96 unten,102,110 oben, 127, 130 unten, 168, 173 oben, 174, 194, 196, 214, 222, 224, 232 oben, 239.
Archiv Nachlass Heinrich Fayenz:
S. 49 Mitte, 49 unten.
Österreichisches Staatsarchiv, Kriegsarchiv, Wien:
S. 167 unten, 232 unten.
Ursula Kellner, Seepfadfinder „S.M.S. Novara",
www.seepfadfinder.at, S. 235.
State Library of New South Wales, Sydney, Australien:
S. 247.

Register

Ortsregister

Personenregister

Dank und Anmerkungen der Autorin

Ohne Anregung, Unterstützung und Hilfe schafft man es nicht!

Vorerst wäre darauf hinzuweisen, dass Karl von Scherzers drei Bände umfassendes Werk über die Weltumsegelung der *Novara*, das vor beinahe 150 Jahren erschien, die Grundlage und wichtigste Quelle für das vorliegende Buch ist.

Mein Mann hat mir im Frühjahr 2007 die drei antiquarischen *Novara*-Bände geschenkt und zunächst eher spaßhalber gemeint, aus diesem authentischen Bericht des offiziellen Historiographen und wissenschaftlichen Leiters der Expedition könnte ein auf Österreich konzentriertes „Weltbuch“ entstehen. Nach Rücksprache mit meinem Verlag hat man sich sofort für die Arbeit an einem „Österreich-Buch“ entschieden, das dazu beitragen kann, die weltpolitische Rolle des ehemaligen Kaiserstaates Österreich und die Leistungen seiner Marine zu dokumentieren und zu betonen. Tatsächlich war diese erfolgreiche Expedition der k. k. Marine mit einem Segelschiff ein herausragendes, Prestige bringendes Ereignis auf nautischem, wissenschaftlichem und handelspolitischem Gebiet.

Für die Erarbeitung des Themas war eine umfangreiche Lektüre von weiteren Quellen, Katalogen, Tagebüchern, Zeitungsberichten und einschlägiger weiterführender Literatur unumgänglich. Ebenso wichtig war es, Fachleute zu kontaktieren, die Hilfe von Museen und Bibliotheken in Anspruch zu nehmen und immer wieder im Internet zu recherchieren, um die heutige Situation mit den Zuständen in den Jahren 1857 bis 1859 zu vergleichen.

Die Reihe der Personen bei denen ich mich zu bedanken habe, beginnt mit Frau Mag. Roswitha Karpf, Urenkelin des Marineoffiziers Heinrich Fayenz, der als junger Marinekadett bzw. – nach seiner Beförderung während der Expedition – als Fregattenfähnrich an der Weltumsegelung der *Novara* teilnahm. Die genannte Dame, Historikerin aus Graz, der ich für fachlich informative und persönlich anregende Gespräche über die Marine danke, gestaltete im Jahr 2001 gemeinsam mit Frau Ute Bergner aus den „*Novara*-Beständen“ der Universitätsbibliothek Graz und dem Nachlass des später zum Fregattenkapitän und Professor an der Marineakademie avancierten Heinrich Fayenz eine sehenswerte Ausstellung.

Frau Bergner ermöglichte mir äußerst freundlich und ohne bürokratischen Aufwand die Einsicht in die 18 Bände der wissenschaftlichen Ausbeute der *Novara*-Expedition in der Abteilung für Sondersammlungen der Bibliothek.

Herr Dr. Hannes Lambauer von der Steiermärkischen Landesbibliothek hat meinen Dank verdient, weil er – wie schon bei meinen anderen Publikationen – bemüht war, mir in die einschlägigen Schätze der Landesbibliothek Einblick zu geben.

Herr Michael Schildorfer, Modellbauer aus Graz, hat etwa 600 Stunden verwendet, um nach alten Plänen ein Modell der *Novara* im Maßstab 1:72 herzustellen. Seiner Energie, seinem Fleiß und Können ist zu danken, dass in meinem Arbeitszimmer nun auch eine *Novara* sozusagen „vor Anker liegt“. Der Bau des Modells erfolgte in traditioneller Spantenbauweise, die Rahsegel wurden backbord angebrasst, um auch bei Seitenansicht die optische Wirkung der vollen Besegelung nicht zu schmälern. Die Bemalung der Miniaturfiguren, die auf dem Modell „ihren Dienst versehen“, entspricht den Darstellungen österreichischer Marineure vom Jahr 1856.

In Wien habe ich den Damen und Herren des Österreichischen Staatsarchivs (Kriegsarchiv) zu danken. In der Österreichischen Galerie Belvedere war Mag. Bernhard Andergassen bei der Auswahl der Bilder des Malers Selleny hilfreich, ebenso Frau Dr. Ilse Krumböck im Heeresgeschichtlichem Museum sowie Herr Amtsdirektor Manfred Mayerhuber, dem ich einige sehr interessante Stunden bei der Durchsicht der Mappen mit den Originalbildern Sellenys, hergestellt während und nach der *Novara*-Expedition, verdanke.

Eine angenehme und fachlich überaus ertragreiche Überraschung ergab die telefonische Kontaktaufnahme mit der Akademie der Wissenschaften in Wien. Herr Mag. Gerhard Holzer war so freundlich, auf spezielle Literatur, die medizinische Versorgung auf Schiffen betreffend, hinzuweisen, und er ließ es sich nicht nehmen, sofort ein umfangreiches Konvolut durch ein elektronisches Nadelöhr zu pressen, um es auf diesem Weg nach Graz zu übermitteln.

Als ebenso kompetent und hilfsbereit erwies sich in der genannten Akademie Herr Dr. Stefan Sienell, der eine große Anzahl aufschlussreicher Akten, die vielfältigen Vorbereitungen und die Durchführung der Expedition beinhaltend, zur Einsichtnahme bereitstellte.

Was die Verbindungen mit Australien betrifft, so habe ich mich bei meiner Tochter, Dr. Angelika Basch, zu bedanken, die ihr durch berufsbedingte Reisen erworbenes Wissen über Rio de Janeiro, Singapur, Neuseeland und vor allem Australien eingebracht hat und den Kontakt mit dem Archivar Michael Organ von der Universität Wollongong vermittelte. Der Austausch rund um den Globus mit Organ, dessen Beschäftigung mit Ereignissen im Zusammenhang mit dem Besuch der *Novara* in Australien im Kapitel 17 beschrieben ist, sollte sich als besonders ergiebig erweisen.

Weiters bedanke ich mich bei Herrn Karl M. Kreiner für die Kontaktaufnahme mit der State Library of New South Wales in Sydney und den darauf folgenden Schriftverkehr im Zusammenhang mit dem überraschenderweise in Australien befindlichen privaten Tagebuch Scherzers, das in Österreich im Original nicht bekannt ist und das mir auszugsweise ebenfalls elektronisch übermittelt wurde.

Einen wesentlichen Anteil an dem endgültigen Produkt hat meine Lektorin, Dr. Rosemarie Konrad, die sich nun schon zum dritten Mal in geduldiger und kompetenter Weise mit den Geburtswehen eines meiner Bücher auseinander gesetzt hat. Ich danke ihr dafür und für die Erstellung des Registers ganz herzlich. Als ebenso unentbehrlich erwies sich, ebenfalls zum wiederholten Mal, die nunmehr frischgebackene Ärztin Dr. Julia Mader, deren bewährte Hilfeleistung am Computer und deren bei einigen Passagen des Buches unter Beweis gestelltes Sprachtalent gar nicht genug bedankt werden kann.

Am Ende möchte ich mich noch bei meinem Mann, Dr. med. Franz Merli, bedanken, der meine Arbeit „an der *Novara*" angeregt und in jeglicher Form unterstützt hat. Ich danke ihm für die aktive Begleitung in Bibliotheken und Museen, für seine kritischen Einwände beim Lesen des Manuskripts, für die Hilfe bei der Entzifferung alter Akten und Tagebücher und vor allem für die Geduld, die er bei hunderten Gesprächen über das Buch und bei meinen enthusiastischen Berichten über die Weltumsegelung bewiesen hat: Die *Novara* ist sozusagen ein neues Familienmitglied geworden. Konkret war seine Hilfe bei der Übersetzung der in Australien befindlichen Tagebücher und Schriften vom Englischen ins Deutsche, beim Durcharbeiten des medizinischen Bandes der *Novara*-Edition und bei der fachlichen Beratung, die alle medizinischen Belange und Berichte der Expedition betrafen. Ihm ist dieses Buch gewidmet.

RENATE BASCH-RITTER
Graz und Grundlsee, im Herbst 2008

Renate Basch-Ritter

Geb. in Wien, stammt aus einer altösterreichischen Familie, die vier Generationen lang Marineoffiziere stellte; Studium von Geschichte, Geographie und Kunstgeschichte in Graz. Autorin mehrerer historischer Sachbücher, vorwiegend über die k. u. k. Monarchie und die österreichische Marine.